AF545622

Jean Baudrillard

# DER SYMBOLISCHE TAUSCH UND DER TOD

Aus dem Französischen von
Gabriele Ricke und
Ronald Voullié sowie
Gerd Bergfleth

Matthes & Seitz Berlin

# Inhalt

# Einleitung

Auf dem Niveau der modernen Gesellschaften gibt es keinen symbolischen Tausch mehr, wenigstens nicht als ihre Organisationsform. Allerdings, das Symbolische bedroht sie als ihr eigener Tod. Und eben weil das Symbolische die Gesellschaftsform nicht mehr bestimmt, kennen sie es nur noch als Bedrohung, als unaufhörlich vom Wertgesetz durchgestrichenes Erfordernis. Und wenn eine gewisse Revolutionsidee seit Marx versucht hat, sich einen Weg durch dieses Wertgesetz zu bahnen, so hat sich seit langem herausgestellt, dass diese Revolution dem Gesetz gehorcht. Die Psychoanalyse ihrerseits dreht sich um diese Bedrohung, aber sie kehrt sich zugleich von ihr ab, indem sie sie in ein individuelles Unbewusstes verbannt, sie reduziert sie, unter dem Gesetz des Vaters, zu einer Bedrohung, die von der Kastrationsangst und dem Signifikanten ausgeht. Immer das Gesetz. Doch jenseits der Topiken und Ökonomien – seien es libidinöse oder politische –, die alle um eine materielle oder Wunschproduktion auf der Szene des Werts kreisen, gibt es das Schema einer sozialen Beziehung, die sich auf die Vernichtung des Werts gründet und deren Modell für uns auf die primitiven Gesellschaften zurückgeht, aber deren radikale Utopie allmählich auf allen Ebenen unserer Gesellschaft zu explodieren beginnt, im Taumel einer Revolte, die nichts mehr mit der Revolution zu tun hat oder mit dem Gesetz der Geschichte, oder gar – aber das wird erst langsam hervortreten, denn dieses Phantasma ist noch jung – mit einer »Wunschbefreiung«.

Unter diesem Blickwinkel gewinnen andere theoretische Ereignisse eine entscheidende Bedeutung: die Anagramme von Saussure und der Gabentausch von Mauss – Hypothesen, die auf lange Sicht radikaler sind als die von Freud und Marx, Perspektiven, die gerade durch den Imperialismus der Freud- und Marxinterpretationen zensiert werden. Das Anagramm oder der Gabentausch sind keine absonderlichen Episoden am Rande der linguistischen und anthropologischen Disziplinen, keine subalternen Angelegenheiten im Vergleich zu den großen Maschinen des Unbewussten und der Revolution. Es zeichnet sich hier die Bildung einer einzigen großen Form ab, von der sich Marxismus und Psychoanalyse vielleicht nur aus Missverständnis herleiten, eine Form, die die politische Ökonomie ebenso wie die Libidoökonomie zurückweist, indem sie schon jetzt ein Jenseits des Werts, ein Jenseits des Gesetzes, ein Jenseits der Verdrängung und ein Jenseits des Unbewussten erkennen lässt. Das sind die Dinge, die auf uns zukommen.

Ein einziges theoretisches Ereignis ist für uns von der gleichen Größenordnung wie die beiden obengenannten: der Gedanke des Todestriebs bei Freud. Unter der Bedingung, dass man ihn radikalisiert und gegen Freud selbst kehrt. Es handelt sich in allen drei Fällen um eine widersprüchliche Bezugnahme: Man muss Mauss gegen Mauss, Saussure gegen Saussure, Freud gegen Freud ausspielen. Man muss das Prinzip der Umkehrung (der Reversion) – die Gegengabe – gegen alle ökonomischen, psychologischen oder strukturalistischen Interpretationen richten, denen Mauss den Weg bereitet. Man muss den Saussure der Anagramme gegen den der Linguistik kehren, und sogar gegen seine eigene beschränkte Hypothese über die Anagramme. Man muss den Freud des Todestriebs gegen das ganze frühere Gebäude der Psychoanalyse richten, und sogar gegen die Freudsche Version des Todestriebs.

Um diesen paradoxen Preis, der jener der theoretischen Gewalt ist, sieht man die drei Hypothesen auf ihrem je besonderen Feld – aber eben diese Besonderheit hebt sich in der allgemeinen

Form des Symbolischen auf – ein Funktionsprinzip beschreiben, das sich auf souveräne Weise unserem ökonomischen Realitätsprinzip entzieht und ihm widerspricht.

Die Umkehrbarkeit (Reversibilität) der Gabe durch die Gegengabe, die Umkehrbarkeit des Tauschs durch das Opfer, die Umkehrbarkeit der Zeit durch den Zyklus, die Umkehrbarkeit der Produktion durch die Destruktion, die Umkehrbarkeit des Lebens durch den Tod, die Umkehrbarkeit jedes sprachlichen Ausdrucks und Werts durch das Anagramm: eine einzige große Form, die gleiche in allen Bereichen, die der Umkehrbarkeit, der zyklischen Umkehrung, der Annullierung – jene, die überall der Linearität der Zeit ein Ende setzt, der der Rede, der des ökonomischen Tauschs und der Akkumulation, der der Macht. Überall nimmt sie für uns die Form der Vernichtung und des Todes an. Es ist die Form des Symbolischen selbst. Weder mystisch noch strukturell: unausweichlich.

Das Realitätsprinzip hat sich mit einem bestimmten Stadium des Wertgesetzes gedeckt. Heute kippt das ganze System in die Unbestimmtheit, jegliche Realität wird von der Hyperrealität des Codes und der Simulation aufgesogen. Anstelle des alten Realitätsprinzips beherrscht uns von nun an ein Simulationsprinzip. Die Zwecksetzungen sind verschwunden, es sind Modelle, die uns generieren. Es gibt keine Ideologie mehr, es gibt nur noch Simulakren. Folglich ist es eine ganze Genealogie des Wertgesetzes und der Simulakren, auf die man zurückkommen muss, will man die Vorherrschaft und die Anziehungskraft des gegenwärtigen Systems begreifen – die strukturelle Revolution des Werts. In diese Genealogie muss man die politische Ökonomie überführen: Sie erscheint dann als ein Simulakrum zweiter Ordnung, unter dem gleichen Titel wie die Simulakren, die nur das Reale ins Spiel bringen –, das Reale der Produktion, das Reale der Signifikation, im Bewusstsein oder im Unbewussten.

Das Kapital unterliegt nicht mehr der politischen Ökonomie: es spielt mit der politischen Ökonomie als einem Simulationsmodell. Das ganze Dispositiv des Wertgesetzes der Ware wird von dem größeren Dispositiv des strukturellen Wertgesetzes absorbiert und von ihm wiederaufbereitet, und kehrt so in den Simulakren dritter Ordnung wieder (s. weiter unten). Der politischen Ökonomie ist damit eine zweite Ewigkeit im Rahmen eines Dispositivs sicher, in dem sie jede eigenständige Bestimmung verloren hat, aber ihre Wirksamkeit als Simulationsreferenzial behält. Das gleiche gilt für das vorangegangene Dispositiv des natürlichen Wertgesetzes, das als imaginäres Referenzial (die »Natur«) vom System der politischen Ökonomie und vom Wertgesetz der Ware wiederaufgegriffen wird: als Gebrauchswert, der ein gespenstisches Dasein im Innern des Tauschwerts führt. Aber auch der Tauschwert wird bei der nächsten Umdrehung der Spirale erfasst und als Alibi in der herrschenden Ordnung des Codes aufgerichtet. Jede Konstellation des Werts wird durch die folgende in eine höhere Ordnung von Simulakren überführt. Und jede Phase des Werts umschließt in ihrem Dispositiv das jeweils voraufgegangene Dispositiv als gespenstische, marionettenhafte Referenz, als Simulationsreferenz.

Eine Revolution trennt jede Ordnung von der späteren: Das sind sogar die einzig wirklichen Revolutionen. Die dritte Ordnung ist die unsrige, sie gehört nicht mehr zur Ordnung des Realen, sondern des Hyperrealen, und dort allein können Theorien und Praktiken, die ihrerseits flottieren und undeterminiert sind, sie erreichen und tödlich treffen.

Die gegenwärtigen Revolutionen richten sich allesamt auf die unmittelbar voraufgegangene Phase des Systems aus. Sie wappnen sich allesamt mit einer nostalgischen Auferweckung des Realen jedweder Art, d.h. mit Simulakren zweiter Ordnung, als da sind: Dialektik, Gebrauchswert, Transparenz und Zweckmäßigkeit der Produktion, »Befreiung« des Unbewussten, des verdrängten Sinns (des Signifikanten oder des Signifikats unter dem Namen des Wunsches) usw. All diese Befreiungen geben sich als Idealgehalt die Phantome, die das System in seinen aufeinanderfolgenden

Revolutionen verschlungen hat und die es nun als Revolutionsphantasmen listig wiederaufleben lässt. Alle Befreiungen sind nur Übergänge zu einer allgemeinen Manipulation. Im Stadium aleatorischer Kontrollmechanismen ist auch die Revolution selbst bedeutungslos geworden.

Den Maschinen der Industrie entsprachen die Maschinen des Bewusstseins, die rational, referenziell, funktional und historisch waren. Den aleatorischen Maschinen des Codes entsprechen die aleatorischen Maschinen des Unbewussten, die nichtreferenziell, übertragend, undeterminiert und flottierend sind. Aber auch das Unbewusste selbst ist wieder mit im Spiel: Seit langem hat es sein eigenes Realitätsprinzip verloren und ist zum operationalen Simulakrum geworden. Genau in dem Augenblick, in dem sein *psychisches* Realitätsprinzip mit seinem *psychoanalytischen* Realitätsprinzip zusammenfällt, wird auch das Unbewusste, wie die politische Ökonomie, zum Simulationsmodell.

Die ganze Strategie des Systems liegt in dieser Hyperrealität flottierender Werte. So ist es mit dem Unbewussten wie mit den Währungen oder den Theorien. Der Wert herrscht nach der ungreifbaren Ordnung der Generierung durch Modelle, nach der unbegrenzten Kette der Simulation.

Die kybernetische Operationalität, der genetische Code, die aleatorische Ordnung der Mutationen, die Unschärferelation usw.: All dies löst eine determinierte, objektivistische Wissenschaft ebenso ab wie eine dialektische Sicht der Geschichte und der Erkenntnis. Auch die theoretische Kritik selbst und die Revolution gehören, wie alle determinierten Prozesse, zu den Simulakren zweiter Ordnung. Die Bereitstellung der Simulakren dritter Ordnung fegt das alles hinweg, und gegen sie hilft es nichts, die Dialektik, die »objektiven« Widersprüche usw. wiederbeleben zu wollen: Das ist eine hoffnungslose politische Regression. Gegen die Aleatorik kämpft man nicht mit Zwecksetzungen, gegen die programmierte und molekulare Streuung kämpft man nicht mit Bewusstmachung und dialektischer Überholung, gegen den Code kämpft man nicht mit den Mitteln der politischen Ökonomie oder der »Revolution«. All diese alten Waffen (und sogar die, die man in den Simulakren erster Ordnung findet, in der Ethik und der Metaphysik des Menschen und der Natur, im Gebrauchswert und anderen Bezugspunkten der Befreiung) sind nach und nach durch das allgemeine System, das von höherer Ordnung ist, entschärft worden. Alles, was sich in das entfinalisierte Raum-Zeit-Gefüge des Codes einschaltet oder in es einzugreifen sucht, wird von seinen eigenen Zweckbestimmungen getrennt, zersetzt und absorbiert — das ist der bekannte Effekt der Vereinnahmung, der Manipulation, der Aufbereitung und Wiederaufbereitung auf allen Ebenen. »Jedes Element der Kontestation oder Subversion eines Systems muss einem logisch höheren Typus entstammen.«[1] Den Simulakren dritter Ordnung muss man also zumindest ein gleiches Spiel entgegensetzen – ist das möglich? Gibt es eine Theorie oder eine Praxis, die subversiv wäre, weil sie noch aleatorischer wäre als das System? Eine undeterminierte Subversion, die für die Ordnung des Codes wäre, was die Revolution für die Ordnung der politischen Ökonomie war? Kann man gegen die DNS kämpfen? Sicher nicht mit den Mitteln des Klassenkampfs. Oder vielmehr: Kann man Simulakren einer logisch (oder unlogisch) höheren Ordnung erfinden – über die gegenwärtige dritte Ordnung, über Determination und Indetermination hinaus –, und würden das noch Simulakren sein? Vielleicht ist der Tod und er allein, die Umkehrbarkeit des Todes, von höherer Ordnung als der Code. Nur die symbolische Ausschreitung kann den Code aufbrechen.

Jedes System, das sich einer perfekten Operationalität annähert, ist seinem Untergang nahe. Wenn das System sagt: »A ist A« oder »2 + 2 = 4«, geht es zugleich seiner absoluten Macht und einer totalen Lächerlichkeit entgegen, d.h. einer unmittelbaren und zu erwartenden Subversion — es reicht ein kleiner Finger, um es zum Einsturz zu bringen. Man kennt die Kraft der Tautologie, die

1 [Wilden, System and structure, S. XXVII.]

die Anmaßung des Systems zur vollkommenen Kugelgestalt vorantreibt (Ubus Bauch[2]).

Die Identität ist unhaltbar: Sie ist der Tod, denn sie scheitert daran, sich ihren eigenen Tod zuzuschreiben. Das ist der Fall bei den geschlossenen oder überstabilisierten, den funktionalen oder kybernetischen Systemen, die von Verhöhnung bedroht sind, von plötzlicher, im Handumdrehen sich vollziehender Subversion (nicht mehr von langwieriger dialektischer Arbeit), weil die ganze Trägheit des Systems sich zu seinen Ungunsten auswirkt. Es ist die Ambivalenz, die die vollkommensten Systeme bedroht, die, denen es gelungen ist, ihr Funktionsprinzip zu vergöttlichen, nach Art des binären Gottes von Leibniz. Die Faszination, die sie ausüben, kann sich, da sie wie beim Fetischismus aus tiefer Abneigung stammt, augenblicklich umkehren. Daher ihre Brüchigkeit, die im gleichen Maßstab zunimmt wie ihre ideale Kohärenz. Diese Systeme werden, selbst wenn sie sich auf die radikale Indetermination stützen (den Sinnausfall), wieder zu einer Beute des Sinns. Sie brechen unter der Last ihrer Monstrosität zusammen, wie die Monstren des Karbons, und zerfallen auf der Stelle. Das ist das Schicksal eines jeden Systems, das sich durch seine eigene Logik zur totalen Perfektion und also zur totalen Zerrüttung verurteilt, zur absoluten Unfehlbarkeit und also zur unwiderruflichen Ohnmacht: Alle gebundenen Energien zielen auf ihren eigenen Tod. Darum ist die einzige mögliche Strategie *katastrophisch*, nicht dialektisch. Man muss die Dinge bis zum Äußersten treiben, bis zu jenem Punkt, an dem sie sich von selbst ins Gegenteil verkehren und in sich zusammenstürzen. Weil man in der Kulmination des Werts der Ambivalenz am nächsten ist, weil man in der Kulmination der Kohärenz dem Abgrund der Verkehrung am nächsten kommt, der die machtvollen Zeichen des Codes bedroht, muss man in der Simulation noch weitergehen als das System. Man muss den Tod gegen den Tod ausspielen — die radikale Tautologie. Aus der Eigenlo-

2 [Vgl. Alfred Jarry, Ubu Hahnrei, II, 4, S. 67.]

gik des Systems die absolute Waffe machen. Gegen ein hyperrealistisches System ist die einzig denkbare Strategie gewissermaßen pataphysisch: die Strategie einer »Wissenschaft imaginärer Lösungen«, d.h. eine Science Fiction der Kehrtwendung des Systems gegen sich selbst, am äußersten Punkt der Simulation, einer Simulation, die sich in einer Hyperlogik der Zerstörung und des Todes umkehrt.[3]

Eine genaue Umkehrung, das ist die symbolische Verpflichtung. Dass jeder Terminus *exterminiert* wird, dass der Wert sich aufhebt in dieser Drehung des Terminus um sich selbst — das ist die einzige symbolische Gewalt, die der strukturellen Gewalt des Codes gleichgestellt ist und über sie triumphiert.

Dem Wertgesetz der Ware und der Äquivalenz entsprach eine Dialektik der Revolution. Der Indetermination des Codes und dem strukturellen Wertgesetz entspricht nur noch die genaue Umkehrung.[4]

3 Der Tod ist immer zugleich das, was uns an der Grenze des Systems erwartet, und die symbolische Vernichtung, die dem System selbst auflauert. Es gibt nicht zwei Worte, um die Finalität des systemimmanenten Todes zu bezeichnen, die nämlich, die überall in seine operationale Logik eingeschrieben ist, und die radikale Gegen-Finalität, die zwar zu dem System als solchem nicht gehört, die es aber von überallher bedroht: Der gleiche Begriff des Todes, und er allein, drängt sich für beide Seiten auf. Diese Zweideutigkeit lässt sich bereits am Freudschen Todestrieb ablesen. Es ist keine Zweideutigkeit. Dies bezeichnet ganz einfach die Nähe der verwirklichten Perfektion und der unmittelbaren Zerrüttung des Systems.

4 Der Tod darf niemals verstanden werden als wirkliches Ereignis, das einem Subjekt oder einem Körper zustößt, sondern als eine Form – evtl. die Form einer sozialen Beziehung –, in der sich die Bestimmung des Subjekts und des Werts verliert. Es ist die Verpflichtung zur Umkehrung, die zugleich der Determination und der Indetermination ein Ende setzt. Sie macht Schluss damit, die Energien in vernünftigen Gegensätzen zu binden, und sie trifft sich darin mit den Theorien des Fluxus und der Intensitäten, seien es libidinöse oder Schize-Theorien. Aber die Entbindung der Energien ist die Form des gegenwärtigen Systems selbst, die eines strategischen Treibenlassens des Werts. Das System kann sich verzweigen oder sich zerlegen — alle befreiten Energien flie-

Im Grunde genommen bleibt nichts, worauf man sich verlassen könnte. Es bleibt uns nichts als die theoretische Gewalt. Die Todesspekulation, deren einzige Methode die Radikalisierung aller Hypothesen ist. Selbst der Code und das Symbolische sind noch Simulationsbegriffe — man müsste sie schrittweise dem Diskurs entziehen können.

ßen eines Tages zu ihm zurück: Denn es selbst hat den Begriff der Energie und der Intensität erzeugt. Das Kapital ist ein energetisches und intensives System. Daher die Unmöglichkeit, die Libido-Ökonomie (Lyotard) von der Ökonomie des Systems selbst (der des Werts) zu unterscheiden — die Unmöglichkeit, die kapitalistische Schize von der revolutionären Schize (Deleuze) zu unterscheiden. Denn das System ist der Herr: Es kann wie Gott Energien binden und entbinden; das, was es nicht kann, dem es aber auch nicht entgehen kann, ist, umkehrbar zu sein. Der Prozess des Werts ist unumkehrbar. Es ist also die Umkehrung allein, nicht die Entbindung oder das Treibenlassen, was tödlich für es ist. Der Terminus des symbolischen »Tauschs« will nichts anderes sagen.

# I
# Das Ende der Produktion

## Die strukturelle Revolution des Werts

Saussure gab dem Austausch der sprachlichen Ausdrücke zwei Dimensionen, indem er sie mit dem Geld verglich: Ein Geldstück muss sich gegen ein wirkliches Gut von einigem Wert austauschen lassen, es muss sich aber auch in Beziehung zu allen anderen Ausdrücken des Geldsystems setzen lassen. Diesem zweiten Aspekt behielt er mehr und mehr den Begriff des Werts vor: der Beziehbarkeit aller Ausdrücke aufeinander, die dem Gesamtsystem innewohnt und sich aus distinktiven Oppositionen herleitet – im Gegensatz zur anderen möglichen Definition des Werts: der Beziehung jedes Ausdrucks auf das, was er bezeichnet, des Signifikanten auf sein Signifikat, so wie sich ein Geldstück auf das bezieht, was man im Austausch dafür erhalten kann. Der erste Aspekt entspricht der strukturellen Dimension der Sprache, der zweite Aspekt ihrer funktionalen Dimension. Die zwei Dimensionen sind voneinander unterschieden, aber aufeinander bezogen, sagen wir, dass sie zusammenwirken und zusammengehören. Dieser Zusammenhang kennzeichnet die »klassische« Gestalt des linguistischen Zeichens, diejenige, die dem Wertgesetz der Ware unterstellt ist und in deren Rahmen die Bezeichnung immer als Endzweck der strukturalen Sprachoperation erscheint. In diesem »klassischen« Stadium der Signifikation ist die Parallele mit dem Wertmechanismus in der materiellen Produktion, so wie er von Marx analysiert wurde, vollkommen: Der Gebrauchswert fungiert als Horizont und Endzweck des Tauschwert-Systems — der erstere bestimmt die konkrete Behandlung der Ware im Konsum (das Moment, das dem der Bezeichnung im Zeichen parallel läuft), der letztere weist auf die Austauschbarkeit aller Waren untereinander in der Äquivalenzform hin (das Moment, das dem der strukturellen Organisation des Zeichens parallel läuft). Beide stehen in allen Marxschen Analysen miteinander in einem dialektischen Verhältnis und definieren die von der politischen Ökonomie bestimmte rationale Gestalt der Produktion.

Eine Revolution hat dieser »klassischen« Ökonomie des Werts ein Ende bereitet, eine Revolution des Werts selbst, die ihn über seine Warenform hinaus zu seiner radikalen Form geführt hat.

Diese Revolution besteht darin, dass die zwei Aspekte des Werts, von denen man annehmen konnte, sie gehörten ewig zusammen und wären wie durch ein Naturgesetz miteinander verbunden, nun auseinandergerissen werden. *Der Referenzwert wird abgeschafft und übrig bleibt allein der strukturelle Wertzusammenhang.* Die strukturelle Dimension verselbständigt sich durch den Ausschluss der Referenzdimension, sie gründet sich auf deren Tod. Vorbei ist es mit den Referenzialen der Produktion, der Signifikation, des Affekts, der Substanz, der Geschichte, mit dieser ganzen Äquivalenzbeziehung zu »realen« Inhalten, die dem Zeichen noch so etwas wie Nutzlast und Schwere gaben — mit seiner repräsentativen Äquivalenzform. Die andere Bahn des Werts setzt sich durch: die der totalen Beziehbarkeit und der allgemeinen Austauschbarkeit, Kombinatorik und Simulation. Simulation in dem Sinn, dass sich alle Zeichen untereinander austauschen, ohne sich gegen das Reale zu tauschen (und sie lassen sich nur *unter der Bedingung* untereinander leicht austauschen, perfekt austauschen, dass sie sich nicht mehr gegen das Reale tauschen). Emanzipation des Zeichens: Entbunden von der »archaischen« Verpflichtung, etwas bezeichnen zu müssen, wird es schließlich frei für ein strukturelles oder kombinatorisches Spiel, in der Folge einer totalen Indifferenz und Indetermination, die die frühere Regel einer determinierten Äquivalenz ablöst. Die gleiche Operation findet auf der Ebene der Arbeitskraft und des Produktionsprozesses statt: Die völlige Abschaffung des Zwecks der Produktionsinhalte ermöglicht der Produktion, als Code zu funktionieren, und ermöglicht etwa dem Geldzeichen, sich in einer unbegrenzten Spekulation zu verflüchtigen, außerhalb jeder Referenz zu einem Realen der Produktion oder gar zu einem Goldstandard. Das Flottieren der Währungen und Zeichen, das Flottieren der »Bedürfnisse« und der Produktionsziele, das Flottieren der Arbeit selbst – die Vertauschbarkeit all dieser Begriffe untereinander geht mit einer unbegrenzten Spekulation und Inflation einher. (Man befindet sich wahrlich in einem Zustand *totaler Freiheit* – einem Zustand der Lieblosigkeit, Unverbindlichkeit und allgemeinen Ernüchterung: es war noch Magie, eine Art magischer Verbindlichkeit, die das Zeichen mit dem Realen verknüpfte; das Kapital hat die Zeichen von dieser »Naivität« befreit, um sie der reinen Zirkulation auszuliefern.) All das haben weder Saussure noch Marx vorausgeahnt, denn sie lebten noch im goldenen Zeitalter einer Dialektik von Zeichen und Realem, das zugleich die »klassische« Periode von Kapital und Wert ist. Ihre Dialektik ist zerfallen, das Reale ist unter dem Eindruck dieser phantastischen Verselbständigung des Werts gestorben. Die Determination ist tot, die Indetermination ist Königin. Es hat sich eine Extermination (im wörtlichen Sinn des Terminus) des Realen der Produktion und des Realen der Signifikation vollzogen.[1]

1 Wenn es sich nur um das Übergewicht des Tauschwerts über den Gebrauchswert (oder um das der strukturellen Dimension über die funktionale Dimension) handeln würde – das hatten Marx und Saussure bereits vermeldet. Marx ist nahe daran, aus dem Gebrauchswert das Medium oder das schlichte und einfache Alibi des Tauschwerts zu machen. Und seine ganze Analyse gründet sich auf das Äquivalenzprinzip, das im Zentrum des Tauschwertsystems steht. Gibt es aber Äquivalenz im Zentrum des Systems, dann gibt es keine Indetermination des Gesamtsystems (sondern immer noch die Determination und

Diese strukturelle Revolution des Wertgesetzes war gemeint mit dem Begriff einer »politischen Ökonomie des Zeichens«[2], aber dieser Begriff ist ein Notbehelf, denn:

I. Handelt es sich noch um politische Ökonomie? Ja, insoweit es immer um den Wert und das Wertgesetz geht; aber die Verwandlung, die sie durchmacht, ist so tiefgehend, so entscheidend, ihre Inhalte sind dermaßen verändert, um nicht zu sagen, vernichtet worden, dass der Begriff nur noch einen anspielenden, genauer: *politischen* Charakter hat, in dem Maß, in dem das, was auf dem Spiel steht, stets die *Zerstörung* der vom Wert beherrschten gesellschaftlichen Verhältnisse ist. Doch handelt es sich seit langem um etwas ganz anderes als um Ökonomie.

II. Der Begriff des Zeichens hat selbst nur anspielenden Wert. Denn das strukturelle Wertgesetz zieht die Signifikation ebenso in Mitleidenschaft wie den Rest, und seine Form ist nicht die des Zeichens im Allgemeinen, sondern eine bestimmte Organisation, die die des Codes ist — und ein Code herrscht nicht einfach über beliebige Zeichen. Sowenig das Wertgesetz der Ware in einem gegebenen Augenblick irgendeinen determinierenden Einfluss der materiellen Produktion behauptet, sowenig behauptet das strukturelle Wertgesetz irgendeine Vorrangigkeit des Zeichens. Diese Illusion ist darauf zurückzuführen, dass das eine sich mit Marx im Schatten der Ware entwickelt hat, das andere mit Saussure im Schatten des linguistischen Zeichens — diese Illusion muss man aufbrechen. Das Wertgesetz der Ware ist ein Äquivalenzgesetz, und dieses Gesetz ist auf allen Gebieten wirksam: Es meint ebenso sehr die Konstellation des Zeichens, in dem die Äquivalenz eines Signifikanten und eines Signifikats den geregelten Austausch referenzialer Inhalte gestattet. (Eine weitere Parallele ergibt sich zwi-

die dialektische Zweckbestimmung der Produktionsweise). Das gegenwärtige System hingegen beruht auf der Indetermination, es wird von ihr angetrieben. Umgekehrt ist es vom Tod aller Determination bedroht.

2 [Vgl. Baudrillard, Pour une critique de l'économie politique du signe.]

schen der linearen Anordnung des Signifikanten und der linearen und kumulativen Zeit der Produktion.)

Dieses klassische Wertgesetz gilt zur gleichen Zeit auf allen Gebieten (Sprache, Produktion usw.), diese bleiben jedoch getrennt nach ihrer jeweiligen Referenzsphäre.

Umgekehrt bezeichnet das strukturelle Wertgesetz die Indetermination, die ebenso zwischen allen Bereichen wie gegenüber ihrem jeweiligen Inhalt herrscht (und damit auch den Übergang vom *determinierten* Bereich der Zeichen zur *Indetermination* des Codes). Zu sagen, dass der Bereich der materiellen Produktion und der Bereich der Zeichen ihre jeweiligen Inhalte austauschen, ist noch viel zu wenig. Sie verschwinden buchstäblich als solche und verlieren ihre Jeweiligkeit wie auch ihre Bestimmtheit zugunsten einer viel allgemeineren Wertform, einer viel allgemeineren Ordnung, in der sich die Produktion und die Bezeichnung auflösen.

Die »politische Ökonomie des Zeichens« erschöpfte sich in einer Ausdehnung des Wertgesetzes der Ware, das auf der Stufe des Zeichens nachgewiesen werden sollte. Wohingegen die strukturelle Konstellation des Werts schlicht und einfach zugleich der Herrschaft der Produktion und der politischen Ökonomie wie auch der der Repräsentanz der Zeichen ein Ende setzt. Durch den Code kippt dies alles in die Simulation. Weder die »klassische« Zeichenökonomie noch die politische Ökonomie hören genaugenommen auf zu existieren: Sie führen ein zweites Leben und werden zu einer Art von gespenstischem Ablenkungsprinzip.

Ende der Arbeit. Ende der Produktion. Ende der politischen Ökonomie.

Ende der Dialektik von Signifikant und Signifikat, die die Akkumulation von Wissen und Sinn, die lineare Abfolge des kumulativen Diskurses gestattete. Zugleich Ende der Dialektik zwischen Gebrauchswert und Tauschwert, die allein die gesellschaftliche Akkumulation und Produktion ermöglichte. Ende der linearen Dimension des Diskurses. Ende der linearen Dimension der Ware.

Ende der klassischen Ära des Zeichens. Ende der Ära der Produktion.

Es ist nicht *die* Revolution, die alldem ein Ende bereitet. Es ist das Kapital selbst. Es beseitigt die Determination der Gesellschaft durch die Produktionsweise. Es ersetzt die Wertform der Ware durch die strukturelle Wertform. Und diese bestimmt die ganze gegenwärtige Strategie des Systems.

Diese historische und gesellschaftliche Mutation ist auf allen Ebenen erkennbar. Das Zeitalter der Simulation wird überall eröffnet durch die Austauschbarkeit von ehemals sich widersprechenden oder dialektisch einander entgegengesetzten Begriffen. Überall die gleiche *Genesis der Simulakren*: die Austauschbarkeit des Schönen und Hässlichen in der Mode, der Linken und der Rechten in der Politik, des Wahren und Falschen in allen Botschaften der Medien, des Nützlichen und Unnützen auf der Ebene der Gegenstände, der Natur und der Kultur auf allen Ebenen der Signifikation. Alle großen humanistischen Wertmaßstäbe, die sich einer ganzen Zivilisation moralischer, ästhetischer und praktischer Urteilsbildung verdanken, verschwinden aus unserem Bilder- und Zeichensystem. Alles wird unentscheidbar, das ist die charakteristische Wirkung der Herrschaft des Codes, die auf dem Prinzip der Neutralisierung und der Indifferenz beruht.[3] Das ist das allge-

3 Die theoretische Produktion verliert wie die materielle Produktion ihre Determinanten und beginnt, sich um sich selbst zu drehen, indem sie sich spiegelt in einer unauffindbaren Realität, in die sie sich flüchtet. Da stehen wir heute: in der Unentscheidbarkeit der Dinge, im Zeitalter der flottierenden Theorien wie der flottierenden Wechselkurse. Alle aktuellen Theorien, welchem Horizont sie auch immer entstammen (und so auch die psychoanalytischen), wie gewaltsam sie auch vorgehen und vorgeben, in eine Immanenz zurückzufinden oder zu einer Beweglichkeit ohne Bezugspunkte (Deleuze, Lyotard usw.) — alle Theorien flottieren und haben nur den Sinn, sich gegenseitig zuzuwinken. Vergeblich ist es, sie nach ihrem Zusammenhang mit irgendeiner x-beliebigen »Realität« zu befragen. Das System hat, wie der anderen, so auch der theoretischen Arbeitskraft jede referenziale Sicherheit entzogen. Ebenso gibt

meine Bordell des Kapitals, das kein Bordell der Prostitution ist, sondern ein Bordell der Substitution und der Kommutation.

Dieser Prozess, der sich seit langem in der Kultur, der Kunst, der Politik und sogar in der Sexualität (in den Bereichen des »Überbaus«) vollzieht, erfasst heute die Ökonomie selbst, das ganze Feld, welches man als »Basis« bezeichnet. Auch hier herrscht die Indetermination. Und mit der Determination entschwindet natürlich auch jede Möglichkeit, die Ökonomie als determinierende Instanz aufzufassen.

Weil die Determination der Geschichte seit zwei Jahrhunderten (und auf alle Fälle seit Marx) um die Ökonomie herum zentriert ist, ist es wichtig, zuerst zu begreifen, was der Einbruch des Codes in die Ökonomie bedeutet.

## Das Ende der Produktion

Wir sind am Ende der Produktion angelangt. Diese Form deckt sich im Abendland mit der Verkündung des Wertgesetzes der Ware, d. h. mit der Herrschaft der politischen Ökonomie. Vorher ist eigentlich nichts *produziert* worden: Alles leitet sich von der Gnade Gottes her oder von einem Geschenk der Natur, von einer Instanz also, die ihre Reichtümer freigibt oder verweigert. Der Wert geht aus dem Reich der göttlichen oder natürlichen Eigenschaften hervor (die für uns im Rückblick verschmelzen). So

es keinen Gebrauchswert der Theorie mehr, auch der Spiegel der theoretischen Produktion ist zersprungen. Und das ist in Ordnung so. Ich will damit sagen, dass sogar diese Unentscheidbarkeit der Theorie eine Auswirkung des Codes ist. Darüber ist in der Tat keine Illusion möglich: Dieses Flottieren der Theorien hat nichts von einem schizophrenen Treibenlassen, in dem die Ströme frei den organlosen Körper durchquerten (wessen Körper eigentlich? den des Kapitals?). Es bedeutet einfach, dass alle Theorien sich von nun an nach variablen Wechselkursen untereinander austauschen lassen, ohne sich noch irgendwo einmischen zu können, außer in den Spiegel ihrer Schrift.

ist es noch bei den Physiokraten, die den Zyklus von Boden und Arbeit so verstehen, dass letztere keinen eigenen Wert hat. Man kann sich fragen, ob es damals ein wirkliches *Wertgesetz* gegeben hat, denn der Wert wird *gespendet*, ohne dass sein Ausdruck rational werden könnte. Seine Form löst sich nicht ab, da sie an eine unerschöpfliche Referenzsubstanz gebunden ist. Wenn es ein Gesetz gibt, dann ist es im Gegensatz zum Wertgesetz der Ware ein *natürliches* Wertgesetz.

Eine Mutation stößt dieses ganze Gebäude einer natürlichen Verteilung oder Spendung der Reichtümer um — von nun an wird der Wert *produziert*, seine Referenz ist die Arbeit, sein Gesetz die allgemeine Äquivalenz aller Arbeiten. Der Wert gehört hinfort zu einer ganz bestimmten rationalen Ausübung menschlicher Arbeit (gesellschaftlicher Arbeit). Er wird messbar, und infolgedessen auch der Mehrwert.

Es beginnt nun die Kritik der politischen Ökonomie mit ihrer Referenz einer gesellschaftlichen Produktion und einer Produktionsweise. Nur das Konzept der Produktion gestattet es, durch die Analyse der besonderen Ware Arbeitskraft ein *Mehr* zu enthüllen (den Mehrwert), das die rationale Dynamik des Kapitals und darüber hinaus die ebenso rationale der Revolution bestimmt.

Heute hat sich wiederum alles für uns verändert. Produktion, Warenform, Arbeitskraft, Äquivalenz und Mehrwert bezeichneten quantitative, materielle und messbare Verhältnisse, die nun vorbei sind. Die Produktivkräfte bezeichneten noch eine Referenz des gesellschaftlichen Reichtums, die zwar im Widerspruch stand zu den Produktionsverhältnissen, aber dennoch eine Referenz blieb. Ein Produktionsinhalt unterspannte noch eine gesellschaftliche Form, die Kapital genannt wird, sowie deren interne Kritik, die Marxismus genannt wird. Und der revolutionäre Anspruch beruht auf der Abschaffung des Wertgesetzes der *Ware*.

Jetzt sind wir vom Wertgesetz der Ware zum strukturellen Wertgesetz übergegangen, und das fällt mit einer Verflüchtigung der gesellschaftlichen Form, die Produktion heißt, zusammen.

Sind wir von da ausgehend noch in einer Art Kapitalismus? Es wäre ja möglich, dass wir in einer Art Hyperkapitalismus wären oder in einer ganz anderen Ordnung. Ist die Kapitalform generell an das Wertgesetz gebunden oder nur an eine bestimmte Wertform? (Vielleicht sind wir gar schon mitten im Sozialismus? Vielleicht ist die Verwandlung des Kapitals im Zeichen des strukturellen Wertgesetzes nur seine sozialistische Vollendung? Oh weh!) Wenn Leben und Tod des Kapitals sich auf der Ebene des Wertgesetzes der *Ware* abspielen, wenn die Revolution sich in der Produktionsweise ereignet, dann befinden wir uns weder im Kapital noch in der Revolution. Wenn diese in einer Befreiung der gesellschaftlichen und gattungsmäßigen Produktion des Menschen besteht, dann gibt es keine revolutionäre Perspektive mehr — denn es gibt keine Produktion mehr. Wenn hingegen das Kapital eine *Herrschaftsform* ist, dann leben wir sehr wohl in ihm, denn das strukturelle Wertgesetz ist die allerreinste gesellschaftliche Herrschaftsform, die verdeckt ist wie der Mehrwert, die nunmehr ohne Referenzen zu einer herrschenden Klasse oder zu einem Machtverhältnis ohne Gewalt auskommt, die ganz und gar, ohne einen Tropfen Blut, in den Zeichen aufgegangen ist, die uns umgeben, und die überall im Code wirksam ist, in dem das Kapital endlich seinen reinsten Diskurs führt, jenseits der Dialekte von Industrie-, Handels- und Finanzkreisen, jenseits der Klassendialekte, die es in seiner »produktiven« Phase gesprochen hat. Eine symbolische Gewalt, die sich überall in den Zeichen niederschlägt, sogar in den Zeichen der Revolution.

Die strukturelle Revolution des Werts vernichtet die Grundlagen der »Revolution«. Der Verlust der Referenziale trifft zuerst die revolutionären Referenziale tödlich, die in keiner gesellschaftlichen Produktionssubstanz, in keiner Wahrheit der Arbeitskraft mehr die Gewissheit eines Umsturzes finden. Denn die Arbeit ist keine *Kraft* mehr, sie ist *Zeichen* unter Zeichen geworden. Sie produziert und konsumiert sich wie alles übrige. Sie lässt sich mit der Nicht-Arbeit, der Freizeit vertauschen, mit der sie völlig äquivalent ist, sie lässt sich verwandeln in alle anderen Teilbereiche des Alltagslebens. Weder mehr noch weniger »entfremdet«, ist sie nicht mehr der Ort einer einzigartigen historischen »Praxis«, die einzigartige gesellschaftliche Verhältnisse hervorbringt. Die Arbeit ist, wie die meisten Tätigkeiten, nur noch ein Ensemble von Beschreibungsvorgängen. Sie gehört zum allgemeinen Design des Lebens, d.h. zu der Umzingelung durch die Zeichen. Sie ist nicht einmal mehr dieses Erleiden, diese historische Prostitution, die sich als Verheißung einer endgültigen Emanzipation auswirkte (oder, wie bei Lyotard, als Ermöglichung eines Spielraums der Arbeits*lust,* als Erfüllung eines verbissenen Wunsches in der Verwerfung des Werts und der Ordnung des Kapitals). Nichts von alledem ist mehr wahr. Die Zeichenform hat sich der Arbeit bemächtigt, um sie jeder historischen oder libidinösen Bedeutung zu berauben und sie so ihrem eigenen Reproduktionsprozess einzuverleiben: Denn die Operation des *Zeichens* besteht darin, sich hinter der leeren Anspielung auf das, was es bezeichnet, in sich selbst zu verdoppeln. Früher bezeichnete die Arbeit die Realität der gesellschaftlichen Produktion, eines gesellschaftlichen Ziels, Reichtümer anzuhäufen. Sogar inmitten der Ausbeutung durch das Kapital und den Mehrwert — ja gerade darin bewahrte sie ihren Gebrauchswert, für den erweiterten Reproduktionsprozess des Kapitals und für dessen endgültige Auflösung. Die Arbeit war in jedem Fall von einer Zweckbestimmung durchzogen — wenn der Arbeiter in der schlichten Reproduktion seiner Arbeitskraft aufgeht, dann heißt das noch nicht, dass ihm auch der Produktionsprozess wie eine unsinnige Wiederholung vorkommt. Die Arbeit revolutioniert die Gesellschaft durch ihre Widerwärtigkeit selbst, als Ware, deren Potenzial stets die schlichte Wertreproduktion überschreitet.

Heute gilt das nicht mehr: Die Arbeit ist nicht mehr produktiv, sie ist zur Reproduktion der *Arbeitsanweisung* geworden, zur allgemeinen Umgangsform einer Gesellschaft, die nicht mehr weiß, ob sie produzieren will oder nicht. Keine Produktionsmythen mehr, keine Inhalte der Produktion: Die staatlichen Bilanzen halten nur noch ein zahlenmäßiges, statistisches, sinnentleertes Wachstum fest — eine Inflation verrechenbarer Zeichen, die nicht einmal mehr die Kraft haben, die Phantasie des Kollektivwillens anzuregen. Das Wachstumspathos ist ebenso unwiderruflich dahin wie das Pathos der Produktion, deren letzte verrückte, paranoische Aufwallung es war. Heute ist dieses Wachstum zahlenmäßig im Rückgang begriffen und niemand glaubt mehr daran. Um so weniger kann man darauf verzichten, die Arbeit als gesellschaftliche Zuteilung zu reproduzieren, als Reflex, als Moral, als Konsens, als Steuerung, als Realitätsprinzip. Aber Realitätsprinzip des *Codes*: Ein gigantisches *Ritual von Zeichen der Arbeit* breitet sich über die ganze Gesellschaft aus — einerlei, ob das noch produziert. Hauptsache, es reproduziert sich. Eine Sozialisation durch das Ritual, durch die Zeichen, die sehr viel wirksamer ist als die durch die in der Produktion steckenden Energien. Was man von euch verlangt, ist nicht, zu produzieren, euch zu überschreiten in der Anstrengung (diese klassische Ethik wäre eher verdächtig), sondern euch zu sozialisieren. Es geht darum, nur so weit Wert anzunehmen nach der strukturellen Definition, die hier ihre ganze *gesellschaftliche* Tragweite bekommt, wie er durch wechselseitig aufeinander bezogene Ausdrücke bestimmt wird. Es geht darum, im allgemeinen Szenario der Produktion als Zeichen zu fungieren, ganz wie die Arbeit oder die Produktion nur noch als Zeichen fungieren, als Termini, die mit der Nicht-Arbeit, dem Konsum, der Kommunikation usw. vertauschbar sind. Eine vielfältige, unaufhörliche, kreisende Beziehung zum Netz aller anderen Zeichen. Die Arbeit, die derart ihre Energie und ihre Substanz verloren hat (wie jede Besetzung überhaupt), lebt als Modell sozialer Simulation wieder auf, das nunmehr alle anderen Kategorien der politischen Ökonomie in die aleatorische Sphäre des Codes überführt.

Es ist von einer beunruhigenden Seltsamkeit, dieses plötzliche Untertauchen in einer Art sekundärer Existenz, die die ganze Dichte des früheren Lebens hinter sich lässt, denn der traditionelle Arbeitsprozess besaß eine Art Vertrautheit und Intimität. Selbst das Konkrete der Ausbeutung, die gewaltsame Gesellschaftlichkeit der Arbeit, hat noch einen vertrauten Sinn. So etwas gibt es heute nicht mehr, und das beruht nicht so sehr auf der *operativen* Abstraktheit des *Arbeitsprozesses,* der so oft beschrieben wurde, als vielmehr darauf, dass alle *Signifikation* der Arbeit auf ein *operationales* Feld überführt wird, auf dem sie zu einer flottierenden Variablen wird, und mit ihr das ganze Imaginäre des früheren Lebens.

Jenseits der Verselbständigung des *Modus* der Produktion (jenseits der Zuckungen, Widersprüche und Umwälzungen, die zum Modus gehören) ist es notwendig, den *Code* der Produktion zum Vorschein zu bringen. Dies ist die Dimension, die sie heute annimmt, am Ende einer »materialistischen« Geschichte, der es gelungen ist, sie als Prinzip aller realen gesellschaftlichen Bewegungen zu legalisieren. (Für Marx haben Kunst, Religion, Recht usw. keine eigenständige Geschichte — nur die Produktion hat eine Geschichte, oder besser: Sie ist die Geschichte, sie *begründet* die Geschichte: Die unglaubliche Fabelei von Arbeit und Produktion als historischer Vernunft und Modell der Vollendung der Menschengattung.)

Das Ende dieser religiösen Verselbständigung der Produktion lässt ahnen, dass das alles genauso gut vor nicht allzu langer Zeit *produziert* worden sein könnte, diesmal im Sinne einer Inszenierung und eines Szenarios, und das zu Zwecken, die ganz verschieden sind von den internen Zwecksetzungen (z. B. der Revolution), die die Produktion absondert.

Die Produktion als Code zu analysieren, heißt, die materielle Evidenz von Maschinen und Fabriken, von Arbeitszeit, Produkt, Lohn und Geld hinter sich zu lassen, ebenso wie die eher formale, aber gleichfalls »objektive« Existenz von Mehrwert, Markt und Kapital, um die Spielregel auszumachen — es heißt, das logische Gerüst der Instanzen des Kapitals zu zerstören, und selbst das kritische Gerüst der marxistischen Kategorien, die es analysieren und die nur die Kategorien einer sekundären Erscheinung des Kapitals sind, eben die seines *kritischen* Scheins, es heißt, dies alles zu zerstören, um die elementaren Signifikanten der Produktion auszumachen, die von ihr geschaffene gesellschaftliche Beziehung, die für immer unter der historischen Illusion der Produzenten (und Theoretiker) vergraben zu sein scheint.

## Die Arbeit

Die Arbeitskraft ist keine Kraft, sie ist eine Definition, ein Axiom, und ihre »reale« Anwendung im Arbeitsprozess, ihr »Gebrauchswert« ist nur die Verdoppelung dieser Definition im Codierungsprozess. Auf der Ebene der Zeichen, niemals auf der Ebene der Energie, findet die fundamentale Gewalt statt. Der *Kapitalmechanismus* (nicht dessen Gesetz) dreht sich um den Mehrwert, um die Differenz von Arbeitslohn und Arbeitskraft. Aber auch wenn es eine Äquivalenz zwischen beiden gäbe, und damit ein Ende des Mehrwerts, und selbst wenn der Lohn (der Verkauf von Arbeitskraft) abgeschafft würde, so bliebe der Mensch von diesem Axiom gezeichnet, von dieser Aufgabe der Produktion, von diesem Sakrament der Arbeit, die er wie ein Geschlecht mit sich herumträgt. Nein, der Arbeiter ist kein Mensch mehr, er ist weder Mann noch Frau, denn er hat ein ganz eigenes Geschlecht: diese Arbeitskraft, die seinen Zweck bestimmt. Er ist von ihr so gezeichnet wie die Frau durch ihr Geschlecht (ihre sexuelle Definition), wie der Schwarze durch seine Hautfarbe — sie alle sind nur Zeichen, nichts als Zeichen.

Es ist zu unterscheiden zwischen dem, was nur vom Produktionsmodus, und dem, was vom Produktionscode abhängt. Bevor die Arbeitskraft ein Element des Wertgesetzes der Ware wird, ist sie ein Statut, eine Struktur, die einem Code gehorcht. Bevor sie Tauschwert oder Gebrauchswert wird, ist sie, wie jede andere Ware auch, das *Zeichen* der Verwandlung von Natur in Wert, durch das sich die Produktion definiert. Dies ist das grundlegende

Axiom unserer – und nur unserer – Kultur. Vor allen quantitativen Äquivalenzen läuft diese Botschaft unter der Ware einher: Die Natur ist (wie der Mensch) der Unbestimmtheit zu entreißen und der Wertbestimmung zu unterwerfen. In der Bauwut mit ihren Bulldozern, Autobahnen und Infrastrukturmaßnahmen, in der zivilisatorischen Wut des produktiven Zeitalters macht sich das bemerkbar. Diese Wut kann keinen Fleck unproduziert sein lassen. In ihr wird alles mit »Produktion« bekritzelt. Selbst wenn es keine Hoffnung auf eine Mehrung des Reichtums gibt, es wird produziert, um Zeichen zu hinterlassen, es wird produziert, um den gezeichneten Menschen zu reproduzieren. Was ist die Produktion heute anderes als dieser Terrorismus des Codes? Uns wird etwas klar, was schon den ersten Generationen der Industrialisierung klar war, die die Maschinen als Todfeinde behandelten, als Träger der Zerstörung aller Strukturen, bevor sich der süße Traum einer geschichtlichen Dialektik der Produktion entfaltete. Die ludditischen Praktiken, die bald hier, bald da zu Tage treten, die Rohheit, die sich am Produktionsinstrument auslässt (und zuerst an einem selbst, sofern man Produktivkraft ist), die grassierende Sabotage und Desertion verraten einiges über die Brüchigkeit der produktiven Ordnung. Maschinen zu stürmen erscheint als sinnloser Akt, wenn diese Produktionsmittel sind, wenn ihnen also die Zweideutigkeit eines künftigen Gebrauchswerts innezuwohnen scheint. Brechen aber die Zwecke dieser Produktion zusammen, dann fällt auch der Respekt, der den Mitteln gebührt, und die Maschinen erscheinen als das, was sie sind, als Zeichen, die direkt und unmittelbar das gesellschaftliche Todesverhältnis in Gang setzen, von dem das Kapital lebt. Ihrer sofortigen Zerstörung steht dann nichts mehr entgegen. Die Ludditen (Maschinenstürmer) sahen in dieser Hinsicht die Tragweite des Einbruchs der industriellen Ordnung wesentlich klarer als Marx, und heute erleben sie so etwas wie ihre Revanche, am *katastrophischen* Ende dieser Entwicklung, zu dem Marx selbst uns geführt hat, mit seiner *dialektischen* Euphorie der Produktivkräfte.

Wenn man sagt, dass die Arbeit Zeichen ist, so hat das nichts zu tun mit den Konnotationen des Prestiges, die sich an eine bestimmte Arbeit knüpfen, und nicht einmal mit dem Aufstieg, den die Lohnarbeit in den Augen seiner Stammesgemeinschaft für den algerischen Immigranten darstellt oder für den marokkanischen Jugendlichen aus dem Hohen Atlas, dessen einziger Traum darin besteht, bei SIMCA zu arbeiten, und für die Frauen noch bei uns. In diesen Fällen verweist die Arbeit auf einen ihr eigenen Wert, einen Rangzuwachs oder einen Rangunterschied. Im aktuellen Szenario beruht die Arbeit nicht mehr auf dieser referenziellen Definition des Zeichens. Es gibt keine Eigenbedeutung mehr für eine bestimmte Art der Arbeit oder für die Arbeit überhaupt, sondern ein Arbeitssystem, in dem die einzelnen Posten austauschbar sind. Nicht mehr »the right man in the right place« [der rechte Mann am rechten Platz], wie das alte Sprichwort eines wissenschaftlichen Produktionsideals lautet. Aber auch keine austauschbaren, wenngleich für einen determinierten Arbeitsablauf unentbehrlichen Individuen mehr. Der Arbeitsprozess selbst ist austauschbar geworden: zu einer beweglichen, vieldeutigen, diskontinuierlichen und indifferenten Aufnahmestruktur für beliebige Ziele, die indifferent der Arbeit selbst gegenüber ist, der Arbeit in ihrer klassischen Prägung, und die allein dazu gebraucht wird, um jeden in einem sozialen Netz zu lokalisieren, in dem nichts mehr konvergiert, es sei denn in der Immanenz dieses operationalen Rasters — ein indifferentes Paradigma, das alle Individuen nach der gleichen Wurzel dekliniert, oder ein Syntagma, das sie nach einer freien Kombinatorik miteinander assoziiert.

Die Arbeit (auch in der Form der Freizeit) ergreift das ganze Leben als fundamentale Repression, als Kontrolle, als permanente Beschäftigung an festgelegten Orten und zu festgelegten Zeiten, nach einem allgegenwärtigen Code. Die Menschen müssen überall fixiert werden, in der Schule, in der Fabrik, am Strand, vor dem Fernseher oder in der beruflichen Weiterbildung — eine permanente und generelle Mobilisierung. Diese Arbeit ist jedoch nicht mehr im ursprünglichen Sinn produktiv: Sie ist nur noch der Spiegel der Gesellschaft, ihr Imaginäres, ihr phantastisches Realitätsprinzip. Vielleicht ihr Todestrieb.

Dazu tendiert die ganze gegenwärtige Strategie, die sich um die Arbeit dreht: »job enrichment« [Arbeitsbereicherung], gleitende Arbeitszeit, größere Beweglichkeit, permanente Umschulung und Weiterbildung, Autonomie, Autosuggestion, Dezentralisierung des Arbeitsprozesses, bis hin zur kalifornischen Utopie der ins Wohnzimmer gelieferten Bildschirmarbeit. Man reißt euch nicht mehr barbarisch aus eurem Leben heraus, um euch der Maschine auszuliefern – man integriert euch mitsamt eurer Kindheit, euren Ticks, euren menschlichen Beziehungen, euren unbewussten Trieben, und selbst mit eurer Arbeitsverweigerung –, man wird schon einen Platz mit alldem für euch finden, einen persönlichen Arbeitsplatz, oder, wenn nicht, so doch eine Arbeitslosenunterstützung, die nach eurer persönlichen Gleichung berechnet ist – jedenfalls wird man euch nie mehr verlassen, die Hauptsache ist, dass jeder sich als Zielpunkt des ganzen Netzes begreift, als minimaler Zielpunkt, aber doch als Ziel und Ausdruck des Ganzen, Ausdruck der Sprache, Ausdruck des ganzen strukturalen Netzes des Sprache – also, bitte, kein unartikulierter Schrei. Die freie Wahl der Arbeit selbst, die Utopie einer Arbeit nach dem Maß eines jeden bedeutet nur: *Das Spiel ist aus*, die Aufnahmestruktur ist total geworden. Die Arbeitskraft verkauft sich nicht, noch wird sie schlicht und einfach gekauft: Sie wird zum Design, wird vermarktet und gehandelt – die Produktion trifft sich mit dem Zeichensystem der Konsumwelt.

Ein erstes Stadium der Analyse bestand darin, die Konsumtionsphäre als Erweiterung der Sphäre der Produktivkräfte zu begreifen. Das Umgekehrte ist angebracht. Man muss begreifen, dass die ganze Sphäre der Produktion, der Arbeit und der Produktivkräfte in die Sphäre der »Konsumtion« kippt, d.h. in die Sphäre einer allgemeinen Axiomatik, eines codierten Zeichenaustauschs, eines durchgängigen Designs des Lebens. Ebenso das Wissen, die

Erkenntnisse, das Verhalten (Verres: »Warum sollte man das Verhalten des Personals nicht als Ressource ansehen, deren Erschließung die Aufgabe des Unternehmers ist?«[4]), aber so auch die Sexualität, der Körper und die Phantasie. (Verres: »Nur die Phantasie ist noch mit dem Lustprinzip verknüpft, während der psychische Apparat dem Realitätsprinzip untertan ist [Freud]. Dieser Vergeudung muss ein Ende gesetzt werden. Die Phantasie soll sich mausern zur Produktivkraft, sie soll sich investieren. Die Phantasie an die Macht = die Losung der Technokratie.«[5]) Ebenso das Unbewusste, die Revolution usw. Ja, all das ist auf dem Weg, investiert und in der Wertsphäre verschluckt zu werden, aber nicht so sehr vom Warenwert als vom verrechenbaren Wert. Das heißt, es wird nicht mobilisiert für die Produktion, sondern es wird registriert, angewiesen und aufgefordert, als operationale Variable zu dienen, denn es ist nicht zur Produktivkraft geworden, sondern zu einem Ensemble von Figuren auf dem Schachbrett des Codes, der alles der gleichen Spielregel unterwirft. Das Axiom der Produktion tendiert erst dazu, alles auf *Faktoren* zu reduzieren, das Axiom des Codes dagegen reduziert alles auf *Variable*. Das eine führt zur Aufstellung von Gleichungen und Kraftbilanzen. Das andere führt zu veränderlichen und aleatorischen Ensembles, die das, was ihnen widersteht oder entgeht, nicht *annektieren*, sondern neutralisieren, indem sie auf Konnex schalten.

Das geht über die wissenschaftliche Arbeitsorganisation weit hinaus, obschon ihr Auftreten einen wichtigen Markstein beim Eindringen des Codes darstellt. Es lassen sich dabei zwei Phasen unterscheiden:

Auf die »vorwissenschaftliche« Phase des Industriesystems, die durch maximale Ausbeutung der Arbeitskraft gekennzeichnet ist, folgt die Phase der Maschinerie, des Vorwiegens von fixem

4 [Verres, Le discours du capitalisme, S. 36.]

5 [Verres, ebenda, S. 74.]

Kapital, wo »die vergegenständlichte Arbeit (...) nicht nur in der Form des Produkts oder des als Arbeitsmittel angewandten Produkts, sondern der Produktivkraft selbst« erscheint.[6] Diese Akkumulation vergegenständlichter Arbeit, die die lebendige Arbeit als Produktivkraft verdrängt, steigert sich schließlich durch die Akkumulation von Wissen ins Unermessliche: »Die Akkumulation des Wissens und des Geschicks, der allgemeinen Produktivkräfte des gesellschaftlichen Hirns, ist so der Arbeit gegenüber absorbiert in dem Kapital und erscheint daher als Eigenschaft des Kapitals, und bestimmter des *Capital fixe*.«[7]

Diese Phase der Maschinerie, des wissenschaftlichen Apparats, des Gesamtarbeiters und der wissenschaftlichen Betriebsführung ist diejenige, von der Marx sagt: »Der Produktionsprozeß hat aufgehört, Arbeitsprozeß in dem Sinn zu sein, daß die Arbeit als die ihn beherrschende Einheit über ihn übergriffe.«[8] Es gibt keine Produktivkraft im »ursprünglichen« Sinn mehr, sondern eine allgemeine Maschinerie, die die Produktivkräfte in Kapital verwandelt — oder vielmehr eine Maschinerie, *die Produktivkraft und Arbeit fabriziert*. Der ganze gesellschaftliche Arbeitsapparat wird durch diesen Vorgang entschärft: Die Gesamtmaschinerie macht sich daran, direkt die gesellschaftlichen Zwecke zu produzieren, sie produziert die Produktion.

Die tote Arbeit herrscht über die lebendige. Die ursprüngliche Akkumulation ist nichts anderes als die Akkumulation toter Arbeit bis zu dem Punkt, an dem diese fähig wird, die lebendige Arbeit in sich aufzusaugen — besser: Sie für ihre eigenen Zwecke unter ihrer Kontrolle zu produzieren. Das Ende der ursprünglichen Akkumulation bezeichnet darum die entscheidende Wende der politischen Ökonomie: Den Übergang zur Vorherrschaft der toten Arbeit, zu einer gesellschaftlichen Beziehung, die sich in der

6 Marx, Grundrisse der Kritik der politischen Ökonomie, S. 594.

7 Marx, ebenda.

8 Marx, ebenda, S. 593.

toten Arbeit kristallisiert und verkörpert, einer Arbeit, die auf der ganzen Gesellschaft lastet wie der Code der Beherrschung selbst. Es war der phantastische Irrtum von Marx, trotz allem an die Unschuld der Maschine, der Technik und der Wissenschaft zu glauben, zu glauben, dass alles wieder zu gesellschaftlich lebendiger Arbeit werden könnte, wenn erst einmal das Kapital aufgelöst wäre. Genau darauf beruht jedoch das Kapital. Es war ein frommer Wunsch, der daher kam, dass man den Tod in der toten Arbeit unterschätzte und annahm, dass das Tote jenseits eines gewissen entscheidenden Punktes, in einer Art historischem Auffahren der Produktion, als Lebendiges wiederauferstehen würde.

Doch hat Marx so etwas geahnt, wenn er die Eigenschaft der vergegenständlichten Arbeit, sich in Kapital zu verwandeln, damit gleichsetzt, die Produktionsmittel in Mittel zur *Kommandierung* der lebendigen Arbeit zu verwandeln. Das schimmert auch durch die Formel durch: »Er [der Arbeiter] tritt *neben den Produktionsprozeß*, statt sein Hauptagent zu sein.«[9] Eine Formulierung, die weit über die politische Ökonomie und ihre Kritik hinausgeht, da sie wortwörtlich besagt, dass es sich nicht mehr um einen Produktionsprozess handelt, sondern um einen Ausschluss- und Verbannungsprozess.

Indes muss man daraus auch alle Schlussfolgerungen ziehen. Wenn die Produktion diese Zirkularität erreicht und sich um sich selbst dreht, verliert sie jede objektive Determination. Sie verzaubert sich selbst zu einem Mythos durch ihre eigenen, zu Zeichen geronnenen Bestimmungen. Wenn gleichzeitig dieser Bereich der Zeichen (einschließlich der Medien, der Information usw.) aufhört, ein spezifischer Bereich zu sein, um von nun an die Einheit der weltweiten Kapitalentfaltung darzustellen, dann muss man nicht nur mit Marx sagen: »Der Produktionsprozeß hat aufgehört Arbeitsprozeß (...) zu sein«, sondern auch: Die Kapitalentwicklung hört auf, ein Produktionsprozess zu sein.

9 Marx, ebenda, S. 601. [Hervorhebung vom Autor].

Mit der Vorherrschaft der toten über die lebendige Arbeit bricht die ganze Dialektik der Produktion zusammen. Gebrauchswert/Tauschwert, Produktivkräfte/Produktionsverhältnisse, all diese Entgegensetzungen, die den Marxismus regieren (nach dem gleichen Schema im Grunde wie das rationalistische Denken, das auf den Entgegensetzungen von wahr und falsch, Schein und Wirklichkeit, Natur und Kultur beruht), werden gleicherweise neutralisiert. Alles in der Produktion und Ökonomie wird vertauschbar, umkehrbar, auswechselbar nach der gleichen unbegrenzten Spiegelung wie in der Politik, in der Mode oder in den Medien. Unbegrenzte Spiegelung der Produktivkräfte und Produktionsverhältnisse, des Kapitals und der Arbeit, des Gebrauchswerts und des Tauschwerts: Derart vollzieht sich die Auflösung der Produktion im Code. Das Wertgesetz liegt heute nicht mehr so sehr in der Austauschbarkeit aller Waren im Zeichen des allgemeinen Äquivalents, sondern in der ganz anders radikalen Austauschbarkeit aller Kategorien der politischen Ökonomie (und ihrer Kritik) nach dem Code. Alle Bestimmungen des »bürgerlichen« Denkens wurden durch das materialistische Denken der Produktion neutralisiert und aufgehoben, das alles auf eine einzige große, historische Determination zurückführte. Aber diese wird nun ihrerseits durch eine Revolution der Begriffe des Systems neutralisiert und absorbiert. Und so wie frühere Generationen von einer vorkapitalistischen Gesellschaft träumten, beginnen wir von der politischen Ökonomie wie von einem verlorengegangenen Gegenstand zu träumen, und ihr Diskurs lenkt nur darum soviel Aufmerksamkeit auf sich, weil sie dieser verlorengegangene Gegenstand ist.

Marx: »Wie der Wert dieser Dienste reguliert wird, und wie dieser Wert selbst durch die Gesetze des Arbeitslohns bestimmt wird, ist eine Frage, die mit der Untersuchung über das vorliegende Verhältnis (von produktiver und unproduktiver Arbeit) nichts zu tun hat und in das Kapitel vom Arbeitslohn gehört.«[10] Dieser Teil des

10 Marx, Theorien über den Mehrwert, S. 380.

»Kapitals« wurde nie geschrieben[11]: Die Probleme, die diese Unterscheidung aufwerfen würde, die sich mit der Unterscheidung zwischen der produktiven und unproduktiven Arbeit deckt, sind vollkommen unlösbar. Die marxistischen Definitionen der Arbeit krachen an allen Ecken und Enden, und das von Anfang an. In den »Grundrissen« heißt es: *»Produktiv ist die Arbeit nur, indem sie ihr eignes Gegenteil* [Kapital] *produziert.*«[12] Woraus man logisch ableiten kann, dass die Arbeit, wenn sie sich selbst reproduziert, wie das im ganzen Umfang des »Gesamtarbeiters« der Fall ist, aufhört, produktiv zu sein. Es ist die unvorhergesehene Folge einer Definition, die nicht einmal in Erwägung zieht, dass das Kapital sich auch in etwas anderem als dem »Produktiven« verwurzeln kann, und vielleicht gerade in der ihrer Produktivität beraubten Arbeit, in der »unproduktiven« Arbeit, in der auf irgendeine Weise neutralisierten Arbeit, in der das Kapital jedoch die gefahrvolle Festlegung auf die »produktive« Arbeit umspielen und seine reale Vorherrschaft nicht nur über die Arbeit, sondern über die ganze Gesellschaft errichten kann. Indem Marx diese »unproduktive« Arbeit verachtet, ist er an der wahrhaften *Nichtdefinition* der Arbeit, auf der die Strategie des Kapitals beruht, vorbeigegangen.

»Die Produktion für unproduktive Konsumtion ist quite as productive as that for productive consumption, always supposed that it produces or reproduces capital.«[13] Das Paradoxe daran ist nun, dass der Definition von Marx entsprechend ein wachsender Anteil menschlicher Arbeit unproduktiv wird, ohne dass dies ersichtlich das Kapital darin hinderte, seine Herrschaft zu vertiefen. In der Tat ist das alles frisiert, es gibt nicht zwei oder drei Sor-

11 [Gemeint ist das Buch »Von der Lohnarbeit«, das noch 1857 geplant war, später aufgegeben wurde und im 6. Abschnitt des 1. Bandes des »Kapitals«, »Der Arbeitslohn«, angesprochen wird.]

12 Marx, Grundrisse der Kritik der politischen Ökonomie, S. 226.

13 Marx, ebenda, S. 227. [… in etwa so produktiv wie die für produktive Konsumtion; immer vorausgesetzt, dass sie Kapital produziert oder reproduziert.]

ten Arbeit;[14] das Kapital selbst hat Marx diese spitzfindigen Unterscheidungen eingeflüstert, aber das Kapital hat niemals genügend Dummheit besessen, um daran zu glauben, es hat sich immer »naiv« darüber hinweggesetzt. Es gibt eine einzige Art von Arbeit, eine wirklich fundamentale Definition, und das Pech will, dass es jene ist, die Marx fallengelassen hat. Denn wenn sich alle Arbeiten heute in eine einzige Definition einreihen lassen, dann in jene, die die Arbeit als Dienst sieht, in jene archaische, unanalysierte Mischkategorie, und nicht in die klassische, angeblich universelle der »proletarischen« Lohnarbeit.

Arbeit als Dienst –: nicht im feudalistischen Sinn, denn die Arbeit hat die Bedeutung der Verpflichtung und der Gegenseitigkeit, die sie im feudalistischen Zusammenhang besaß, verloren, sondern in dem Sinn, wie ihn Marx versteht: Im Dienst ist die Leistung vom Leistenden nicht trennbar. Ein archaischer Aspekt in der produktivistischen Sichtweise des Kapitals, der jedoch fundamental ist, wenn man das Kapital als Herrschaftssystem begreift, als System der »Belehnung« einer Gesellschaft der Arbeit, d.h. eines bestimmten Typs politischer Ordnung, dessen Spielregel die Arbeit ist. Das ist die Lage, in der wir uns befinden (wenn es sich nicht gar schon zur Zeit von Marx so verhielt): Umkippen

14 Marx, dieser schlaue Jesuit, war nahe daran, dies mit seinem Konzept des Gesamtarbeiters zu erkennen: »Das Produkt verwandelt sich überhaupt aus dem unmittelbaren Produkt des unmittelbaren Produzenten in ein gesellschaftliches, in das gemeinsame Produkt eines Gesamtarbeiters, d.h. eines kombinierten Arbeitspersonals, dessen Glieder der Handhabung des Arbeitsgegenstandes näher oder ferner stehn. Mit dem kooperativen Charakter des Arbeitsprozesses selbst erweitert sich daher notwendig der Begriff der produktiven Arbeit und ihres Trägers, des produktiven Arbeiters. Um produktiv zu arbeiten, ist es nun nicht mehr nötig, selbst Hand anzulegen; es genügt, Organ des Gesamtarbeiters zu sein, irgendeine seiner Unterfunktionen zu vollziehn. Die obige ursprüngliche Bestimmung der produktiven Arbeit, aus der Natur der materiellen Produktion selbst abgeleitet, bleibt immer wahr für den Gesamtarbeiter, als Gesamtheit betrachtet. Aber sie gilt nicht mehr für jedes seiner Glieder, einzeln genommen.« (Marx, Das Kapital, Bd. I, S. 531f.)

aller Arbeit in den Dienst — die Arbeit als schlichte Anwesenheit auf der Stelle, als Verbrauch von Zeit, *Ableistung* von Zeit. Arbeit »bekunden«, wie man seine Anwesenheit bekundet, wie man seine Untertänigkeit bekundet. In diesem Sinne ist die Leistung tatsächlich vom Leistenden nicht trennbar. Der geleistete Dienst ist die Bindung des Körpers, von Zeit, Raum und grauer Materie. Ob das produziert oder nicht, ist gleichgültig im Hinblick auf diese persönliche Registrierung. Der Mehrwert macht sich offensichtlich aus dem Staub, und der Lohn nimmt eine andere Bedeutung an, worauf wir noch zurückkommen werden. Dies ist keine »Regression« des Kapitals zum Feudalismus, dies ist der Übergang zur *realen* Beherrschung, d.h. zur totalen Erfassung und Inbeschlagnahme der Personen. Dahin tendieren alle Anstrengungen, die Arbeit zu »retotalisieren«: Sie laufen darauf hinaus, aus der Arbeit einen totalen Dienst zu machen, dem sich der Dienstleistende immer weniger entziehen kann, in den er sich immer mehr persönlich verstrickt.

In diesem Sinn unterscheidet sich die Arbeit nicht mehr von anderen Praktiken, und insbesondere nicht von ihrem Gegenteil, der Freizeit, die heute gleichfalls eine *Dienstleistung* ist, weil sie die gleiche Mobilisierung, die gleiche Investition (oder den gleichen Investitionsausfall im produktiven Sinn) voraussetzt[15] — und

15 Die Freizeit ist, wenn man so will, eine Form »komplexer Arbeit« in dem Sinn, in dem diese, im Gegensatz zur einfachen Arbeit, die Definition des Dienstes erfüllt: Einheit von Leistung und Leistendem, Nicht-Äquivalenz mit abstrakter gesellschaftlicher Arbeitszeit, Nicht-Äquivalenz mit einem Lohn, der die Arbeitskraft reproduziert. Marx hätte dies sehen können, wenn er sich nichts vorgemacht hätte über die produktive Arbeit und ihre vielfachen Unterscheidungen, die alle darauf hinausliefen, das historische Subjekt zu retten: den produktiven Arbeiter. Statt über die Freizeit zu phantasieren: »Zur Perfektion getrieben, würde die Verdinglichung der menschlichen Arbeitskraft die verdinglichte Form dadurch zerstören, dass sie die Kette durchschnitte, die das Individuum an die Maschinerie bindet. (...) Vollständige Automation im Reich der Notwendigkeit würde die Dimension freier Zeit als diejenige eröffnen, in der das private und gesellschaftliche Dasein sich ausbilden würde« (Marcuse,

die von Rechts wegen bezahlt werden müsste (was wohl möglich wäre).[16] Kurz, es ist nicht nur die imaginäre Unterscheidung zwischen produktiver und unproduktiver Arbeit aufgeflogen, sondern sogar die Unterscheidung zwischen der Arbeit und dem Rest. Es gibt ganz einfach keine Arbeit in der spezifischen Bedeutung des Begriffs mehr, und Marx hat im Grunde gut daran getan, diesen Band des »Kapitals« nicht geschrieben zu haben: Er war schon im Voraus verurteilt.

Der eindimensionale Mensch, S. 57), hätte Marcuse verstanden, dass das System durch den technischen Fortschritt und die Automation die Freizeit als extreme Verdinglichung der Arbeitskraft produziert, als vollendete Gestalt abstrakter gesellschaftlicher Arbeitszeit — gerade in der umgekehrten Simulation der Nichtarbeit.

Eine andere Art »komplexer« Arbeit: die Ausbildung, Qualifikation, Schule usw. Man neigt dazu, auch das in Begriffen des Mehrwerts zu analysieren, als Reinvestierung des Kapitals in Wissen, Ausbildung und Studium, eines konstanten Kapitals, das zum einfachen Arbeiter zugesetzt wird. Adam Smith: »Ein Mensch, der unter viel Arbeits- und Zeitaufwand zu einem derjenigen Berufe, die ungewöhnliche Fertigkeit und Geschicklichkeit erfordern, herangebildet wird, kann mit einer kostspieligen Maschine verglichen werden.« [Adam Smith, An Inquiry into the Nature and Causes of the Wealth of Nations, Bd. 1, Kap. 10 (09)] Irrtum. Unterricht, Ausbildung und Schule sind keine umgeleiteten Investitionen. Sie bezeichnen unmittelbar das gesellschaftliche Verhältnis von Domestikation und Kontrolle. Das Kapital sucht dort keine komplexe Arbeit, es verliert sogar absolut dabei, es opfert einen enormen Anteil seines »Mehrwerts« für die Reproduktion seiner Vorherrschaft.

16 Die Lohnfortzahlung bei Arbeitslosigkeit ist schon so etwas (in Frankreich nunmehr für die Dauer eines Jahres nach der Entlassung). Aber das Projekt der »negativen Steuern«, das in manchen Ländern bereits Wirklichkeit ist, geht noch darüber hinaus; es sieht einen minimalen Grundlohn für alle vor, für Mütter, Behinderte, arbeitslose Jugendliche, der von einem eventuellen Arbeitsentgelt abzuziehen ist. Die Arbeitslosigkeit verschwindet hier ganz einfach als kritische Konjunktur (mit allem, was sie politisch bedeutet). Die Arbeit wird zu einer Option, der Lohn zu einem Existenzvisum, zu einer automatischen Einschreibung in den Gesellschaftsapparat. Das Kapital hält zwar immer noch an der Entlohnung fest, aber jetzt nur noch an ihrer reinen Form, die von der Arbeit entbunden ist — der Signifikant ist, nach dem Geldvergleich Saussures, vom Signifikat entbunden —, die nur ihr vorübergehender Inhalt war.

Genau in diesem Augenblick werden die Arbeiter zu »Produktionsagenten« – die Verschiebungen in der Terminologie haben ihre Bedeutung, und diese hier ist ein euphemistischer Ausdruck für den Status dessen, der nichts mehr produziert. Schon der »angelernte Arbeiter« am Fließband war nicht mehr der Arbeiter schlechthin, sondern der Arbeiter, der vor der totalen Entdifferenzierung der Arbeit stand. Er hatte es nicht mehr mit einem Arbeitsinhalt und einem spezifischen Lohn zu tun, sondern mit der verallgemeinerten Form der Arbeit und dem politischen Lohn. Mit dem »Produktionsagenten« entfaltet sich die abstrakteste Form, die noch sehr viel abstrakter ist als die alte des bis aufs Blut ausgebeuteten Fließbandarbeiters: Es ist das *Arbeitsmannequin*, das auftaucht, der kleinste gemeinsame Nenner, der Pikkolo als Basis eines Irrealitätsprinzips der Arbeit. Ein genialer Euphemismus: Man arbeitet nicht mehr, man zelebriert einen Produktionsakt: Das ist das Ende einer Produktions- und Arbeitskultur, und entsprechend taucht e contrario der Terminus »produktiv« auf. Was diesen »Produktionsagenten« kennzeichnet, ist nicht mehr seine Ausbeutung, nicht mehr sein Dasein als Rohstoff im Arbeitsprozess, es ist seine Mobilität, seine Austauschbarkeit, seine Eigenschaft, unnützes Anhängsel des fixen Kapitals zu sein. Der »Produktionsagent« bezeichnet die Extremform des Arbeiters, der neben den Produktionsprozess tritt, von dem Marx gesprochen hat.

Das Stadium, in dem der Kapitalprozess aufhört, ein Produktionsprozess zu sein, ist zugleich das des Verschwindens der Fabrik: Die Gesamtheit der Gesellschaft nimmt das Aussehen einer Fabrik an. Die Fabrik als solche muss verschwinden, die Arbeit muss ihren spezifischen Charakter verlieren, damit das Kapital diese extensive Verwandlung ihrer Form zur Form der Gesellschaft insgesamt sicherstellen kann. Man muss also das Verschwinden der determinierten Arbeitsstätten zur Kenntnis nehmen, das Verschwinden des durch Arbeit determinierten Subjekts, der durch gesellschaftliche Arbeit determinierten Zeit, kurz das Verschwinden der Fabrik, der Arbeit und des Proletariats, wenn man die gegenwärtige reale Herrschaft des Kapitals analysieren will.[17] Beendet ist das Stadium, in dem die Gesellschaft eine Filiale oder der Überbau der Fabrik war, die virtuelle Reservearmee des Kapitals. Das Prinzip der Fabrik und der Arbeit explodiert und verbreitet sich über den ganzen Raum der Gesellschaft – derart, dass eine Unterscheidung zwischen beiden »ideologisch« wird: Es wird zu einer Falle des Kapitals, im revolutionären Imaginären eine besondere und vorrangige Präsenz der Fabrik zu erhalten. Die Arbeit ist überall, weil es keine Arbeit mehr gibt. Nun ist es so weit, dass sie ihre endgültige, ihre vollständige Form, ihr *Prinzip* erreicht, in dem sie auf die Prinzipien trifft, die sich im Lauf der Geschichte in jenen anderen gesellschaftlichen Bereichen, die der Manufaktur vorangingen und ihr als Modell dienten, herausgebildet haben: das Irrenhaus, das Ghetto, das hôpital général, das Gefäng-

17 An der gesellschaftlichen Entwicklung des Wohnens lässt sich deutlich erkennen, wie sich die Strategie des Kapitals von einem ökonomischen Prozess zu einem extensiven Prozess verlagert.
Die Arbeiterwohnung ist zuerst nichts als ein Loch, eine Unterabteilung der Fabrik, der funktionale Ort der Reproduktion der Arbeitskraft, während der strategische Ort die Fabrik und das Unternehmen bleibt. Das Wohnen ist noch nicht durch die Kapitalform besetzt.
Langsam und allmählich wird die Wohnung als markanter Raum-Zeit-Komplex besetzt, in einem Prozess direkter und verallgemeinerter Kontrolle des gesellschaftlichen Raums – sie wird zum Reproduktionsort nicht mehr der Arbeit, sondern des Wohnens selbst als spezifischer Funktion, als direkter Form gesellschaftlicher Beziehung, sie dient der Reproduktion nicht mehr des Arbeiters, sondern des Bewohners selbst, des Benutzers. Denn der Benutzer ist nach dem Proletarier zum Idealtyp des Sklaven der Industrie geworden. Der Benutzer der Güter, der Benutzer der Worte, der Benutzer des Geschlechts, der Benutzer der Arbeit selbst (der Arbeiter, der »Produktionsagent«, wird zum Benutzer seiner Fabrik und seiner Arbeit, als individueller und kollektiver Ausrüstung, als einer Form des Sozialdienstes), der Benutzer der Transportmittel, aber auch der Benutzer seines Lebens und seines Todes.
Eine dezentrierte, extensive, sich in alle Richtungen erstreckende Strategie ist die Benutzung, die Aneignung des Gebrauchswerts, die vollendete Form der Autogestion gesellschaftlicher Kontrolle.

nis, all diese Verwahrungs- und Konzentrationsanstalten, die unsere Kultur in ihrer Entwicklung zur Zivilisation hin abgesondert hat. Auch all diese festgelegten Orte verlieren übrigens heute ihre Begrenzungen, sie breiten sich über die gesamte Gesellschaft aus, weil die Form der Anstalt, die Form des Gefängnisses, die Diskriminierung nunmehr die Gesellschaft in ihrer Gesamtheit, alle Momente des wirklichen Lebens erfasst.[18] Von all dem bleibt noch etwas zurück – Fabriken, Irrenhäuser, Gefängnisse, Schulen –, und es wird sicher immer etwas zurückbleiben, zur Ablenkung nämlich, um die Realität der Vorherrschaft des Kapitals auf eine imaginäre Materialität zu verschieben. Es hat immer Kirchen gegeben, um den Tod Gottes zu verbergen oder um zu verbergen, dass Gott überall ist – was das gleiche ist. Es wird immer Tier- und Indianerreservate geben, um zu verbergen, dass sie tot sind, und dass wir alle Indianer sind. Es wird immer Fabriken geben, um zu verbergen, dass die Arbeit tot ist, dass die Produktion tot ist, oder vielmehr, dass sie überall und nirgends ist. Denn es nützt heute nichts mehr, das Kapital in seinen *determinierten* Formen zu bekämpfen. Wenn hingegen klar wird, dass es durch nichts mehr determiniert ist, was immer es sei, und dass seine höchste Waffe darin besteht, die Arbeit als Imaginäres zu reproduzieren, dann ergibt sich daraus, dass das Kapital selbst ganz nahe vor dem Zusammenbruch steht.

18 So ist auch die kalifornische Utopie der kybernetischen Auflösung des Dienstleistungssektors in den Metropolen zu verstehen: Die Arbeit wird durch Computer nach Hause geliefert. Die zerstäubte Arbeit dringt in alle Poren der Gesellschaft und des täglichen Lebens ein. Nicht nur die Arbeitskraft, auch das Raum-Zeit-Gefüge der Arbeit hört auf zu existieren: Die Gesellschaft bildet nur noch ein einziges Kontinuum des Wertprozesses. Die Arbeit ist zur Lebensweise selbst geworden. Gegen diese Allgegenwärtigkeit des Kapitals, des Mehrwerts und der Arbeit, die als solche jeweils verschwinden, hilft es nichts, die Mauern der Fabriken, das goldene Zeitalter der Fabrik und des Klassenkampfs wiederauferstehen zu lassen. Der Arbeiter imaginiert hinfort den Kampf, so wie der Polizist die Repression imaginiert.

## Der Lohn

In ihrer vollendeten Form, in der die Arbeit in keinem Verhältnis mehr zu einer determinierten Produktion steht, hat sie auch keine Äquivalenz mehr in ihrem Lohn. Dieser ist das Äquivalent (das verfälschte, ungerechte, aber darauf kommt es nicht an) der Arbeitskraft nur in der Perspektive der *quantitativen* Reproduktion der Arbeitskraft. Er hat überhaupt nicht mehr diesen Sinn, wenn er zur Bestätigung des Statuts der Arbeitskraft wird, zum Zeichen des Gehorsams gegenüber den Spielregeln des Kapitals. Er ist nicht mehr äquivalent oder proportional zu irgendetwas,[19] sondern ist ein Sakrament wie die Taufe (oder die letzte Ölung), das euch erst zu wahrhaften Bürgern der politischen Ordnung des Kapitals macht. Jenseits der ökonomischen Investition, die der Lohn bzw. das Einkommen des Arbeiters für das Kapital darstellt (die Entlohnung als Ausbeutung ist am Ende, die Entlohnung in der Art des Aktienanteils an der Kapitalgesellschaft ist im Kom-

19 Der Begriff des Mehrwerts hat einfach keinen Sinn mehr im Hinblick auf ein System, das von der Reproduktion der Arbeitskraft als Erzeugerin des Profits und des Mehrwerts zur Reproduktion des Lebens insgesamt übergegangen ist, und zwar durch Redistribution oder vorweggenommene Reinjektion des ganzen Äquivalents der gesellschaftlichen Mehrarbeit. Von da an ist der Mehrwert überall und nirgends. Genaugenommen gibt es keine »faux frais« (Unkosten) des Kapitals mehr, noch umgekehrt den »Profit« in der Bedeutung einer einseitigen Abpressung. Das Gesetz des Systems besteht darin, ihn abzutreten und wiederzuverteilen, damit »das« zirkuliert und ein jeder, durch das engmaschige Netz dieser unaufhörlichen Redistribution ergriffen, zum Verwalter und die Gruppe insgesamt zum Selbstverwalter des Mehrwerts wird und sich damit tief in der politischen und alltäglichen Ordnung des Kapitals verstrickt. Und ebenso wie der Mehrwert keinen Sinn mehr hat auf der Seite des Kapitals, hat er keinen Sinn mehr auf der Seite des Ausgebeuteten. Die Unterscheidung zwischen einem durch den Lohn entgoltenen Teil der Arbeit und einem Rest, der als Mehrwert bezeichnet wird, hat im Hinblick auf einen Arbeiter, der vom Reproduzenten seiner Arbeitskraft mittels seines Lohns zum Reproduzenten seines Lebens insgesamt in einem verallgemeinerten Arbeitsprozess aufgestiegen ist, keinen Sinn mehr.

men – die strategische Funktion des Arbeiters verlagert sich zur Konsumtion als dem gesellschaftlich verbindlichen Dienst), ist es die andere Bedeutung des Ausdrucks »investieren«, die sich in der gegenwärtigen Phase des Lohn-Statuts durchsetzt: Das Kapital bekleidet den Arbeiter mit seinem Lohn, wie man jemanden mit einem Amt oder einer Verantwortung bekleidet. Oder es umzingelt den Arbeiter, wie man eine Stadt umzingelt: Es besetzt sein Inneres und kontrolliert alle Zugänge zu ihm.

Das Kapital verpflichtet die Produzenten nicht nur durch das Lohn-Einkommen, das Geld zirkulieren zu lassen und sich derart in wirkliche Reproduzenten des Kapitals zu verwandeln, sondern durch das Lohn-Statut macht es sie zu Abnehmern an Gütern, so wie das Kapital selbst Abnehmer von Arbeit ist. Jeder Benutzer verbraucht Konsumgegenstände, die sich auf den funktionalen Status der Dienstleistungsproduktion zurückführen lassen, so wie das Kapital Arbeitskraft verbraucht. Jedermann ist somit von der tiefgreifenden Mentalität des Kapitals eingenommen.

Umgekehrt steht von dem Augenblick an, wo der Lohn von der Arbeitskraft abgehängt ist, nichts mehr einer maximalen, unbegrenzten Lohnforderung im Wege (es sei denn, die Gewerkschaften). Denn wenn es einen »gerechten« Preis für eine bestimmte *Quantität* von Arbeitskraft gibt, so gibt es keinen Preis mehr für den allgemeinen Konsens und die allseitige Partizipation. Die traditionelle Lohnforderung dient dem Aushandeln der *Stellung* des Produzenten. Die Maximalforderung ist eine offensive Form der Umkehrung des *Reproduzenten*-Statuts durch den Lohnarbeiter, an das er über den Lohn gekettet ist. Sie ist eine Herausforderung. Der Lohnarbeiter will alles. Das ist seine Art, nicht nur die ökonomische Krise des Systems zu verschärfen, sondern alle politischen Ansprüche, die es ihm auferlegt, gegen es selbst zu kehren.

Die Parole lautet: Maximaler Lohn für minimale Arbeit. Ein Eskalieren der Forderungen, dessen politisches Ergebnis sehr wohl darin bestehen könnte, das System von oben zu sprengen, nach seiner eigenen Logik, nach der Arbeit erzwungene Anwesenheit bedeutet. Denn die Lohnarbeiter greifen dann nicht mehr als Produzenten ein, sondern als Unproduktive, eine Rolle, die ihnen das Kapital zuweist — und sie greifen nicht mehr dialektisch, sondern katastrophisch in den Prozess ein.

Je weniger man zu tun hat, desto eher darf man einen höheren Lohn fordern, da die verminderte Beschäftigung ein noch deutlicheres Zeichen der Absurdität des Anwesenheitszwangs ist. Das ist die »Klasse«, wie das Kapital sie umgekrempelt hat: selbst enteignet von ihrer Ausbeutung, vom Gebrauch ihrer Arbeitskraft, kann sie das Kapital nicht teuer genug für diese *Absage an die Produktion*, diesen Identitätsverlust, diese Ausschweifung bezahlen lassen. Als ausgebeutete Klasse konnte sie nur das Minimum fordern, als deklassierte Klasse ist sie frei, alles zu fordern.[20] Und das stärkste ist, dass ihr das Kapital auf diesem Gebiet relativ leicht nachkommen kann. Nicht umsonst bemühen sich alle Gewerkschaften, den unwissenden Lohnarbeitern das Bewusstsein einer Äquivalenz von Lohn und Arbeit wiederzugeben, die das Kapital abgeschafft hat. Nicht umsonst leiten alle Gewerkschaften diese Erpressungen maßloser Lohnerhöhungen wieder in die Geleise anständiger Verhandlungen. Ohne Gewerkschaften würden die Arbeiter auf einen Schlag 50 %, 100 %, 200 % Lohnerhöhungen fordern — und sie würden sie vielleicht erhalten! Es gibt schon Beispiele dafür in den Vereinigten Staaten und Japan.[21]

20 Andere Formen, die in die gleiche Richtung wie die Maximalforderung weisen: Gleicher Lohn für alle, Kampf gegen die Qualifikationsunterschiede — alle steuern sie das Ende der Arbeitsteilung (der Arbeit als eines gesellschaftlichen Verhältnisses) an und das Ende des Äquivalenzgesetzes auf dem für das System entscheidenden Feld der Äquivalenz von Lohn und Arbeitskraft. Sie haben es somit indirekt auf die Form der politischen Ökonomie selbst abgesehen.

21 Dasselbe Phänomen zeigt sich auch bei den Entwicklungsländern. Die Rohstoffe kennen keine Preisbeschränkung mehr, seitdem sie über ihre ökonomische Bedeutung hinaus zum Zeichen und Faustpfand für das Akzeptieren einer politischen Weltordnung, der planetarischen Gesellschaft friedlicher Koexistenz geworden sind, in der sich die Entwicklungsländer unter dem Druck

Die Entsprechung, die Saussure zwischen der Arbeit und dem Signifikat und zwischen dem Lohn und dem Signifikanten herstellt, ist eine Art Matrix, mit der die gesamte politische Ökonomie durchdrungen werden kann. Sie bewahrheitet sich heute in umgekehrter Weise: als Abkopplung der Signifikanten von den Signifikanten und Abkopplung des Lohns von der Arbeit. Und entsprechend: ein gleichlaufendes Eskalieren des Spiels der Signifikanten und des Lohns. Saussure hatte Recht: Die politische Ökonomie ist eine Sprache, und die gleiche Veränderung, die die Sprachzeichen betrifft, wenn sie ihren referenzialen Status verlieren, betrifft auch die Kategorien der politischen Ökonomie. Der gleiche Vorgang bestätigt sich auch in anderer Hinsicht, und zwar auf doppelte Weise :

I. Abkopplung der Produktion von jeder gesellschaftlichen Referenz und Finalität – womit sie in die Phase des *Wachstums* eintritt. Man muss das Wachstum in diesem Sinn interpretieren, nicht als Beschleunigung, sondern als etwas anderes, was in der Tat das *Ende der Produktion* bezeichnet. Diese war bestimmt durch einen charakteristischen Abstand zwischen Produktion und Konsum, die beide relativ kontingent und autonom waren. Aber von dem Augenblick an, in dem der Konsum buchstäblich gelenkt wird (seit der Weltwirtschaftskrise von 1929 und vor allem seit dem Ende des Zweiten Weltkriegs), d. h. zugleich die Gewalt eines Mythos und einer kontrollierten Variablen annimmt, beginnt eine

der Großmächte zwangsweise sozialisiert finden. Die Eskalation der Preise wird zu einer Herausforderung nicht nur für den Reichtum der westlichen Welt, sondern auch für das politische System der friedlichen Koexistenz, zu einer Herausforderung gegenüber der weltweiten Herrschaft einer politischen Klasse – sei sie nun kapitalistisch oder kommunistisch.
Die Araber standen vor der Ölkrise auf dem Niveau der traditionellen Lohnforderung: Das Öl sollte nach seinem echten Wert bezahlt werden. Von nun an wird die Forderung maximalistisch und grenzenlos, ihr Sinn verändert sich.

Phase, in der weder Produktion noch Konsumtion eigenständige Bestimmungen oder Zwecke mehr haben, sondern alle beide von einem Zyklus, einer Spirale oder einem Geflecht erfasst werden, das sie beide überholt und das das des Wachstums ist. Das Wachstum lässt die traditionellen gesellschaftlichen Zwecke der Produktion und Konsumtion weit hinter sich. Es ist ein Prozess, der aus sich und für sich allein verläuft. Es zieht nicht mehr die Bedürfnisse oder den Profit in Betracht. Es ist keine Steigerung der Produktivität, sondern seiner Struktur nach eine Inflation von Produktionszeichen, ein Stellenwechsel und eine Flucht aller Zeichen nach vorn, einschließlich des Geldzeichens. Das ist die Zeit der Raketenprogramme, der Concorde, der Rüstungsprogramme jeglicher Größenordnung, der aufgeblähten Industrieparks, der kollektiven oder individuellen Infrastrukturmaßnahmen, der Ausbildungs- und Weiterbildungsprogramme usw. Man muss produzieren, egal was, unter dem Zwangsgesetz der Reinvestition um jeden Preis (und nicht etwa wegen der Profitrate). Das Meisterwerk dieses Reproduktionsmusters verspricht der Umweltschutz zu sein, in dem das gesamte »produktive« System durch die Beseitigung seiner Abfälle wiederaufbereitet wird: eine gigantische Gleichung mit dem Resultat Null – doch zugleich nicht Null, denn mit der Dialektik von Umweltschmutz und Umweltschutz entsteht die Hoffnung auf ein unbegrenztes Wachstum.

II. Die Abkopplung des Geldzeichens von jeder gesellschaftlichen Produktion, womit es in eine grenzenlose Spekulation und Inflation gerät. Die Inflation ist für das Geld das, was das Eskalieren der Löhne für den Verkauf der Arbeitskraft ist (und was das Wachstum für die Produktion ist). In all diesen Fällen löst das gleiche Abhängen den gleichen Überschwang und die gleiche virtuelle Krise aus. Abhängen des Lohns vom »gerechten« Wert der Arbeitskraft — Abhängen des Geldes von der realen Produktion: der gleiche Verlust des Referenzials. In dem einen Fall ist es die gesellschaftlich abstrakte Arbeitszeit, in dem anderen der Goldstandard, was jeweils die Funktion als Maßstab und Äquivalenzkriterium verliert. Lohn- und Geldinflation (und Wachstum) sind so von der gleichen Art und nicht voneinander zu trennen.[22]

Von allen Zwecksetzungen und *Affekten* der Produktion gereinigt, wird das Geld Spekulationsgeld. Auf dem Weg vom Goldstandard, der schon nicht mehr das repräsentative Äquivalent einer realen Produktion war, aber doch in einem gewissen Gleichgewicht (wenig Inflation, Konvertibilität der Währungen in Gold usw.) noch eine Spur davon bewahrte, zu den flottierenden Kapitalien und zum allgemeinen Flottieren überhaupt geht das Geld vom Referenzzeichen zu seiner strukturellen Form über. Einer Eigenlogik des »flottierenden« Signifikanten folgend, nicht im Sinn von Lévi-Strauss, nach dem er noch kein Signifikat gefunden hätte, sondern in dem Sinn, dass es sich jedes Signifikats (jeder Äquivalenz im Realen) als eines Hemmnisses für seine Vermehrung und sein grenzenloses Spiel entledigt hat. Das Geld kann so sich selbst in einem einfachen Spiel von Transfers und Überschreibungen, in einer unaufhörlichen Verdopplung und Entdopplung seiner eigenen abstrakten Substanz reproduzieren.

Hot money[23]: so werden die Eurodollars genannt, zweifellos, um diesem verrückten Rundtanz der Geldzeichen gerecht zu werden. Aber richtiger wäre es zu sagen, dass das gegenwärtige Geld »cool« geworden ist. Dieser Ausdruck bezeichnet (nach McLuhan

22 Und die Energiekrise liefert beiden zugleich ein Alibi und eine perfekte Ablenkung. Die Inflation, die eine systeminterne Strukturkrise ist, kann nunmehr der »Preistreiberei« der Energie- und Rohstoff-Förderstaaten zugeschrieben werden — und die Abwendung vom Produktivismus des Systems, die die Herausforderung des Maximallohns unter anderem zum Ausdruck bringt, kann hintertrieben werden durch die Erpressung mit dem Mangel, d.h. durch die Erpressung mit dem Gebrauchswert des ökonomischen Systems selbst.

23 [Heißes Geld: Geldkapital, das in Phasen schwankender Kurse und daraus resultierender spekulativer Devisen- oder Geldbewegungen von einem Land in ein anderes fließt, um Ab- und Aufwertungsgewinne zu erzielen. Findet dieser Transfer plötzlich und in großem Ausmaße statt, spricht man von Kapitalflucht. Die Kursentwicklung der Wertpapiermärkte des Landes, aus dem das Kapital transferiert wurde, kann dabei Schaden nehmen.]

und Riesman) eine intensive Beziehbarkeit der Termini aufeinander, die aber affektfrei ist, ein Spiel, das sich nur von den Spielregeln nährt, von dem Austausch der Termini und der Erschöpfung des Austauschs. »Heiß« charakterisiert im Gegensatz dazu die Referenzphase des Zeichens, mit seiner Einzigartigkeit und der Sättigung des realen Signifikats, mit seinem überaus starken Affekt und seiner geringen Austauschbarkeit. Wir sind ganz und gar in der coolen Phase des Zeichens. Das gegenwärtige Arbeitssystem ist cool, die Währung ist cool, jede strukturelle Anordnung ist ganz allgemein cool, und die »klassische« Produktion und Arbeit, heiße Prozesse par excellence, sind einem unbegrenzten Wachstum gewichen, das mit einer Entleerung des Arbeitsprozesses und der Arbeitsinhalte verknüpft ist, die nun »kalte« Prozesse sind.

Coolness: Das ist das reine Spiel der Valeurs der Rede, der Verwandlungen der Schrift, das ist die Leichtigkeit und Distanziertheit dessen, was in der Tat nur noch mit Zahlen, Zeichen und Wörtern funktioniert, das ist die Allmacht der operationalen Simulation. Solange noch etwas vom Affekt und von der Referenz da ist, ist man im Heißen. Solange noch eine »Botschaft« übrigbleibt, ist man im Heißen. Aber wenn das Medium zur Botschaft wird, beginnt die »kalte« Ära. Und genau das ist es, was mit dem Geld passiert. Von einem gewissen Punkt der Abkopplung an ist es nicht mehr ein Medium, ein Mittel zur Warenzirkulation, es ist *die Zirkulation selbst,* d.h. die vollendete Form des Systems in seiner zirkulierenden Abstraktion.

Das Geld ist die erste Ware, die Zeichenstatus erlangt und *dem Gebrauchswert entkommt.* Es ist die Verdopplung des Tauschwertsystems in einem sichtbaren Zeichen, und in dieser Eigenschaft das, was den Markt (und damit auch den Mangel) in seiner Transparenz veranschaulicht. Aber heute geht das Geld einen Schritt weiter: *Es entkommt sogar dem Tauschwert.* Vom Markt selbst entbunden, wird es zum selbständigen Simulakrum; jeglicher Botschaft und jeglicher Tauschbezeichnung entkleidet, wird es seinerseits zur Botschaft und tauscht sich mit sich selbst aus. Es ist nun keine Ware mehr, weil es weder Gebrauchs- noch Tauschwert hat. Es ist kein allgemeines Äquivalent mehr, was immer noch eine vermittelnde Abstraktion des Marktes wäre. Das Geld zirkuliert schneller als alles Übrige und ist mit diesem Übrigen auf keinen gemeinsamen Nenner mehr zu bringen. Sicher, man kann sagen, dass das immer schon so gewesen ist, dass seit dem Morgengrauen der Warenökonomie das Geld das war, was schneller zirkulierte und alle anderen Bereiche in diese Beschleunigung hineingezogen hat. Während der gesamten Geschichte des Kapitals herrscht eine Verzerrung zwischen den verschiedenen Bereichen (Kreditwesen, Industrie, Landwirtschaft, aber auch Konsumgüter), die sich der jeweils verschiedenen Zirkulationsgeschwindigkeit verdankt. Auch heute bestehen diese Verzerrungen noch, es gibt z.B. Widerstände bei den nationalen Währungen (die an einen bestimmten Markt, an eine bestimmte Produktion, an ein lokales Gleichgewicht gebunden sind) gegenüber den internationalen Spekulationsgeldern. Doch ist die Offensive auf Seiten der letzteren, da diese am schnellsten zirkulieren, da sie sich treiben lassen und flottieren: Ein einfaches Spiel des Flottierens kann jede beliebige Volkswirtschaft ruinieren. Je nach ihrer verschiedenen Rotationsgeschwindigkeit werden also alle Bereiche durch dieses Flottieren an der Spitze beherrscht, das, weit davon entfernt ein barockes Epiphänomen (»Wozu brauchen wir die Börse?«) zu sein, der reinste Ausdruck des Systems ist, dessen Szenario man überall wiederfindet: Nichtkonvertibilität der Währungen in Gold oder Nichtkonvertibilität der Zeichen in ihr Referenzial – flottierende und generalisierte Konvertibilität der Währungen ineinander oder Beweglichkeit und unbestimmtes strukturelles Spiel der Zeichen – aber auch Flottieren aller Kategorien der politischen Ökonomie von dem Zeitpunkt an, wo sie ihren Goldreferenten, die Arbeitskraft und die gesellschaftliche Produktion, verlieren: Arbeit und Nichtarbeit, Arbeit und Kapital werden konvertibel, jede Logik ist aufgelöst – aber auch Flottieren aller Kategorien des Bewusstseins von dem Zeitpunkt an, wo das *geistige Äquivalent des Gold-*

*standards*, das Subjekt, sich verliert. Es gibt keine Referenzinstanz mehr, unter deren Gerichtsbarkeit die Produzenten nach festgesetzten Äquivalenzen ihre Werte austauschen konnten – das ist das Ende des Goldstandards. Es gibt keine Referenzinstanz mehr, unter deren Schirm sich Subjekt und Objekte dialektisch austauschen und ihre Bestimmungen rund um eine stabile Identität nach festen Regeln einlösen konnten: Das ist das Ende des bewussten Subjekts. Man ist versucht zu sagen: Das ist die Herrschaft des Unbewussten. Eine logische Konsequenz: Wenn das bewusste Subjekt das geistige Äquivalent des Goldstandards ist, *dann ist das Unbewusste das geistige Äquivalent des Spekulationsgeldes und der flottierenden Kapitalien*. In der Tat lassen sich heute die Individuen, die als Subjekte nicht mehr besetzt sind und ihre Objektbeziehungen verloren haben, in ihrem Verkehr treiben nach einem Modus stetig flukturierender Übertragungen: Ströme, Verzweigungen, Trennungen, Übertragung und Gegenübertragung — die ganze Gesellschaftlichkeit lässt sich sehr gut mit den Begriffen des Deleuzeschen Unbewussten oder einer monetären Mechanik beschreiben (sogar mit den Riesmanschen Begriffen der »other-directedness«; diese »Außenbestimmtheit« ist bereits, wenn auch leider in angelsächsischer und wenig schizophrener Form, das Flottieren der Identitäten). Warum gäbe es sonst ein Privileg des Unbewussten (selbst des verwaisten und schizophrenen)? Das Unbewusste ist die geistige Struktur, die zusammentrifft mit der gegenwärtigen und radikalsten Phase des herrschenden Austauschs, mit der strukturellen Revolution des Werts.

## Der Streik

Der Streik legitimierte sich historisch als organisierte Gewalt, um der entgegengesetzten Gewalt im Produktionssystem, dem Kapital, einen Teil des Mehrwerts, wenn nicht die Macht abzutrotzen. Heute ist dieser Streik gestorben:

Weil das Kapital in der Lage ist, alle Streiks verwesen zu lassen, und dies, weil wir uns nicht mehr in einem System der Produktion (der Maximierung des Mehrwerts) befinden. Möge der Profit vergehen, wenn nur die Reproduktion *der Form des Gesellschaftsverhältnisses* erhalten bleibt!

Weil diese Streiks im Grunde nichts ändern: Das Kapital verteilt heute von sich aus, das ist für es eine Frage von Leben und Tod. Allenfalls entreißt der Streik dem Kapital das, was es sowieso am Ende, nach seiner eigenen Logik, zugestanden hätte.

Wenn also die Produktionsverhältnisse und mit ihnen der Klassenkampf in inszenierten gesellschaftlichen und politischen Verhältnissen versanden, dann ist klar, dass nur das diesen Zyklus unterbrechen kann, was nicht der Organisation und Definition der Klasse unterliegt, was nicht als *repräsentative* historische Instanz, nicht als *produktive* historische Instanz gilt.

Nur diejenigen, die dem Drehkreuz der Produktion und der Repräsentation entgehen, können deren Mechanismen durcheinanderbringen und aus ihrer Blindheit heraus eine Umkehrung des »Klassenkampfs« in die Wege leiten, die schlicht und einfach sein Ende als geometrischer Ort der »Politik« sein könnte. Hier gewinnt das Eingreifen der ausländischen Arbeiter in die gegenwärtigen Kämpfe seine Bedeutung.[24]

Da Millionen Arbeiter durch den Mechanismus ihrer Diskriminierung um jede Repräsentationsinstanz gebracht werden, sind sie diejenigen, die im Westen in die Szenerie der Klassenkämpfe einbrechen und die Krise auf die entscheidende Ebene der Reprä-

24 Dieses Eingreifen ist jedoch nicht von dem aller anderen Gruppen, die der *gesellschaftlichen Repräsentation* beraubt sind, zu trennen: Frauen, Jugendliche, Schüler, Homosexuelle, selbst »Prolos«, die »wild« werden; und wenn man unterstellt, dass die Gewerkschaften diese im Grunde überhaupt nicht vertreten und nur sich selbst vertreten, dann sind wir allesamt »ausländische Arbeiter«. Umgekehrt können diese aufhören, es zu sein. Es gibt also keine »ausländischen Arbeiter als solche«, und diese bilden auch nicht ein neues historisches Subjekt, ein Neo-Proletariat, das das alte ablösen würde.

sentation tragen. Von der Gesellschaft insgesamt als außerhalb der Klasse stehend angesehen, und so auch von der Gewerkschaft (mit der ganzen ökonomisch-rassistischen Komplizenschaft ihrer »Basis« in diesem Punkt: Für die organisierte Arbeiter»klasse«, für die sich alles um ihr ökonomisch-politisches Kräfteverhältnis zur bürgerlich-kapitalistischen Klasse dreht, ist der ausländische Arbeiter »objektiv« ein Klassenfeind), wirken die ausländischen Arbeiter durch eben diesen gesellschaftlichen Ausschluss als Analysatoren im Verhältnis von Arbeitern und Gewerkschaften, und allgemeiner im Verhältnis der »Klasse« zu ihrer Vertretungsinstanz. Abweichler im Hinblick auf das System der politischen Repräsentation, infizieren sie mit ihrer Abweichung das ganze Proletariat, das auch seinerseits allmählich lernt, auf das System der Repräsentation und jegliche Instanz, die vorgibt, in seinem Namen zu sprechen, zu verzichten.

Die Situation wird nicht von Dauer sein: Gewerkschaften und Unternehmer haben die Gefahr gespürt und bemühen sich, die ausländischen Arbeiter als »vollwertige Statisten« in die Szenerie des »Klassenkampfs« einzugliedern.

## Die Autopsie der Gewerkschaften

Der Streik vom März und April 1973 bei Renault ist so etwas wie eine Generalprobe dieser Krise gewesen. Konfus von der Erscheinung her, unkoordiniert und manipuliert und letzten Endes ein Misserfolg (sieht man vom außergewöhnlichen Sieg im Terminologischen ab, der darin bestand, den Begriff des »ouvrier spécialisé« [angelernten Arbeiters] – seitdem ein Tabuwort – durch den des »agents de production« [Produktionsagenten] zu ersetzen), war er in Wirklichkeit eine sehr hübsche Agonie der Gewerkschaften, die zwischen der Basis und den Unternehmern eingeklemmt waren. Am Anfang war es ein wilder Streik, der von den ausländischen Arbeitern ausgegangen wurde. Die Confédération générale du travail (CGT) hielt jedoch gegen diese Art von Unfall eine Waffe in Bereitschaft: die Ausdehnung des Streiks auf andere Fabriken und andere Schichten des Personals, und so ergriff sie die Gelegenheit zu einer Massenaktion, die inzwischen zum Frühlingsritual gehört. Nun, selbst dieser Kontrollmechanismus, der sich seit 1968 bewährt hat und auf den die Gewerkschaft glaubte, sich eine Generation lang verlassen zu können, ist ihnen damals entglitten. Selbst die nicht »wilde« Basis (in den Fabriken Seguin, Flins, Sandsouville) hat unter Missachtung der »Ratschläge« ihrer Gewerkschaften bald aufgehört zu arbeiten, bald die Arbeit wieder aufgenommen (was ebenso wichtig ist). Diese sind immerfort des Gegenteils überführt worden. Das, was ihnen die Werksleitung zugestanden hatte und was die Arbeiter bestätigen sollten, davon wollten diese nichts wissen. Die Zugeständnisse, die die Gewerkschaften den Arbeitern abverlangten, um die Verhandlung mit der Direktion wieder in Gang zu setzen, verweigerte letztere und schloss die Fabriken. Sie appellierte über die Köpfe der Gewerkschaften hinweg an die Arbeiter. Tatsächlich ließ die Direktion es absichtlich auf eine Krise ankommen, um die Gewerkschaften in die Enge zu treiben: Können sie *alle* Arbeiter kontrollieren? Ihre gesellschaftliche Existenz, ihre Legitimität steht zur Debatte. Hier liegt der Grund für die Verhärtung seitens der Unternehmensleitung (und der Regierung auf allen Ebenen). Es handelt sich nicht mehr um eine Kraftprobe zwischen der gewerkschaftlich organisierten Arbeiterschaft und der Unternehmerschaft, sondern um eine *Erprobung der Repräsentanz* der Gewerkschaften unter dem zweifachen Druck der Basis und der Unternehmerschaft. Auf diese Erprobung laufen letzten Endes alle wilden Streiks der letzten Jahre hinaus, und das heißt, dass sie von den nicht gewerkschaftlich Organisierten, den aufmüpfigen Jugendlichen, den ausländischen Arbeitern, den außerhalb der Klasse Stehenden angezettelt worden ist.

Auf dieser Ebene steht außerordentlich viel auf dem Spiel. Das ganze Gesellschaftsgebilde droht mit dem Zusammenbruch der gewerkschaftlichen Legitimität und Repräsentanz einzustürzen. Das Parlament und die anderen Vermittlungsinstanzen wiegen nicht mehr viel. Sogar die Polizei ist ohne die Gewerkschaften unbrauchbar, wenn letztere unfähig sind, Polizei in den Fabriken und sonstwo zu spielen. Im Mai 1968 waren es die Gewerkschaften, die das Regime gerettet haben. Jetzt schlägt ihnen ihr letztes Stündlein. Die Bedeutung dessen, was auf dem Spiel steht, lässt sich an der tiefgreifenden Verwirrung durch die Ereignisse selbst ablesen (und das trifft für die Aktionen der Gymnasiasten wie für die Streiks bei Renault zu). Streik, kein Streik. Wo befinden wir uns? Niemand entscheidet noch über irgendetwas. Welches sind die Zielsetzungen? Wo sind die Gegner? Worüber spricht man? Die Geigerzähler, mit denen die Gewerkschaften, Parteien und Grüppchen die Kampfbereitschaft der Massen bestimmen, spielen verrückt. Die Schülerbewegung zerrinnt in den Händen derjenigen, die sie für ihre eigenen Zielsetzungen strukturieren wollen: Hatte sie also keine Ziele? Jedenfalls hat sie sich nicht *hinterrücks objektivieren lassen* wollen. Obwohl sie nichts erreicht haben, nehmen die Arbeiter die Arbeit wieder auf, während sie sich acht Tage vorher geweigert hatten, dies bei spürbaren Verbesserungen zu tun, usw. Die Verwirrung ist in Wirklichkeit wie die des Traums: Sie übersetzt einen Widerstand oder eine Zensur, die sich auf den Trauminhalt selbst niederschlägt. Hier übersetzt sie ein entscheidendes, von den Arbeitern selbst nur schwer zu akzeptierendes Ereignis: Dass die gesellschaftliche Auseinandersetzung sich verlagert vom traditionellen, äußeren Klassenfeind, den Unternehmern und dem Kapital, zum wirklichen, inneren Klassenfeind, der eigenen Klassenvertretung: der Partei oder der Gewerkschaft. Zu einer Instanz, an die die Arbeiter ihre Macht delegiert haben und die sich gegen sie kehrt in Gestalt einer Delegierung der Macht der Unternehmer und der Regierung. Das Kapital entfremdet nur die Arbeitskraft und ihr Produkt, es hat nur das Monopol der *Produktion*. Parteien und Gewerkschaften dagegen entfremden die gesellschaftliche Macht der Ausgebeuteten, sie haben das Monopol der *Repräsentation*. Sie dafür zur Rechenschaft zu ziehen, ist ein revolutionärer und ein historischer Fortschritt. Aber dieser Fortschritt wird bezahlt mit einer geringeren Klarheit, einer geringeren Entschiedenheit, einer offensichtlichen Regression und dem Mangel an Kontinuität, Logik, Zielsetzungen usw. Denn alles wird unsicher, alles widerstrebt, wenn es darum geht, die eigene Repressionsinstanz anzugreifen, den Gewerkschaftler, den Delegierten, den Verantwortlichen, den Stellvertreter seines *eigenen Kopfes* davonzujagen. Aber die Undurchsichtigkeit in diesem Frühling 1973 bezeichnet eben, dass man auf den Grund des Problems gestoßen ist: Die Gewerkschaften und Parteien sind tot, es bleibt ihnen nur noch, zu sterben.

## Die Ausschweifung des Proletariats

Diese Krise der Repräsentation ist der entscheidende *politische* Aspekt der letzten gesellschaftlichen Bewegungen. Für sich allein könnte sie freilich nicht tödlich sein für das System, und man sieht bereits, wie sich überall (bei den Gewerkschaften selbst) ihre formale Überholung (ihre Vereinnahmung) durch das verallgemeinerte Schema der Autogestion abzeichnet. Keine Delegierung der Macht mehr, jedermann ist ganz und gar für die Produktion verantwortlich! Die neue Generation der Ideologie erhebt sich! Aber sie wird schwer zu tun haben, weil diese Krise auf einer anderen, sehr viel tiefergehenden beruht, die die Produktion, das System der Produktivität selbst betrifft. Und auch hier befinden sich die ausländischen Arbeiter wieder, wenn auch indirekt, in der Lage von Analysatoren. Ebenso wie sie die Beziehung des »Proletariats« zu seinen Repräsentationsinstanzen analysiert haben, analysieren sie *das Verhältnis der Arbeiter zu ihrer eigenen Arbeitskraft*, ihr Verhältnis zu sich selbst als Produktivkraft (und nicht mehr bloß zu einigen von ihnen, als der Repräsentationsinstanz). Und dies, weil sie die sind, die erst vor Kurzem aus einer nicht-produktivistischen Tradition herausgerissen worden sind. Weil man sie sozial destrukturieren musste, um sie in den abendländischen Arbeitsprozess zu werfen, und sie nun umgekehrt dazu übergehen, diesen allgemeinen Prozess und die produktivistische Moral, die die abendländischen Gesellschaften beherrscht, gründlich zu destrukturieren.

Alles spielt sich so ab, als ob ihre gewaltsame Anwerbung auf dem europäischen Arbeitsmarkt eine wachsende Ausschweifung des europäischen Proletariats im Hinblick auf die Arbeit und die Produktion hervorrufen würde. Es geht nicht mehr nur um Praktiken eines »heimlichen« Widerstands gegenüber der Arbeit (Verzögerung, Vergeudung, Fernbleiben usw.), die immer vorgekommen sind — sondern diesmal legen Arbeiter offen, kollektiv, spontan die Arbeit nieder, einfach so, von heute auf morgen, verlangen nichts, verhandeln nicht, zur großen Verzweiflung der Gewerkschaften und Unternehmer, und nehmen die Arbeit ebenso spontan und *gemeinsam* am Montag danach wieder auf. Weder ein Fehlschlag noch ein Sieg — dies ist kein Streik, es ist eine »*Arbeitsunterbrechung*«. Ein Euphemismus, der mehr besagt als der Begriff Streik: Die ganze Arbeitsdisziplin ist dahin, alle moralischen Normen und Praktiken, die die industrielle Kolonialisierung seit zwei Jahrhunderten in Europa erzwungen hatte, verfallen und geraten in Vergessenheit, ohne sonderliche Anstrengung, ohne »Klassenkampf« im eigentlichen Sinn. Unregelmäßigkeit, Laxheit, Unpünktlichkeit, Gleichgültigkeit gegenüber den Lohndrückern, dem Überschuss, der Beförderung, der Akkumulation, dem Voranschlag — man tut gerade, was man tun muss, hört dann auf und kommt später darauf zurück. Das sind genau die Verhaltensweisen, die die weißen Siedler den »Unterentwickelten« vorwerfen: Es sei unmöglich, ihnen den Wert der Arbeit, die rationale und kontinuierliche Zeit, den Begriff des Lohngewinns usw. beizubringen. Es bleibt nichts übrig, als sie in die Metropolen zu exportieren, bis man endlich dahin kommt, sie in den Arbeitsprozess zu integrieren. Und genau in diesem Moment passiert es, dass die westlichen Arbeiter mehr und mehr zu Verhaltensweisen von »Unterentwickelten« regredieren. Das ist nicht die geringste

Rache für die Kolonialisierung und ihre fortgeschrittenste Form (den Import von Arbeitskräften), das westliche Proletariat selbst von der Ausschweifung erfasst zu sehen – so sehr, dass es vielleicht eines Tages seinerseits in die unterentwickelten Länder exportiert werden muss, um ihm die historischen und revolutionären Werte der Arbeit wieder beizubringen.

Es besteht ein enger Zusammenhang zwischen dieser Überkolonialisierung der ausländischen Arbeiter (da die Kolonien an ihrem Ort nicht rentabel waren, hat man sie importiert) und dieser industriellen Entkolonialisierung, die alle Bereiche der Gesellschaft erfasst. (Überall, in der Schule, in der Fabrik geht man von der *heißen* Phase der Investition von Arbeit über *zur kalten und zynischen Phase der Beschäftigungen*.)

Weil die ausländischen Arbeiter (und die jungen oder vom Lande stammenden) gerade erst die »wilde« Gleichgültigkeit gegenüber der »rationalen« Arbeit hinter sich gelassen haben, sind sie in der Lage, die westliche Gesellschaft zu analysieren: Zu zeigen, wie rezent, zerbrechlich, oberflächlich und willkürlich diese Zwangskollektivierung durch die Arbeit ist, diese kollektive Paranoia, aus der man so sehr eine Moral, eine Kultur, einen Mythos gemacht hat, dass man vergessen hat, dass es noch keine zwei Jahrhunderte her ist, seit diese industrielle Disziplin um den Preis unerhörter Anstrengungen im Abendland selbst durchgesetzt wurde – dass diese Disziplinierung nie wirklich Erfolg gehabt hat und dass sie gefährlich zu krachen beginnt (sie wird im Grunde genommen kaum länger vorgehalten haben als die andere, die überseeische Kolonialisierung).

### Der Streik um des Streiks willen

Der Streik um des Streiks willen ist die gegenwärtige Wahrheit des Kampfes. Ohne Motivation, ohne politische Zielsetzung oder Referenz antwortet er mit seinem Widerstand auf eine Produktion, die selbst ohne Motivation ist, ohne Referenz, ohne gesellschaftlichen Gebrauchswert, ohne anderen Zweck als den ihrer selbst — auf eine *Produktion um der Produktion willen*, kurz auf ein System, das nur noch ein System der Reproduktion ist und das sich in einer gigantischen Tautologie des Arbeitsprozesses um sich selbst dreht. Der Streik um des Streiks willen ist die umgekehrte, aber subversive Tautologie, da sie diese neue Form des Kapitals offenlegt, die dem letzten Stadium des Wertgesetzes entspricht.

Der Streik hört endlich auf, ein Mittel, und nur ein Mittel, zu sein und Gewicht zu legen auf das Verhältnis *politischer* Kräfte und das Spiel der Macht. Er wird zu einem Zweck. Indem er sie radikal und auf ihrem eigenen Feld selbst parodiert, verneint er die Art der Zweckhaftigkeit ohne Zweck, zu der die Produktion geworden ist.

In der Produktion um der Produktion willen gibt es keine *Vergeudung* mehr. Dieser Begriff, der nur in einer beschränkten Ökonomie des Nutzens gültig ist, ist für uns unbrauchbar. Er leitet sich von einer frommen Kritik des Systems her. Die Concorde, das Raumfahrtprogramm usw., das ist keine Vergeudung; im Gegenteil. Denn was das System, das auf dieser Höhe »objektiver« Unbrauchbarkeit angelangt ist, produziert und reproduziert, *das ist die Arbeit selbst*. Das ist übrigens das, was jedermann (Arbeiter und Gewerkschaften eingeschlossen) zuerst vom ihm fordert. Alles dreht sich um die Beschäftigung – die Sozialpolitik: das ist die Schaffung von Arbeitsplätzen –; um die Beschäftigung zu sichern, sind die britischen Gewerkschaften bereit, die Concorde in einen Überschallbomber umzuwandeln — Inflation oder Arbeitslosigkeit? Es lebe die Inflation, usf. Die Arbeit ist, wie die Sozialversicherung, wie die Konsumgüter, zu einem Gut gesellschaftlicher Redistribution geworden. Ein ungeheures Paradox: Die Arbeit ist immer weniger eine Produktivkraft, sie wird mehr und mehr ein Produkt. Dieser Aspekt ist nicht zum wenigsten charakteristisch für die gegenwärtige Mutation des Kapitalsystems, für die Revolution, in der es vom spezifischen Stadium der Produktion zu dem der Reproduktion übergeht. Es bedarf immer weniger an Arbeitskraft, um zu funktionieren und sich zu erweitern, und man verlangt von ihm, dass es mehr und mehr Arbeit verschaffe, sie »produziere«.

Dieser absurden Zirkelform eines Systems, in dem man arbeitet, um Arbeit zu produzieren, entspricht die Forderung nach dem Streik um des Streiks willen. (Dazu führen übrigens heute auch die meisten Streiks, die etwas »fordern«.) »Zahlt uns die Streiktage« — das heißt im Grunde: Zahlt uns dafür, dass wir den Streik um des Streiks willen *reproduzieren* können. Dies ist die Umkehrung der Absurdität des allgemeinen Systems.

Heute, wo die Produkte, alle Produkte, und die Arbeit selbst jenseits des Nützlichen und Unnützen stehen, gibt es keine produktive Arbeit mehr, es gibt nur noch reproduktive Arbeit. Auch gibt es keinen »produktiven« Konsum und keinen »unproduktiven« mehr: es gibt nur noch *reproduktiven* Konsum. Die Freizeit ist ebenso »produktiv« wie die Arbeit, die Fabrikarbeit ebenso »unproduktiv« wie die Freizeit oder der tertiäre Bereich — die eine oder die andere Formel ist nicht so wichtig, *und diese Indifferenz bezeichnet genau die Endphase der politischen Ökonomie*. Alle sind *reproduktiv* — d.h. haben die konkrete Zweckbestimmung verloren, die sie voneinander unterschied. Niemand produziert mehr. Die Produktion ist tot. Es lebe die Reproduktion!

## Genealogie der Produktion

Was im gegenwärtigen System reproduziert wird, ist das Kapital in seiner strengsten Definition: *als Form des Gesellschaftsverhältnisses*, und nicht in seiner vulgären Bedeutung als Geld, Profit und ökonomisches System. Man hat die Reproduktion stets als »erweiterte« Reproduktion der Produktionsweise verstanden, die durch die letztere determiniert wurde. Wohingegen man die Produktionsweise als Modalität (und nicht die einzige) der *Reproduktionsweise* begreifen müsste. Produktivkräfte und Produktionsverhältnisse — mit anderen Worten: der Bereich der materiellen

Produktivität – sind vielleicht nur eine der möglichen Konstellationen, und historisch gesehen also eine relative, des Reproduktionsprozesses. Die Reproduktion ist eine Form, die die ökonomische Ausbeutung weit hinter sich lässt. Das Spiel der Produktivkräfte ist daher nicht ihre notwendige Bedingung.

Ist der Status des »Proletariats« (des industriellen Lohnarbeiters) historisch nicht zuerst der Status der Einsperrung, der Konzentration und des gesellschaftlichen Ausschlusses?

Die Einsperrung in der Manufaktur ist die fantastische Erweiterung jener Einsperrung im 17. Jahrhundert, die von Foucault beschrieben wurde.[25] Hat die industrielle Arbeit (als nichthandwerkliche, kollektive, von den Produktionsmitteln enteignete, unter Kontrolle stehende Arbeit) nicht das Licht der Welt in den ersten großen »Hôpitaux généraux« erblickt? Während einer ersten Zeit sperrt eine Gesellschaft im Zuge ihrer Rationalisierung ihre Müßiggänger, ihre Irren, ihre Abweichler ein, sie beschäftigt sie, sie hält sie fest, sie zwingt ihnen ihr rationales Arbeitsprinzip auf. Aber die Ansteckung ist wechselseitig, und jener Einschnitt, durch den die Gesellschaft ihr Prinzip der Rationalität errichtet hat, wirkt auf die Gesellschaft der Arbeit insgesamt zurück: Die Einsperrung ist ein Mikromodell, das sich in der Folge verallgemeinern und als Industriesystem auf die gesamte Gesellschaft ausdehnen wird, die im Zeichen der Arbeit, der produktivistischen Zwecksetzung zum Konzentrationslager, zum Gefangenen- und Straflager geworden ist.

Statt den Begriff des Proletariats und der Ausbeutung auf die rassische, die sexuelle Unterdrückung und dergleichen zu übertragen, sollte man sich fragen, ob es sich nicht umgekehrt verhält. Ob der Arbeiter nicht zuerst, ob sein ursprünglicher Status – wie der des Irren, des Toten, der Natur, der Tiere, der Kinder, der Schwarzen, der Frauen – nicht *nicht* ein Status der *Ausbeutung*, sondern ein Status der *Exkommunikation* ist –; nicht ein Status der ausbeu-

25 [Vgl. Foucault, Wahnsinn und Gesellschaft.]

terischen Beraubung, sondern ein Status der Diskriminierung und der Markierung.

Ich stelle die Hypothese auf, dass es einen wirklichen Klassenkampf immer nur auf der Basis dieser Diskriminierung gegeben hat: Als Kampf der Untermenschen gegen ihren Status von Tieren, gegen die Infamie dieser Kastentrennung, die sie der Untermenschlichkeit der Arbeit ausliefert. Das steckt hinter jedem Streik, jeder Revolte und noch heute sogar hinter den reinsten »Lohnkämpfen«, ihre Virulenz kommt von dorther. Dies gesagt, ist der Proletarier heute ein »normales« Wesen, ist der Arbeiter zur Würde eines vollwertigen »Menschenwesens« befördert worden, in welcher Eigenschaft er übrigens alle herrschenden Diskriminierungen übernimmt: Er ist rassistisch, sexistisch und repressiv. Verglichen mit den gegenwärtigen Abweichlern, den Diskriminierten aller Art, steht er auf der gleichen Seite wie die Bourgeoisie, auf der Seite des Humanen, auf der Seite des Normalen. So sehr ist es wahr, dass das Grundgesetz dieser Gesellschaft nicht das Gesetz der Ausbeutung ist, sondern der *Code der Normalität.*

### Mai 1968: Die Illusion der Produktion

Die erste Schockwelle dieses Übergangs von der Produktion zur schlichten Reproduktion ist der Mai 1968 gewesen. Sie hat zuerst die Universität erreicht, und zunächst die humanwissenschaftlichen Fakultäten, weil es immer deutlicher zu Tage trat (sogar ohne klares »politisches« Bewusstsein), dass *man dort nichts mehr produzierte,* sondern nur noch damit beschäftigt war, zu reproduzieren (nämlich Lehrer, Wissen, Kultur, die ihrerseits Faktoren der Reproduktion des allgemeinen Systems sind). Das wurde als totale Nutzlosigkeit, als Unverantwortlichkeit (»Wozu brauchen wir Soziologen?«), als Relegation erlebt, und das war es, was die Studentenbewegung von 1968 ausgelöst hat (und nicht das Fehlen von Auswegen – Auswege, davon gibt es *in der Reproduktion* immer genug, das, was es nicht mehr gibt, sind Orte und Räume, wo wirklich etwas *Produktives* geschieht).

Diese Schockwelle ist immer noch unterwegs, sie kann nicht anders, sie wird sich in dem Maß, in dem ganze Gesellschaftsbereiche vom Rang der *Produktivkräfte* in den einfachen Status von *Reproduktionskräften* fallen, bis an die äußersten Enden der Gesellschaft ausbreiten. Wenn dieser Prozess zuerst die Bereiche der Kultur, des Wissens, des Rechts und der Familie betroffen hat, d.h. die Bereiche des sogenannten »Überbaus«, so wird heute deutlich, dass er zunehmend auch die Bereiche der sogenannten »Basis« in Mitleidenschaft zieht: Eine neue Generation von Streiks seit 1968, gleich ob parziell, wild oder episodisch, zeugt nicht mehr vom »Klassenkampf« eines Proletariats, dem die Produktion zugewiesen ist, sondern von der Revolte derjenigen, denen selbst in den Fabriken nur noch die Reproduktion zubestimmt ist.

Doch sind es innerhalb dieses Bereichs die Gruppen, die sich am Rand der Legalität bewegen, die als erste erfasst werden: junge Angelernte, die direkt vom Land in die Fabrik verpflanzt wurden, ausländische Arbeiter, nicht gewerkschaftlich Organisierte usw. Aus all den Gründen, die angeführt wurden, hat das »traditionelle«, gewerkschaftlich organisierte Proletariat in der Tat alle Chancen, erst ganz zuletzt zu reagieren, da es am längsten die *Illusion der »produktiven« Arbeit* aufrechterhalten kann. Dieses Bewusstsein, im Vergleich mit allen anderen wahrhaft »Produzenten« zu sein, trotz allem, selbst um den Preis der Ausbeutung, an der Quelle des gesellschaftlichen Reichtums zu stehen, dieses »proletarische« Bewusstsein, das durch die Organisation bestärkt und bestätigt wird, bildet sicher das stärkste ideologische Bollwerk gegen den Zerfall des gegenwärtigen Systems, das, statt ganze Bevölkerungsschichten zu proletarisieren, d.h. die Ausbeutung der »produktiven« Arbeit auszudehnen, wie das die gute marxistische Theorie will, jedermann in die gleiche Kategorie des reproduktiven Arbeiters einreiht.

Die »produktiven« Handarbeiter leben mehr als alle anderen in der *Illusion der Produktion* — ebenso wie sie in ihrer freien Zeit in der Illusion der Freiheit leben.

Solange die Dinge als Quelle des Reichtums oder der Befriedigung, *als Gebrauchswert* erlebt werden, und wäre die schlimmste entfremdete und ausgebeutete Arbeit damit verbunden, solange sind sie erträglich. Solange man noch eine »Produktion« ausmachen kann, die (und sei es imaginär) individuellen oder gesellschaftlichen Bedürfnissen entspricht (deshalb ist der Begriff des Bedürfnisses dermaßen grundlegend und dermaßen mystifizierend), solange sind auch die schlimmsten individuellen oder historischen Situationen erträglich, weil *die Illusion der Produktion immer die Illusion ist, dass diese sich mit ihrem idealen Gebrauchswert deckt*. Und diejenigen, die heute an den Gebrauchswert ihrer Arbeitskraft glauben — die Proletarier —, sind möglicherweise jene, die am allermeisten der Mystifikation unterliegen und am allerwenigsten für diese Revolte empfänglich sind, die die Leute vom Grund ihrer totalen Nutzlosigkeit her ergreift, von der zirkulären Manipulation her, die aus ihnen nur noch reine Messlatten einer sinnlosen Reproduktion macht.

An dem Tag, an dem dieser Prozess in seiner Verallgemeinerung die ganze Gesellschaft erfasst hat, wird der Mai 1968 die Form einer allgemeinen Explosion annehmen, und das Problem eines Bündnisses zwischen Arbeitern und Studenten wird sich nicht mehr stellen: Es brachte sowieso nur die Kluft zum Ausdruck zwischen denen, die im gegenwärtigen System noch an ihre Arbeitskraft glauben, und denen, die daran nicht mehr glauben.

## Die politische Ökonomie als Simulationsmodell

Die politische Ökonomie ist hinfort für uns das *Reale* — d.h. genau das, was das Referenzial im Zeichen ist: der Horizont einer gestorbenen Ordnung, deren Simulation jedoch ein »dialektisches« Gleichgewicht des Ganzen bewahrt. Das Reale, *also* das Imaginäre. Denn auch diese beiden einst geschiedenen Kategorien sind ineinander aufgegangen und treiben gemeinsam dahin.

Der Code (das strukturelle Wertgesetz) bewirkt die systematische Wiederbelebung der politischen Ökonomie (des beschränkten Wertgesetzes der Ware) als Reales und Imaginäres unserer Gesellschaften, und die Demonstration der beschränkten Wertform bedeutet soviel wie die Verdeckung ihrer radikalen Form.

Profit, Mehrwert, Kapitalmechanismus, Klassenkampf: Der ganze kritische Diskurs der politischen Ökonomie wird als Referenzdiskurs inszeniert. Das Geheimnis des Werts wird auf der Bühne aufgeführt (nur dass das Geheimnis inzwischen den Wert gewechselt hat: Der strukturelle Wert ist geheimnisvoll geworden): Alle Welt ist sich einig über die »determinierende Instanz« der politischen Ökonomie, wodurch sie »obszön« wird.[26] Es ist

26 Das Plakat der Banque Nationale de Paris (BNP) verdient, in dieser Hinsicht analysiert zu werden: »Ihr Geld interessiert uns — Leistung gegen Leistung — Sie leihen uns Ihr Geld, wir lassen Sie an unserer Bank profitieren«.
1. Das ist das erste Mal, dass das Kapital (in seiner prägnantesten Form, als internationales Finanzkapital) so deutlich, von Angesicht zu Angesicht, das Äquivalenzprinzip ausspricht, und zwar als Werbeargument. Gewöhnlich werden solche Dinge verschwiegen, der Warentausch ist unmoralisch, und die ganze Werbung läuft darauf hinaus, das mit dem Kundendienst zu verdecken. Man kann also sicher sein, dass diese Freimütigkeit eine Maske zweiten Grades ist.
2. Das offensichtliche Ziel ist, die Leute mit wirtschaftlichen Argumenten davon zu überzeugen, dass sie ein gutes Geschäft machen, wenn sie ihr Geld zur BNP tragen. Die wirkliche Strategie läuft nebenher (wie bei den Versicherungspolicen). Sie besteht darin, die Leute durch diese kapitalistische Freimütigkeit nach dem Schema »Von Mann zu Mann« zu überzeugen: keine Gefühle mehr, Schluss mit der Ideologie des Kundendienstes, die Karten auf den Tisch, usw. Sie besteht darin, sie durch die Obszönität zu verführen, die mit der Enthüllung des unmoralischen, verborgenen Äquivalenzgesetzes verbunden ist. Eine »männliche« Komplizenschaft: Man teilt unter Männern die obszöne Wahrheit des Kapitals. Daher die schlüpfrige Atmosphäre dieses Plakats, der lüsterne, unanständige Ausdruck dieser Augen, die auf Ihr Geld wie auf Ihr Geschlecht starren. Die Technik ist die der perversen Provokation, die sehr viel subtiler ist als die der simplen Verführung durch ein Lächeln (das wird das Thema der Gegenoffensive der Société Genérale (SG) sein: »Es ist der Kunde, der lächeln muss, nicht der Bankier«): die Leute durch die Obszönität des Ökonomischen führen, sie auf der Ebene der perversen Faszination ertappen, die

das Kapital in seiner Schändlichkeit selbst auf sie ausübt. Unter diesem Blickwinkel bedeutet der Slogan ganz einfach: »Ihr Arsch interessiert mich — Leistung gegen Leistung — leihen Sie mir Ihren Hintern und ich vögle Sie«. Was nicht jedermann missfällt.

Hinter der humanistischen Moral des Tauschs steckt eine tiefe Begierde des Kapitals, die schwindelerregende Begierde des Wertgesetzes, und es ist diese Komplizenschaft, diesseits oder jenseits des Ökonomischen, die das Plakat aufzugreifen sucht. Worin es, vielleicht ohne es zu wissen, von politischer Einsicht zeugt.

3. Die Werbefachleute müssen sehr wohl gewusst haben, dass dieses Vampirgesicht für Mittelschichten, diese geile Komplizenschaft, dieser direkte Angriff negative Reaktionen auslösen würde. Warum nahmen sie das Risiko auf sich? Das ist der sonderbarste Aspekt der Falle: Das Plakat ist dazu da, die Widerstände gegenüber dem Profit- und Äquivalenzgesetz zusammenzufassen — um die Äquivalenz von Kapital und Profit, von Kapital und Ökonomie (Leistung und Gegenleistung) leichter durchzusetzen, und zwar in einem Augenblick, in dem sie nicht mehr wahr ist, in dem das Kapital seine Strategie verlagert hat, in dem es folglich sein »Gesetz« verkünden kann, weil dieses nicht mehr seine Wahrheit ist. Die Verkündigung dieses Gesetzes ist nur eine zusätzliche Mystifikation.

Das Kapital lebt nicht mehr vom Gesetz der politischen Ökonomie: Darum kann dieses Gesetz zum Werbeargument werden, in den Bereich des Zeichens und seiner Manipulation geraten. Die politische Ökonomie ist nichts anderes als das quantitative Theater des Werts. Das Plakat drückt das auf seine Weise aus, das Geld ist nur ein Vorwand.

Daher die Austauschbarkeit des Plakats, die auf allen Ebenen durchgespielt werden kann. Zum Beispiel:

Ihr Unbewusstes interessiert mich — Leistung gegen Leistung — Leihen Sie mir Ihre Phantasien und ich lasse Sie an meiner Analyse profitieren.

Ihr Tod interessiert mich — Leistung gegen Leistung — Schließen Sie eine Lebensversicherung ab und ich sorge für das Wohlergehen der Ihrigen.

Ihre Produktivität interessiert mich — Leistung gegen Leistung— Leihen Sie mir Ihre Arbeitskraft und ich lasse Sie an meinem Kapital profitieren.

Und so weiter und so fort: dieses Plakat kann als »allgemeines Äquivalent« für alle gegenwärtigen Gesellschaftsverhältnisse dienen.

4. Wenn die grundsätzliche Botschaft dieses Plakats nicht die der Äquivalenz ist, a = a, Leistung gegen Leistung (niemand fällt derart herein, und die Werbefachleute wissen das sehr wohl), ist es dann die des Mehrwerts, die Tatsache, dass sich der Vorgang für den Bankier und das Kapital nach der Gleichung a = a + a' bezahlt macht? Diese Wahrheit wird durch das Plakat kaum verhüllt, und jeder kann sie ahnen. Das Kapital spielt hier im Halbdunkel, es demaskiert sich

eine Provokation. Das Kapital sucht seine Alibis nicht mehr in der Natur, in Gott oder der Moral, sondern direkt in der politischen Ökonomie, in ihrer *Kritik*, und erlebt seine interne Denunziation als dialektischen Anreiz und Feedback. Daher die wesentliche Rolle, die die marxistische Analyse für das Design des Kapitals spielt.

Es läuft hier das gleiche Szenario ab, wie es Bourdieu/Passeron für das Schulsystem beschrieben haben:[27] Seine angebliche Autonomie erlaubt ihm, wirksam die Struktur einer Klassengesellschaft zu reproduzieren. Entsprechend ist es die angebliche Autonomie der politischen Ökonomie (genauer: ihr Wert als determinierende Instanz), die es ihr erlaubt, wirksam die symbolische Spielregel des Kapitals zu reproduzieren, seine reale Herrschaft über Leben und Tod, die, die sich auf den Code gründet, der die politische Ökonomie als Medium, als Alibi, als Feigenblatt fortwährend am Leben erhält.

Eine Maschine muss funktionieren, wenn man will, dass sie die Produktionsverhältnisse reproduziert. Eine Ware muss einen

beinahe, aber das ist nicht bedenklich, denn was das Plakat in Wirklichkeit aussagt, gehört weder zur Ordnung der quantitativen Äquivalenz noch zu der des Mehrwerts, sondern zur Ordnung der Tautologie:
weder: a = a
noch: a = a + a'
sondern: A ist A.
Das heißt: Eine Bank ist eine Bank, ein Bankier ist ein Bankier, Geld ist Geld, und ihr könnt nichts dagegen machen. Unter dem Vorwand, das Gesetz der ökonomischen Äquivalenz zu verkünden, verkündet das Plakat in Wirklichkeit den tautologischen Imperativ, die Grundregel der Herrschaft. Denn wenn eine Bank eine Bank ist oder ein Tisch ein Tisch oder wenn zwei plus zwei vier sind (und nicht fünf, wie Dostoevskij wollte), dann haben wir es mit dem wahren kapitalistischen *Glauben* zu tun. Wenn das Kapital sagt: »Ihr Geld interessiert mich«, täuscht es die Rentabilität vor, um sich die *Glaubwürdigkeit* zu sichern. Diese Glaubwürdigkeit ist ökonomischer Natur, aber der *Glaube*, der sich an die Tautologie haftet und in ihr die Identität der kapitalistischen Ordnung resümiert, ist symbolischer Ordnung.

27 [Vgl. Bourdieu/Passeron, Die Illusion der Chancengleichheit.]

Gebrauchswert haben, um das Tauschwertsystem zu nähren. Derart stellte sich das Szenario auf der ersten Stufe dar. Heute ist die Simulation auf der zweiten Stufe angelangt: Eine Ware muss als Tauschwert fungieren, um besser zu verhüllen, dass sie als Zeichen zirkuliert und den Code reproduziert.[28] Die Gesellschaft muss sich als Klassengesellschaft produzieren, als Klassenkampf, sie muss auf der marxistisch-kritischen Ebene »funktionieren«, um das wahre Gesetz des Systems und die Möglichkeit seiner symbolischen Zerstörung zu verschleiern. Herbert Marcuse hat schon lange darauf aufmerksam gemacht, dass die materialistische Dialektik ins Schleudern kommt: Die Produktionsverhältnisse, weit davon entfernt, durch die Produktivkräfte dekonstruiert zu werden, unterwerfen sich die Produktivkräfte (Wissenschaft, Technik usw.) und finden darin ihre *neue Legitimität*.[29] Auch hier muss man zur zweiten Stufe übergehen: Es sind die gesellschaftlichen Verhältnisse symbolischer Herrschaft, die sich die Produktionsweise als Ganzes (Produktivkräfte *und* Produktionsverhältnisse zusammen) unterwerfen und dabei in der scheinbaren Bewegung der politischen Ökonomie und *ihrer Revolution* eine neue Legitimität und das allerschönste Alibi finden.

Daher die Notwendigkeit, die politische Ökonomie als Schutzstruktur wieder zu beleben und zu dramatisieren. Daher auch der Typus der Krise, des ewigen Simulakrums der Krise, mit dem wir es heute zu tun haben.

Im ästhetischen Stadium der politischen Ökonomie, das dasjenige einer zwecklosen Zweckhaftigkeit der Produktion ist, bricht der ethische und asketische Mythos der Akkumulation und der Arbeit zusammen. Das Kapital, das Gefahr läuft, in dieser Ver-

28 Ebenso wie es (auch für Marx) ein naturalistisches Phantasma des Gebrauchswerts gegeben hat, gibt es für uns heute ein ökonomistisches Phantasma des Tauschwerts. Der Tauschwert nimmt für uns im strukturellen Spiel des Codes die gleiche Rolle ein, die der Gebrauchswert im Wertgesetz der Ware innehatte: die des referenzialen Simulakrums.

29 [Vgl. Marcuse, Der eindimensionale Mensch.]

flüssigung der Werte zugrunde zu gehen, blickt daher nostalgisch auf seine große *ethische* Zeit zurück, in der das Produzieren noch einen Sinn hatte, auf das goldene Zeitalter des Mangels und der Entwicklung der Produktivkräfte. Um die Zweckbestimmungen wiederaufzurichten, um das Prinzip der politischen Ökonomie wiederzubeleben, muss man auch den Mangel wiederherstellen. Daher die Ökologie, in der die drohende Gefahr einer absoluten Knappheit eine Ethik der Erhaltung der Energie wiedereinsetzt. Daher die Energie- und die Rohstoffkrise, ein wahrer Segen für ein System, dem der Spiegel der Produktion nur noch die Form eines leeren Durcheinanders zurückwarf. Durch die Krise wird es möglich sein, dem Code der Ökonomie sein verlorenes Referenzial und dem Produktionsprinzip ein Gewicht zurückzugeben, das ihm abhanden gekommen war. Man wird den Geschmack an der Askese und das Pathos der Investition wiederentdecken, das sich aus Mangel und Entbehrung erhebt.

Die ganze ökologische Wende der letzten Jahre hatte bereits diesen Prozess der Regeneration durch die Krise in Gang gesetzt — eine Krise, die keine der Überproduktion ist wie die von 1929, sondern eine der Involution des Systems und der Wiederaufbereitung seiner verlorenen Identität.[30] Keine Krise der *Produktion*,

30 Der amerikanische Senat ist so weit gegangen, zu schätzen, was es kosten würde, das Wasser wieder auf den Reinheitsgrad zu bringen, den es vor der Eroberung Amerikas durch die Europäer hatte (auf die »Norm 1491«, da Kolumbus bekanntlich 1492 gelandet ist): 350 Milliarden Dollar. Auf die Milliarden Dollar kommt es jedoch nicht an, denn was die Senatoren in Wahrheit ausgerechnet haben, ist der Preis, den es kosten würde, das System als solches in die Reinheit der ursprünglichen Akkumulation, in die goldene Zeit der Arbeitskraft zurückzuversetzen. Ist das die Norm 1890 oder gar 1840?
In der gleichen Weise träumt das gegenwärtige Währungssystem vom Gold und vom festen Goldwechselkurs als Stabilisator und Regenerator der Banknotenwerte. Denn die freie und unbegrenzte Spekulation aufgrund des Verlusts des Goldreferenten — der gegenwärtige Stand der Dinge — kann jeden Augenblick in die Katastrophe münden: eine derart gigantische Willkür und Inflation, dass die Geldinstanz selbst fällt und jede Glaubwürdigkeit verliert. Auch

sondern eine der *Reproduktion* (daher die Unmöglichkeit, zu unterscheiden, was an dieser Krise Wahrheit ist und was Simulakrum). Die Ökologie ist die Produktion, die auf das Schreckgespenst der Knappheit zurückgreift und so eine naturgegebene Notwendigkeit wiederentdeckt, aus der das Wertgesetz neue Kraft schöpft. Die Ökologie ist jedoch zu langsam. Eine plötzliche Krise wie die Erdölkrise stellt eine viel wirksamere Therapie dar. Je weniger Öl vorhanden ist, um so mehr wird man bemerken, dass die Produktion läuft. Von dem Moment an, wo dem Rohstoff wieder sein Rang zugewiesen wird, wird auch die Arbeitskraft wieder ihren Platz einnehmen, und der ganze Produktionsmechanismus wird wieder einsichtig. Eine neue Runde hat begonnen.

Also keine Panik. In dem Augenblick, wo die intensive Mobilisierung der Arbeitskraft und auch die Ethik der Arbeitskraft zusammenzubrechen drohen, tritt die materielle Energiekrise auf den Plan, um die wahrhaft katastrophische Zerstörung der *Zweckmäßigkeit* der Produktion zu verschleiern und sie auf einen einfachen *inneren Widerspruch* zu reduzieren (und man weiß ja, dass dieses System von seinen Widersprüchen lebt).

Auch ist es eine Illusion zu glauben, dass das Kapitalsystem ab einer gewissen Stufe seiner erweiterten Reproduktion irreversibel von einer Strategie des Mangels zu einer Strategie des Überflusses übergeht. Die gegenwärtige Krise zeigt, dass diese Strategie reversibel ist. Die Illusion entstand aus einem naiven Glauben an die *Realität* des Mangels oder an die *Realität* des Überflusses, und somit aus der anderen Illusion, es gäbe einen realen Gegensatz zwischen den beiden Begriffen. Dagegen sind diese beiden Begriffe ganz einfach *alternative* Begriffe, und die strategische Definition des Neokapitalismus ist nicht, zu einer Phase des Überflusses (des

hier ist eine zyklische Regeneration durch das Referenzial, eine »kritische« Regeneration notwendig, damit die finanziellen Transaktionen nicht bis ans Ende ihrer Irrealität gehen, an dem sie sich selbst zerstören würden.

Konsums, der repressiven Entsublimierung, der sexuellen Befreiung usw.) überzugehen, sondern zu der Phase der *systematischen Alternanz* zwischen beiden: zwischen Mangel und Überfluss – weil die beiden Begriffe keine Referenz mehr haben, also auch keine antagonistische Realität mehr bezeichnen, und das System somit mit beiden in gleicher Weise spielen kann. Dies stellt das vollendete Stadium der Reproduktion dar. Im politischen Bereich ist dieses Stadium erreicht, wenn jeder Antagonismus zwischen der Linken und der Rechten neutralisiert ist und die Ausübung der Macht in der Alternanz zwischen beiden erfolgen kann.

Diese Indetermination der Termini, diese *Neutralisierung eines dialektischen Gegensatzes zu einer schlichten strukturellen Alternanz* ruft den so charakteristischen Effekt der *Ungewissheit über die Realität der Krise* hervor. Dieser unerträgliche Simulakrum-Effekt, der bezeichnend ist für alles, was aus dem systematischen Funktionieren eines Codes hervorgeht – alle Welt sucht ihn zu bannen mit Begriffen des Komplotts. Die Krise wäre durch das »Großkapital« heraufbeschworen: Diese Hypothese ist beruhigend, da sie eine *reale* ökonomisch-politische Instanz und die Anwesenheit eines (verborgenen) *Subjekts* der Krise, also einer Wahrheit der Geschichte wiederaufrichtet. Die Schreckensherrschaft des Simulakrums ist aufgehoben: Alles andere ist besser – besser das allgegenwärtige ökonomisch-politische Verhängnis des Kapitals, wenn es nur eine eindeutige Wahrheit aufweist: den Profit, die Ausbeutung, besser diese ökonomische Grausamkeit des Kapitals, als die Erkenntnis der Lage, in der wir uns befinden, in der alles durch den Code bewirkt und vereitelt wird. Die Verkennung dieser »Wahrheit« weltweiter Herrschaft, wenn es Verkennung ist, hält sich im gleichen Maßstab wie die Krise selbst, die sie zum ersten Mal in ihrem ganzen Umfang enthüllt.

Denn die Krise von 1929 war noch eine Krise des Kapitals, gemessen an seiner Rate der Reinvestierung, des Mehrwerts und des Profits, eine Krise der (Über-)Produktion, gemessen an den gesellschaftlichen Zwecksetzungen des Konsums. Und die Regulierung der Nachfrage löst diese Krise in einen kontinuierlichen Austausch von Zwecksetzungen zwischen Produktion und Konsum auf. Seitdem jedoch (und endgültig seit dem Ende des Zweiten Weltkriegs) haben beide aufgehört, entgegengesetzte und womöglich einander ausschließende Pole zu sein. Infolgedessen verliert das gesamte Feld der politischen Ökonomie, mit der Möglichkeit der Krise selbst, jede interne Determination. Wenn es fortbesteht, dann nur noch als Prozess ökonomischer Simulation am Rand eines Reproduktionsprozesses, der es ganz und gar absorbiert.[31]

Aber hat es jemals realen *Mangel* gegeben, und folglich eine Realität des ökonomischen Prinzips — so dass man heute sagen kann, dass er verschwinde und nur noch als Mythos lebendig sei, als Alternativmythos zu dem des Überflusses? Hat es geschichtlich einen *Gebrauchswert* des Mangels gegeben, und folglich eine unaufhebbare Zweckbestimmung des Ökonomischen, sodass man heute sagen kann, dass sie sich im Reproduktionszyklus verflüchtigt hat, und zwar zugunsten der Alleinherrschaft eines Codes, ei-

31 Gewiss, es bleiben zwischen dem strukturellen Wertgesetz und dem Wertgesetz der Ware Widersprüche bestehen, wie es dergleichen auch in der vorhergehenden Phase zwischen dem Wertgesetz der Ware und resistenten vorkapitalistischen Werten gab (welche letzteren selbst heute noch nicht vollständig verschwunden sind). So hat das System das absolute Ziel, den Tod zu kontrollieren: Dies gehört zur strukturellen Markierung des Lebens — aber es verträgt sich nicht mit ökonomischen Grundsätzen, mit einer traditionellen Logik des Profits (mit den gigantischen Kosten der verlängerten Pflege, des Überlebens im Krankenhaus usw.). Daraus resultiert nun als Kompromiss ein absurder Ausgleich (die Rate von 35 % der an Leukämie Erkrankten beschließt man, überleben zu lassen). Eine Schätzung der Höchstkosten des Todes: Was darüber hinausliegt, lässt man sterben. Ökonomischer Zynismus? Keineswegs: Es ist im Gegenteil die Ökonomie, die das System daran hindert, bis ans Ende seiner Logik zu gehen, die darin besteht, den Leuten den Zugang zu ihrem Tod zu versperren.
Es gibt in der Tat ein Ineinanderspiel zwischen den beiden Wertformen, und alles wird durch diese Strategie der Zweiteilung und der Krise bestimmt. Denn die Krise ist das, was eine Lösung zu verlangen scheint, während sie bereits die Lösung ist.

ner Steuerung durch den Code, der wirklich ein Urteil über Leben und Tod ist? Wir wollen sagen: Die Ökonomie braucht, um *sich zu produzieren* (und sie produziert immer nur sich selbst), die dialektische Spannung zwischen Überfluss und Mangel – aber das System braucht, um sich zu reproduzieren, heute nur noch *das mythische Verfahren der Ökonomie*.

Weil der ganze Bereich des Ökonomischen entschärft worden ist, lässt sich alles in Begriffen der politischen Ökonomie und der Produktion sagen. Die politische Ökonomie wird zum ausdrücklichen Diskurs einer ganzen Gesellschaft, zur Vulgata einer jeden Analyse, und vorzugsweise die marxistische Variante dieser Ökonomie. Heute haben alle Ideologen ihre Muttersprache in der politischen Ökonomie entdeckt. Alle Soziologen, Anthropologen usw. wenden sich dem Marxismus als dem maßgeblichen Referenzdiskurs zu. Sogar die Christen, vor allem die Christen natürlich. Die ganze göttliche Neue Linke erhebt sich. Alles ist »politisch« geworden, und zugleich »ideologisch« durch dasselbe Verfahren uferloser Integration. Die Lokalseite ist Politik, der Sport ist Politik, von der Kunst ganz zu schweigen: Das Recht steht überall auf der Seite des Klassenkampfes. Der ganze latente Diskurs des Kapitals ist manifest geworden, und überall ist ein sicheres Frohlocken bei dieser Himmelfahrt der »Wahrheit« zu vernehmen.

Der Mai 1968 bezeichnet die entscheidende Etappe in dieser *Einbürgerung der politischen Ökonomie*. Weil das Erdbeben vom Mai 1968 das System in den Grundfesten seiner symbolischen Organisation erschüttert hat, hat es den Übergang von den »Überbau«-Ideologien (Moral, Kultur usw.) zu einer Ideologisierung der Basis selbst dringlich und lebenswichtig gemacht. Während das Kapital den Diskurs der Kontestation zu seinem offiziellen macht, geht es dazu über, seine Macht hinter dieser Legalisierung des ökonomischen und des Politischen zu verdoppeln. Es ist die politische Ökonomie gewesen, die den Riss von 1968 gekittet hat, die *marxistische* politische Ökonomie, wie es die Gewerkschaften und die Linksparteien gewesen sind, die die Krise durch Verhandlungen an Ort und Stelle beschwichtigt haben. Der verborgene Referent der Ökonomie und der Politik ist also nur ausgegraben worden, um eine katastrophische Situation zu retten, und er wird heute weiterhin verbreitet, verallgemeinert und verzweifelt reproduziert, weil die im Mai 1968 freigelegte katastrophische Situation fortdauert.

Etwas gewagt könnte man sagen, dass die politische Ökonomie und ihre Kritik nichts anderes als Überbau sind — aber man wird es nicht riskieren, weil es nur hieße, diese alte Haut wie einen Handschuh umzustülpen. Was würde dann die Basis sein, usw.? Und das würde der politischen Ökonomie die Chance einräumen, womöglich eines Tages nach einem Schaukelspiel, das ein Effekt des Codes selbst ist, wiederaufzuerstehen. Man hat uns zu oft den Coup mit der Basis gespielt, als dass wir Lust hätten, dieses Maskenspiel wiederaufzunehmen. Das System selbst hat diesen Determinationen des Unter- oder Überbaus ein Ende bereitet. Es gibt heute vor, das Ökonomische als Basis zu nehmen, weil Marx ihm genialerweise diese Ausweichstrategie eingeflüstert hat, aber in seiner Realität hat sich das Kapital niemals nach dieser imaginären Unterscheidung gerichtet: So naiv ist es nicht. Seine Durchschlagskraft schöpft es gerade aus seiner gleichzeitigen Entfaltung auf allen Ebenen und daraus, dass es sich *im Grunde* niemals auf die Frage der Determination, auf die spitzfindige Unterscheidung der Instanzen und die »Ideologie« eingelassen hat — dass es sich im Grunde niemals mit der Produktion verwechselt hat, wie das Marx und alle Revolutionäre nach ihm getan haben, die allein an die Produktion geglaubt haben und immer noch glauben, die ihre Phantasmen und ihre wahnsinnigste Hoffnung daran geknüpft haben. Das Kapital begnügt sich damit, sein Gesetz in einer einzigen Bewegung zu verbreiten, indem es unweigerlich den gesamten Lebensraum in Besitz nimmt, ohne sich um Prioritäten zu kümmern. Wenn es den Leuten Arbeit bringt, bringt es ihnen zugleich die Kultur, es bringt ihnen die Bedürfnisse, die Sprache und die funktionelle Redeweise, die Information und die Kommunikation, Recht, Freiheit und Sexualität, Selbsterhaltungstrieb und Todestrieb — auf allen Gebieten dressiert es sie zugleich, nach Mythen, die ebenso gegensätzlich wie gleichgültig sind. Das ist hier sein einziges Gesetz: die Gleichgültigkeit. Die Instanzen hierarchisch ordnen? Das wäre ein Spiel, das zu gefährlich wäre und sich gegen es selbst kehren könnte. Nein: nivellieren, neutralisieren, quadrieren, entdifferenzieren — das ist alles, was es kann, das ist das Gesetz, nach dem es vorgeht. Dazu gehört aber auch, diesen grundlegenden Prozess unter der »determinierenden« Maske der politischen Ökonomie zu verbergen.

Im gegenwärtigen Kapital, in dieser vielgestaltigen gigantischen Maschine, bedeutet das Symbolische (Gabe und Gegengabe, Reziprozität und Reversion, Verausgabung und Opfer) nichts mehr, bedeutet die Natur (das große Referenzial von Ursprung und Substanz, die Dialektik von Subjekt und Objekt, usw.) ebensowenig, überlebt selbst die politische Ökonomie nur noch im aufgegebenen Koma, aber all diese Phantome schleppen sich noch auf dem Operationsfeld des Werts dahin. Vielleicht vollzieht sich hier in riesigem Ausmaß eine Wiederholung dessen, was Marx angemerkt hat: Jedes Ereignis findet einmal historisch statt, um dann in parodistischer Form wiederzukehren. Abgesehen davon, dass sich für uns die beiden Phasen ineinanderschieben, denn die gute alte materialistische Historie ist selbst zu einem Simulationsprozess geworden und bietet nicht einmal mehr die Chance zu einer theatralischen und grotesken Parodie: Ganz direkt äußert sich heute der Terror, der von den ihrer Substanz beraubten Dingen ausgeht, ganz unmittelbar nehmen die Simulakren unser Leben in all seinen Bestimmungen vorweg. Das ist kein Theater mehr oder etwas Imaginäres — es ist eine grausame Taktik der Neutralisierung, die keinen Platz mehr hat für eine Posse von der Art Napoleons III., diese historische Farce, über die die *reale* Geschichte im Geist von Marx mühelos hinwegschreitet. Die Simulakren sind etwas anderes, sie liquidieren uns zugleich mit der Geschichte. Aber vielleicht beruht Marx' Ansicht auf einer generellen Illusion über die Möglichkeiten der *Revolutionierung* des Systems. Er hatte gut gesehen, dass bereits zu seiner Zeit im Kapital eine Fähigkeit herumgeisterte, seine eigenen Grundlagen zu unterhöhlen und »im Schongang« zu laufen. Er erkannte, dass das Kapital dazu tendierte, die Arbeitskraft zu reduzieren, wenn nicht gar vollständig aus seinem Prozess auszuschalten, und sie durch eine riesige Menge toter Arbeitskraft zu ersetzen. Aber da er glaubte, dass die lebendige Arbeitskraft die objektive, historische und notwendige Grundlage des Kapitals sei, konnte er nicht umhin, zu denken, dass dieses sich derart sein eigenes Grab schaufele. Illusion: Das Kapital hat zwar die Arbeitskraft begraben, aber auf eine subtilere Art: Es hat aus ihr den zweiten Ausdruck eines geregelten Gegensatzes zum Kapital gemacht. Aus der *Energie* des Zerbrechens, die die Produktionsverhältnisse sprengen sollte, hat es einen homogenen Ausdruck der Produktionsverhältnisse gemacht, auf dem Weg einer Simulation der Gegensätzlichkeit im Zeichen der toten Arbeit. Eine einzige herrschende Instanz, die der toten Arbeit, ist es seither, die sich in Kapital und lebendige Arbeit unterteilt: Der Antagonismus hat sich durch ein binäres Dispositiv codierten Funktionierens aufgelöst. Aber, wird man sagen, der Mehrwert, die Produktion? Ach was, dem Kapital ist das egal. Ohne ihm eine marxistische Einsicht zu unterstellen (auch wenn Marx alles getan hat, um das Kapital *aufzuklären* über das, was ihm bevorstand: Wenn es hartnäckig dabei bliebe, auf dem Gebiet der Produktion tätig zu sein, würde es nach kurzer Frist vom Tod ereilt: Die Ökonomie war eine tödliche Falle für das Kapital), geschieht alles so, als ob es Marx in diesem Punkt sehr gut verstanden und folglich »sich entschieden« hätte, die Produktion zu liquidieren, um zu einer anderen Art der Strategie überzugehen. Ich sage: Alles ereignet sich so, als ob, weil es keineswegs sicher ist, dass das Kapital jemals diese produktivistische Sicht seiner selbst gehabt hat (Marx allein hätte sie dann gehabt und hätte dieses Phantasma als historische Wahrheit entworfen), wahrscheinlicher ist, dass es niemals etwas anderes getan hat, als mit der Produktion zu *spielen,* unter der Bedingung, sie später wieder aufzugeben, wenn sie es in tödliche Widersprüche verwickeln würde. Hat das Kapital jemals die Produktion ernst genommen? So dumm ist es nicht: Mitten im vollen Ernst der Produktion ist das Kapital sicher schon nichts anderes als Simulation.

Darum sind die einzigen Akte, die seine reale Herrschaft antasten, die, die auf dem Feld dieser radikalen Indetermination stattfinden und diese ökonomische Strategie der Ablenkung zerbrechen.

Man wird das System niemals durch eine direkte, dialektische Revolution der ökonomischen oder politischen Basis zerstören. Alles, was an Widersprüchen, an Machtverhältnissen, an Energie im allgemeinen produziert wird, kehrt zum System zurück und treibt es wieder an, nach Art einer zirkulären Verzerrung, die einer Möbiusschleife ähnelt. Man wird es niemals nach seiner eigenen Logik besiegen, einer Logik der Energie, des Kalküls der Vernunft und der Revolution, der Geschichte und der Macht, sowie einer beliebigen Finalität oder Gegenfinalität — auf diesem Niveau bleibt noch die schlimmste Gewalt ohne Eindruck und kehrt sich gegen sich selbst. Man wird das System niemals auf der *realen* Ebene besiegen: Der schlimmste Irrtum all unserer revolutionären Strategen besteht in dem Glauben, dem System auf der realen Ebene ein Ende setzen zu können: Das ist ihr Imaginäres, das ihnen das System selbst auferlegt, das nur davon lebt und überlebt, dass es die, die es angreifen, immer wieder dazu bringt, sich auf dem Feld der Realität zu schlagen, *das für immer das seine ist.* Dahin werfen sie allesamt ihre Energien, ihre imaginäre Gewalt, die eine unerbittliche Logik ständig auf das System niedergehen lässt. Es hat aber mit realer Gewalt oder Gegengewalt nichts zu schaffen, denn es lebt von systematischer Gewalt. Nicht in dem verkommenen Sinn, in dem diese Formel sich durchgesetzt hat: Als eine Gewalt »durch die Zeichen«, mit der das System seine materielle Gewalt verdoppeln oder »verschleiern« würde. Nein, die symbolische Gewalt leitet sich von einer Logik des Symbolischen her (die mit dem Zeichen oder der Energie nichts zu tun hat): von der Reversion, der unaufhörlichen Reversibilität der Gegengabe, und umgekehrt der Machtergreifung durch die einseitige Austeilung der Gabe.[32]

Es ist also erforderlich, alles in die Sphäre des Symbolischen zu verlegen, deren Gesetz das der Herausforderung, der Reversion und der Überbietung ist. *Denn auf den Tod kann nur geantwortet werden durch einen gleichen oder höheren Tod*. Hier handelt es sich weder um reale Gewalt noch um reale Stärke, sondern nur um

32 Man hat aus der Gabe, unter dem Namen des Gabentauschs, das Kennzeichen der primitiven »Ökonomien« und damit zugleich eine Alternative zum Prinzip des Wertgesetzes und der politischen Ökonomie gemacht. Es gibt keine schlimmere Täuschung. Die Gabe ist unser Mythos, der idealistische Mythos, der unseren materialistischen Mythos ergänzt – wir begraben die Primitiven unter beiden zugleich. Der primitive symbolische Prozess kennt nicht die Unentgeltlichkeit der Gabe, er kennt nur die Herausforderung und die Reversion der Tauschvorgänge. Wenn diese vernichtet ist, eben durch die Möglichkeit des einseitigen Gebens (was die Möglichkeit voraussetzt, Wert zu horten und ihn nur in einer Richtung zu transferieren), dann ist die eigentliche symbolische Beziehung tot, und die Macht tritt auf den Plan, die sich in der Folge nur noch im ökonomischen Rahmen des Vertrags entfalten wird. Es ist unsere (operationale) Fiktion, unsere Metaphysik, zu glauben, dass es möglich ist, auf seinem Kopf (›Kapital‹) einen Wertbestand zu akkumulieren, ihn zu vermehren und zu vervielfachen: der Trug der Akkumulation und des Kapitals — aber es ist ebenso unsere Fiktion, zu glauben, dass man sich (durch die Gabe) vollständig davon befreien könnte. Die Primitiven wissen, dass es das nicht gibt, dass ein Stillstand des Werts an einem Punkt und selbst die Möglichkeit, einen Teilbereich, eine Seite des Austauschs zu isolieren, undenkbar ist — dass nichts jemals ohne Gegenleistung ist, nicht im vertraglichen Sinn, sondern in dem Sinn, dass der Austausch unweigerlich reversibel ist. Sie gründen all ihre Beziehungen auf diese unaufhörliche Wiederkehr der Flamme der Ambivalenz und des Todes im Tausch. Wir hingegen gründen unsere Ordnung auf die Möglichkeit, zwei gesonderte Pole des Austauschs herauszulösen und zu verselbständigen: Woraus entweder der äquivalente Tausch (der Vertrag) oder der nichtäquivalente Tausch ohne Gegenleistung (die Gabe) folgt. Aber wie man sieht, gehorchen beide der gleichen Aufteilung des Prozesses und dem gleichen Prinzip der Verselbständigung des Werts.

Herausforderung und symbolische Logik. Wenn die Herrschaft daraus entspringt, dass das System das Monopol der Gabe ohne Gegengabe innehat — die Gabe der Arbeit, auf die nicht mit der Zerstörung oder dem Opfer geantwortet werden kann, es sei denn im Konsum, der nur eine weitere Spirale des ausweglosen Gratifikationssystems ist, also eine weitere Spirale der Herrschaft, die Gabe der Medien und der Botschaften, auf die dank des Monopols des Codes nichts entgegnet werden kann, und überall und in jedem Augenblick die Gabe des *Sozialen*, der Schutz-, Sicherheits-, Gewährungs- und Beanspruchungsinstanz des Sozialen, der nichts mehr entgeht —, dann ist die einzige Lösung die, gegen das System das Prinzip seiner Macht selbst zu kehren: die Unmöglichkeit der Antwort und der Vergeltung. *Das System herausfordern durch eine Gabe, auf die es nicht antworten kann, es sei denn durch seinen eigenen Tod und Zusammenbruch.* Denn niemand, nicht einmal das System, entgeht der symbolischen Verpflichtung, und in dieser Falle liegt die einzige Chance, seine Katastrophe herbeizuführen. Skorpionisierung des Systems, das umzingelt ist durch die Herausforderung des Todes. Denn diese Gabe, auf die es antworten muss, bei Strafe, das Gesicht zu verlieren, kann evidentermaßen nur die des Todes sein. *In der Erwiderung auf die vielfache Herausforderung des Todes und des Selbstmords muss sich das System selbst umbringen.*

So ist die Herausforderung der Geiselnahme zu verstehen. Auf der symbolischen Ebene, die die der Opferung ist und auf der jede moralische Erwägung der Unschuld der Opfer ausgeschlossen ist, ist die Geisel der Stellvertreter, das Alter ego des »Terroristen« — ihr Tod steht für den des Terroristen ein, so wie übrigens beider Tod in ein und derselben Opferhandlung ineinander übergehen kann. Der Einsatz ist der eines Todes ohne Möglichkeit der Verhandlung, der also auf eine Verpflichtung zur Überbietung verweist. Sicher sucht das ganze Verhandlungssystem sich zu entfalten, und die Terroristen begeben sich oft selbst in dieses Tausch-Szenario, indem sie sich der Begriffe einer kalkulierten Äquivalenz bedienen (das Leben der Geiseln gegen das und das Lösegeld, oder gar ihre Freilassung bloß für das Prestige der Aktion). Unter diesem Gesichtspunkt ist die Geiselnahme ganz und gar nicht originell, sie schafft einfach punktuell ein unvorhergesehenes Kräfteverhältnis, das zu bewältigen ist durch die traditionelle Gewalt oder durch Verhandlungen. Es ist eine taktische Aktion. Aber etwas anderes ist im Spiel, und in Den Haag, während zehn Tagen unglaublicher Verhandlungen, konnte man das gut beobachten: Niemand wusste, worüber verhandelt werden konnte, noch einigte man sich über die Ziele oder die möglichen Äquivalenzen des Tauschs. Oder wenn »die Forderungen der Terroristen« formuliert werden, dann fallen sie so aus, dass sie einer radikalen Verweigerung der Verhandlung gleichkommen. Und genau das ist es, was sich abspielt: die Unmöglichkeit jeder Verhandlung, und daher der Übergang zur symbolischen Ordnung, die diese Art Kalkül und Tausch vollkommen außer acht lässt (das System dagegen lebt nur von der Verhandlung, und sei es im Ausbalancieren der Gewalt). Auf diesen Einbruch des Symbolischen (der das schlimmste ist, was ihm widerfahren kann, und im Grunde die einzige »Revolution«) weiß das System nur zu antworten mit dem physischen, dem realen Tod der Terroristen – aber das ist seine Niederlage, da dieser Tod gerade *ihr* Einsatz war und das System nichts getan hat, als sich an seiner eigenen Gewalt aufzuspießen, *ohne wirklich auf die Herausforderung zu antworten, die ihm entgegengeschleudert worden ist.* Denn jeder Tod passt unschwer ins Kalkül des Systems, selbst die Kriegsschlächtereien, nur nicht der Tod als Herausforderung, der symbolische Tod, denn dieser hat kein kalkulierbares Äquivalent mehr – er führt zu einer Überbietung, die nicht anders sühnbar ist als durch einen entsprechenden Tod. Für den Tod steht nur der Tod ein. Und das ereignet sich in diesem Fall: *Das System wird dazu getrieben, sich seinerseits umzubringen* – was es durch seine Verwirrung und seine Ohnmacht auch demonstriert. Der gigantische Machtapparat zerfließt in dieser Situation, die nach Begriffen des Kräfteverhältnisses geringfügig ist, aber deren ganze Lächerlichkeit (in ihrem Übermaß selbst) sich gegen ihn kehrt. Die Polizei, die Armee, sämtliche Institutionen und die ganze Gewaltmobilisierung der Macht vermögen nichts gegen den winzigen, aber symbolischen Tod eines einzelnen oder einiger weniger. Denn dieser zieht sie auf eine Ebene, auf der für sie keine Antwort mehr möglich ist. (So kam das plötzliche Zerfließen der Machtstrukturen im Jahre 1968 zustande, nicht weil die Macht schwächer war, sondern schlicht durch die symbolische Verlagerung, die die studentischen Aktionen herbeiführten.) Das System kann nicht anders, als im Austausch zu sterben, als sich aufzulösen, um die Herausforderung anzunehmen. Sein Tod ist in diesem Augenblick eine symbolische Antwort — an der es zugrunde geht.

Die Herausforderung ist von mörderischer Wirksamkeit. Alle Gesellschaften außer der unseren wissen es oder haben es gewusst. Die unsrige ist im Begriff, es wiederzuentdecken. Die Wege einer alternativen Politik sind die der symbolischen Wirksamkeit.

So fordert der Asket, der sich abtötet, Gott heraus, ihm stets das Äquivalent zu geben. Gott tut, was er kann, um es ihm »hundertfach« zurückzuerstatten, in der Form des Prestiges, der spirituellen Macht und gar der weltlichen Herrschaft. Aber der geheime Traum des Asketen ist der, an einen solchen Punkt der Abtötung zu gelangen, dass sogar Gott die Herausforderung nicht mehr annehmen und seine Schuld tilgen kann. Er wird dann über Gott selbst triumphiert haben, und er wird Gott sein. Deshalb ist der Asket nie weit von der Häresie und dem Sakrileg entfernt und wird als solcher von der Kirche verdammt, die nur dazu da ist, Gott vor diesem symbolischen Auge in Auge zu bewahren, vor dieser tödlichen Herausforderung, in der Gott genötigt wird, zu sterben, sich zu opfern, um die Herausforderung des Sichabtötenden anzunehmen. Zu allen Zeiten wird die Kirche die Aufgabe gehabt haben, diese Art einer (zuerst für sie) katastrophischen Konfrontation zu vermeiden und durch einen geregelten Austausch von Bußen und Belohnungen zu ersetzen, durch ein Äquivalenzsystem zwischen Gott und den Menschen, das sie selbst verwalten würde.

Genauso steht es mit unserem Verhältnis zum Machtsystem. Alle Institutionen, alle gesellschaftlichen, ökonomischen, politischen und psychologischen Vermittlungsinstanzen sind nur dazu da, dass nie jemand mehr Gelegenheit zu dieser symbolischen Herausforderung bekommt, zu dieser Herausforderung zum Tode, dieser irreversiblen Gabe, die wie die absolute Selbstabtötung des Asketen über jede Macht triumphieren lässt, wie stark ihr Einfluss auch wäre. Diese direkte Möglichkeit einer symbolischen Konfrontation darf niemals mehr stattfinden. Alles muss ausgehandelt werden. Das ist der Grund unseres tiefen Ekels.

Darum haben Geiselnahmen und verwandte Aktionen etwas Faszinierendes: Sie sind zugleich für das System der monströse Spiegel seiner eigenen repressiven Gewalt und das Modell einer symbolischen Gewalt, die ihm verwehrt ist, der einzigen Gewalt, die es nicht ausüben kann: der seines eigenen Todes.

## Die Arbeit und der Tod

Andere Gesellschaften haben ein Vielerlei an Einsätzen gekannt, indem sie sich für die Herkunft und die Verwandtschaft, für Seele und Körper, für das Wahre und Falsche, für Realität und Schein interessiert haben. Die politische Ökonomie hat alle diese Einsätze auf einen einzigen heruntergeschraubt: die Produktion — und das war denn auch ein formidabler Einsatz, Gewalt und Hoffnung waren maßlos. Heute ist damit Schluss: Das System hat der Produktion jeden realen Einsatz entzogen. Aber eine radikalere Wahrheit bricht sich Bahn, und es ist der Triumph des Systems selbst, der diesen entscheidenden Einsatz zum Vorschein kommen lässt. Es wird sogar möglich, im Rückblick die ganze politische Ökonomie als etwas zu analysieren, das mit der Produktion nichts zu tun hat. Als einen Einsatz von Leben und Tod nämlich, einen symbolischen Einsatz.

Alle Einsätze sind symbolisch. Es hat immer nur symbolische Einsätze gegeben. Diese Dimension ist unausgesprochen allenthalben im strukturellen Wertgesetz enthalten, allenthalben droht sie im Code.

Die Arbeitskraft gründet sich auf den Tod. Ein Mensch muss sterben, um Arbeitskraft zu werden. Diesen Tod münzt er im Lohn aus. Aber die ökonomische Gewalt, die das Kapital ihm mit der Nichtäquivalenz von Lohn und Arbeitskraft antut, ist nichts gegenüber der symbolischen Gewalt, die ihm mit seiner Definition als Produktivkraft selbst angetan wird. Die Verfälschung dieser Äquivalenz ist nichts gegenüber dem Zeichen der Äquivalenz von Lohn und Tod.

Die Möglichkeit der quantitativen Äquivalenz selbst setzt den Tod voraus. Die Äquivalenz von Lohn und Arbeitskraft setzt den Tod des Arbeiters, die aller Waren untereinander die symbolische Vernichtung der Gegenstände voraus. Immer ist es der Tod, der den Kalkül der Äquivalenz und die Regulierung durch die Indifferenz ermöglicht. Dieser Tod ist nicht gewaltsam und physisch, er ist vielmehr die gleichgültige Vertauschung von Leben und Tod, die wechselseitige Neutralisierung von Leben und Tod im Überleben, anders gesagt: der *aufgeschobene Tod.*

Die Arbeit ist ein langsamer Tod. Man versteht das im Allgemeinen im Sinn einer körperlichen Erschöpfung. Es ist aber anders aufzufassen: Die Arbeit ist nicht als eine Art Tod dem »erfüllten Leben« entgegengesetzt, wie es die idealistische Sichtweise will, sondern sie stellt sich als *langsamer Tod* dem *gewaltsamen Tod* entgegen. Das ist die symbolische Wirklichkeit. Die Arbeit widersetzt sich als aufgeschobener Tod dem unmittelbaren Opfertod. Gegen jede fromme und »revolutionäre« Sichtweise der Art »Arbeit (oder Kultur) ist das Gegenteil des Lebens« ist festzuhalten, dass die einzige Alternative zur Arbeit nicht die Freizeit oder die Nichtarbeit ist, sondern der Opfertod.

Die Genealogie des Sklaven macht das deutlich. Zuerst wird der Kriegsgefangene schlicht und einfach getötet (es ist eine Ehre, die man ihm erweist). Dann wird er als Beute- und Prestigegut »aufgespart« und aufbewahrt (»konserviert«, von lat. servus): Er wird zum Sklaven und gehört zum Luxushaushalt. Erst sehr viel später wird er zum Arbeitssklaven. Doch ist er damit noch kein »Arbeiter«, denn die Arbeit tritt erst in Erscheinung in der Periode des Leibeigenen oder des *emanzipierten* Sklaven, der endlich von der Hypothek der Tötung befreit ist –, befreit wofür? – eben für die Arbeit.

Die Arbeit wird also überall vom aufgeschobenen Tod gelenkt. Sie ist aufgeschobener Tod. Langsam oder gewaltsam, unmittelbar oder aufgeschoben: Entscheidend ist das Zeitmaß des Todes, denn es unterscheidet radikal zwischen zwei Organisationsformen: der der Ökonomie und der des Opfers. Wir leben irreversibel in der ersteren, die nicht nachlässt, sich in der *Aufschiebung* des Todes zu verankern.

Das Szenario hat sich nie geändert. Der, der arbeitet, bleibt *derjenige, den man nicht getötet hat,* dem diese Ehre verweigert wird. Und die Arbeit ist vor allem das Zeichen der Schändlichkeit, nur des Lebens für würdig befunden zu werden. Das Kapital beutet die Arbeiter zu Tode aus? Paradoxerweise ist das Schlimmste, was es ihnen antut, ihnen den Tod zu verweigern. Indem es ihren Tod aufschiebt, macht es sie zu Sklaven und liefert sie der endlosen Schändlichkeit eines Lebens in Arbeit aus.

In dieser symbolischen Beziehung ist die Substanz der Arbeit und der Ausbeutung gleichgültig: Die Macht des Herrn leitet sich immer zuerst von der Suspendierung des Todes her. Die Macht ist also im Gegensatz zur herrschenden Meinung niemals die Macht, zu töten, sondern gerade umgekehrt die Macht, am Leben zu lassen – ein Leben, das der Knecht nicht zurückgeben darf. Der Herr konfisziert den Tod des anderen und behält sich das Recht vor, seinen eigenen zu riskieren. Das ist dem Knecht verwehrt, der einem Leben ohne Umkehr, also ohne mögliche Sühne, ausgeliefert ist.

Indem er ihn dem Tod entzieht, entzieht der Herr den Knecht der Zirkulation der symbolischen Güter: Das ist die Gewalt, die er ihm antut und die den anderen zur Arbeitskraft macht. Darauf beruht das Geheimnis der Macht. (Auch Hegel leitet in der Dialektik von Herr und Knecht die Herrschaft aus der beim Knecht aufgeschobenen Todesdrohung ab.) Arbeit, Produktion, Ausbeutung sind nur einige der möglichen Verwandlungen dieser Machtstruktur, die eine Todesstruktur ist.

Das verändert alle revolutionären Perspektiven über die Abschaffung der Macht. Wenn die Macht *aufgeschobener* Tod ist, wird sie so lange nicht aufgehoben werden, wie diese Suspendierung des Todes nicht aufgehoben wird. Und wenn die Macht sich immer und überall definiert durch den Akt des Gebens, ohne dass sie euch zurückgegeben wird, dann ist klar, dass die Macht des Herrn, einseitig das Leben zu gewähren, nur abgeschafft werden kann, indem dieses Leben ihm zurückgegeben wird — *in einem nichtaufgeschobenen Tod*. Es gibt keine andere Alternative: Man wird diese Macht nicht abschaffen, indem man das Leben bewahrt, da dann keine Reversion des Gegebenen stattgefunden hat. Nur die Rückgabe dieses Lebens, die Vergeltung des aufgeschobenen Todes mit dem unmittelbaren Tod stellt eine radikale Erwiderung dar und die einzige Möglichkeit, die Macht abzuschaffen. Eine revolutionäre Strategie kann nur davon ausgehen, dass der Knecht seinen eigenen Tod wieder ins Spiel bringt, dessen Unterschlagung und Aufschiebung der Herr benutzt, um seine Macht zu sichern. Sich weigern, nicht getötet zu werden, in der tödlichen Frist der Macht zu leben, sich weigern, das Leben zu schulden und dieses Leben nie loszuwerden, allen Ernstes verpflichtet zu sein, diese Schuld langfristig zu begleichen, während des langsamen Todes der Arbeit, ohne dass dieser langsame Tod jetzt und in Zukunft irgendetwas ändern würde an der schändlichen Dimension und dem Verhängnis der Macht. Der gewaltsame Tod ändert alles, der langsame Tod ändert nichts, denn es gibt einen Rhythmus, ein notwendiges Zeitmaß im symbolischen Tausch: Etwas muss in der gleichen Bewegung und im gleichen Rhythmus zurückgegeben werden, sonst herrscht keine Reziprozität, und die Rückgabe hat ganz einfach nicht stattgefunden. Die Strategie des Machtsystems besteht darin, die Zeit des Austauschs zu *verschieben*, die tödliche Kontinuität und Linearität der Arbeit an die Stelle der unmittelbaren Umkehrung und Vergeltung des Todes zu setzen. Es nützt also dem Knecht (dem Arbeiter) nichts, sein Leben nach und nach, in minimalen Dosen, im Lauf der Arbeit, die ihn tötet, dem Herrn oder dem Kapital zurückzugeben, denn dieses »Opfer« in kleinen Dosen ist eben keins mehr — es rüttelt nicht an der *Aufschiebung* des Todes, die entscheidend ist, und destilliert nur einen Prozess, ohne dessen Struktur zu verändern.

Man kann in der Tat die Hypothese aufstellen, dass der Ausgebeutete in der Arbeit sein Leben dem Ausbeuter *zurückgibt* und derart, durch seine Ausbeutung selbst, die Macht der symbolischen Erwiderung zurückgewinnt. Es ergäbe sich eine Gegenmacht im Arbeitsprozess, indem der Ausgebeutete seinen eigenen (langsamen) Tod ins Spiel brächte. Das würde sich mit der Hypothese Lyotards decken, der auf dem Feld der Libido-Ökonomie von der Lustintensität des Ausgebeuteten inmitten der Schändlichkeit seiner Ausbeutung spricht. Und Lyotard hat Recht — die Intensität der Libido, die Triebkraft der Begierde und der Rückgabe des Todes ist beim Ausgebeuteten stets vorhanden,[33] aber sie folgt nicht mehr dem eigentlich symbolischen Rhythmus der unmittelbaren Vergeltung, der der einer totalen Entschlossenheit ist. Die Lust der Ohnmacht (selbst wenn sie nicht ein Phantasma ist, das nur darauf abzielt, den Triumph der Begierde auf der Ebene des Proletariers wiederherzustellen) wird niemals die Macht abschaffen.

Die nähere Form der Antwort durch den langsamen Tod in der Arbeit lässt schon als solche dem Herrn die Möglichkeit, dem Knecht immer wieder von Neuem das Leben der Arbeit zu geben, und zwar durch die Arbeit selbst. Die Rechnung ist niemals ausge-

33 Dies gilt sicher eher für das Stadium physischer Erniedrigung und wilder Ausbeutung, das Stadium kapitalistischer »Prostituierung« unter dem Wertgesetz der Ware. Was bleibt davon in unserem Stadium des strukturellen Wertgesetzes erhalten? [Vgl. Lyotard, Libidinöse Ökonomie.]

glichen, sie fällt immer zum Vorteil der Macht aus, dieser *Dialektik* der Macht, die durch den Abstand der Pole des Todes, der Pole des Austauschs in Gang gesetzt wird. Der Knecht bleibt der Gefangene der Dialektik des Herrn, und sein Tod oder sein destilliertes Leben dient der endlosen Reproduktion der Herrschaft.

Dies um so mehr, als das System es sich angelegen sein lässt, die symbolische Vergeltung zu neutralisieren, *indem es sie kompensiert durch den Lohn*. Wenn der Ausgebeutete versucht, seinen Tod dem Ausbeuter in der Arbeit zurückzugeben, wendet dieser eine solche Rückerstattung durch den Lohn ab. Auch hier muss man eine symbolische Röntgenaufnahme machen. Gegen allen gelebten Anschein (nach dem das Kapital dem Arbeiter seine Arbeitskraft abkauft und die Mehrarbeit erpresst) ist es das Kapital, das dem Arbeiter Arbeit gibt (während der Arbeiter dem Kapitalisten Kapital zurückgibt). Im Deutschen heißt der Unternehmer, der die Arbeit gibt, »Arbeitgeber«, der Arbeiter, der sie annimmt, »Arbeitnehmer«.[34] Was die Arbeit angeht, so ist es der Kapitalist, der gibt, der die Initiative der Gabe hat, was ihm in jeder Gesellschaftsordnung eine Vorrangstellung und eine Macht sichert, die weit über das Ökonomische hinausreicht. *Die Arbeitsverweigerung in ihrer radikalen Form ist die Verweigerung dieser symbolischen Herrschaft*, dieser Demütigung durch das, was einem zugestanden wird. Das Geben und Annehmen von Arbeit funktionieren direkt als Code des herrschenden gesellschaftlichen Verhältnisses, als Code der Diskriminierung.

Und der Lohn ist die Kennmarke dieses vergifteten Geschenks, das Zeichen, das den ganzen Code zusammenfasst. Er sanktioniert die einseitige Gabe der Arbeit, oder anders gesagt: *Der Lohn kompensiert symbolisch die Herrschaft, die das Kapital über die Gabe der Arbeit ausübt*. Zugleich ermöglicht er dem Kapital, den Vorgang in der Dimension des Vertrags zu beschreiben und die Kon-

34 [Beide Termini werden im Original deutsch wiedergegeben.]

frontation im Ökonomischen auszubalancieren. Darüber hinaus macht der Lohn aus dem Lohnarbeiter einen Abnehmer von Gütern, was seinen Status des Arbeitnehmers verdoppelt und sein symbolisches Defizit noch verstärkt. Die Arbeit zu verweigern, den Lohn zurückzuweisen, heißt also, den Prozess der Gabe, der Kompensation und des ökonomischen Ausgleichs in Frage zu stellen und den grundlegenden symbolischen Prozess offenzulegen.

Der Lohn wird heute nicht mehr errungen. Man gibt euch auch den Lohn nicht im Austausch für die Arbeit, sondern damit ihr ihn ausgebt, was eine andere Form der Arbeit ist. Und der Lohnabnehmer reproduziert im Konsum, in der Benutzung der Gegenstände, genau *dasselbe symbolische Verhältnis eines langsamen Todes, das er in der Arbeit durchmacht*. Der Benutzer lebt von dem gleichen *aufgeschobenen* Tod des Gegenstands (er opfert ihn nicht, er *benutzt* ihn, nutzt ihn in seiner Funktion) wie der Arbeiter von dem seinen unter dem Kapital. Und so wie der Lohn die einseitige Gabe der Arbeit kompensiert, ist auch der Preis, den er bezahlt hat, nur eine Kompensation des Benutzers für den aufgeschobenen Tod des Gegenstands. Der Beweis ist die symbolische Regel, die verlangt, dass das, was einem kostenlos zufällt (als Lotteriegewinn, als Geschenk, im Spiel gewonnenes Geld), nicht benutzt, sondern als reiner Verlust verausgabt wird.

Jede Herrschaft muss kompensiert werden. Ehemals geschah das durch den Opfertod (den rituellen Tod des Königs oder des Anführers) oder auch durch die rituelle Umkehrung (Feste und andere Riten der Gemeinschaft, was gleichfalls Formen des Opfers sind). Bis dahin stellt sich die Macht offen und direkt zur Schau. Dieses soziale Schauspiel der Reversion hört auf mit der Dialektik von Herr und Knecht, in der die Reversibilität der Macht einer Dialektik der Reproduktion der Macht weicht. Doch muss die Kompensation der Macht stets simuliert werden. Diese Aufgabe übernimmt das Dispositiv des Kapitals, das die formelle Kompensation über die gewaltige Maschine von Arbeit, Lohn und Konsum abwickelt. Die politische Ökonomie ist recht eigentlich der

Bereich der Kompensation, der nämlich, in dem es der Herrschaft des Kapitals gelingt, sich kompensatorisch loszukaufen, ohne sich wirklich aufs Spiel zu setzen — ganz im Gegenteil: Indem es den Prozess der Kompensation auf seine unbegrenzte Reproduktion umlenkt. Die Notwendigkeit der politischen Ökonomie und ihres historischen Auftretens ist vielleicht darin zu sehen, dass sich auf der Stufe von Gesellschaften, die im Vergleich zu den primitiven Gruppen sehr viel ausgedehnter und beweglicher waren, das dringende Erfordernis eines Systems der Kompensation ergab, das zugleich messbar, kontrollierbar und unendlich erweiterbar war (was die Rituale nicht sind) und das vor allem die Ausübung und Erblichkeit der Macht nicht in Frage stellte — Produktion und Konsum sind eine originelle und beispiellose Lösung dieses Problems. Die Verlagerung vom Symbolischen zum Ökonomischen mit seiner neuen Form der simulierten Kompensation bietet die Möglichkeit, die endgültige Hegemonie der politischen Macht über die Gesellschaft sicherzustellen.

Die politische Ökonomie hat das Mirakel fertiggebracht, die wirkliche Machtstruktur dadurch zu verschleiern, dass sie die Termini ihrer Definition ins Gegenteil verkehrt hat. Während die Macht darin besteht, einseitig zu geben (insbesondere das Leben, siehe oben), hat man erfolgreich die umgekehrte Einsicht verbreitet: Dass die Macht darin bestünde, einseitig zu nehmen und sich anzueignen. Im Schutz dieser genialen Taschenspielerei kann die wirkliche symbolische Herrschaft sich ungestört weiter entfalten, da alle Bemühungen der Beherrschten in der Falle landen, der Macht *wieder zu nehmen*, was sie ihnen genommen hat, ja die Macht selbst zu »übernehmen« — sich derart blindlings in die Richtung ihrer Beherrschung stürzend.

In der Tat, Arbeit, Lohn, Macht, Revolution, alles muss man andersherum lesen:

— die Arbeit ist keine Ausbeutung, sie wird vom Kapital gegeben;

— der Lohn wird nicht errungen, sondern auch er wird gegeben;

— er kauft keine Arbeitskraft, sondern er kompensiert die Macht des Kapitals;[35]
— der langsame Tod der Arbeit wird nicht passiv hingenommen, sondern ist ein verzweifeltes Unterfangen, eine Herausforderung angesichts der einseitigen Gabe der Arbeit durch das Kapital;
— die einzige wirksame Antwort an die Macht ist die, ihr zurückzugeben, was sie einem gibt, und das ist symbolisch nur möglich durch den Tod.

Aber wenn das System, wie wir gesehen haben, selbst die politische Ökonomie absetzt und ihr die Substanz und die Glaubwürdigkeit entzieht, stellt es in dieser Perspektive nicht seine symbolische Selbstherrschaft in Frage? Keineswegs, denn das System setzt seine Machtstrategie auf allen Gebieten durch, die Strategie der Gabe ohne Gegengabe, mit der sich der aufgeschobene Tod verbindet. Das gleiche gesellschaftliche Verhältnis richtet sich im Konsum und in den Medien ein, wo wir gezeigt haben,[36] dass es keine mögliche Antwort, keine Gegengabe zum einseitigen Ausstoß der Botschaften gibt. Man ist in dem Projekt des Centre d'Études, de Recherches et de Formation Institutionnelles (CERFI) über den Verkehrsunfall soweit gegangen, das Blutopfer auf den Straßen als Preis, den die Gemeinschaft ihren Institutionen entrichtet, zu interpretieren. Die Gaben des Staates schlagen sich in der kollektiven Buchführung als »Schuld« nieder. Der unmotivierte Tod ist unter diesen Umständen nur ein Versuch, dieses Defizit auszulöschen. Das Blut auf den Straßen ist eine verzweifelte Art, die Makadam-Gaben des Staates zu kompensieren. Der Unfall gehört damit zu dem Bereich, der die symbolische Schuld gegenüber dem Staat umfasst. Es ist wahrscheinlich, dass die Unfalltendenz desto mehr steigt, je mehr diese Schuld sich anhäuft. Alle »rationalen«

35 Das zeigt sich besonders deutlich, wenn der Lohn, wie in der »negativen Steuer«, einseitig bewilligt und aufgedrängt wird, ohne Gegenleistung von Arbeit. Die Entlohnung ohne Äquivalenz: Man sieht, was sich anbahnt in diesem außerökonomischen Vertrag — die reine Beherrschung, die reine Unterwerfung mit Hilfe der Gabe und der Zulage.

36 [Vgl. Baudrillard, Requiem für die Medien.]

Strategien, dieses Phänomen in den Griff zu bekommen (Unfallverhütung, Geschwindigkeitsbegrenzung, Rettungsdienst, Strafverfolgung), sind in der Tat lächerlich. Sie simulieren die Möglichkeit, den Unfall in ein rationales System einzuordnen, und sind gerade darum unfähig, das Problem an seiner Wurzel anzupacken: Der Bereinigung einer symbolischen Schuld, die die Abhängigkeit der Gemeinschaft vom Staat begründet, rechtfertigt und verstärkt. Diese »rationalen« Strategien verschärfen sogar noch das Phänomen. Um den Unfallfolgen entgegenzuwirken, schlagen sie die Bildung anderer Dispositive, anderer staatlicher Institutionen vor, also die Einführung zusätzlicher »Gaben«, die ebensoviel Mittel sind, die symbolische Schuld zu vergrößern.

So konfrontiert der Kampf allerorten eine Gesellschaft und eine politische Instanz,[37] die sich über ihr erhebt mit der ganzen Macht, die sie aus den Gaben gewinnt, die sie der Gesellschaft aufdrängt, aus dem Überleben, in dem sie sie erhält, aus dem Tod, den sie ihr entzieht — um ihn zu lagern und ihn anschließend nach ihren eigenen Zwecken zu destillieren. Niemand akzeptiert im Grunde diese Gratifikation, man gibt zurück, so sehr man kann,[38] aber die Macht gibt immer mehr, um besser zu unterjochen, und die Gesellschaft oder die Individuen dürfen bis zur Selbstvernichtung geben, um dem eine Ende zu setzen. Das ist die einzige absolute Waffe, und ihre einfache kollektive Androhung kann die Macht zusammenbrechen lassen. Allein angesichts dieser symbolischen »Erpressung« (Barrikaden von 1968, Geiselnahmen) löst sich die Macht auf: Da sie von meinem langsamen Tod lebt, setze ich ihr meinen gewaltsamen Tod entgegen. Und weil wir in langsamem Tod leben, träumen wir vom gewaltsamen Tod. Eben dieser Traum ist für die Macht unerträglich.

37 Vgl. Clastres, Staatsfeinde. Studien zur politischen Anthropologie.

38 Das ist der *symbolische Tausch*. Gegen die ganze Ideologie der Gabe, eine humanistische, libertäre oder christliche Ideologie, muss man hervorheben: Die Gabe ist die Wurzel und das Wesen der Macht selbst. Nur die Gegengabe hebt die Macht auf — die Reversibilität des symbolischen Tauschs.

# II
# Die Ordnung der Simulakren

## Die drei Ordnungen der Simulakren

Drei Ordnungen von Simulakren sind parallel zu den Mutationen des Wertgesetzes aufeinander gefolgt:
— Die *Imitation* ist das bestimmende Schema des »klassischen« Zeitalters von der Renaissance bis zur Revolution.
— Die *Produktion* ist das bestimmende Schema des industriellen Zeitalters.
— Die *Simulation* ist das bestimmende Schema der gegenwärtigen Phase, die durch den Code beherrscht wird.

Das Simulakrum der ersten Ordnung handelt vom Naturgesetz des Wertes, das der zweiten Ordnung vom Marktgesetz des Wertes, das der dritten Ordnung vom Strukturgesetz des Wertes.

## Der Stuckengel

Die Imitation (und gleichzeitig auch die Mode) entsteht mit der Renaissance, mit der Auflösung der feudalen Ordnung durch die bürgerliche Ordnung und dem Beginn des offenen Wettbewerbs auf dem Gebiet der Distinktionszeichen. In einer Kasten- oder Ständegesellschaft gibt es keine Mode, denn die Zuordnung ist allumfassend und die Beweglichkeit innerhalb der Klassen gleich Null. Ein Verbot schützt die Zeichen und sichert ihnen eine absolute Klarheit: Jedes verweist zweifelsfrei auf einen Status. Im Zeremoniell gibt es keine Möglichkeit zur Imitation, es sei denn als schwarze Magie und Sakrileg – und entsprechend wird auch die Vermischung von Zeichen bestraft: als schwerer Verstoß gegen die Ordnung der Dinge selbst. Wenn wir noch immer – vor allem heute – dem Traum von einer Welt eindeutiger Zeichen, einer starken »symbolischen Ordnung« nachhängen, sollten wir uns keine Illusionen machen: Es hat diese Ordnung gegeben, und zwar in einer unbarmherzigen Hierarchie, denn die Klarheit und die Grausamkeit der Zeichen gehören zusammen. In den Kastengesellschaften, den feudalen oder archaischen Gesellschaften, in den *grausamen* Gesellschaften, sind die Zeichen zahlenmäßig begrenzt, ihre Verbreitung ist beschränkt, jedes hat den Wert eines Verbots, jedes bedeutet eine wechselseitige Verpflichtung zwischen Kasten, Clans oder Personen: Sie sind also nicht willkürlich. Die Willkürlichkeit des Zeichens entsteht, wenn es, statt zwei Personen durch eine unauflösliche Wechselbeziehung zu verbinden, als Signifikant auf ein entzaubertes Universum der Signifikate verweist, als gemeinsamer Nenner der realen Welt, dem gegenüber niemand mehr eine Verpflichtung hat.

Das ist das Ende des aufgezwungenen Zeichens, es herrscht das befreite, emanzipierte Zeichen, das alle Klassen unterschiedslos handhaben können. Auf die Endogamie der Zeichen, die der Rangfolge des Status entsprachen, folgt die Demokratie der Konkurrenz. Mit der Übertragung der Prestigewerte und -zeichen von einer Klasse auf die andere geht man notwendigerweise zugleich auch zur *Imitation* über. Denn von einer begrenzten Ordnung der Zeichen, deren »freie« Produktion durch ein Verbot verhindert wird, geht man dazu über, die Zeichen der Nachfrage entsprechend zu vermehren. Aber das vervielfachte Zeichen hat nichts mehr mit dem aufgezwungenen Zeichen mit beschränkter Verbreitung zu tun: Es ist dessen Imitation, nicht durch die Verfälschung eines »Originals«, sondern durch die Erweiterung eines Materials, dessen vollständige Klarheit von der Beschränkung abhing, der es unterworfen war. Keine Unterschiede mehr festlegend (es ist nur noch konkurrierend), von jedem Zwang befreit, universell disponibel, simuliert das moderne Zeichen doch immer noch eine Notwendigkeit, wenn es vorgibt, mit der Welt verbunden zu sein. Das moderne Zeichen träumt vom früheren Zeichen und möchte mit seinem Bezug auf das Reale eine *Verpflichtung* wiederfinden, aber es findet nur eine *Vernunft*: Eben jene referenzielle Vernunft, jenes Reale, jenes »Natürliche«, von dem es leben wird. Aber diese Verbindung durch die Bezeichnung ist nur noch das Simulakrum einer symbolischen Verpflichtung: Es produziert nur noch neutrale Werte, die in einer objektiven Welt ausgetauscht werden. Das Zeichen unterliegt hier demselben Schicksal wie die Arbeit. Der »freie« Arbeiter hat nur die Freiheit, Äquivalente zu produzieren — das »freie und emanzipierte« Zeichen hat nur die Freiheit, äquivalente Signifikate zu produzieren.

Im Simulakrum einer »Natur« findet also das moderne Zeichen seinen Wert. Die Problematik des »Natürlichen«, die Metaphysik von Realität und Schein ist seit der Renaissance die der Bourgeoisie insgesamt: Spiegel des bürgerlichen Zeichens, Spiegel des klassischen Zeichens. Noch heute ist die Nostalgie einer natürlichen Referenz des Zeichens lebendig, trotz mehrerer Revolutionen, die diese Konfiguration zerstören wollten, so auch die Revolution der Produktion, in der die Zeichen sich nicht mehr auf eine Natur, sondern nur noch auf das Tauschgesetz beziehen und sich dem Marktgesetz des Wertes unterstellen. Simulakren zweiter Ordnung, wir werden darauf zurückkommen.

In der Renaissance also ist das Vorgetäuschte zusammen mit dem Natürlichen entstanden. Das reicht von der vorgetäuschten Hemdbrust bis zur Gabel als künstlicher Prothese, zu den Stuck-Interieurs und den großen Theatermaschinerien des Barock. Denn diese ganze klassische Epoche ist par excellence eine Epoche des Theaters. Das Theater ist eine Form, die sich seit der Renaissance des gesamten gesellschaftlichen Lebens und der gesamten Architektur bemächtigt. Dort, im barocken Heroismus des Stucks und der Kunst lässt sich die Metaphysik der Imitation dechiffrieren, und neue Ambitionen des Menschen erleben ihre Renaissance — in einer *weltlichen Demiurgie,* in einer Transsubstantiation der gesamten Natur in eine einzige Substanz, theatralisch wie die vereinheitlichte Sozialität im Zeichen der bürgerlichen Werte, jenseits der Unterschiede von Abstammung, Rang oder Kaste. Der Stuck ist die triumphale Demokratie aller künstlichen Zeichen, die Apotheose des Theaters und der Mode, die der neuen Klasse die Möglichkeit eröffnet, alles zu tun, weil es ihr gelungen ist, die Exklusivität der Zeichen aufzubrechen. Der Weg ist frei für unerhörte Kombinationen, für alle Spiele, für alle Imitationen — das promethische Streben der Bourgeoisie stürzt sich zunächst auf die *Imitation der Natur,* bevor es sich auf die *Produktion* wirft. In den Kirchen und Palästen nimmt der Stuck alle Formen auf, imitiert alle Materialien, die Samtvorhänge, die Holzgesimse, die fleischigen Rundungen der Körper. Der Stuck zaubert aus dem unwahrscheinlichen Durcheinander von Materien eine einzige neue Substanz, eine Art von allgemeinem Äquivalent für alle anderen Materien, für alle theatralischen Gaukeleien geeignet, weil sie selbst eine Substanz der Repräsentation, Spiegel aller anderen ist.

Aber die Simulakren sind nicht bloße Zeichenspielereien, sie implizieren gesellschaftliche Verhältnisse und gesellschaftliche Macht. Der Stuck kann als Verherrlichung einer im Aufschwung begriffenen Wissenschaft und Technologie erscheinen, er ist aber auch vor allem mit dem Barock verbunden, das seinerseits mit der Gegenreformation und der geistigen und politischen Hegemonie der Welt verbunden ist, die die Jesuiten erstmalig einer modernen Konzeption von Macht entsprechend zu instituieren versuchten.

Es besteht ein enger Zusammenhang zwischen dem geistigen Gehorsam der Jesuiten (»perinde ac si cadaver essent«) und dem demiurgischen Streben, den Dingen ihre natürliche Beschaffenheit auszutreiben, um sie durch eine synthetische zu ersetzen. Wie der Mensch, der der Organisation unterworfen ist, bekommen dann die Dinge die ideale Funktionalität des Kadavers. Die gesamte Technologie und Technokratie sind hier schon angelegt: die Anmaßung einer idealen Imitation der Welt, die sich in der Erfindung einer universellen Substanz und einer universellen Kombinatorik der Substanzen ausdrückt. Die (durch die Reformation) entzweite Welt durch eine homogene Doktrin wieder zu vereinen, sie durch eine einzige Sprache zu universalisieren (von Neu-Spanien bis Japan: ihre Missionen), eine politische *Staatselite* mit einer eigenen zentralisierten Strategie zu bilden: Das sind die Ziele der Jesuiten. Deshalb müssen wirkungsvolle Simulakren geschaffen werden: Der Organisationsapparat ist ein effektives Simulakrum, genauso wie der Prunk und das Theater (das großartige Theater der Kardinäle und der grauen Eminenzen), genauso wie die Ausbildung und Erziehung, die zum ersten Mal systematisch darauf angelegt ist, eine ideale Natur des Kindes zu modellieren. Die architektonische Ausbreitung des Stucks und des Barocks ist ein großartiges Instrument derselben Ordnung. All das geht der produktivistischen Rationalität des Kapitals voraus, zeugt aber schon, nicht in der Produktion, sondern in der Imitation, von der gleichen Absicht universeller Kontrolle und Hegemonie, von einem gesellschaftlichen Schema, bei dem im Grunde schon die innere Kohärenz eines Systems wirksam ist.

In den Ardennen lebte früher einmal ein alter Koch, in dem Baumkuchenkonstruktionen und die Modellierungskunst der Zuckerbäcker den Ehrgeiz erweckten, die Erschaffung der Welt dort fortzusetzen, wo Gott aufgehört hatte – beim Naturzustand –, um ihre organische Ursprünglichkeit zu eliminieren und durch eine einzige polymorphe Materie zu ersetzen: den Stahlbeton. Möbel aus Beton, Stühle, Kommoden, eine Nähmaschine aus Beton, und draußen im Hof ein ganzes Orchester samt Violinen aus Beton, mit echten Blättern geschmückte Bäume aus Beton, ein Wildschwein aus Stahlbeton, das einen echten Wildschweinschädel in sich trug, mit echter Wolle bedeckte Betonschafe. Endlich hatte Camille Renault die ursprüngliche Substanz wiedergefunden, den Brei, bei dem sich die verschiedenen Dinge nur durch einige »realistische« Feinheiten unterscheiden: der Wildschweinschädel, die Blätter der Bäume … aber das war wahrscheinlich nur ein Zugeständnis des Demiurgen an die Besucher … denn mit einem reizenden Lächeln ließ der achtzigjährige liebe Gott seine Schöpfung besichtigen. Er hat sich nicht mit der göttlichen Schöpfung angelegt, er hat sie ganz einfach noch einmal gemacht, um sie verständlicher zu machen. Keine Spur von einer luziferischen Revolte, von einer parodistischen Absicht oder dem Entschluss, zur »naiven« Kunst zurückzukehren. Der Koch aus den Ardennen herrschte einfach über eine vereinheitlichte geistige Substanz (denn Beton ist eine *geistige* Substanz, weil er es wie der Begriff gestattet, die Phänomene zu ordnen und nach Belieben zu gestalten). Sein Projekt steht dem der Stuckateure des Barock nicht fern und unterscheidet sich auch nicht wesentlich von den heutigen Entwürfen städtischer Gemeinden zur Bebauung des Terrains mit großen Komplexen. Die Imitation wirkt sich vorerst nur auf die Substanz und die Form aus und noch nicht auf die Beziehungen und Strukturen, aber sie steuert schon auf diesem Niveau die Kontrolle über eine befriedete Gesellschaft an, die aus einer Substanz gegossen ist, die der Tod nicht treffen kann: ein unzerstörbares Artefakt, das die Unvergänglichkeit der Macht garantieren soll. Hat der Mensch nicht ein Wunder vollbracht, als er mit dem Plastik ein unverwüstliches Material gefunden und damit den Zyklus unterbrochen hat, der durch Verwesung und Tod jede einzelne Substanz der Welt umwandelt? Eine Substanz außerhalb des Zyklus', von der sogar im Feuer ein unzerstörbarer Rest zurückbleibt — das ist etwas Unvergleichliches, ein Simulakrum, in dem sich das Streben nach einer universellen Semiotik niederschlägt. Das hat nichts mehr mit dem »Fortschritt« der Technologie oder dem rationalen Ziel der Wissenschaft zu tun. Dies ist ein Plan zur politischen und geistigen Hegemonie, das Phantasma einer geschlossenen geistigen Substanz — wie jene barocken Stuckengel, deren Glieder sich in einem gekrümmten Spiegel vereinigten.

# Automat und Roboter

Eine Welt trennt diese beiden künstlichen Wesen. Das eine ist eine Imitation des Menschen, theatralisch, mechanisch und wie ein Uhrwerk, seine Technik gehorcht ganz und gar der *Analogie* und der Wirkung des Simulakrums. Das andere wird vom Prinzip der Technik beherrscht, die Technik behält die Oberhand, und mit der Technik setzt sich die *Äquivalenz* durch. Der Automat spielt den Höfling und Gesellschaftsmenschen, er nimmt teil am theatralischen und gesellschaftlichen Spiel der vorrevolutionären Zeit. Der Roboter aber arbeitet, wie schon sein Name andeutet: Das Theater ist vorbei, die menschliche Mechanik beginnt. Der Automat ist das Analogon des Menschen und bleibt sein Gesprächspartner (er spielt Schach mit ihm!). Die Maschine ist das Äquivalent des Menschen und annektiert ihn in der Einheit des Arbeitsprozesses als Äquivalent. Darin liegt der ganze Unterschied zwischen einem Simulakrum der ersten und einem Simulakrum der zweiten Ordnung.

Man darf sich also nicht von der »figurativen« Ähnlichkeit täuschen lassen. Der Automat ist eine Untersuchung der Natur, eine Untersuchung über die geheimnisvolle Existenz oder Nicht-Existenz der Seele, über den Zwiespalt zwischen Schein und Sein – es ist wie mit Gott: Was ist darunter verborgen, was steckt darin, was steckt dahinter? Nur die Imitation des Menschen erlaubt es, solche Probleme zu formulieren. Die ganze Metaphysik des Menschen als Protagonist des *natürlichen Theaters* der Schöpfung wird im Automaten verkörpert, bevor sie mit der Revolution verschwindet. Der Automat hat nur die Bestimmung, immer wieder mit dem Menschen verglichen zu werden – mit dem Ziel, natürlicher zu werden als dieser, dessen Idealgestalt er ist. Das vollkommene Double des Menschen, sein Doppelgänger, der selbst in der Geschmeidigkeit seiner Bewegungen, im Funktionieren seiner Organe und seiner Intelligenz so vollkommen ist, dass er die Furcht weckt, man müsse schließlich entdecken, dass es gar keinen

Unterschied gibt, dass es also mit der Seele vorbei wäre — zugunsten eines vollkommen naturalisierten Körpers. Ein Sakrileg. Dieser Unterschied wird also immer aufrechterhalten, wie bei jenem Automaten, der so vollkommen war, dass der Zauberkünstler auf der Bühne seine ruckartigen Bewegungen nachahmte, damit zumindest, auch wenn die Rollen vertauscht waren, keine Verwechslung möglich war. So bleibt die Untersuchung des Automaten unabgeschlossen, was ihn zu einer optimistischen Mechanik macht, selbst wenn die Imitation immer einen diabolischen Anklang hat.[1]

Nichts davon gilt für den Roboter. Er stellt die Erscheinungen nicht mehr in Frage, seine einzige Wahrheit ist seine mechanische Effektivität. Er ist nicht mehr auf eine Ähnlichkeit mit dem Menschen ausgerichtet, mit dem er sich übrigens nicht mehr vergleicht. Der winzige metaphysische Unterschied, der das Geheimnis und

1 Imitation und Reproduktion implizieren immer ein Angstgefühl, eine beunruhigende Fremdheit: die Scheu vor der Photographie, die mit der Hexerei verglichen wird — und ganz allgemein vor der technischen Apparatur, die immer eine Reproduktionsapparatur ist, wird von Benjamin mit der Scheu vor dem eigenen Spiegelbild in Beziehung gesetzt. Schon in ihm liegt ein wenig Hexerei. Aber um wie viel mehr, wenn es möglich wird, dieses Bild vom Spiegel zu lösen, es zu transportieren, aufzubewahren und nach Belieben zu reproduzieren (vgl. den Film »Der Student von Prag« [1913], wo der Teufel das Bild des Studenten aus dem Spiegel herauslöst und ihn später mit Hilfe dieses Bildes in den Tod treibt). Jede Reproduktion impliziert also Hexerei, von der Möglichkeit, dass jemand wie Narziss von seinem eigenen Spiegelbild im Wasser bezaubert sein kann, bis hin zum Verfolgtwerden durch ein Double, einen Doppelgänger, und vielleicht sogar bis hin zur tödlichen Verkehrung dieser ungeheuren technischen Apparatur, die der Mensch heute als sein eigenes Bild absondert (die narzisstische Täuschung der Technik, McLuhan), und die ihm dieses Bild entstellt und verzerrt zurückspiegelt — eine endlose Reproduktion seiner selbst und seiner Macht bis ans Ende der Welt. Die Reproduktion ist ihrer Essenz nach diabolisch, sie bringt etwas Fundamentales ins Schwanken. Auch für uns hat sich daran kaum etwas geändert: Die Simulation (die wir hier als Operation des Codes beschreiben) ist und bleibt der Ort für ein gigantisches Unternehmen der Manipulation, der Kontrolle und des Todes, ebenso wie das Objekt im Simulakrum (die primitive Statue, das Bild oder das Photo) in erster Linie immer ein Stück Schwarzer Magie zum Ziel hatte.

den Zauber des Automaten ausmachte, existiert nicht mehr: Der Roboter hat ihn zu seinen Gunsten absorbiert. Sein und Schein haben sich in einer einzigen Substanz, der von Produktion und Arbeit, aufgelöst. Das Simulakrum der ersten Ordnung hebt niemals den Unterschied auf: Es setzt den immer spürbaren Widerstreit des Simulakrums und des Realen voraus (ein Spiel, das von der Malerei des Trompe l'œil besonders subtil gespielt wurde, aber die gesamte Kunst lebt von diesem Unterschied). Das Simulakrum der zweiten Ordnung aber vereinfacht das Problem, indem es die Erscheinung absorbiert oder das Reale auflöst; wie auch immer — es errichtet jedenfalls eine Realität ohne Bild, ohne Echo, ohne Spiegel, ohne Schein: So ist die Arbeit, so ist die Maschine, so ist das gesamte System der industriellen Produktion: Es stellt sich dem Prinzip der theatralischen Illusion radikal entgegen. Es gibt weder Ähnlichkeit noch Unähnlichkeit zwischen Gott und dem Menschen, es gibt nur eine immanente Logik des operationalen Prinzips.

Daher können die Roboter und Maschinen sich schnell vermehren, es ist sogar ihr Gesetz — was die Automaten nie getan haben, weil sie sublime und einzigartige Mechanismen waren. Die Menschen selbst haben erst begonnen, sich schnell zu vermehren, nachdem sie mit der industriellen Revolution den Status von Maschinen angenommen haben: Von jeder Ähnlichkeit befreit, selbst von ihrem Double befreit, wachsen sie wie das Produktionssystem, und sie sind nichts weiter als sein miniaturisiertes Äquivalent. Die Rache des Simulakrums, auf dem der Mythos des Zauberlehrlings beruht, findet beim Automaten nicht statt — sie ist dagegen das Gesetz der zweiten Ordnung: Es gilt immer die Hegemonie des Roboters, der Maschine, der toten Arbeit über die lebendige. Mit dieser Umkehrung geht man von der Imitation zu (Re-)Produktion über. Diese Hegemonie ist im Zyklus von Produktion und Reproduktion notwendig. Man wendet sich ab vom Naturgesetz und seinen Formenspielen und geht über zum Marktgesetz des Wertes und seinen Kräftekalkulationen.

## Das industrielle Simulakrum

Mit der industriellen Revolution zieht eine neue Generation von Zeichen und Gegenständen herauf. Zeichen ohne die Tradition einer Kaste, Zeichen, die niemals die Beschränkungen durch einen Status gekannt haben — die also nicht mehr *imitiert* werden müssen, weil sie von vornherein in gigantischem Ausmaß *produziert* werden. Bei ihnen stellt sich das Problem der Einzigartigkeit und des Ursprungs nicht mehr: Die Technik ist ihr Ursprung und sie haben nur in der Dimension des industriellen Simulakrums einen Sinn.

Ihre Voraussetzung ist die Serie, das heißt die Möglichkeit, zwei oder *n* identische Objekte zu produzieren. Zwischen ihnen besteht kein Verhältnis wie zwischen Original und Imitation, auch kein Verhältnis der Analogie oder Spiegelung, es herrscht die Äquivalenz, die Indifferenz. In der Serie werden die Objekte ununterscheidbar voneinander, und mit den Objekten auch die Menschen, die sie produzieren. Nur durch das Verschwinden der ursprünglichen Referenz kann das allgemeine Äquivalenzgesetz sich durchsetzen, das heißt, es ist die Voraussetzung für die *Möglichkeit jeglicher Produktion*.

Die ganze Analyse der Produktion wird hinfällig, wenn man in ihr keinen ursprünglichen Prozess mehr sieht, also etwas, das der Auslöser für alle anderen Prozesse ist, sondern im Gegenteil einen Prozess, der jedes ursprüngliche Wesen resorbiert und in eine Serie identischer Wesen verwandelt. Bisher hat man Produktion und Arbeit als Potenzial, als Kraft, als historischen Prozess, als Erzeugungsakt angesehen: ein energetisch-ökonomischer Mythos, der charakteristisch für die Moderne ist. Man muss sich aber fragen, ob die Produktion *innerhalb der Ordnung der Zeichen* etwas anderes bedeutet als eine *spezifische* Phase — ob sie im Grunde nichts als eine Episode in der Abfolge der Simulakren ist: genauer gesagt diejenige, in der dank der Technik potenziell identische Wesen (Objekte/Zeichen) in unbegrenzten Serien hergestellt werden.

Die erstaunlichen Energien, die in Technik, Ökonomie und Industrie eine Rolle spielen, dürfen nicht darüber hinwegtäuschen, dass es im Grunde darum geht, jene unbegrenzte Reproduzierbarkeit zu erreichen, die zwar eine Herausforderung der »natürlichen« Ordnung ist, aber letzten Endes ein Simulakrum der »zweiten Ordnung« und eine ziemlich dürftige imaginäre Lösung zur Beherrschung der Welt. Verglichen mit der Epoche der Imitation, des Doubles, des Spiegels, des Theaters, des Maskenspiels und des Scheins ist die serielle und technische Epoche der Reproduktion insgesamt eine Epoche von geringerer Bedeutung (die ihr folgende Epoche der Simulationsmodelle, der Simulakren der dritten Ordnung hat eine beträchtlichere Dimension).

Es war Walter Benjamin, der in »Das Kunstwerk im Zeitalter der technischen Reproduzierbarkeit« als erster die wesentlichen Konsequenzen dieses Reproduktionsprinzips entwickelt hat. Er zeigt, dass die Reproduktion den Produktionsprozess absorbiert, seine Richtung verändert und den Status des Produkts und des Produzenten verkehrt. Er zeigt dies für den Bereich der Kunst, des Kinos und der Photographie, denn dort eröffnen sich im 20. Jahrhundert neue Gebiete, die keine Tradition in der »klassischen« Produktivität haben, sondern von vornherein unter dem Zeichen der Reproduktion stehen – aber wir wissen heute, dass die gesamte materielle Produktion in diese Sphäre übergeht. Wir wissen heute, dass die Einheit des Gesamtprozesses des Kapitals auf der Ebene der Reproduktion gebildet wird: Mode, Medien, Werbung, Informations- und Kommunikationsnetze – auf der Ebene also, die Marx achtlos als »faux frais« des Kapitals bezeichnete (da zeigt sich die Ironie der Geschichte), das heißt in der Sphäre der Simulakren und des Codes. Benjamin (und nach ihm McLuhan) begreift die Technik nicht als Produktivkraft (worauf sich die marxistische Analyse beschränkt), sondern als Medium, als Form und Prinzip jeder neuen Sinnproduktion. Schon die bloße Tatsache, dass jeder Gegenstand einfach als solcher reproduziert werden kann, sodass es ein zweites Exemplar davon gibt, ist eine Umwälzung:

Man braucht nur an die Verblüffung der Eingeborenen zu denken, wenn sie zum ersten Mal zwei identische Bücher sehen. Dass diese beiden Produkte im Zeichen der gesellschaftlich notwendigen Arbeit *Äquivalente* sind, ist auf lange Sicht weniger wichtig als die *serielle* Wiederholung des gleichen Objekts (was auch für die Individuen als Arbeitskraft gilt). Die Technik als Medium gewinnt nicht nur die Oberhand über die »Botschaft« des Produkts (seinen Gebrauchswert), sondern auch über die Arbeitskraft, aus der Marx die revolutionäre Botschaft der Produktion machen will. Benjamin und McLuhan haben klarer als Marx gesehen, dass die wirkliche Botschaft, *das eigentlich letzte Wort in der Reproduktion selbst* liegt. Und dass die bloße Produktion keinen Sinn hat: Ihre gesellschaftliche Finalität geht in der Serienproduktion verloren. Die Simulakren sind der Geschichte überlegen.

Dieses Stadium der seriellen Produktion (des industriellen Mechanismus, des Fließbands, der erweiterten Reproduktion etc.) ist im Übrigen von kurzer Dauer. Seit die tote Arbeit über die lebendige triumphiert, das heißt seit dem Ende der ursprünglichen Akkumulation, macht die Serienproduktion der Erzeugung von Modellen Platz. Es handelt sich dabei um eine Verkehrung von Ursache und Wirkung, denn alle Formen ändern sich von dem Moment an, wo sie nicht mehr mechanisch reproduziert, sondern im Hinblick *auf ihre Reproduzierbarkeit selbst konzipiert werden,* wo sie nur noch unterschiedliche Reflexe eines erzeugenden Kerns, des Modells, sind. Jetzt haben wir die Simulakren der dritten Ordnung vor uns. Es gibt keine Imitation des Originals mehr wie in der ersten Ordnung, aber auch keine reine Serie mehr wie in der zweiten Ordnung: Es gibt Modelle, aus denen alle Formen durch eine leichte Modulation von Differenzen hervorgehen. Nur die Zugehörigkeit zum Modell ergibt einen Sinn, nichts geht mehr einem Ziel entsprechend vor, alles geht aus dem Modell hervor, dem Referenz-Signifikanten, auf den sich alles bezieht, der eine Art von vorweggenommener Finalität und die einzige Wahrscheinlichkeit hat. Das ist, im modernen Sinne des Wortes, die Simulation, und die Industrialisierung ist nur ihre Primärform. Letzten Endes ist nicht die serielle Reproduzierbarkeit entscheidend, sondern die Modulation, nicht die quantitativen Äquivalenzen, sondern die distinktiven Gegensätze, nicht mehr das Äquivalenzgesetz, sondern die Kommunikation von Termen — nicht mehr das Marktgesetz des Wertes, sondern das strukturelle Gesetz des Wertes. Und man sollte die Geheimnisse des Codes nicht in der Technik oder in der Ökonomie suchen, im Gegenteil: Die bloße Möglichkeit der industriellen Produktion muss in der Genese der Codes und der Simulakren gesucht werden. Jede Ordnung unterwirft sich die vorhergehende. Wie die Ordnung der Imitation von der seriellen Produktion besiegt wurde (die Kunst z. B. ist insgesamt »automatisch« geworden), so ist die ganze Produktionsordnung gegenwärtig dabei, in die operationale Simulation umzuschlagen.

Die Analysen von Benjamin und McLuhan stehen in diesem Grenzbereich von Reproduktion und Simulation — an dem Punkt, wo die referenzielle Vernunft verschwindet und die Produktion in einen Rauschzustand gerät. Deshalb stellen sie einen entscheidenden Fortschritt gegenüber den Analysen von Veblen und von Goblot dar: Wenn diese beispielsweise die Zeichen der Mode beschreiben, beziehen sie sich noch auf den klassischen Zusammenhang: Die Zeichen bedeuten etwas materiell Unterscheidendes, sie haben eine Finalität und ihre Verwendung hängt mit dem Prestige, dem Status, den sozialen Unterschieden zusammen. Sie entwickeln eine Strategie, die der des Profits und der Ware bei Marx verwandt ist, und zwar zu einem Zeitpunkt, wo man noch von einem Gebrauchswert des Zeichens oder der Arbeitskraft, oder ganz einfach noch von Ökonomie sprechen kann, weil es noch eine Vernunft des Zeichens und eine Vernunft der Produktion gibt.

»Leibniz als Mathematiker sah wirklich in der mystischen Eleganz der Dyadik von Null und Eins das Bild der Schöpfung. Die Einheit des höchsten Wesens, das durch binäre Funktion auf das Nichts wirkt, glaubte er, genüge, um alles Seiende aus dem Nichts zu schaffen.«[2] (McLuhan)

Die großen, vom Menschen geschaffenen Simulakren gehen von einem Universum natürlicher Gesetze zu einem Universum von Kräften und Kräftespannungen über, und gegenwärtig zu einem Universum von binären Strukturen und Gegensätzen. Nach der Metaphysik von Wesen und Erscheinung, nach der von Energie und Determination kommt jetzt die Metaphysik des Indeterminismus und des Codes. Kybernetische Kontrolle, Erzeugung durch Modelle, differenzielle Modulation, feed-back, Frage/Antwort etc.: Das ist der neue, *operationale* Zusammenhang (während die industriellen Simulakren nur *operativ* waren). Die Digitalität ist sein metaphysisches Prinzip (das bei Leibniz Gott war) und die DNS ist sein Prophet. Tatsächlich erreicht die »Genese der Simulakren« heute im genetischen Code ihre vollendete Form. Auf dem Höhepunkt einer immer weiter vorangetriebenen Vernichtung von Referenzen und Finalitäten, eines Verlusts von Ähnlichkeiten und Bezeichnungen entdeckt man das digitale und programmatische Zeichen, dessen »Wert« rein *taktisch* durch die Überschneidung mit anderen Signalen (Informationskorpuskel/Test) bestimmt wird, und dessen Struktur ein mikromolekularer Code von Kommando und Kontrolle ist.

Das Problem der Zeichen, die Frage nach ihrer vernünftigen Bestimmung, nach dem Realen und Imaginären an ihnen, nach ihrer Verdrängung, ihrer Verkehrung, nach der Illusion, die sie

2 [McLuhan, Die magischen Kanäle, S. 179. »(...) the mathematical Leibniz saw in the mystic elegance of the binary system of zero and 1 the image of Creation. The unity of the Supreme Being operating in the void by binary function would, he felt, suffice to make all beings from the void.« (McLuhan, Understanding Media: The Extensions of Man, S. 114)]

darstellen, nach dem, was sie verschweigen oder nach ihren Nebenbedeutungen — das alles wird auf dieser Ebene ausgelöscht. Man konnte schon beobachten, dass die Zeichen der ersten Ordnung, komplex und voll von Illusionen, sich mit den Maschinen in schwerfällige, stumpfe, industrielle, repetitive, operative, effektive Zeichen ohne Echo verwandelten. Welche noch radikalere Mutation aber hat bei den unlesbaren und uninterpretierbaren Zeichen des Codes stattgefunden, die wie eine programmatische Matrix Lichtjahre entfernt im Grunde des biologischen Körpers begraben sind — »black boxes«, in denen alle Kommandos und alle Antworten entstehen? Es ist vorbei mit dem Theater der Repräsentation, dem Raum der Zeichen; ihrer Konflikte, ihres Schweigens: Es bleibt nur die »black box« des Codes, das Molekül, von dem die Signale ausgehen, die uns mit Fragen/Antworten durchstrahlen und durchqueren wie Signalstrahlen, die uns mit Hilfe des in unsere eigenen Zellen eingeschriebenen Programms ununterbrochen testen. Krebszellen, elektronische Zellen, Parteizellen, mikrobiologische Zellen: Es geht immer um die Suche nach dem kleinsten unteilbaren Element, dessen organische Synthese sich nach den Gegebenheiten des Codes vollzieht. Aber ist der Code selbst etwas anderes als eine genetische, generierende Zelle, in der Myriaden von Schaltungen und Kombinationen alle Fragen und alle denkbaren Lösungen produzieren, mit dem Zwang zur Entscheidung (für wen?)? Es gibt für diese Fragen (informative und signalisierende Reize) keine andere Finalität als die Antwort, die genetisch festgelegt oder durch winzige und zufällige Unterschiede leicht abgewandelt ist. Ein bloß linearer und eindimensionaler Raum: Der *Zellenraum*, in dem unaufhörlich dieselben Zeichen erzeugt werden wie die Spleens eines Gefangenen, der in der Einsamkeit und Einförmigkeit wahnsinnig geworden ist. Das ist der genetische Code: eine stillgestellte, unbewegliche Signalscheibe, und wir sind nur ihre Lesezellen. Die ganze Aura des Zeichens, die Bedeutung selbst wird mit der Determination aufgelöst: Alles wird in Inskription und Decodierung aufgelöst.

Das ist das Simulakrum der dritten Ordnung, unser Simulakrum, das ist »die mystische Eleganz des Binärsystems von Null und Eins«, aus dem alle Wesen hervorgehen, das ist der Status des Zeichens, der zugleich das Ende der Signifikation ist: die DNS oder die operationale Simulation.

All das wird von Sebeok ausgezeichnet zusammengefasst: »Zahllose Beobachtungen bestätigen die Hypothese, dass die innere organische Welt in direkter Linie von den ursprünglichen Formen des Lebens abstammt. Die bemerkenswerteste Tatsache ist die Omnipräsenz des DNS-Moleküls. Das genetische Material aller auf der Erde bekannten Lebewesen setzt sich zum großen Teil aus den Nukleinsäuren DNS und RNS zusammen, die eine Informationsstruktur bilden, die durch Reproduktion von einer Generation auf die andere übertragen wird, und die unter anderem die Fähigkeit besitzt, sich selbst zu reproduzieren und zu imitieren. Kurz gesagt, der genetische Code ist universell, oder doch nahezu. Seine Entzifferung war insofern eine ungeheure Entdeckung, als sie gezeigt hat, dass ›die beiden Sprachen der großen Polymere, die Sprachen der Nukleinsäure und des Proteins, eng miteinander verknüpft sind‹.«[3]

Der sowjetische Mathematiker Aleksej A. Ljapunov hat 1963 gezeigt, dass alle lebenden Systeme mit Präzision durch festgelegte Kanäle eine kleine Menge von Energie oder Materie übermitteln, die ein großes Informationsvolumen enthält, das für die weitere Kontrolle einer großen Menge von Energie oder Materie zuständig ist. Unter diesem Gesichtspunkt kann man zahlreiche biologische und kulturelle Phänomene (Speicherung, feed-back, Kanalisierung von Mitteilungen u.a.) als Aspekte der Informationsverarbeitung betrachten. Letzten Endes scheint die Information zum größten Teil nur die Wiederholung von Information zu sein, oder

3 Thomas Albert Sebeok, Génétique et Sémiotique, in: Versus.
Vgl. Francis H. C. Crick, The Genetic Code, III, in: Scientific American, Vol. VI (October 1966), S. 2241 ff.; Brian F. C. Clark / Kjeld A. Marcker, How Proteins Start, in: Scientific American, Vol. VII (January 1968), S. 2601 ff.

eine andere Art von Information, eine Art von Kontrolle, die eine universelle Eigenschaft des irdischen Lebens zu sein scheint, unabhängig von den Formen oder der Substanz.

»Vor fünf Jahren habe ich die Aufmerksamkeit auf die Konvergenz von Genetik und Linguistik gelenkt – autonome, aber doch parallele Disziplinen im viel umfassenderen Bereich der Kommunikationswissenschaft (zu der auch die Zoosemiotik gehört). Die Terminologie der Genetik ist voll von Ausdrücken, die der Linguistik und der Kommunikationstheorie entnommen worden sind,[4] wodurch einerseits die grundsätzlichen Ähnlichkeiten, andererseits aber die wesentlichen Unterschiede in der Struktur und Funktionsweise der genetischen und verbalen Codes unterstrichen wurden. (...) Heute ist es klar, dass der genetische Code als das fundamentalste aller semiotischen Raster betrachtet werden muss, also als Prototyp aller anderen Signalsysteme, deren sich die Tiere, einschließlich der Menschen, bedienen. Unter diesem Gesichtspunkt bilden die Moleküle, die Quantensysteme sind und sich wie stabile Transportmittel von physischen Informationen verhalten, wie die zoosemiotischen und kulturellen Systeme, einschließlich der Sprache, eine lückenlose Kette unterschiedlicher Stadien, mit immer komplexeren energetischen Ebenen, im Rahmen einer einzigen universellen Evolution. Es ist daher möglich, sowohl die Sprache als auch die lebenden Systeme unter einer gemeinsamen kybernetischen Perspektive zu beschreiben. Das ist zunächst nur eine nützliche Analogie oder Vermutung. (...) Eine wechselseitige Annäherung zwischen Genetik, animalischer Kommunikation und Linguistik kann zu einer vollständigen Kenntnis der Dynamik der Semiosis führen, und es könnte sich schließlich herausstellen, dass diese Kenntnis nichts anderes wäre als eine Definition des Lebens.«[5]

4 Vgl. Roman Jakobson, Kindersprache, Aphasie und allgemeine Lautgesetze, Uppsala: Almqvist & Wiksells, 1941.

5 Ljapunov, Probleme der Kybernetik.

Hier zeichnet sich das gegenwärtige strategische Modell ab, das überall an die Stelle des großen ideologischen Modells tritt, das die politische Ökonomie in ihrer Zeit war.

Unter dem strengen Zeichen der »Wissenschaft« begegnet man ihm in »Le hasard et la nécessité« (Zufall und Notwendigkeit) von Jacques Monod wieder. Die Zeit der dialektischen Entwicklung ist vorbei, jetzt regiert der diskontinuierliche Indeterminismus, das teleonomische Prinzip das Leben: Die Finalität ist nicht mehr auf der Höhe des Begriffs, es gibt keinen Begriff und keine Determination mehr – die Finalität ist schon vorher gegeben, in den Code eingeschrieben. Es hat sich also nichts verändert – die Ordnung der Zwecke macht nur einfach dem Funktionieren der Moleküle Platz, und die Ordnung der Signifikate dem Funktionieren der infinitesimalen Signifikanten, die auf eine ungewisse und zufällige Zusammenschaltung beschränkt sind. Alle transzendenten Finalitäten sind auf eine Schalttafel reduziert. Doch trotz allem bleibt der Rekurs auf eine Natur, auf die Inskription in einer biologischen Natur: Das Phantasma einer Natur, das es schon immer gegeben hat, das metaphysische Heiligtum, nicht mehr des Ursprungs oder der Substanzen, sondern diesmal des Codes: Der Code soll eine »objektive« Grundlage haben. Was gäbe es da besseres als das Molekül und die Genetik? Monod ist der strenge Theologe dieser molekularen Transzendenz und Edgar Morin sein begeisterter Anhänger. Aber beim einen wie beim anderen vermischt sich das Phantasma des Codes, der der Realität der Macht entspricht, mit dem Idealismus des Moleküls.

Man trifft hier wieder auf die irrwitzige Illusion, die Welt unter einem Prinzip vereinen zu können – unter dem einer homogenen Substanz bei den Jesuiten der Gegenreformation, dem des genetischen Codes bei den Technokraten der Biologie (aber auch der Linguistik), mit Leibniz und seiner binären Gottheit als Vorläufer. Denn das von ihnen entworfene Modell hat nichts Genetisches, es ist ein gesellschaftliches und historisches Modell. Was in der Biochemie hypostasiert wird, ist das Ideal einer sozialen Ordnung, die von einer Art genetischem Code, einem makromolekularen Kalkül beherrscht wird, einem Planning Programming Budgeting System (PPBS), das mit seinen operationalen Schaltungen den Körper der Gesellschaft durchstrahlt. Die Technokybernetik findet hier, wie Monod sagt, ihre »Naturphilosophie«. Die Faszination des Biologischen, des Biochemischen hat es seit den Anfängen der Naturwissenschaft gegeben. Sie hatte eine Bedeutung für den Spencerschen Evolutionismus (Biosoziologismus) auf der Ebene der Strukturen der zweiten und dritten Ordnung,[6] und sie hat heute eine Bedeutung in der modernen Biochemie, auf der Ebene der Strukturen der vierten Ordnung.

Codierte Ähnlichkeiten und Unähnlichkeiten: Genau das ist das Bild des kybernetischen gesellschaftlichen Austauschs. Man braucht nur noch einen stereospezifischen Komplex hinzuzufügen, um die interzellulare Kommunikation wiederherzustellen, die Morin dann zum molekularen Eros verklären wird.

Praktisch und historisch bedeutet das, dass an die Stelle gesellschaftlicher Kontrolle durch einen *Zweck* (und die mehr oder weniger dialektische *Vorsehung*, die die Erreichung dieses Ziels überwacht) eine neue Form gesellschaftlicher Kontrolle durch Vorausplanung, Simulation, programmatische Antizipation, durch unbegrenzte, aber durch den Code gesteuerte Mutation gesetzt wird. Statt mit dem durch ein Ideal bestimmten Entwicklungsprozess hat man es jetzt mit der Erzeugung durch ein *Modell* zu tun. Statt einer Prophetie hat man das Recht auf eine »Inskription«. Es gibt allerdings keinen radikalen Unterschied zwischen beiden. Es ändern sich nur die Kontrollschemata, und man muss gestehen, dass sie sich auf phantastische Weise vervollkommnen. Von einer kapitalistisch-produktivistischen Gesellschaft zu einer neokapitalistischen, kybernetischen Ordnung, die eine absolute Kontrolle anstrebt: das ist die Mutation, der die biologische Theoretisierung des Codes die Waffen liefert. Diese Mutation hat nichts »indeter-

6 Klassifizierung von François Jacob (in: Ders., Die Logik des Lebenden).

ministisches«: Sie ist das Ergebnis einer Geschichte, in der nacheinander Gott, der Mensch, der Fortschritt und die Geschichte selbst zugunsten des Codes gestorben sind, in der die Transzendenz zugunsten der Immanenz stirbt, weil diese einer sehr viel fortgeschritteneren Phase in der schwindelerregenden Manipulation des gesellschaftlichen Zusammenhangs besser entspricht.

Durch seine unbegrenzte Reproduktion macht das System seinem Ursprungsmythos ein Ende, und damit zugleich auch allen referenziellen Werten, die es selbst während seines Entwicklungsprozesses hervorgebracht hatte. Indem es seinem Ursprungsmythos ein Ende macht, bereitet es auch seinen inneren Widersprüchen ein Ende (es gibt weder etwas Reales noch ein Referenzsystem, mit dem man es konfrontieren könnte) — und es macht auch dem Mythos von seinem Ende ein Ende: der Revolution selbst. Was sich mit der Revolution abzeichnete, war der Sieg der menschlichen und schöpferischen Referenz, des ursprünglichen Potenzials des Menschen. Aber wenn das Kapital den schöpferischen Menschen (zugunsten des genetischen Menschen) von der Karte streicht? Das goldene Zeitalter der Revolution war das des Kapitals, in dem Ursprungs- und Untergangsmythen noch im Umlauf waren. Die einzige Gefahr, die dem Kapital geschichtlich hätte drohen können, lag in dem *mythischen* Anspruch auf Rationalität, von dem es von Anfang an durchdrungen war. Sobald die Mythen durch eine faktische Operationalität, eine Operationalität ohne Diskurs kurzgeschlossen sind, sobald das Kapital zu seinem eigenen Mythos geworden ist, oder besser zu einer nicht-determinierten, vom Zufall abhängigen Maschine, zu einer Art von *gesellschaftlichem genetischem Code*, lässt es keine Möglichkeit zum determinierten Umsturz mehr zu. Darin besteht seine wirkliche Gewalt. Fraglich bleibt, ob nicht die Operationalität selbst ein Mythos ist, ob nicht die DNS selbst ein Mythos ist.

In der Tat erhebt sich ein für allemal die Frage, welchen Status die Wissenschaft als Diskurs hat. Eine gute Gelegenheit, sie gerade hier zu stellen, wo der Diskurs selbst mit einer solchen Unbefangenheit verabsolutiert wird. »Von Platon bis Whitehead, von Heraklit bis Hegel und Marx liegt es offen zu Tage, dass diese metaphysischen Erkenntnistheorien immer eng mit den moralischen und politischen Ideen ihrer Urheber verbunden waren. Diese ideologischen Gebilde, die als *apriorische* dargestellt wurden, waren in Wirklichkeit Konstruktionen *a posteriori*, die eine vorgefasste, ethisch-politische Theorie rechtfertigen und begründen sollten. (...) Das einzige *a priori* für die Wissenschaft ist die Objektivitätsforderung, die es ihr erspart oder vielmehr verbietet, an dieser Debatte teilzunehmen.«[7] Aber diese Forderung resultiert selbst auf der niemals unschuldigen Entscheidung, die Welt und das »Reale« zu objektivieren. Tatsächlich ist es die Forderung nach der Kohärenz eines bestimmten Diskurses, und die ganze Wissenschaftlichkeit ist zweifellos nur der Raum dieses Diskurses, der sich niemals als solcher zu erkennen gibt und dessen »objektives« Simulakrum die politische, strategische Sprache verdeckt. Übrigens zeigt Monod selbst etwas später ganz klar die Willkür dieses Verfahrens: »Gewiss kann man sich fragen, ob all die Invarianzen, Erhaltungen und Symmetrien, die das Grundmuster der wissenschaftlichen Aussage bilden, nicht Fiktionen sind, die an die Stelle der Realität treten und ein operationales Abbild von ihr vermitteln, (...) das dafür aber einer Logik zugänglich geworden ist, die sich auf ein rein abstraktes, vielleicht ›konventionelles‹ Identitätsprinzip gründet – eine Konvention allerdings, auf die der menschliche Verstand anscheinend nicht verzichten kann.«[8] Man könnte nicht deutlicher aussprechen, dass die Wissenschaft selbst als generative Formel, als modellhafter Diskurs über den Glauben an eine konventionelle Ordnung entscheidet (ganz gleich an welche übrigens: Es ist jedenfalls eine Ordnung der totalen Reduktion). Aber Monod geht schnell über die gefährliche Hypothese eines »konventionellen« Identitätsprinzips hinweg. Es sei besser, die Wissenschaft

7 Monod, Zufall und Notwendigkeit, S. 127f.

8 Monod, ebenda, S. 128.

solide, auf einer »objektiven« Realität zu begründen. Die Physik ist dazu da, zu beweisen, dass die Identität kein bloßes Postulat ist – sie *ist in den Dingen*, denn es gibt die »absolute Identität zweier Atome, die sich im gleichen Quantenzustand befinden.«[9] Was also – Konvention oder objektive Realität? Die Wahrheit ist, dass die Wissenschaft wie jeder andere Diskurs sich einer konventionellen Logik entsprechend organisiert, aber dass sie für ihre Rechtfertigung wie jeder andere ideologische Diskurs eine reale, »objektive« Referenz in einem stofflichen Vorgang braucht. Wenn das Identitätsprinzip irgendwo »wahr« ist, sei es auch im unendlich kleinen Bereich zweier Atome, dann ist das ganze konventionelle Gebäude der Wissenschaft, die sich davon leiten lässt, auch »wahr«. Die Hypothese des genetischen Codes, die DNS, ist dann auch wahr und nicht zu übertreffen. So funktioniert die Metaphysik. Die Wissenschaft gibt Aufschluss über Dinge, die im Voraus schon so angeordnet und formalisiert worden sind, dass sie sich ihr fügen – nichts anderes ist die »Objektivität«, und die Ethik, die dieses objektive Wissen sanktioniert, ist nur ein System der Verteidigung und Verschleierung, das diesen circulus vitiosus schützen soll.[10]

»Nieder mit allen Hypothesen, die den Glauben an eine wahre Welt ermöglicht haben«, sagte Nietzsche.[11]

9 Monod, ebenda, S. 129.

10 Darüber hinaus gibt es in Monods Buch einen offenkundigen Widerspruch, der die Zweideutigkeit aller gegenwärtigen Wissenschaft widerspiegelt: Sein Diskurs bezieht sich auf den Code, das heißt die Simulakren der dritten Ordnung, aber er folgt dabei den »wissenschaftlichen« Schemata der zweiten Ordnung – Objektivismus, »wissenschaftliche« Ethik der Erkenntnis, Wahrheitsprinzip, Transzendenz der Wissenschaft etc. All dies ist mit den Modellen der Indetermination der dritten Ordnung unvereinbar.

11 [Das Zitat ist bei Nietzsche so nicht ermittelbar.]

Diese Steuerung durch das Modell des genetischen Codes beschränkt sich durchaus nicht auf Laborversuche oder auf die überspannten Vorstellungen von Theoretikern. Noch das banalste Leben ist von diesen Modellen durchdrungen. Die Digitalität ist unter uns. Sie ist es, die in allen Mitteilungen, in allen Zeichen unserer Gesellschaft herumspukt. Die konkreteste Form, in der man sie festmachen kann, besteht im Test, in Frage/Antwort, in Reiz/Reaktion. Alle Inhalte werden durch eine unaufhörliche Prozedur von gelenkten Befragungen, von zu decodierenden Verdikten und Ultimaten neutralisiert, die zwar nicht mehr der Grundlage des genetischen Codes entstammen, aber seine taktische Indeterminiertheit besitzen. Der Zyklus der Bedeutung wird dabei unendlich verkürzt zum Zyklus der Frage/Antwort, des Bit, der kleinsten Einheit von Energie/Information, der auf seinen Ausgangspunkt zurückverweist und dabei nur die ständige Reaktualisierung desselben Modells darstellt. Das Äquivalent zu dieser vollständigen Neutralisierung des Signifikats durch den Code ist die kurze Dauer eines modischen Verdikts oder jeder anderen Botschaft der Werbung und der Medien. Das ist überall dort der Fall, wo das Angebot die Nachfrage verschlingt, wo die Frage die Antwort verschlingt oder absorbiert und sie in decodierbarer Form wieder von sich gibt, oder sie in einer vorhersehbaren Form erfindet oder antizipiert. Überall dasselbe »Szenario«, das Szenario von »trial and error« (wie bei den Meerschweinchen im Labortest), ein Szenario der Wahlmöglichkeiten, die überall geboten werden (»Testen Sie Ihre Persönlichkeit!«) — überall der Test als fundamentale gesellschaftliche Form der Kontrolle durch unendliche Teilbarkeit der Verfahrensweisen und der Antworten.

Wir leben nach dem Modus des *Referendums*, gerade weil es keine *Referenz* mehr gibt. Jedes Zeichen, jede Botschaft (»funktionale« Gebrauchsgegenstände ebenso wie ein Modetrend, irgendeine Fernsehnachricht, eine Wahlumfrage oder -erhebung) präsentiert sich uns als Frage/Antwort. Das ganze Kommunikationssystem ist von einer komplexen syntaktischen Sprachstruktur zu einem binären, signalartigen System von Frage/Antwort — zum permanenten Test übergegangen. Test und Referendum sind aber bekanntlich perfekte Simulationsformen: Die Antwort wird durch die Frage induziert, sie wird im Voraus bezeichnet. *Das Referendum ist also immer nur ein Ultimatum*: durch die Einseitigkeit der Frage, die eben keine wirkliche Befragung mehr ist, sondern das unmittelbare Aufdrängen einer Bedeutung, durch die der Zyklus auf der Stelle abgeschlossen wird. Jede Botschaft ist ein Verdikt, wie das, was aus den Umfragestatistiken hervorgeht. Das Simulakrum der Distanz (oder sogar des Widerspruchs) zwischen den beiden Polen ist, wie die Wirkung des Realen im Inneren des Zeichen selbst, nur eine taktische Halluzination.

Benjamin analysiert diesen Vorgang des Tests konkret im Bereich des technischen Apparates: »Die Kunst des Filmdarstellers [wird dagegen] dem Publikum durch eine Apparatur präsentiert. Das letztere hat zweierlei zur Folge. Die Apparatur, die die Leistung des Filmdarstellers vor das Publikum bringt, ist nicht gehalten, diese Leistung als Totalität zu respektieren. Sie nimmt unter Führung des Kameramannes laufend zu dieser Leistung Stellung. Die Folge von Stellungnahmen, die der Cutter aus dem ihm abgelieferten Material komponiert, bildet den fertig montierten Film. (...) So wird die Leistung des Darstellers einer Reihe von optischen Tests unterworfen. (...) Die zweite Folge beruht darauf, dass der Filmdarsteller, da er nicht selbst dem Publikum seine Leistung präsentiert, die dem Bühnenschauspieler vorbehaltene Möglichkeit einbüßt, die Leistung während der Darstellung dem Publikum anzupassen. Dieses kommt dadurch in die Haltung eines durch keinerlei persönlichen Kontakt mit dem Darsteller gestörten Begutachters. Das Publikum fühlt sich in den Darsteller nur ein, indem es sich in den Apparat einfühlt. Es übernimmt also dessen Haltung: Es testet.

Anmerkung: Die Erweiterung des Feldes des Testierbaren, die die Apparatur am Filmdarsteller zustande bringt, entspricht der außerordentlichen Erweiterung des Feldes des Testierbaren, die durch die ökonomischen Umstände für das Individuum eingetreten ist. So wächst die Bedeutung der Berufseignungsprüfungen dauernd. Filmaufnahme und Berufseignungsprüfung gehen vor einem Gremium von Fachleuten vor sich. Der Aufnahmeleiter im Filmatelier steht genau an der Stelle, an der bei der Eignungsprüfung der Versuchsleiter steht.«[12]

»Aus einem lockenden Augenschein oder einem überredenden Klanggebilde wurde das Kunstwerk bei den Dadaisten zum Geschoß. Es stieß dem Betrachter zu. Es gewann eine taktile Qualität. Damit hat es die Nachfrage nach dem Film begünstigt, dessen ablenkendes Element ebenfalls in erster Linie ein taktiles ist, nämlich auf dem Wechsel der Schauplätze und Einstellungen beruht, welche stoßweise auf den Beschauer eindringen.«[13]

Kontemplation ist unmöglich geworden; die Bilder zerstückeln die Wahrnehmung in aufeinanderfolgende Sequenzen, in Reize, auf die man nur noch unmittelbar, mit ja oder nein, reagieren kann — die Reaktion wird aufs Äußerste verkürzt. Der Film lässt es nicht mehr zu, dass man sich selbst Fragen über ihn stellt, er befragt einen direkt. In diesem Sinne verlangen die modernen Medien, wie McLuhan sagt, eine unmittelbarere Anteilnahme,[14] eine

12 Benjamin, Das Kunstwerk im Zeitalter seiner technischen Reproduzierbarkeit, S. 487f.

13 Benjamin, ebenda, S. 502.

14 »Das ist die schwache ›Definition‹ des Fernsehens, das seinen Zuschauer dazu verdammt, die wenigen Punkte, die er wahrnimmt, wie bei einem abstrakten Kunstwerk wieder zusammenzusetzen. Er nimmt an der Erschaffung einer Realität teil, welche sich ihm nur als Pünktchen darbietet: Der Fernsehzuschauer befindet sich in der Lage eines Individuums, dem man vorschlägt, seine eigenen Phantasmen in Tintenkleckse zu projizieren, die eigentlich nichts aussagen sollen.« Das Fernsehen als permanenter Rorschachtest. Und weiter: »Das Fernsehbild zwingt uns in jedem Augenblick dazu, die Leerstellen des Rasters in einer erzwungenen Beteiligung unserer Sinne zu vervollständigen, die zutiefst kinetisch und taktil ist.« (McLuhan, Die magischen Kanäle, S. 126).

ununterbrochene Erwiderung, eine völlige Formbarkeit (Benjamin vergleicht die Operation des Kameramannes mit der des Chirurgen: Taktilität und Manipulation). Es ist nicht mehr die Aufgabe der Botschaften, zu informieren, sondern vielmehr zu sondieren, zu testen und letzten Endes zu kontrollieren (contre-rôle [Gegen-Rolle] in dem Sinn, dass alle Antworten schon in die »Rolle«, in das antizipierte Register des Codes eingetragen sind). Die Montage und die Codierung verlangen in der Tat, dass der Rezipient nach dem gleichen Prinzip decodiert und demontiert. Jede Aufnahme von Botschaften ist also eine ständige Examinierung durch den Code.

Jedes Bild, jede mediale Botschaft, aber auch jeder funktionale Gebrauchsgegenstand ist ein Test – das heißt strenggenommen, dass er Reaktionsmechanismen auslöst, die Stereotypen oder analytischen Modellen entsprechen. Der Gegenstand ist heute nicht mehr »funktional« im traditionellen Sinn des Wortes, er nützt nicht, er *testet*. Er hat ebensowenig mit dem früheren Gegenstand zu tun wie die vermittelte Botschaft mit der »Realität« von Tatsachen. Gegenstände von Informationen sind gleichermaßen Ergebnisse einer Selektion, einer Montage, einer Filmaufnahme, sie haben die »Realität« schon getestet und ihr nur Fragen gestellt, die ihnen »entsprachen«. Sie haben die Realität in einfache Elemente zerlegt und sie zu Szenarios mit klaren Gegensätzen wieder zusammengefügt – genau wie der Photograph, der seinem Gegenstand Kontraste, Beleuchtung und Kamerawinkel aufzwingt (jeder Photograph kann das bestätigen: man kann alles machen, es genügt, das Original aus dem richtigen Blickwinkel einzufangen, in dem Augenblick, in dem die Brechung des Lichts aus ihm die *exakte Antwort* auf den blitzschnellen Test des Apparats und seines Codes macht), – genau wie der Test oder das Referendum, die alle möglichen Konflikte und Probleme in ein Frage/Antwort-Spiel übersetzen –, und von der so getesteten Realität wird man seinerseits nach demselben Schema getestet, und man decodiert sie nach demselben Code, der in sie, in jede Botschaft, in jeden Gegenstand wie eine Miniaturausgabe des genetischen Codes eingeschrieben ist.

Durch die bloße Tatsache, dass sich heute alles als Skala oder Stufenleiter darstellt, wird man schon getestet, weil man gezwungen wird, zu selektieren. Das nähert den allgemeinen Gebrauch, den wir von der uns umgebenden Welt machen, der *Lektüre* und der selektiven Dechiffrierung an — wir verhalten uns nicht so sehr wie Nutznießer, sondern wie Leser, wie eine selektive Instanz, eine Lesezelle. Aber Vorsicht: Gleichzeitig werden auch wir durch das Medium selbst selektiert und getestet. Wie man für einen Verbrauchertest eine Warenprobe aussucht, so verfahren die Medien mit den Rezipienten: Mit ihren gebündelten Botschaften, die in Wirklichkeit Bündel von selektierten Fragen sind, markieren und entnehmen sie Empfänger-Proben. Dabei verfahren sie ähnlich wie die taktilen und retraktilen Empfindungsnerven, die einen Gegenstand durch kurze Aufnahmesequenzen erkunden, bis sie ihn lokalisiert und kontrolliert haben: Was die Medien durch zirkuläre Operationen der experimentellen Anpassung, durch wiederholte Interferenzen dann lokalisieren und strukturieren, das sind in Wirklichkeit keine realen und autonomen Gruppen, sondern Proben, das heißt, sie sind sozial und geistig durch ein Batteriefeuer von Botschaften modelliert. Die »öffentliche Meinung« ist natürlich die schönste dieser Proben — nicht aus einer irrealen politischen Substanz entstanden, sondern aus einer hyperrealen, jener phantastischen Hyperrealität, die nur von der Montage und der Manipulation der Tests lebt.

Das Eindringen des binären Frage/Antwort-Schemas hat eine unabsehbare Tragweite: Es zerstückelt jeden Diskurs, es schließt alles kurz, was im inzwischen vergangenen goldenen Zeitalter die Dialektik des Signifikanten und des Signifikats, des Repräsentanten und des Repräsentierten war. Es ist vorbei mit den Objekten, deren Signifikat die Funktion wäre, vorbei auch mit der freien Meinung, die in Abstimmungen sogar zu »repräsentativen« Repräsentanten führte, vorbei die wirkliche Befragung, der die Antwort entspricht (vorbei vor allem die Fragen, auf die es keine Antwort gibt). Dieser ganze Prozess ist auseinandergerissen: Der widersprüchliche Prozess zwischen dem Wahren und dem Falschen, dem Realen und dem Imaginären wird durch die hyperreale Logik der Montage beseitigt.

In seinem Buch über den Intelligenzquotienten analysiert Michel Tort dieses sehr gut: »Die Determinierung der Antwort durch die Frage wird nicht durch die Frage als solche bewirkt, durch die Form, in der sie gestellt worden ist, sondern durch den Sinn, den ihr derjenige gibt, dem sie gestellt worden ist, durch die Vorstellung, die sich das befragte Subjekt von der angemessensten Taktik macht, nach der er vorgehen sollte, um entsprechend der Vorstellung zu antworten, die er sich von den Erwartungen der Befragung macht.« Und weiter: »Das Artefakt ist etwas völlig anderes als die kontrollierte Transformation eines Objekts zum Zweck der Erkenntnis: Es ist ein gefühlloser Eingriff in die Realität, durch dessen Vorgehen man nicht unterscheiden kann, was in ihr auf einem objektiven Wissen beruht, und was auf dem technischen Eingriff (Medium). Der IQ ist ein Artefakt.«[15] Es gibt nichts Richtiges und nichts Falsches mehr, weil es zwischen Frage und Antwort keinen erkennbaren Unterschied mehr gibt. Im Licht der Tests reduziert sich die Intelligenz wie die Meinung und im umfassenderen Sinn auch der gesamte Signifikationsprozess auf die »Fähigkeit, kontrastierende Reaktionen auf eine wachsende Skala adäquater Stimuli zu produzieren«.

Diese ganze Analyse bezieht sich direkt auf McLuhans Formel: »The Medium is the Message«. Was den Vorgang der Bezeichnung steuert, ist in der Tat das Medium, seine Formen der Montage, des Ausschnitts, der Aufforderung, des Anspruchs auf Aufmerksamkeit, der Mahnung. Und man versteht, weshalb McLuhan das Zeitalter der großen elektronischen Medien als Zeitalter der *taktilen* Kommunikation begreift. Man ist durch diese Entwicklung in

15 [Tort, Le quotient intellectuel.]

der Tat der Welt des Taktilen näher als der des Visuellen, in der die Distanzierung größer, die Reflexion jederzeit möglich ist. In dem Moment, in dem die Berührung für uns ihre sensorische, sinnliche Bedeutung verliert (»die Berührung ist eher eine Interaktion der Sinne als ein bloßer Kontakt zwischen der Haut und einem Gegenstand«), ist es möglich, dass sie wieder zum Schema einer Welt der Kommunikation wird – aber als Spielraum für die *taktile* und *taktische* Simulation, wo die »message« zur »massage« wird, zur alles erfassenden Anstrengung, zum Test. Überall wird man getestet, betastet, die Methode ist »taktisch«, die Sphäre der Kommunikation ist »taktil«. Ganz zu schweigen von der Ideologie des »Kontakts«, die in all ihren verschiedenen Formen darauf abzielt, die Idee des sozialen Zusammenhangs zu ersetzen. Es gibt eine ganze strategische Formation, die sich nur um den Test (die Frage/Antwort-Zelle) wie um einen molekularen Befehlscode dreht.

Die gesamte Sphäre der Politik verliert ihre spezifische Eigenart, wenn sie sich auf das Spiel der Medien und Umfragen einlässt, das heißt, wenn sie sich in den Integrationskreis von Frage und Antwort begibt. Der Bereich der Wahlen ist jedenfalls die erste große Institution, in der der gesellschaftliche Austausch auf das Erhalten einer Antwort reduziert wird. Dank dieser vereinfachten Signalisierungsweise kann sie auch als erste verallgemeinert werden: Das allgemeine Wahlrecht ist das erste Massenmedium. Im Lauf des 19. und 20. Jahrhunderts vereinigen sich die politische und ökonomische Praxis mehr und mehr zu einem gleichen Typus von Diskurs. Propaganda und Werbung gehen in derselben Marketing- und Verkaufsstrategie eine Fusion ein – ganz gleich, ob es um Handelsobjekte oder den Einfluss von Ideen geht. Diese Konvergenz der Sprache des Ökonomischen und des Politischen ist übrigens bezeichnend für eine Gesellschaft wie die unsere, in der die »politische Ökonomie« voll und ganz verwirklicht ist. Das bedeutet aber auch zugleich ihr Ende, denn die beiden Bereiche werden in einer ganz anderen Realität, der Hyperrealität der Medien, aufgehoben. Dort findet auch die Überhöhung jedes Begriffs zur übergeordneten Macht statt, zur Macht der Simulakren der dritten Ordnung.

»Dass viele die ›Korrumpierung‹ der Politik durch die Medien bedauern und sich darüber beklagen, dass der Fernsehknopf und die Wahlprognosen (die Umfragen) mit Leichtigkeit die Bildung einer eigenen Meinung ersetzt hätten, das zeigt einfach, dass sie von der Politik nichts verstanden haben.« (Le Monde)

Was diese Phase des politischen Hyperrealismus auszeichnet, ist die notwendige Verbindung zwischen dem Zweiparteiensystem und dem Aufkommen von Umfragen als Spiegelung dieser alternativen Äquivalenz der politischen Kräfte.

Die Umfragen stehen außerhalb jeder gesellschaftlichen *Meinungsproduktion*. Sie beziehen sich nur auf das Simulakrum der öffentlichen Meinung, dessen Bedeutung analog zu der des Bruttosozialprodukts ist: ein imaginärer Spiegel der Produktivkräfte, ohne Rücksicht darauf, ob sie gesellschaftlichen Nutzen haben oder nicht — die Hauptsache ist, dass »es« sich reproduziert. Das gleiche gilt für die öffentliche Meinung: Das Wesentliche ist, dass sie sich in ihrem eigenen Bild unaufhörlich selbst verdoppelt: Das ist das Geheimnis einer Repräsentation der Massen. Es ist nicht mehr nötig, dass irgendjemand eine Meinung *produziert*, nur sollen alle die öffentliche Meinung *reproduzieren*, in dem Sinne, dass sich alle Meinungen in dieser Art vom allgemeinen Äquivalent auflösen und wieder daraus hervorgehen (um sie trotz allem in Form einer Wahl des Einzelnen zu reproduzieren). Für die Meinungen gilt ebenso wie für die materiellen Güter: Die Produktion ist tot, es lebe die Reproduktion!

Wenn irgendwo die Formel von McLuhan einen Sinn hat, dann hier.[16] Die öffentliche Meinung ist im wahrsten Sinne des Wortes

16 »Das Medium ist die Botschaft«, das ist die eigentliche Formel der politischen Ökonomie des Zeichens, weil sie auf die Simulation der dritten Ordnung hinausläuft — die Unterscheidung zwischen Medium und Botschaft aber charakterisiert noch die Signifikation der zweiten Ordnung.

zugleich das Medium und die Botschaft. Und die Umfragen, aus denen die öffentliche Meinung gebildet wird, sind ein ständiger Druck, der vom Medium als Botschaft ausgeht. In diesem Punkt sind sie wie das Fernsehen und die elektronischen Medien, von denen wir gezeigt haben, dass auch sie ein ständiges Frage/Antwort-Spiel, ein ständiges Untersuchungsinstrument sind.

Die Umfragen manipulieren etwas *Unentscheidbares*. Beeinflussen sie das Votum? Richtig, falsch? Liefern sie eine genaue Photographie der Realität, oder bloße Tendenzen, oder die Brechung dieser Realität in einem Hyperraum der Simulation, von dem nicht einmal die Krümmung bekannt ist? Richtig, falsch? Unentscheidbar. Selbst die äußerste Verfeinerung ihrer Analyse lässt immer noch die Umkehrbarkeit der Hypothesen zu. Die Statistik ist nur Kasuistik. Dieses Unentscheidbare ist allen Simulationsprozessen zu eigen (vergleiche weiter oben das Unentscheidbare der Krise). Die innere Logik dieser Prozeduren (Statistiken, Prognosen, operationale Kybernetik) ist sicher streng und »wissenschaftlich«, aber irgendwie bleibt sie dennoch an nichts haften, sie ist eine phantastische Fiktion, deren Brechungsindex in jeglicher (wahrer oder falscher) Realität gleich Null ist. Gerade das macht die Kraft dieser *Modelle* aus, aber gerade deshalb bleibt ihnen auch keine andere Wahrheit als die der Tests von paranoischen Projektionen einer Kaste oder Gruppe, die von einer wunderbaren Übereinstimmung zwischen dem Realen und ihren Modellen, also von der absoluten Manipulation träumt.

Was für das statistische Szenario gilt, das gilt auch für die geregelte Teilnahme am politischen Bereich: abwechselnde Herrschaft der beteiligten Kräfte, einander ablösende Mehrheiten/Minderheiten etc. An dieser äußersten Grenze der reinen Repräsentation repräsentiert »es« gar nichts mehr. Die Politik stirbt am allzu guten Funktionieren ihrer distinktiven Gegensatzpaare. Der politische Bereich (und der Machtbereich ganz allgemein) leert sich. Dies ist in gewisser Weise der Preis für die Erfüllung des Wunsches der politischen Klasse nach einer perfekten Manipulation der gesellschaftlichen Repräsentation. Verstohlen und in aller Stille ist die ganze gesellschaftliche Substanz genau zu dem Zeitpunkt aus dieser Maschine verschwunden, als ihre Reproduktion perfekt war.

Das gleiche gilt für die Umfragen: Die einzigen, die daran glauben, sind letzten Endes die Mitglieder der politischen Klasse, ebenso wie die Marketing- und Werbespezialisten die einzigen sind, die wirklich an Werbung und Marktstudien glauben. Nicht aus besonderer Dummheit (obwohl man das auch nicht ausschließen kann), sondern weil die Umfragen sich homogen zum gegenwärtigen Funktionieren des Politischen verhalten. Sie bekommen also einen »realen« taktischen Wert, sie wirken als Regulierungsfaktor der politischen Klasse, nach deren eigenen Spielregeln. Die politische Klasse ist also darauf angewiesen, an die Umfragen zu glauben, und sie glaubt daran. Aber wer eigentlich sonst noch? Es ist das burleske Schauspiel dieser politischen, für alles und nichts hyperrepräsentativen Sphäre, das die Leute dank der Umfragen und der Medien genießen. Es gibt eine Art von Jubel, die diesem nichtssagenden Spektakel genau entspricht, und die äußerste Form, die sie annimmt, ist die der *statistischen Betrachtung*. Sie verdeckt übrigens, wie man weiß, immer eine tiefe Enttäuschung — jene Art von Desillusionierung, die die Umfragen verursachen, indem sie die ganze politische Sprache absorbieren, den ganzen Artikulationsprozess kurzschließen. Die Faszination, die sie ausüben, entspricht der Neutralisation durch die Leere, dem Schwindelgefühl, das sie durch die Antizipation des Bildes jeder nur möglichen Realität erzeugen.

Das Problematische an den Umfragen ist also durchaus nicht ihr objektiver Einfluss. Wie bei der Propaganda und der Werbung wird er bekanntlich weitgehend durch individuelle oder kollektive Widerstände oder durch Trägheit neutralisiert. Das Problematische an ihnen ist die operationale Simulation, die sie für den gesamten Bereich der gesellschaftlichen Praxis einführen, die *Leukämisierung* jeder gesellschaftlichen Substanz: der Austausch des Blutes gegen die weiße Lymphe der Medien.

Die Zirkularität Frage/Antwort setzt sich in alle Bereiche fort. Man begreift langsam, dass der ganze Bereich der Erhebungen, der Umfragen, der Statistiken auf Grund des radikalen Verdachts gegenüber ihrer Methode neu durchdacht werden muss. Aber der gleiche Verdacht herrscht gegenüber der Ethnologie: Obgleich man einräumen muss, dass die Indianer als Naturvölker zur Simulation unfähig sind, ist es dort das gleiche Problem wie hier: die Unmöglichkeit, auf eine *gesteuerte* Frage etwas anderes als eine *simulierte* Antwort zu bekommen (etwas, das nicht nur die Frage reproduziert). Es ist noch nicht einmal sicher, dass man in den exakten Wissenschaften Pflanzen, Tiere oder leblose Materie mit der Chance einer »objektiven« Antwort untersuchen kann. Und was die Antwort der Befragten an die Befrager angeht, der Indianer an die Ethnologen, der Analysanden an die Analytiker — man kann sicher sein, dass die Zirkularität hier perfekt ist: Die Befragten werden immer zu dem, wozu die Frage sie macht und drängt. Sogar die psychoanalytische Übertragung und Gegenübertragung fällt heute unter diese simulierte, antizipierte Antwort, die nichts anderes ist als eine Modalität der self-fulfilling prophecy.[17] Das führt zu einem eigenartigen Paradox: Die Sprache der Befragten,

17 Die gegenwärtige »psychologisch« Situation wird insgesamt durch diesen Kurzschluss gekennzeichnet. Scheint es nicht so, als wäre aus der Emanzipation der Kinder und Jugendlichen, nach einer anfänglichen Phase der Revolte und nachdem sich das Prinzip des Rechts auf Emanzipation erst einmal etabliert hatte, die reale Emanzipation der Erwachsenen geworden? Und die jungen Leute (Studenten, Schüler, Jugendliche) scheinen das zu spüren und durch ihr immer drängenderes (wenn auch immer noch unversöhnliches) Insistieren auf der Präsenz und der Kommunikation von Eltern und Erziehern auszudrücken. Jetzt, wo sie endlich allein, frei und verantwortlich sind, fällt ihnen plötzlich auf, dass mittlerweile vielleicht die anderen die wirkliche Freiheit für sich haben. Außerdem ist keine Rede davon, dass sie in Ruhe gelassen werden: Man quält sie ständig, nicht mit spontanen, affektiven oder materiellen Ansprüchen, sondern mit Ansprüchen, die durch das implizite ödipale Wissen revidiert und korrigiert worden sind. Eine Hyper-Abhängigkeit (viel stärker als die andere), durch Ironie und Verweigerung verzerrt, Parodie der ursprünglichen libidinösen Mechanismen. Ein Verlangen ohne Inhalt, ohne Signifikate,

unbegründet, aber um so härter — ein bloßes Verlangen, auf das keine Erwiderung möglich ist. Weil der Inhalt des Wissens (Unterricht) oder der affektiven Beziehungen (Familie), weil das pädagogische oder familiäre Referenzsystem im Akt der Emanzipation liquidiert wurde, bleibt nichts als ein Verlangen, das mit der hohlen Form der Institution zusammenhängt — ein perverses, aber um so hartnäckigeres Verlangen. Ein »transferenzieller« Wunsch (das heißt nichtreferenziell, irreferenziell), ein Wunsch, der vom Mangel lebt, von der freien, »befreiten« Stelle, ein Wunsch, der nach seinem eigenen, schwindelerregenden Bild modelliert ist, ein Wunsch des Wunsches, grenzenlos, hyperreal. Seiner symbolischen Substanz beraubt, verdoppelt er sich selbst, gewinnt seine Energie aus seinem eigenen Spiegelbild und aus seiner eigenen Enttäuschung. So sieht heute genaugenommen der »Wunsch« aus, und es ist klar, dass er im Gegensatz zu den »klassischen« Objekt- oder Übertragungsbeziehungen unlösbar und endlos ist.

Der simulierte Ödipus

François Richard: »Die Studenten wollen durch den Körper oder durch die Sprache verführt werden. Aber sie wissen auch, dass es so ist, und sie spielen es ironisch. ›Gib dein Wissen, gib deine Anwesenheit, du hast das Wort, sprich, dafür bist du da.‹ Natürlich ist das ein Angriff, aber nicht nur: Je umstrittener, lächerlicher die Autorität ist, desto größer ist die Nachfrage nach einer Autorität an sich. Sie spielen auch Ödipus, um ihn dadurch um so klarer zu negieren. Der Prof., das ist der Papa, heißt es, es ist wahnsinnig komisch, man spielt Inzest, das Unbehagen, die Berührungsangst, die Verliebtheit — um es schließlich zu desexualisieren.« Wie der Analysand, der Ödipus wiederfinden will, der »ödipale« Streiche erzählt, der »analytische« Träume hat, um dem unterstellten Verlangen seines Analytikers zu entsprechen, oder um sich ihm zu widersetzen? Der Lehrende zieht genauso seine ödipale Nummer ab, seine Verführungsnummer, er duzt, er schmeichelt sich ein, er nähert sich an, er dominiert — aber es ist kein Wunsch, es ist Simulation. Ein ödipales Psychodrama der Simulation (das deshalb doch nicht weniger real und nicht weniger dramatisch ist). Aber es unterscheidet sich sehr von einem wirklich libidinösen Einsatz von Wissen und Macht oder von einer wirklichen Trauerarbeit um Wissen und Macht (was nach 1968 in den Universitäten möglich gewesen ist). Jetzt ist das Stadium der verzweifelten Reproduktion erreicht, wo der Einsatz Null und das Simulakrum maximal ist — eine zugleich übersteigerte und parodistische Simulation, ebenso endlos wie die Psychoanalyse und aus den selben Gründen.

Die endlose Psychoanalyse

Der Geschichte der Übertragung und der Gegenübertragung muss ein ganzes Kapitel hinzugefügt werden: das ihrer Liquidation durch die Simulation. Das Kapitel der nicht auflösbaren Übertragung, der Psychoanalyse, die unmöglich geworden ist, weil sie selbst das Unbewusste von nun an produziert und reder Analysierten, der Indianer ist unwiderruflich kurzgeschlossen und verloren, und gerade auf der Basis dieses Ausschlusses werden die entsprechenden Disziplinen – Ethnologie, Psychoanalyse, Soziologie — sich wunderbar entwickeln können. Aber sie bauen auf Sand, weil die zirkuläre Antwort der Befragten, der Analysierten, der Indianer trotz allem eine Herausforderung und eine siegreiche Rache ist: Sie verweisen die Frage auf sich selbst zurück, sie isolieren sie, indem sie ihr den Spiegel der Antwort vorhalten, die sie erwartet — und es gibt keine Hoffnung, dass sie aus diesem circulus vitiosus der Macht jemals wieder herauskommt. Genau wie im Wahlsystem, wo die Repräsentanten nichts mehr repräsentieren, gerade weil sie die Antworten der Wähler so perfekt kontrollieren: Alles entgleitet ihnen. Deshalb ist die gesteuerte Antwort der Beherrschten trotz allem eine wirkliche Antwort, eine verzweifelte Rache: Sie überlässt es der Macht, sich selbst zu beerdigen.

produziert. Auch die Psychoanalyse stirbt durch den Austausch der Zeichen des Unbewussten. Genauso wie die Revolution durch den Austausch der kritischen Zeichen der politischen Ökonomie stirbt. Freud hat diesen Kurzschluss sehr wohl durchschaut: in Form der Fähigkeit zum analytischen Traum, oder bei den »vor-didaktisierten« Analysanden in ihrer Begabung für das analytische Wissen. Aber das wurde noch als Widerstand, als Ausweichen erklärt und stellte weder den Prozess der Analyse noch das Prinzip der Übertragung grundsätzlich in Frage. Etwas anderes ist es, wenn das Unbewusste selbst, der Diskurs des Unbewussten unauffindbar wird — entsprechend dem Szenario der simulierenden Antizipation, deren Funktionsweise wir auf allen Ebenen der Maschinen der dritten Ordnung gesehen haben. Die Analyse kann sich selbst jetzt nicht mehr auflösen, sie wird logisch und historisch unendlich, weil sie sich auf einer phantasmatischen Reproduktionssubstanz stabilisiert, auf dem vom Verlangen programmierten Unbewussten — eine unüberwindliche Instanz, von der aus die ganze Analyse neu organisiert wird. Auch hier sind die »Botschaften« des Unbewussten durch das »Medium« der Psychoanalyse kurzgeschlossen worden. Das ist ein libidinöser Hyperrealismus. Den berühmten Kategorien des Realen, des Symbolischen und des Imaginären wird man die des Hyperrealen hinzufügen müssen, das die Funktionsweise der drei anderen blockiert und verkehrt.

Die »fortgeschrittenen demokratischen« Systeme stabilisieren sich durch das Konzept der alternierenden Herrschaft von zwei Parteien. Tatsächlich aber gehört das Machtmonopol einer politischen Klasse, die von der Linken bis zur Rechten homogen ist, sich aber nicht so aufführen darf: Die Einparteienherrschaft, der Totalitarismus, ist eine instabile Regierungsform — sie trocknet die politische Szenerie aus, sie kann das feed-back der öffentlichen Meinung nicht sicherstellen, die minimale Strömung in diesem integrierten Schaltkreis, den die transistorisierte Maschine der Politik bildet. Das Alternieren dagegen ist das Ziel aller Ziele der Repräsentation, denn allein durch die formale Eingeschränktheit ist der Druck maximal, wenn man der vollkommenen Gleichung in der Konkurrenz zwischen beiden Parteien so nahe wie möglich kommt. Das ist logisch: Die Demokratie realisiert in der politischen Ordnung das Äquivalenzprinzip, und dieses Prinzip vollendet sich im Schwanken der Waagschalen zweier Begriffe, das zwar ihre Äquivalenz anzeigt, aber es durch diese winzige Abweichung doch ermöglicht, die allgemeine Zustimmung zu gewinnen und den Zyklus der Repräsentation abzuschließen. Ein operationales Theater, auf dem nur noch der schwache Schatten der politischen Vernunft agiert. Die »freie Wahl« der Individuen, das Credo der Demokratie, läuft genau auf ihr Gegenteil hinaus: Die Wahl ist grundsätzlich *obligatorisch* geworden, wenn auch nicht durch das Gesetz, so doch durch die statistische, strukturelle Einengung durch das Alternieren, die durch die Umfragen noch verstärkt wird.[18] Die Wahl ist grundsätzlich *zufällig* geworden: Wenn die Demokratie ein fortgeschrittenes formalisiertes Stadium erreicht hat, verteilt sie sich auf gleichwertige Quotienten (50/50). Die Wahl folgt der Brownschen Molekularbewegung oder der Wahrscheinlichkeitsrechnung; es ist, als ob alle blindlings wählen würden, es ist, als ob Affen wählen würden.

18 Die Demokratie in Athen, die sehr viel weiter entwickelt war als unsere, war logischerweise dazu übergegangen, die Stimmabgabe als Dienstleistung zu bezahlen, nachdem alle anderen repressiven Lösungen, die das Quorum sichern sollten, gescheitert waren.

An diesem Punkt ist es nicht mehr wichtig, dass die beteiligten Parteien historisch oder gesellschaftlich irgendetwas ausdrücken — es ist im Gegenteil notwendig, dass sie nichts mehr repräsentieren: die Faszination des Spiels, der Umfragen, der formale, statistische Zwang ist umso größer.

Schon das »klassische« allgemeine Wahlrecht implizierte eine gewisse Neutralisierung des politischen Bereichs durch das Einverständnis mit den Spielregeln. Aber auf der Grundlage eines realen gesellschaftlichen Antagonismus der Meinungen kann man die Repräsentanten und die Repräsentierten noch voneinander unterscheiden. Die Neutralisierung dieses widersprüchlichen Referenzsystems im Zeichen einer öffentlichen Meinung, die künftig mit sich selbst identisch ist und durch Antizipation (Umfragen) mediatisiert und homogenisiert wird — diese Neutralisierung macht das Alternieren »an der Spitze« möglich: Die Simulation einer Opposition zwischen zwei Parteien, die Absorption ihrer jeweiligen Zielsetzungen, die Austauschbarkeit ihrer Diskurse. Jenseits des Repräsentanten und des Repräsentierten ist das die reine Form der Repräsentation — ebenso wie die Simulation jenseits des Signifikanten und des Signifikats die reine Form der politischen Ökonomie des Zeichens darstellt — ebenso wie das Flottieren der Währungen und ihre berechenbaren Abweichungen jenseits des Gebrauchswerts und des Tauschwerts, jenseits des Produktionsmaterials, die reine Form des Wertes charakterisiert.

Es könnte so scheinen, als führte die historische Bewegung des Kapitals von der offenen Konkurrenz zum Oligopol und dann zum Monopol — als ginge die Entwicklung der Demokratie von vielen Parteien zum Zweiparteiensystem und dann zur Einheitspartei. Das stimmt aber nicht: Das Oligopol, oder das gegenwärtige Bipol, *resultiert aus der taktischen Verdoppelung des Monopols*. In allen Bereichen ist das Bipol das vollendete Stadium des Monopols. Es ist nicht der politische Wille (staatliche Begriffe, Anti-Trust-Gesetze etc.), der das Marktmonopol zerbricht, es ist vielmehr so, dass jedes unitäre System eine binäre Steuerung finden muss, wenn es überleben will. Das ändert nichts am Monopol, im Gegenteil: die Macht ist nur dann absolut, wenn es ihr gelingt, sich in verschiedene Äquivalente aufzuspalten, wenn es ihr gelingt, sich durch eine Zweiteilung zu verdoppeln. Das geht von Waschpulvermarken bis zur friedlichen Koexistenz. Zwei Supermächte sind notwendig, um eine Welt unter Kontrolle zu halten: Ein Imperium allein würde in sich zusammenstürzen. Das Gleichgewicht des Schreckens ist nur dasjenige, wodurch die Einführung der regulierten Opposition ermöglicht wird, denn die Strategie ist strukturell, niemals atomistisch. Diese regulierte Opposition kann sich übrigens zu einem komplexeren Szenario verzweigen, aber die Matrix bleibt binär. Von nun an wird es niemals mehr um das Duell oder den offenen Konkurrenzkampf gehen, sondern um Paare von simultanen Gegensätzen.

Von der kleinsten disjunktiven Einheit (dem Frage/Antwort-Partikel) bis zur makroskopischen Ebene der großen Systeme des Alternierens, die die Ökonomie, die Politik, die weltweite Koexistenz steuern, ändert sich die Matrix nicht, es ist immer das 0/1, die binäre Skandierung, die sich als meta-stabile oder homöostatische Form der gegenwärtigen Systeme durchsetzt. Sie ist der Kern der uns beherrschenden Simulationsprozesse. Sie kann sich als eine Folge von instabilen Variationen, von Polyvalenz bis zur Tautologie organisieren, ohne dass die strategische Form des Bipols in Frage gestellt würde: Sie ist die göttliche Form der Simulation.[19]

19 In diesem Sinn muss man die Projektion von Lévi-Strauss radikal kritisieren, durch die er binäre Strukturen zu »anthropologischen«, mentalen Strukturen und die dualistische Organisation zur grundlegenden Struktur der primitiven Gesellschaften macht. Die dualistische Form, die Lévi-Strauss den primitiven Gesellschaften gern zuschreiben möchte, ist immer nur unsere strukturelle Logik, unser eigener Code. Es ist der Code unserer Herrschaft über die »archaischen« Gesellschaften. Es ist daher sehr freundlich von Lévi-Strauss, sie ihnen als mentale Strukturen unterzuschieben, die angeblich der ganzen menschlichen Gattung gemeinsam sind. Um so besser werden sie darauf vorbereitet sein, die Taufe des Abendlandes zu empfangen.

Warum hat das World Trade Center in New York *zwei* Türme?[20] Alle großen Gebäude in Manhattan haben sich darauf beschränkt, sich in einer *konkurrierenden* Vertikalität gegenüberzustehen; daraus entstand ein architektonisches Panorama nach dem Vorbild des kapitalistischen Systems: Ein Dschungel von Pyramiden, in dem alle Gebäude einander zu übertreffen versuchen. Das System selbst zeichnete sich mit der berühmten Skyline von New York ab, die man bei der Ankunft vom Meer aus sah. Dieser Anblick hat sich innerhalb weniger Jahre völlig verändert. Das Abbild des kapitalistischen Systems ist keine Pyramide mehr, sondern eine Lochkarte. Die Gebäude sind keine Obelisken mehr, sondern haben sich, ohne einander länger herauszufordern, eng aneinandergepresst wie die Kolumnen einer statistischen Graphik. Diese neue Architektur verkörpert ein System, das nicht mehr konkurrenzhaft, sondern berechenbar ist, in dem die Konkurrenz zugunsten der Korrelation verschwunden ist. (New York ist die einzige Stadt der Welt, deren Geschichte mit erstaunlicher Genauigkeit und im vollen Umfang die jeweils aktuelle Form des Systems des Kapitals nachzeichnet: Ihm entsprechend ist sie in unaufhörlicher Veränderung — wie keine europäische Stadt.) Dieser architektonische Graphismus ist der des Monopols: die zwei Türme des World Trade Center, zwei vollkommene, parallele, einander flankierende Säulen von 400 Meter Höhe auf quadratischer Basis, vollkommen ausgewogene und blinde kommunizierende Röhren — die Tatsache, dass es zwei identische gibt, ist *signifikant* für das Ende aller Konkurrenz, das Ende jeder ursprünglichen Referenz.

Wenn es nur einer wäre, wäre das Monopol paradoxerweise nicht darin verkörpert, denn wir haben gesehen, dass es sich in einer dualen Form stabilisiert. Damit das Zeichen rein ist, muss es sich selbst verdoppeln: Erst die Verdoppelung des Zeichens macht

20 [Mit den Ereignissen vom 11. September 2001 befasste sich Baudrillard in: L'esprit du terrorisme, in: Le Monde, vom 30. November 2001 (dt. Der Geist des Terrorismus, hrsg. von Peter Engelmann, Wien: Passagen, 2002).]

dem, was es bezeichnet, ein Ende. Darin steckt auch das Geheimnis von Andy Warhol: Die seriellen Kopien des Gesichts von Marilyn Monroe sind gleichzeitig der Tod des Originals und das eigentliche Ziel der Repräsentation. Die zwei Türme des World Trade Center sind das sichtbare Zeichen für die Abgeschlossenheit eines Systems im Rausch der Verdoppelung, während jeder der anderen Wolkenkratzer das Ursprungsmoment eines Systems ist, das sich durch die Krise und die Herausforderung ständig selbst übertrifft.

Es liegt eine besondere Faszination in dieser Verdoppelung. Wie hoch sie auch sind, und sie sind höher als alle anderen, die zwei Türme bedeuten dennoch einen Bruch mit der Vertikalität. Sie ignorieren die anderen Gebäude, sie sind nicht von deren Art, sie fordern sie nicht mehr heraus, weil sie sich nicht mehr mit ihnen vergleichen, sie spiegeln einander und dominieren durch das Prestige der Ähnlichkeit. Was sie wechselseitig spiegeln ist die Idee des Modells, das sie füreinander sind, und ihre gleiche Höhe wird nicht mehr als ein Übertreffen gewertet — sie bedeutet nur noch, dass von nun an die Strategie der Modelle und der Austauschbarkeit im Herzen des Systems selbst – und New York ist wahrhaftig das Herz des Systems – historisch die Vorherrschaft über die traditionelle Strategie der Konkurrenz gewonnen hat. Die Gebäude des Rockefeller Centers spiegelten noch wechselseitig ihre Fassaden aus Glas und Stahl in der unendlichen Spekularität der Stadt. Die Türme aber sind blind und haben keine Fassade mehr. Alles, was sich auf die Umgebung beziehen könnte, auf die Fassade als Bild des Inneren und des Äußeren, wie man es sogar noch bei der Chase Manhattan Bank oder den kühneren Spiegelglaskonstruktionen der 1960er Jahre findet, ist ausgelöscht. Es bleibt nichts als eine abgeschlossene Serie der Ziffer Zwei, als ob die Architektur, nach dem Vorbild des Systems, nur noch aus einem unveränderlichen genetischen Code, einem endgültigen Modell entstünde.

All das definiert einen digitalen Raum, ein magnetisches Feld des Codes, mit Polarisierungen, Brechungen, Gravitationen von Modellen und dem ständigen Strom der kleinsten disjunktiven Einheiten (der Frage/Antwort-Zelle, die so etwas wie ein kybernetisches Atom der Signifikation ist). Man muss den Unterschied beachten, der zwischen diesem Kontrollfeld und dem traditionell repressiven Bereich der Polizei bestand, der noch einer *signifikativen* Gewalt entsprach. Dies war der Bereich für eine Konditionierung von Reflexen, der sich nach der Pavlovschen Versuchsanordnung der programmierten repetitiven Aggression richtete, und dem man, in vielfältigen Abstufungen, im ständigen Hämmern der Werbeslogans und in der politischen Propaganda der dreißiger Jahre wiederbegegnete. Eine handwerkliche und industrielle Gewalt, die den Zweck verfolgte, ein verschrecktes und tierisch gehorsames Verhalten zu erzeugen. Das alles hat keinen Sinn mehr. Die totalitäre, bürokratische Konzentration ist ein Schema, das auf die Epoche des Marktgesetzes des Wertes zurückgeht. Das System der Äquivalenzen indessen macht ein allgemeines Äquivalent erforderlich, und damit auch die Zentralisation eines globalen Prozesses. Eine archaische Rationalität im Vergleich zur Rationalität der Simulation: Dort gibt es kein allgemeines Äquivalent mehr, sondern eine Auffächerung in Modelle übernimmt die regulierende Funktion – es gibt auch nicht mehr die Form des allgemeinen Äquivalents, sondern die Form der distinktiven Oppositionen. Vom ausdrücklichen Befehl geht man zur Programmierung durch den Code über, vom Ultimatum zum permanenten Druck, von der erzwungenen Passivität zu Modellen, die von vornherein auf die »aktive Reaktion« des Subjekts hin konstruiert worden sind, auf seine Einbeziehung, auf seine »spielerische« Partizipation etc. berechnet sind, bis hin zum Modell eines totalen »Environments« aus pausenlosen, spontanen Antworten, aus begeisterten feed-backs und weitgefächerten Kontakten. Das ist, nach Nicolas Schöffer, »die Konkretisierung der allgemeinen Stimmung«.

Das ist das große Fest der Partizipation: Es besteht aus Myriaden von Stimuli, aus Miniaturtests, aus unbegrenzt teilbaren Frage/Antwort-Paaren, die alle von irgendwelchen großen Modellen im Feld des Codes magnetisiert werden.

Die große Kultur der taktilen Kommunikation steht vor der Tür, im Zeichen des techno-luminös-kinetischen Raumes und des totalen räumlich-dynamischen Theaters!

Der ganze imaginäre Bereich des Kontakts, der sensorischen Anpassung, des taktilen Mystizismus, letzten Endes auch die ganze Ökologie lässt sich auf dieses Universum der operationalen Simulation übertragen. Man wird sich diesen ständigen Test der erfolgreichen Anpassung durch eine Assimilierung des animalischen Mimetismus zur Gewohnheit machen: Die Anpassung der Tiere an die Farben und Formen ihrer Umgebung ist auch ein für den Menschen gültiges Modell (Nicolas Schöffer)[21], und auch bei den Indianern mit ihrem »angeborenen Sinn für Ökologie«! Tropismen, Mimikry, Empathie: Das ganze ökologische Evangelium der offenen Systeme, mit negativem oder positivem feed-back, drängt sich in diese Lücke — ihre Ideologie ist die Steuerung durch Information, die aber, einer flexibleren Rationalität angepasst, doch nichts weiter als eine Umwandlung des Pavlovschen Reflexes ist. So ist man auch bei der Konditionierung der geistigen Gesundheit vom Elektroschock zur Ausdrucksschulung des Körpers übergegangen. Die Dispositive der Macht und des direkten Zwangs machen überall den diffuseren Dispositiven des Ambientes Platz, die durch eine Operationalisierung der Vorstellungen, der Bedürfnisse, der Wahrnehmung, des Begehrens etc. wirken. Eine universelle Ökologie, ein Mystizismus der »Nischen« und Gesamtzusammenhänge, eine Simulation von Milieus, die sogar bis zu »Zentren für ästhetische und kulturelle Impulse« geht, die im VII. Plan (warum nicht?) vorgesehen sind, und auch bis zum »Zentrum für sexuelle Freizeitgestaltung«, das in Form eines Busens gebaut

21 [Vgl. Schöffer, La Ville cybernétique, S. 35.]

ist und »ein Gefühl der völligen Entfaltung hervor[ruft]. (...) Diese Zentren werden entweder den Erwachsenen oder den Jugendlichen vorbehalten oder auch beiden zugänglich sein.«[22] Die gleiche räumlich-dynamische Faszination wie in jenem »totalen Theater«, das wie ein kreisförmiges, hyperbolisches, um eine zylindrische Achse kreisendes Dispositiv konzipiert wurde: Es gibt keine Bühne, keinen Abstand, keinen »Blick« mehr: Dies ist das Ende des Spektakels, des Spektakulären, es gibt nur noch das totale, fusionierende, taktile, ästhetische (und nicht mehr ästhetische) Environment. Nur noch mit schwarzem Humor kann man dabei an das totale Theater von Artaud, an sein Theater der Grausamkeit denken, dessen räumlich-dynamische Simulation eine scheußliche Karikatur ist. Die Grausamkeit wird darin durch minimale und maximale »Stimulationsschwellen« und durch die Erfindung von »auf der Basis von Sättigungsschwellen kalkulierten Wahrnehmungscodes« ersetzt. Sogar die gute alte »Katharsis« aus dem klassischen Theater der Leidenschaften ist heute durch Simulation homöopathisch geworden. So weit kommt es mit dem Schöpferischen.

Die Realität geht im Hyperrealismus unter, in der exakten Verdoppelung des Realen, vorzugsweise auf der Grundlage eines anderen reproduktiven Mediums – Werbung, Foto etc. – und von Medium zu Medium verflüchtigt sich das Reale, es wird zur Allegorie des Todes, aber noch in seiner Zerstörung bestätigt und überhöht es sich: Es wird zum Realen schlechthin, Fetischismus des verlorenen Objekts – nicht mehr Objekt der Repräsentation, sondern ekstatische Verleugnung und rituelle Austreibung seiner selbst: hyperreal.

Der Realismus hatte diese Tendenz schon angekündigt. Schon die Rhetorik des Realen signalisiert, dass sein Status erheblich verändert ist (das goldene Zeitalter ist das der Unschuld der Sprache, die nichts verdoppeln muss, was sie über einen Eindruck der

22 [Schöffer, ebenda, S. 84 f. Vgl. auch: »Das wird ein unglaubliches Fest«. Nicolas Schöffer über die programmierte Kunst der Zukunft, in: Der Spiegel, Nr. 7, vom 9. Februar 1970, S. 152–159.]

Realität sagt). Der Surrealismus ist noch solidarisch mit dem Realismus, den er verachtet, doch er verdoppelt schon durch sein Eindringen in das Imaginäre. Das Hyperreale ist ein viel weiter fortgeschrittenes Stadium, in dem sogar der Widerspruch zwischen dem Realen und dem Imaginären ausgelöscht ist. Die Irrealität ist nicht mehr die eines Traums oder Phantasmas, eines Diesseits oder Jenseits, es ist die Irrealität einer *halluzinierenden Ähnlichkeit des Realen mit sich selbst*. Um die Krise der Repräsentation zu überwinden, muss man das Reale in der reinen Wiederholung einschließen. Diese Tendenz zeigt sich, noch ehe sie in Pop-Art und neorealistischer Malerei auftaucht, im »nouveau roman«. Schon dort besteht die Intention, um das Reale herum eine Leere zu schaffen, die ganze Psychologie, die ganze Subjektivität zu eliminieren und alles der reinen Objektivität zu überlassen. Tatsächlich aber ist diese Objektivität nichts als die Objektivität des reinen Blicks — eine Objektivität, die endlich vom Objekt befreit ist, das nichts weiter als das blinde Relais des abtastenden Blicks ist. Ein zirkulärer Reiz, in dem man leicht den unbewussten Versuch erkennen kann, nicht mehr gesehen zu werden.

Genau diesen Eindruck erweckt der Neo-Roman: diese Sucht, den Sinn aus einer blinden und minutiösen Realität auszuschließen. Syntax und Semantik sind verschwunden — es gibt keine Erscheinung des Objekts mehr, nur noch sein bloßes Herbeizitieren, ein verbissenes Protokollieren seiner verstreuten Fragmente — weder Metapher noch Metonymie, nur noch eine lückenlose Immanenz unter der Polizei-Instanz des Blicks. Diese »objektive« Mikroskopie erzeugt einen Realitätsrausch, einen Todesrausch an den Grenzen der Repräsentation um der Repräsentation willen. Vergangen sind die alten Illusionen von Relief, Perspektive und (räumlicher und psychologischer) Tiefe, die mit der Wahrnehmung des Objekts verbunden waren: Die gesamte Optik, alles Skopische, das operational auf die Oberfläche der Dinge gerichtet wird, der Blick als solcher ist zum molekularen Code des Objekts geworden.

Es gibt unterschiedliche Ausprägungen dieser schwindelerregenden realistischen Simulation:

I. Das Zerlegen des Realen in seine Einzelheiten – die abgeschlossene, paradigmatische Brechung des Objekts –, vereinfacht ausgedrückt: Linearität und Serialität partialer Objekte.

II. Die tiefgründige Wahrnehmung: alle Verfahren zur Vervielfachung und Aufteilung des Objekts in seine Einzelheiten. Diese Demultiplikation gibt sich als Tiefe, ja sogar als kritische Meta-Sprache aus, und das traf für einen Reflexionszusammenhang der Sprache, für eine Dialektik des Spiegels auch zweifellos zu. Inzwischen aber ist die unbegrenzte Brechung nichts weiter als ein Typus der Serialität: Das Reale wird dadurch nicht mehr reflektiert, es wird zurückentwickelt und reduziert.

III. Die eigentlich serielle Form (Andy Warhol). In ihr ist nicht nur die syntagmatische, sondern auch die paradigmatische Dimension beseitigt, denn es gibt keine Flexion der Formen mehr, nicht einmal mehr eine immanente Reflexion, sondern nur noch ein Nebeneinander des Gleichen — Flexion und Reflexion gleich Null. Wie jene beiden Zwillingsschwestern auf einer erotischen Fotografie: Die sinnliche Realität ihrer Körper wird durch die Gleichheit ausgelöscht. Wie könnte man an sie glauben, wenn die Schönheit der einen unmittelbar durch die Schönheit der anderen verdoppelt wird? Der Blick kann nur von der einen zur anderen gehen, jede Wahrnehmung wird auf dieses Hin und Her beschränkt. Eine subtile Form der Tötung des Originals, aber auch ein einzigartiger Reiz, bei dem jede Aufmerksamkeit, die sich auf das Objekt richten könnte, durch seine unendliche Brechung in sich selbst abgelenkt wird (ein umgekehrtes Szenario des platonischen Mythos von der Vereinigung der beiden getrennten Hälften eines Symbols — hier teilt sich das Zeichen wie es die einzelligen Lebewesen tun). Dieser Reiz gleicht vielleicht dem des Todes, in dem Sinn, dass für uns geschlechtliche Lebewesen der Tod möglicherweise nicht das Nichts bedeutet, sondern einfach nur die der Geschlechtsdifferenzierung vorhergehende Form der Fortpflanzung. Die Erzeugung nach dem Modell in endloser Reihe nimmt tatsächlich die Vermehrungsweise der Einzeller wieder auf und stellt sich der entgegen, die für uns mit Leben verbunden ist.

IV. Aber dieser reine Automatismus ist zweifellos nur eine paradoxe Zuspitzung: Die eigentliche generative Formel, die alle anderen in sich einschließt und in gewisser Weise die stabilisierte Form des Codes ist, das ist die Formel der Binarität, der Digitalität — nicht der reinen Wiederholung, sondern der minimalen Abweichung, der minimalen Modulation zwischen zwei Termen, das heißt »das kleinste gemeinsame Paradigma«, das die Fiktion von Sinn aufrechterhalten könnte. Diese Simulation, diese Kombinatorik der inneren Differenzierung des bildlichen wie des Konsumgegenstandes reduziert und verengt sich in der gegenwärtigen Kunst so sehr, dass es schließlich nur noch eine winzige Differenz ist, die das Hyperreale von der Hypermalerei trennt. Diese gibt vor, sich dem Realen gegenüber bis zur Selbstverleugnung zu reduzieren, aber man weiß, dass alle Reize der Malerei in dieser winzigen Differenz zu neuem Leben erwachen: Die ganze Malerei flüchtet sich in diesen schmalen Streifen, der die gemalte Oberfläche von der Mauer trennt. Und in die Signatur: das metaphysische Zeichen für die gesamte Malerei und für die gesamte Metaphysik der Repräsentation, bis sie schließlich sich selbst als Modell nimmt (der »reine« Blick) und sich in der zwanghaften Wiederholung des Codes um sich selbst dreht.

Die wirkliche Definition des Realen lautet: *Das, wovon man eine äquivalente Reproduktion herstellen kann*. Sie entsteht zur gleichen Zeit wie die Wissenschaft, die postuliert, dass ein Vorgang unter gegebenen Bedingungen exakt reproduziert werden kann, und wie die industrielle Rationalität, die ein universelles System von Äquivalenzen postuliert (die klassische Repräsentation ist keine Äquivalenz, sie ist Transkription, Interpretation, Kommentar). Am Ende dieses Entwicklungsprozesses der Reproduzierbarkeit ist das Reale nicht nur das, was reproduziert werden kann, sondern das, *was immer schon reproduziert ist*. Hyperreal.

Bedeutet das nun das Ende des Realen und das Ende der Kunst dadurch, dass beide vollständig ineinander aufgehen? Nein: Der Hyperrealismus ist der Gipfel der Kunst und der Gipfel des Realen auf der Ebene der Simulakren durch den wechselseitigen Austausch von Privilegien und Vorurteilen, die ihnen zugrunde liegen. Das Hyperreale ist nicht jenseits der Repräsentation,[23] weil es vollständig in der Simulation ist. Das Kreisen der Repräsentation dreht dabei durch, aber in einer implosiven Verrücktheit, die, weit davon entfernt, exzentrisch zu sein, mit dem Zentrum kokettiert, mit ihrer eigenen unbegrenzten Wiederholung. Analog zum inneren Distanzierungseffekt im Traum – bei dem man sich sagt, dass man träumt, was aber nur eine Zensur und Fortsetzung des Traums ist – bildet der Hyperrealismus einen integrierenden Bestandteil der codierten Realität, die er perpetuiert und an der er nichts ändert.

Tatsächlich muss man den Hyperrealismus gerade umgekehrt interpretieren: *Die Realität selbst ist heute hyperrealistisch*. Schon der Surrealismus kannte das Geheimnis, dass die banalste Realität surreal werden konnte, aber nur in besonderen Augenblicken, in denen Kunst und Imaginäres sichtbar wurden. Das ist heute anders: Von nun an verkörpert die ganze alltägliche, politische, soziale, historische und ökonomische Realität die simulierende Dimension des Hyperrealismus: Überall leben wir schon in der »ästhetischen« Halluzination der Realität. Der alte Slogan »Die Realität geht über die Fiktion hinaus«, die dem surrealistischen Stadium dieser Ästhetisierung des Lebens noch entsprach, ist überholt. Es gibt keine Fiktion mehr, der sich das Leben, noch dazu siegreich, entgegenstellen könnte – die gesamte Realität ist zum Spiel der Realität übergegangen –, die radikale Ernüchterung, das coole und kybernetische Stadium folgt auf die heiße und phantasmatische Phase.

23 Vgl. Jean-François Lyotard, [Esquisse d'une économie de l'hyperréalisme, in: L'ART VIVANT, 36 (1973), S. 9–12.]

Deshalb können Schuld, Angst und Tod durch den vollkommenen Genuss der Zeichen für Schuld, Verzweiflung, Gewalt und Tod ersetzt werden. Genau darauf beruht die Euphorie der Simulation, die Ursache und Wirkung, Ursprung und Ziel aufheben und durch die Verdoppelung ersetzen will. Auf diese Weise schützt sich das geschlossene System zugleich vor dem Referenten und vor der Furcht vor dem Referenten – so dass es jeder Metasprache dadurch zuvorkommt, dass es mit seiner eigenen Meta-Sprache operiert, das heißt, indem es sich durch seine eigene Kritik verdoppelt. In der Simulation verdoppelt und vollendet die meta-linguistische Illusion die referenzielle Illusion (die pathetische Halluzination des Zeichens und die pathetische Illusion des Realen).

»Das ist Zirkus«, »Das ist Theater«, »Das ist Kino«, alte Sprüche, alte, naturalistische Unterscheidungen. Darum geht es jetzt nicht mehr, es geht jetzt darum, aus dem *Realen* einen *Satelliten* zu machen, es in eine Umlaufbahn zu bringen, auf der es mit den Phantasmen kreist, die es früher illustriert haben – jetzt ununterscheidbar und ohne gemeinsames Maß. Diese »Satellitisierung« ist übrigens in den »Zwei Zimmer-Küche-Dusche« materiell geworden, die man mit der letzten Mondrakete auf eine Umlaufbahn gebracht, man könnte sagen: zur Macht des Weltraums erhoben hat. Wenn sogar die Alltäglichkeit der irdischen Wohnung in den Rang eines kosmischen Wertes, der absoluten Ausstattung erhoben wird – im Weltraum hypostasiert wird –, dann bedeutet dies das Ende der Metaphysik, dann beginnt das Zeitalter der Hyperrealität.[24] Aber die räumliche Transzendenz der Zwei Zim-

24 Der Realitätsbegriff verhält sich proportional zur Reserve an Imaginärem, die ihm sein spezifisches Gewicht gibt. Das gilt gleichermaßen für die Erforschung der Erde und des Weltraums: Da es kein unentdecktes, für das Imaginäre verfügbares Territorium gibt, weil das gesamte Territorium von der Karte abgedeckt wird, verschwindet so etwas wie das Realitätsprinzip. Die Eroberung des Weltraums bedeutet in diesem Sinn einen unwiderruflichen Beginn des Verlusts des irdischen Bezugsrahmens. Ein Verlust der Realität als innerer

mer-Banalität und ihre coole und mechanische Form im Hyperrealismus[25] drücken nur eins aus: Dass diese Hohlform als solche Teil eines Hyperraumes der Repräsentation ist, in dem technisch bereits jeder im Besitz der unmittelbaren Reproduktion seines eigenen Lebens ist, in dem beispielsweise die Piloten der Tupolev Tu-144, die in Le Bourget abgestürzt ist, sich durch ihre Kameras »live« sterben sehen konnten.[26] Das ist nichts anderes als der Kurzschluss der Antwort durch die Frage im Test, ein Prozess der sofortigen Verlängerung, durch den die Realität unmittelbar von ihrem Simulakrum infiziert wird.

Früher gab es eine besondere Klasse von allegorischen und ein wenig diabolischen Gegenständen: Spiegel, Bilder, Kunstwerke (Begriffe?) — Simulakren, die jedoch als solche manifest und durchschaubar waren (man verwechselte die Vorlage nicht mit der Imitation), die ihren eigenen Stil und eine charakteristische Machart hatten. Und das Vergnügen bestand damals vor allem darin, etwas »Natürliches« in dem zu entdecken, was künstlich und imitiert war. Heute, wo das Reale und das Imaginäre zu einer gemeinsa-

Zusammenhang einer begrenzten Welt kommt gerade dadurch zustande, dass ihre Grenzen sich unendlich erweitern. Die Eroberung des Weltraums folgt der des Planeten, und sie ist das gleiche phantasmatische Unternehmen, die Kompetenz des Realen auszudehnen — zum Beispiel die Fahne, die Technik, die »Zwei Zimmer-Wohnung« auf den Mond zu bringen — derselbe Versuch wie die Substanzialisierung von Begriffen oder die Territorialisierung des Unbewussten —, es läuft darauf hinaus, den menschlichen Raum zu entrealisieren oder ihn einem Hyperrealen der Simulation zu überlassen.

25 Es gibt kein Kunstwerk mehr, weder die Blechlawine noch der Supermarkt, die die Hyperrealisten so sehr lieben, weder die Campbell-Suppendose, die Andy Warhol so sehr liebte, noch die »Mona Lisa«, die inzwischen auch per Satellit als vollkommenes Modell der irdischen Kunst um den Planeten geschickt wurde — es gibt kein Kunstwerk mehr, nur noch ein planetarisches Simulakrum, durch das eine ganze Welt über sich selbst (in Wirklichkeit über ihren eigenen Tod) Zeugnis ablegt im Angesicht eines künftigen Universums.

26 [Am 3. Juni 1973 stürzte die vierte je gebaute Tu-144 bei einer Flugschau in Le Bourget (bei Paris) ab. Aus Daten der Blackbox der Maschine ging hervor, dass die Piloten Manipulationen an der Flugsteuerung vorgenommen hatten.]

men operationalen Totalität verschmolzen sind, herrscht die ästhetische Faszination überall: Es ist die unterschwellige Wahrnehmung (eine Art sechster Sinn) des Tricks, der Montage, des Szenarios, von der Überbelichtung der Realität bis zum Ausleuchten der Modelle – kein Produktionsraum mehr, sondern ein Band, das gelesen, codiert und decodiert wird, ein Magnetband der Zeichen –, eine ästhetische Realität, die nicht mehr durch die Überlegung und Distanz der Kunst zustande kommt, sondern durch ihren Aufstieg zum zweiten Niveau, in die zweite Potenz, durch die Antizipation und Immanenz des Codes. Eine Art von unfreiwilliger Immanenz überlagert alles, eine taktische Simulation, ein unentwirrbares Spiel, mit dem sich ein ästhetischer Genuss verbindet, der Genuss an der Lektüre und den Spielregeln. Travelling der Zeichen, der Medien, der Mode und der Modelle, der blinden und glänzenden Welt der Zeichen.

Die Kunst hat schon vor langer Zeit diese Wendung ahnen lassen, die heute den Alltag bestimmt. Schon früh hat sich das Kunstwerk durch eine Manipulation der künstlerischen Zeichen selbst verdoppelt: ein »Akademismus des Signifikanten«, wie Lévi-Strauss sagen würde, eine Übersignifikation der Kunst, durch die sie zur Zeichenstruktur übergeht. Jetzt beginnt für die Kunst ihre unbegrenzte *Reproduktion*: Alles was sich selbst verdoppelt, selbst die banale und alltägliche Realität, steht gleichermaßen im Zeichen der Kunst und wird ästhetisch. Das gilt auch für die Produktion, von der man heute sagen kann, dass auch für sie diese ästhetische Verdoppelung beginnt, diese Phase, in der sie jeden Inhalt und jeden Zweck ausschließt und gewissermaßen abstrakt wird und nicht mehr figurativ. Sie stellt nun die reine Form der Produktion dar, wie die Kunst bekommt auch sie einen Wert als Zweckmäßigkeit ohne Zweck. Die Kunst und die Industrie können also ihre Zeichen austauschen: Die Kunst kann zur Reproduktionsmaschine werden (Andy Warhol) und dabei doch Kunst bleiben, weil die Maschine nur Zeichen ist. Und die Produktion kann jede gesellschaftliche Zweckmäßigkeit verlieren, um sich schließlich in fabelhaften, hyperbolischen und ästhetischen Zeichen zu bestätigen und zu glorifizieren: in den großen Industrieanlagen, in den Türmen von 400 m Höhe oder in den chiffrierten Mysterien des Bruttosozialprodukts.

Kunst ist daher überall, denn das Künstliche steht im Zentrum der Realität. Die Kunst ist daher tot, nicht nur, weil ihre kritische Transzendenz tot ist, sondern, weil die Realität selbst – vollständig von einer Ästhetik geprägt, die von ihrer eigenen Strukturalität abhängt – mit ihrem eigenen Bild verschmolzen ist. Sie hat noch nicht einmal mehr Zeit, den Anschein von Realität anzunehmen. Sie überbietet auch die Fiktion nicht mehr: Sie ergreift jeden Traum, bevor er den Anschein eines Traumes bekommt. Ein schizophrener Rausch von seriellen Zeichen, die keine Imitation, keine Sublimierung kennen, die in ihrer Wiederholung eingeschlossen sind – wer könnte sagen, wo die Realität dessen ist, was sie simulieren? Sie verdrängen auch nichts mehr (deshalb könnte man sagen, dass die Simulation in die Sphäre der Psychose überleitet): Sogar die Primärprozesse sind hier ausgelöscht. Das coole Universum der Digitalität absorbiert das der Metapher und der Metonymie. Das Simulationsprinzip überwindet das Realitätsprinzip und das Lustprinzip.

## Kool Killer oder der Aufstand durch Zeichen

Seit dem Frühjahr 1972 ist eine Woge von Graffiti über New York hinweggerollt, die, von den Wänden und Zäunen der Ghettos ausgehend, sich schließlich der U-Bahn und der Busse, der Lastwagen und der Fahrstühle, der Korridore und der Monumente bemächtigt hat, um sie über und über mit rudimentären oder komplexen Graphismen zu bedecken, deren Inhalt weder politisch noch pornographisch ist: Es sind nur Namen, Spitznamen aus den Underground-Comics: Duke Sprit Superkool Kool Killer Ace Vipere Spider Eddie Kola etc., gefolgt von der

Nummer ihrer Straße: Eddie 135 Woodie 110 Shadow 137 etc., oder auch mit einer römischen Ziffer als Hinweis auf die Abstammung oder Dynastie: Snake I Snake II Snake III, bis zu fünfzig, je nachdem, ob der Name, die Totembezeichnung von den anderen Graffitisten übernommen wird.

Das alles wird mit dem Magic Marker gemacht, oder mit der Sprühdose, die Inschriften von einem Meter Höhe und über die ganze Länge eines Waggons ermöglicht. Die Jugendlichen schleichen sich nachts in die Bus- oder U-Bahn-Depots ein, ins Innere der Wagen, und toben sich graphisch aus. Am nächsten Morgen fahren all diese Züge in beiden Richtungen durch Manhattan. Man wäscht sie ab (was schwierig ist), man verhaftet die Graffitisten, man sperrt sie ins Gefängnis, man verbietet den Verkauf von Filzstiften und Sprühdosen, aber es nützt nichts, denn sie basteln sie selbst und fangen jede Nacht von Neuem an.

Heute ist diese Bewegung beendet, zumindest aber hat sie nicht mehr diese ungewöhnliche Gewalt. Sie konnte nur vorübergehend sein, und außerdem hat sie sich im Lauf eines Jahres sehr entwickelt. Die Graffiti wurden immer kunstvoller, sie bekamen erstaunliche barocke Graphismen, Verästelungen von Stil und Schule, die auf die unterschiedlichen operierenden Gruppen zurückgingen. Immer sind es junge Schwarze oder Puertoricaner, von denen die Bewegung ausgeht. Die Graffiti sind spezifisch für New York. In anderen Städten mit starken ethnischen Minderheiten findet man zwar viele Wandmalereien, improvisierte und kollektive Werke mit ethnopolitischem Inhalt, aber wenig Graffiti.

Eins ist sicher: Die einen wie die anderen sind nach der Niederschlagung der großen städtischen Revolten der Jahre 1966/70 entstanden. Wie die Revolten sind sie eine wilde Offensive, aber sie gehören einem anderen Typus an und haben das Terrain gewechselt. Ein neuer Typus der Intervention in die Stadt, nicht mehr als Ort der ökonomischen und politischen Macht, sondern als Zeit/Raum der terroristischen Macht der Medien, der Zeichen und der herrschenden Kultur.

Die Stadt, das Urbane, ist gleichzeitig ein neutralisierter, homogenisierter Raum der Indifferenz und der sich durchkreuzenden Segregation der städtischen Ghettos, der Zuweisung von Vierteln, Rassen, bestimmten Altersgruppen: der zerstückelte Raum der unterscheidenden Zeichen. Alle Gewohnheiten, alle Augenblicke des Alltagslebens werden durch vielfältige Codes auf einen bestimmten Zeit/Raum festgelegt. Die rassischen Ghettos an der Peripherie oder in den Zentren der Städte sind nur der begrenzte Ausdruck dieser Gestalt des Urbanen: ein riesiges Zentrum von Auslese und Einschließung, in dem das System sich nicht nur ökonomisch und räumlich reproduziert, sondern auch in der Tiefe, durch die Verzweigung der Zeichen und Codes, durch die symbolische Destruktion der sozialen Zusammenhänge.

Die Stadt hat eine horizontale und vertikale Ausdehnung, nach dem Vorbild des ökonomischen Systems selbst. Aber es gibt eine dritte Dimension der politischen Ökonomie — die der Besetzung, der Vernetzung und Demontage jeder Gesellschaftlichkeit durch die Zeichen. Dagegen können weder die Architektur noch der Städtebau etwas ausrichten, denn sie gehen selbst aus dieser neuen Wendung hervor, die die allgemeine Ökonomie des Systems vollzogen hat. Sie sind deren operationale Semiologie.

Die Stadt war in erster Linie ein Ort der Produktion und des Verkaufs von Waren, der industriellen Konzentration und Explotation. Heute ist sie in erster Linie ein Ort der Exekution von Zeichen, die wie Urteile über Leben und Tod entscheiden.

Wir haben es nicht mehr mit einer Stadt der »roten« Gürtel der Fabriken und Arbeitervorstädte zu tun. In jener Stadt verkörperte sich noch im Raum selbst die historische Dimension des Klassenkampfes, die Negativität der Arbeitskraft, ein unversöhnlicher gesellschaftlicher Gegensatz. Die Fabrik als Sozialisationsmodell für das Kapital ist heute nicht verschwunden, aber in der allgemeinen Strategie tritt sie zurück hinter der gesamten Stadt als Raum des Codes. Die Matrix des Urbanen ist nicht mehr die der Realisierung einer *Kraft* (der Arbeitskraft), sondern die der Realisierung einer *Differenz* (die Operation des Zeichens). Die Metallurgie ist zur Semiurgie geworden.

Dieses Szenario des Urbanen hat sich in den neuen Städten materialisiert, die unmittelbar aus der operationalen Analyse der Bedürfnisse und der Funktionen/Zeichen hervorgegangen sind. Dort ist alles auf der Basis einer analytischen Definition konzipiert, projektiert und realisiert worden: Wohnen, Verkehr, Arbeit, Freizeit, Spiel, Kultur — lauter Begriffe, die auf dem Schachbrett der Stadt austauschbar sind, in einem homogenen Raum, der als totales Environment definiert ist. Darin berührt sich die städtische Planung mit dem Rassismus, denn es macht keinen Unterschied, ob man die Leute auf Grund einer rassistischen Definition in einem homogenen Raum, Ghetto genannt, einschließt, oder ob man sie auf Grund einer funktionalen Definition ihrer Bedürfnisse in einer neuen Stadt homogenisiert. Es ist ein und dieselbe Logik.

Die Stadt ist nicht mehr das politisch-industrielle Polygon, das sie im 19. Jahrhundert gewesen ist, sie ist das Polygon der Zeichen, der Medien, der Codes. Ihre Wahrheit liegt daher nicht mehr in einem geographischen Ort wie der Fabrik oder etwa dem traditionellen Ghetto. Ihre Wahrheit, die Einschließung in die Zeichen/Form, ist überall. Die Einschließung in das Ghetto des Fernsehens, der Werbung, in das Ghetto der Konsumenten/Konsumierten, der im Voraus »gelesenen« Leser, der mit allen Botschaften codierten Decodierer, der benutzten U-Bahn-Benutzer, der unterhaltenen Freizeit-Unterhalter etc. Jeder Zeit/Raum des städtischen Lebens ist ein Ghetto und alle sind miteinander verbunden. Die Sozialisation, oder vielmehr die Desozialisation, vollzieht sich heute durch diese strukturelle Verteilung durch die vielfältigen Codes. Das Zeitalter der Produktion, der Ware und der Arbeitskraft entsprach einer Solidarität des gesellschaftlichen Prozesses, selbst noch in der Ausbeutung — auf dieser Vergesellschaftung, die zum Teil durch das Kapital selbst realisiert wird, basierte die revolutionäre Perspektive von Marx. Aber diese historische Solidarität ist verschwunden: die Solidarität der Fabrik, des Wohnviertels, der Klasse. Im Zeichen des Fernsehens und des Autos, im Zeichen der Verhaltensmuster, die in alle Medien oder in die Struktur der Städte eingeprägt sind, sind alle isoliert und indifferent. In ihrem jeweiligen Identifikationsrausch sind alle nach leitenden Modellen ausgerichtet, nach aufeinander abgestimmten Simulationsmodellen. Alle sind austauschbar wie diese Modelle selbst. Es ist das Zeitalter der Individuen mit variabler Geometrie. Aber die Geometrie des Codes bleibt unveränderlich und zentralisiert. Das Monopol dieses Codes, der im ganzen urbanen Gewebe verteilt ist, ist die eigentliche Form des gesellschaftlichen Zusammenhangs.

Es lässt sich vorhersehen, dass die Produktion, die Sphäre der materiellen Produktion, sich dezentralisiert und dass die historische Beziehung zwischen der Stadt und der Warenproduktion zu Ende geht. Das System kann auf die produktive Stadt der Fabriken, auf den Zeit/Raum der Waren und der gesellschaftlichen Warenbeziehungen verzichten. Es gibt Anzeichen für diese Entwicklung. Aber es kann nicht auf das Urbane als Zeit/Raum des Codes und der Reproduktion verzichten, denn die zentrale Stellung des Codes ist die Definition der Macht selbst.

Es ist also alles politisch bedeutsam, was heute diese Semiokratie angreift, diese neue Form des Wertgesetzes: die totale Austauschbarkeit aller Elemente in einem funktionalen Ensemble, in dem jedes nur als struktureller, dem Code entsprechender Term einen Sinn bekommt. Zum Beispiel die Graffiti.

Die radikale Revolte besteht unter diesen Umständen tatsächlich zunächst darin, zu sagen: »Ich existiere, ich bin der und der, ich wohne in der und der Straße, ich lebe hier und jetzt.« Aber das wäre doch nur eine Revolte der Identität: die Anonymität bekämpfen und einen Namen und eine eigene Realität beanspruchen. Die Graffiti gehen weiter: Sie stellen der Anonymität keinen Namen gegenüber, sondern Pseudonyme. Sie wollen nicht aus der Kombinatorik ausbrechen, um eine völlig unmöglich gewordene Identität zurückzugewinnen, sondern um die Unbestimmtheit gegen das System zu wenden — *die Unbestimmtheit in Auslöschung zu verkehren*. Eine Verdrehung und Verkehrung des Codes, die ihn in seiner eigenen Logik, auf seinem eigenen Terrain besiegt, weil sie seine Referenzlosigkeit überbietet.

SUPERBEE SPIX COLA 139 KOOL GUY CRAZY CROSS 136 — das bedeutet nichts, das ist noch nicht einmal ein Eigenname, sondern eine symbolische Matrikel, die dazu da ist, das gewöhnliche Benennungssystem durcheinander zu bringen. Diese Terme haben keinerlei Originalität: Sie kommen alle aus dem Comic Strip, wo sie in Fiktion eingeschlossen waren, aber sie brechen explosiv daraus hervor, um wie ein Schrei, ein Ausruf in die Realität geschleudert zu werden, als Anti-Diskurs, als Absage an jede syntaktische, poetische, politische Elaboration, als kleinstes radikales Element, das durch keinerlei organisierten Diskurs mehr zu vereinnahmen ist. Irreduzibel auf Grund ihrer Armut selbst, widerstehen sie jeder Interpretation, jeder Konnotation, und sie denotieren nichts und niemanden mehr: weder Denotation noch Konnotation, so entgehen sie dem Prinzip der Bezeichnung und brechen als *leere Signifikanten* in die Sphäre der städtischen, *erfüllten Zeichen* ein, die sie durch ihre bloße Präsenz auflösen.

Namen ohne Intimität, wie das Ghetto keine Intimität, kein Privatleben hat, vielmehr von einem intensiven kollektiven Austausch lebt. Was diese Namen in Anspruch nehmen, ist keine Identität, keine Persönlichkeit, sondern die radikale Exklusivität des Clans, der Bande, der Gang, der Altersklasse, der Gruppe oder der Ethnie, die, wie man weiß, durch die Übertragung des Namens entsteht, durch die absolute Treue zu diesem Namen, zu dieser totemistischen Bezeichnung, auch wenn diese unmittelbar aus den Underground Comics stammt. Diese Form symbolischer Benennung wird von unserer Gesellschaftsstruktur, die jedem einen *eigenen* Namen und eine *private* Individualität aufzwingt, verneint, indem sie jede Solidarität im Namen einer abstrakten und universalen urbanen Sozialität zerbricht. Diese Namen dagegen, diese Stammesbezeichnungen, haben eine wirklich symbolische Aufgabe: Sie sind dazu da, um verschenkt, ausgetauscht, übertragen zu werden, um einander in der Anonymität unaufhörlich abzulösen, jedoch nur in einer kollektiven Anonymität, in der diese Namen, die wie Initiationszeichen vom einen auf den anderen übergehen, so austauschbar sind, dass sie ebensowenig wie die Sprache irgendjemandem gehören.

Darin liegt die wahre Kraft eines symbolischen Rituals, und in diesem Sinn laufen die Graffiti allen Zeichen der Medien und der Werbung zuwider, die auf den Wänden unserer Städte die Illusion der selben Beschwörung erwecken könnten. Man hat in Bezug auf die Werbung vom Fest gesprochen: Ohne sie wäre die urbane Umwelt düster. Aber in Wirklichkeit ist sie nichts als kalte Animation, Simulakrum von Appell und Wärme, sie gibt niemandem ein Zeichen, sie kann durch keine autonome oder kollektive Lektüre aufgenommen werden, sie schafft kein symbolisches Netz. Mehr als die Mauern, die sie tragen, ist die Werbung selbst eine Mauer, eine Mauer aus funktionalen Zeichen, die dazu da sind, decodiert zu werden, deren Wirkung sich in der Decodierung erschöpft.

Alle medialen Zeichen gehen aus diesem qualitätslosen Raum hervor, dieser Schreibfläche, die sich wie eine Mauer zwischen Produzenten und Konsumenten, zwischen Sendern und Empfängern erhebt. Ein organloser Körper der Stadt, würde Deleuze sagen, in dem sich die kanalisierten Ströme überschneiden. Die Graffiti aber gehören zur Ordnung des Territoriums. Sie territorialisieren den decodierten urbanen Raum, diese oder jene Straße, eine Wand, ein Stadtviertel wird durch sie lebendig und wird wieder zum kollektiven Territorium. Sie beschränken sich nicht auf das Ghetto, sie tragen das Ghetto in alle Arterien der Stadt, sie überschwemmen die weiße Stadt und zeigen, dass sie das wahre Ghetto der westlichen Welt ist.

Mit ihnen bricht das linguistische Ghetto in die Stadt ein, eine Art Aufstand der Zeichen. In der Signalwelt der Stadt haben die Graffiti bisher immer den Untergrund gebildet, einen sexuellen und pornographischen Untergrund, die verschämte, verdrängte Inschrift der Pissoirs und der leeren Grundstücke. Nur die politischen propagandistischen Parolen hatten die Wände offensiv erobert — erfüllte, informative Zeichen, für die die Wand noch ein Träger und die Sprache ein traditionelles Medium ist. Ihnen geht es weder um die Wand als solche, noch um die Funktionalität der Zeichen als solcher. Nur die Graffiti und Plakate des Mai 1968 in Frankreich haben eine ganz andere Form entwickelt, indem sie den Träger selbst angegriffen und die Wände einer ungezügelten Veränderbarkeit, einer Spontaneität der Beschriftung überließen, die ihrem Abbruch gleichkam. Die Inschriften und Fresken von Nanterre waren wirklich ein Umfunktionieren der Wand, dem Signifikanten der terroristischen und funktionalen Vernetzung des Raumes, eine gegen die Medien gerichtete Aktion. Der Beweis dafür ist, dass die Administration subtil genug war, um sie nicht abwaschen oder übermalen zu lassen: Das haben die politischen Massenparolen und Plakate selbst übernommen. Repression war nicht nötig: Die Medien selbst, die Medien der extremen Linken, haben den Wänden ihre blinde Funktion zurückgegeben. Inzwischen gibt es auch die Protestmauer von Stockholm: die Freiheit, auf einer bestimmten Fläche zu protestieren, das Verbot, daneben zu graffitieren.

Es hat auch eine kurzlebige Offensive zum Umfunktionieren der Werbung gegeben. Sie war zwar durch ihren Träger selbst eingeschränkt, benutzte aber die von den Medien selbst vorbereiteten Orte: U-Bahn, Bahnhöfe, Plakate. Und die Offensive von Jerry Rubin und der amerikanischen Gegenkultur auf das Fernsehen. Der Versuch, ein großes Massenmedium politisch umzufunktionieren, allerdings nur auf der inhaltlichen Ebene, ohne das Medium selbst zu verändern.

Mit den Graffiti von New York wurden die Bahnen der Stadt und die mobilen Träger zum ersten Mal in diesem Ausmaß und mit einer so offensiven Freiheit benutzt. Aber vor allem sind die Medien zum ersten Mal in ihrer Form selbst angegriffen worden, das heißt, in ihrer Produktions- und Verteilungsweise. Und zwar gerade deshalb, weil die Graffiti keinen Inhalt, keine Botschaft haben. Auf dieser Leere beruht ihre Kraft. Und es ist kein Zufall, wenn der totale Angriff auf die Form vom Zurücktreten der Inhalte begleitet wird. Dieser Angriff folgt einer Art von revolutionärer Intuition – dass nämlich die grundlegende Ideologie nicht mehr auf der Ebene politischer Signifikate, sondern auf der Ebene der Signifikanten funktioniert – und dass hier das System verwundbar ist und bloßgestellt werden muss.

Auf diese Weise erklärt sich die politische Bedeutung der Graffiti. Sie sind aus der Unterdrückung der urbanen Revolten in den Ghettos hervorgegangen. Unter dem Druck dieser Repression hat die Revolte sich verdoppelt: in eine marxistisch-leninistische, starre und doktrinäre politische Organisation einerseits, und in jenen ungezügelten kulturellen Prozess auf der Ebene von Zeichen ohne Ziel, Ideologie oder Inhalt andererseits. Einige werden in der politischen Organisation die wirkliche revolutionäre Praxis sehen und die Graffiti als Folklore einschätzen. Das Gegenteil ist wahr: Das Scheitern von 1970 hat zwar eine Regression auf den traditionellen politischen Aktivismus zur Folge gehabt, aber es hat die Revolte auch gezwungen, sich auf dem eigentlichen strategischen Terrain, dem der totalen Manipulation von Codes und Bedeutungen, zu radikalisieren. Es ist also durchaus keine Flucht in die Zeichen, sondern im Gegenteil ein außerordentlicher Fortschritt in Theorie und Praxis – gerade weil diese beiden Begriffe jetzt nicht mehr durch die Organisation getrennt werden.

Aufstand, Einbruch in das Urbane als Ort der Reproduktion und des Codes – auf dieser Ebene zählt nicht mehr das Kräfteverhältnis, weil die Zeichen nicht durch die Kraft, sondern durch die Differenz wirken, und deshalb muss man bei der Differenz angreifen – das Geflecht der Codes, der codierten Differenzen durch die nicht-codierbare, absolute Differenz zerreißen, auf die das System treffen und an der es zugrunde gehen wird. Dazu braucht man weder organisierte Massen noch ein klares politisches Bewusstsein. Es genügen tausend mit Filzschreibern und Sprühdosen bewaffnete Jugendliche, um das städtische Signalsystem durcheinander zu bringen, um die Ordnung der Zeichen zu stören. Die Graffiti verdecken sämtliche U-Bahn-Pläne von New York, wie die Tschechen die Straßennamen in Prag verändert haben, um die Russen in die Irre zu führen: dieselbe Guerilla-Taktik.

Allem Anschein zum Trotz haben die City Walls, die Wandmalereien, nichts mit den Graffiti zu tun. Außerdem sind sie ihnen vorausgegangen und werden sie überleben. Die Initiative zu diesen Wandmalereien kommt von oben, sie ist ein Unternehmen der städtischen Innovation und Animation, das mit kommunalen Subventionen verwirklicht wurde. Die City Walls Incorporated ist eine Organisation, die 1969 gegründet wurde, »um das Programm und die technischen Aspekte der Wandmalerei zu fördern«. Das Budget wird durch die Abteilung für kulturelle Angelegenheiten der Stadt New York und von verschiedenen Stiftungen, darunter der David Rockefeller Foundation, gedeckt. Ihre künstlerische Ideologie: »Die natürliche Verbindung zwischen Gebäuden und monumentaler Malerei«. Ihr Ziel: »Der Bevölkerung von New York Kunst zu schenken«. Ähnlich auch das Projekt mit künstlerisch gestalteten Plakaten (Billboard Art Project) in Los Angeles: »Dieses Projekt wurde entwickelt, um künstlerische Darstellungen zu fördern, die das Medium der billboards in der städtischen Umgebung benutzen. Dank der Mitarbeit von Foster & Kleiser [Agentur für Außenwerbung] sind die öffentlichen Plakatwände zu Kunstvitrinen für die Maler von Los Angeles geworden. Sie schaffen ein dynamisches Medium und holen die Kunst aus dem beschränkten Kreis von Galerien und Museen heraus.«

Natürlich werden diese Unternehmungen Professionals und Künstlern anvertraut, die in New York zu einem Konsortium zusammengeschlossen sind. Es besteht kein Zweifel: Es handelt sich ganz klar um Umweltpolitik, um urbanes Design im großen Maßstab — die Stadt gewinnt dabei und die Kunst auch. Denn weder explodiert die Stadt durch den Ausbruch der Kunst ins Freie, auf die Straße, noch explodiert die Kunst beim Kontakt mit der Stadt. Die ganze Stadt wird zur Kunstgalerie, die Kunst entdeckt in der Stadt ein ganz neues Manövergebiet. Beide haben sich strukturell nicht geändert, sie haben nur ihre Privilegien ausgetauscht.

»Der Bevölkerung von New York Kunst schenken«! Man braucht diese Formel nur mit der von SUPERKOOL zu vergleichen: »Es gibt Leute, denen das nicht passt. Alter, aber obs denen gefällt oder nicht, wir haben die stärkste Kunstbewegung auf die Beine gebracht, um der Stadt New York eins überzubraten.«

Das ist der ganze Unterschied. Manche Wandgemälde sind schön, aber das hat nichts zu sagen. Sie werden in die Kunstgeschichte eingehen, weil sie auf blinden und nackten Mauern nur durch Linien und Farben Raum geschaffen haben — die schönsten von ihnen sind immer Trompe-l'œil-Bilder, die eine Illusion von Raum und Tiefe erzeugen, die »die Architektur durch Phantasie erweitern«, wie es einer der Künstler formuliert hat. Aber genau darin liegt auch ihre Grenze. Sie *spielen* mit der Architektur, ohne die Spielregeln zu brechen. Ihnen gelingt es, die Architektur wieder in den Zyklus des Imaginären zu integrieren, aber sie bewahren das Sakrament der Architektur (des technischen Trägers der monumentalen Struktur, und zwar auch seinen gesellschaftlichen Klassenstandpunkt, denn die meisten City Walls dieses Typus gibt es im weißen und zivilisierten Teil der Städte).

Architektur und Urbanismus, selbst wenn sie durch Imagination umgestaltet sind, vermögen nichts zu verändern, denn sie sind selbst Massenmedien und reproduzieren bis in ihre kühnsten Konzeptionen hinein das gesellschaftliche Massenverhältnis, das heißt, sie lassen die Leute kollektiv ohne Antwort. Alles, was sie ausrichten können, gehört zur Animation, zur Partizipation, zum urbanen Recycling, zum Design im weitesten Sinne des Wortes. Das heißt, zur Simulation des Tauschs und der kollektiven Werte, zur Simulation des Spiels und der nicht-funktionalen Räume. Das gilt für die Abenteuerspielplätze der Kinder, die Grünanlagen, die

Freizeitzentren ebenso wie für die City Walls und die Protestmauern, die die Grünanlagen des Sprechens sind.

Die Graffiti dagegen sind kein Heilmittel für die Architektur, sie beschmutzen sie, vergessen sie, gehen über sie hinweg. Der Wand-Künstler respektiert die Wand mehr, als er das Gestell seiner Staffelei respektieren würde. Das Graffiti läuft von einem Haus zum anderen, von der Wand eines Gebäudes zur nächsten, von der Wand über das Fenster oder über die Tür oder über die Scheibe der U-Bahn, über den Fußweg, es steht krumm und schief, es ist hingesudelt, es überlagert sich (die Überlagerung kommt der Beseitigung des Trägers als Fläche gleich, ebenso wie das Überborden seiner Beseitigung als Rahmen entspricht) — sein Graphismus ist wie die polymorphe Perversion von Kindern, die die Grenze der Geschlechter und die Begrenzung erogener Zonen ignorieren. Seltsamerweise machen übrigens die Graffiti die Wände und Flächen der Stadt oder die U-Bahnzüge und Busse wieder zu einem *Körper*, zu einem Körper ohne Ende und Anfang, vollständig erogenisiert durch die Schrift, so wie der Körper durch die primitive Inschrift der Tätowierung erogenisiert werden kann. Tätowierung findet an Körpern statt und macht in primitiven Gesellschaften zusammen mit anderen rituellen Zeichen aus dem Körper das, was er ist: ein Material symbolischen Tauschs — ohne Tätowierung, wie ohne Masken, wäre der Körper nur das, was er ist: nackt und nichtssagend. Indem sie die Wände tätowieren, befreien SUPERSEX und SUPERKOOL sie von der Architektur und machen sie wieder zur lebendigen, immer noch sozialen Materie, zum beweglichen Körper der Stadt vor seiner funktionalen und institutionellen Markierung. Es ist aus mit der Quadratur der Wände, wenn sie wie archaische Bildnisse tätowiert sind. Es ist aus mit dem repressiven Zeit/Raum der städtischen Verkehrsmittel, wenn die U-Bahn-Züge wie Projektile vorbeisausen, wie eine bis zu den Augen tätowierte Hydra. Die Stadt erinnert wieder an Clans, an Felsenmalerei, an die Zeit vor der Schrift, mit sehr starken, aber sinnentleerten Emblemen — Einschnitte leerer Zeichen im Fleisch, die nicht die persönliche Identität ausdrücken, sondern die Initiation und den Eintritt in die Grupp: »A biocybernetic selffulfilling prophecy world orgy I.«

Es ist dennoch erstaunlich, das in einer quaternären kybernetischen Stadt dahinbrausen zu sehen, die beherrscht wird von den beiden Aluminium- und Glastürmen des World Trade Center, dem scheinbar unverwundbaren Megazeichen der Allmacht des Systems.

Es gibt außerdem auch die Wandfresken der Ghettos, spontane Werke ethnischer Gruppen, die ihre eigenen Wände bemalen. Sozial und politisch ist der Antrieb derselbe wie bei den Graffiti. Es handelt sich um wilde Wandmalereien, die nicht von der städtischen Administration finanziert werden. Sie sind übrigens alle auf politische Themen zentriert, auf eine revolutionäre Botschaft: auf die Einheit der Unterdrückten, den Weltfrieden, die kulturelle Förderung der ethnischen Gemeinschaft, die Solidarität, selten auf Gewalt und offenen Kampf. Kurz: Im Gegensatz zu den Graffiti haben sie einen Sinn, eine Botschaft. Und gegenüber den City Walls, die sich durch abstrakte, geometrische oder surrealistische Kunst inspirieren lassen, sind sie immer von figurativer und idealistischer Inspiration. Hier findet sich wieder die Differenz zwischen einer gelehrten, kultivierten Avantgarde-Kunst, die figurative Naivität längst hinter sich gelassen hat, und den realistischen, populären Formen, die einen starken ideologischen Inhalt haben, aber formal »weniger avanciert« sind (obgleich die Inspiration vielfältig ist und von Kinderzeichnungen bis zu mexikanischen Fresken, von einer gelehrten Kunst nach Art des Zöllners Rousseau oder Ferdinand Légers bis hin zu simplen Bilderbogen, der sentimentalen Illustration von Volkskämpfen reicht). Jedenfalls handelt es sich um eine Gegenkultur, die nicht aus dem Underground kommt, sondern reflektiert ist und mit der politischen und kulturellen Bewusstwerdung der unterdrückten Gruppe verbunden ist.

Auch von diesen Wänden sind einige schön, andere weniger. Dass dieses ästhetische Kriterium eine Rolle spielen kann, ist in gewisser Hinsicht ein Zeichen von Schwäche. Damit will ich sagen, dass sie, obgleich wild, kollektiv und anonym, doch ihren Träger und die Bildsprache respektieren, sei es auch, um einen politischen Akt zu artikulieren. In diesem Sinn können sie sehr schnell die Gestalt dekorativer Werke annehmen, manche werden schon als solche konzipiert und schielen nach ihrem eigenen Wert. Die meisten werden vor dieser Museifizierung durch die rasche Zerstörung der Zäune und alten Mauern bewahrt, denn hier protegiert die Gemeindeverwaltung die Kunst nicht, und das Schwarzwerden der Wände gehört zum Bild des Ghettos. Trotzdem ist ihre Sterblichkeit nicht dieselbe wie die der Graffiti, die systematisch der polizeilichen Repression ausgesetzt sind (es ist sogar verboten, sie zu photographieren). Denn die Graffiti sind offensiver, radikaler — sie brechen in die weiße Stadt ein, und vor allem stehen sie jenseits von Ideologien und Kunst. Fast ein Paradox: Während die Wände der Schwarzen und Puertoricaner, selbst wenn sie nicht signiert sind, virtuell immer eine Signatur tragen (eine politische oder kulturelle, wenn nicht gar künstlerische Referenz), entziehen sich die Graffiti, die doch nichts als Namen sind, jeder Referenz, jedem Ursprung. Sie allein sind wild, weil ihre Botschaft gleich Null ist.

Man wird übrigens besser verstehen, was sie bedeuten, wenn man die beiden Typen von Vereinnahmung analysiert, deren Objekte sie (jenseits polizeilicher Repression) sind:

1. Man vereinnahmt sie als Kunst — Jay Jacobs: »Eine primitive, millenaristische, kommunitäre, nicht-elitäre Form des abstrakten Expressionismus«. Oder auch: »Die Züge fuhren donnernd einer nach dem anderen durch den Bahnhof wie ebensoviele durch die Korridore der Kunstgeschichte stürzende und schreiende Jackson Pollocks.« Man spricht von »Graffiti-Künstlern«, von der »Eruption einer Volkskunst«, die von Jugendlichen

geschaffen wurde »und die eine der wichtigsten und charakteristischsten Manifestationen der siebziger Jahre bleiben wird«, etc. Immer die ästhetische Reduktion, die die eigentliche Form unserer herrschenden Kultur ist.

2. Man interpretiert sie (und ich spreche hier nur von den die größte Bewunderung ausdrückenden Interpretationen) als Forderung nach persönlicher Identität und persönlicher Freiheit, als Nonkonformismus: »Unzerstörbares Überleben des Individuums in einer unmenschlichen Umwelt«[27] (Mitzi Cunliffe). Eine bürgerlich-humanistische Interpretation, die von unserem Gefühl der Frustration in der Anonymität der großen Städte ausgeht. Noch einmal Cunliffe: »Es sagt [das Graffito sagt]: ICH BIN, ich existiere, ich bin wirklich, ich habe hier gelebt. Es sagt: KIKI oder DUKE oder MIKE oder GINO ist lebendig, es geht ihm gut und er wohnt in New York.« Sehr schön, aber »es« spricht nicht so, es ist unser existenzieller bürgerlicher Romantizismus, der so spricht, das einzigartige und unvergleichliche Wesen, das jeder von uns ist und das von der Stadt aufgerieben wird. Die jungen Schwarzen haben keine Persönlichkeit zu verteidigen, sie verteidigen von vornherein schon eine Gemeinschaft. Ihre Revolte verwirft zugleich die bürgerliche Identität und Anonymität. COOL COICE SUPERSTRUT SNAKE SODA VIRGIN — man muss diese Sioux-Litanei vernehmen, diese subversive Litanei der Anonymität, die symbolische Explosion dieser Kriegs- oder Spitznamen im Herzen der weißen Metropole.

27 [»The indestructible survival of the individual in an inhuman environment.« (Mitzi Cunliffe, in: THE NEW YORK TIMES)]

# III
# Die Mode oder die Zauberwelt des Codes

## Die Frivolität des Déjà-vu

Die erstaunliche Sonderstellung der Mode verdankt sich der Tatsache, dass sich in ihr die Auflösung der Welt als definitiv erweist. In der Mode wird die Beschleunigung des einzigartigen differenziellen Signifikanten-Spiels deutlich sichtbar und bis zur Zauberei gesteigert — diese Zauberei und dieser Rausch ergeben sich aus dem Verlust jeglicher Referenzpunkte. In diesem Sinn ist sie die höchste Verwirklichung der politischen Ökonomie, das heißt die Mode ist ein Zyklus, in dem die Linearität der Ware außer Kraft gesetzt wird.

Die Zeichen der Mode haben keine innere Bedeutung mehr und deshalb werden sie für grenzenlose Kommutationen und Permutationen frei. Am Ende dieser unerhörten Emanzipation unterliegen sie logischerweise einer irrwitzigen und minutiösen Wiederholung, das heißt einer rekurrierenden Wiederaufnahme aller möglichen Formen. Das gilt für die Kleider-Mode sowie für Moden des Körpers und der Gegenstände — also für die Sphäre der »leichten« Zeichen. In der Sphäre »schwerer« Zeichen — Politik, Moral, Ökonomie, Wissenschaft, Kultur und Sexualität — kann sich das Prinzip der Kommutation nirgendwo in solcher Freiheit durchsetzen. Man könnte diese verschiedenen Bereiche in einer hierarchischen »Simulations«-Ordnung klassifizieren, was aber nichts daran änderte, dass all diese Bereiche in verschiedenem Maße, aber dennoch simultan danach streben, sich Simulationsmodellen, Modellen differenzieller oder indifferenter Realisierung, also dem Modell des strukturellen Spiels des Wertes anzupassen. In diesem Sinn kann man sagen, dass alle Bereiche von der Mode erfasst werden. Denn die Mode kann gleichzeitig als höchst verfeinertes Spiel und als grundlegendste Gesellschaftsform verstanden werden — als unerbittliche Besetzung aller Bereiche durch den Code.

Sowohl in der Mode wie im Code verschwindet das Bezeichnete (das Signifikat), und der Aufmarsch des Signifikanten führt nirgendwo mehr hin. Die Unterscheidung von Bezeichnetem und Bezeichnendem, von Signifikat und Signifikant, wird genauso abgeschafft wie der Unterschied der Geschlechter;[1] das Geschlecht geht in distinktive Gegensatzpaare über und es beginnt so etwas wie ein ungeheuerlicher Fetischismus, der mit partikularem Genuss und partikularer Verzweiflung verbunden ist: Faszination an reiner Manipulation und Enttäuschung über die totale Ziellosigkeit. Der Bruch der imaginären Ordnung, zu dem uns die Mode zwingt, besteht im Grunde in der Zerstörung der referenziellen Vernunft in all ihren Formen. Und wenn wir uns auch über die Zerstörung der Vernunft, über die Liquidierung von Sinn (insbesondere auf der Ebene unseres Körpers — daher die Affinität von Kleidung und Mode) und über die zwecklose Zweckbestimmung der Mode freuen, so leiden wir in gleichem Maße an diesem Verfall von Rationalität, den dieser Bruch mit sich bringt, weil die Vernunft dem reinen und einfachen Wechselspiel der Zeichen verfällt.

Es gibt einen starken Widerstand dagegen, alle gesellschaftlichen Bereiche der Einflusssphäre der Ware zu überlassen. Einen noch stärkeren Widerstand gibt es dagegen, sie der Einflusssphäre der Mode auszusetzen, weil der Umsturz aller Werte sich hier am radikalsten vollzieht. Im Zeichen der Ware wird jede Arbeit zum Tauschobjekt und verliert ihre Besonderheit — im Zei-

1 Vgl. Jeudy, Le signifiant est hermaphrodite.

chen der Mode tauschen Arbeit und Freizeit selbst ihre Zeichen. Im Zeichen der Ware wird Kultur gekauft und verkauft – im Zeichen der Mode werden alle kulturellen Bereiche in einem totalen Durcheinander zu Simulakren. Im Zeichen der Ware wird die Liebe zu Prostitution – im Zeichen der Mode verschwindet die Objektbeziehung selbiger in einer coolen und zwanglosen Sexualität. Im Zeichen der Ware wird Zeit als Geld akkumuliert – im Zeichen der Mode wird sie in sich überlagernde Zyklen gebrochen und aufgeteilt.

Heute wird alles von der Mode in seinem Identitätsprinzip erschüttert, genauer gesagt, durch ihre Macht, alle Formen in Ursprungslosigkeit zu verwandeln und einer rekurrierenden Wiederaufnahme zu unterwerfen. Die Mode ist immer »retro«, aber auf der Basis der Abschaffung des Vergangenen beinhaltet sie den Tod und die gespenstische Wiederauferstehung von Formen. Gerade die ihr eigene *Aktualität* bedeutet keine Bezugnahme auf die Gegenwart, sondern eine totale und unmittelbare Wiederverwertung früherer Formen. Die Mode ist paradoxerweise *inaktuell*. Die Mode setzt immer eine tote, abgestorbene Zeit von Formen voraus, also ein Art von Abstraktion, durch die die Formen – außerhalb des Zeitablaufes – zu effektiven Zeichen werden, die – gewissermaßen durch eine Verkehrung der Zeit – zurückkehren können und die Gegenwart mit ihrer Inaktualität besetzen, das heißt mit dem ganzen Charme der Wiederholung von Vergangenem, die der Entwicklung von Strukturen entgegengesetzt ist. Ästhetik der Wiederholung: Die Mode bezieht ihre Frivolität aus dem Tod und ihre Modernität aus dem »Déjà-vu«. Sie beinhaltet die Verzweiflung darüber, dass nichts Bestand hat, und die perverse Lust am Wissen, dass jenseits dieses Todes jede Form die Möglichkeit zu einer zweiten Existenz hat, welche aber niemals unschuldig sein kann, weil die Mode vorher die Welt und das Reale verschlingen wird: *Sie ist das Gewicht, mit dem die ganze tote Arbeit der Zeichen auf der lebenden Signifikation lastet* – und das mit einem wunderbaren Vergessen und einer phantastischen Ignoranz. Aber vergessen wir nicht, dass die Faszination an der industriellen Maschinerie und an der Technik auch darauf beruht, dass all das tote Arbeit ist, die über die lebendige Arbeit wacht und sie genauso verschlingt. Unsere bornierte Ignoranz steht in Relation zu dieser Inbesitznahme des Lebenden durch das Tote. Allein die tote Arbeit hat die Perfektion und das Befremdende des »Déjà-vu«. Der Genuss der Mode ist der Genuss einer geisterhaften und zyklischen Welt vergangener Formen, die als effektive Zeichen endlos immer wieder zu neuem Leben erweckt werden. Wie René König sagt, gibt es so etwas wie einen Wunsch zum Selbstmord, der die Mode unterhöhlt und der sich in dem Augenblick realisiert, in dem sie ihren Höhepunkt erreicht. Das ist wohl richtig, aber es handelt sich hier um einen *kontemplativen* Todeswunsch, der Bestandteil des Schauspiels der unaufhörlichen Abschaffung von Formen ist. Ich will damit sagen, dass sogar der Todeswunsch selbst im Zyklus der Mode wiederverwendet wird, die ihn aller subversiven Phantasmen entkleidet und ihn – wie alle anderen Dinge – in ihre Bewegung miteinbezieht.

Nachdem diese Phantasmen, die eine Wiederholung erzwingen, in den Tiefen des Imaginären, im Zauber und im Charme eines früheren Lebens neutralisiert worden sind, findet die Mode ihren Rausch an der bloßen Oberfläche, in der reinen Aktualität. Findet sie dadurch jene Unschuld wieder, die Nietzsche den Griechen zusprach: »Oh diese Griechen! Sie verstanden sich darauf, zu leben! Dazu tut not, tapfer bei der Oberfläche, der Falte, der Haut stehenzubleiben, den Schein anzubeten, an Formen, an Töne, an Worte, an den ganzen Olymp des Scheins zu glauben! Diese Griechen waren oberflächlich – aus Tiefe …«[2]? Die Mode ist eine bloße Simulation der Unschuld des Werdens. Die Mode ist eine bloße Wiederverwertung (recyclage) des Zyklus der Erscheinungen. Ein Beweis dafür ist, dass die Entwicklung der Mode parallel zu der des Museums verläuft. Paradoxerweise gibt es in unserer

2 Nietzsche, Nietzsche contra Wagner, S. 1061.

Kultur gleichzeitig den musealen Anspruch auf eine ewige Festschreibung der Formen und den Anspruch auf reine Aktualität. Beide Seiten gehorchen derselben modernen Regel des Zeichens.

Obwohl die Stilrichtungen sich gegenseitig ausschließen, kann man das Museum als virtuelle Koexistenz aller Stile, als Durcheinander innerhalb einer kulturellen Superinstitution definieren, oder besser: als ihre Vergleichbarkeit, als Wert unter dem Zeichen der großen Gold/Währung der Kultur. Die Mode macht in ihrem Kreislauf das gleiche: Sie kommutiert alle Zeichen und tauscht sie untereinander aus. Die Zeitform der Werke in den Museen ist die des »Perfekts«, der Perfektion: Das ist der Zustand dessen, was gewesen ist und niemals aktuell war. Auch die Mode ist niemals aktuell: Sie rekurriert auf tote, abgestorbene Formen und deren Aufbewahrung als Zeichen in einem zeitlosen Raum. Die Mode sammelt mit einer außerordentlichen Freiheit der Kombination von Jahr zu Jahr, was »gewesen ist«. Daher auch der Anschein überraschender Perfektion. Ihre Perfektion ist auch museal, aber kurzlebig. Andererseits gibt es Design auch im Museum — es setzt die Exponate untereinander als Werte eines Ensembles in Beziehung. Mode und Museum sind Zeitgenossen und Komplizen, die sich gemeinsam allen vergangenen Kulturen entgegenstellen, die aus nicht-äquivalenten Zeichen und unvereinbaren Stilen bestehen.

## Die Mode-»Struktur«

Mode gibt es nur im Rahmen der Moderne. Das heißt in einem Schema von Bruch, Fortschritt und Innovation. Altes und Neues alternieren in jedem beliebigen kulturellen Kontext. Aber erst für uns gibt es seit der Aufklärung und der industriellen Revolution eine historische und streitbare Struktur von Veränderung und Krise. Anscheinend erzeugt die Moderne gleichzeitig die lineare Zeit des technischen Fortschritts, der Produktion und der Geschichte und eine zyklische Zeit der Mode. Ein offensichtlicher Widerspruch, denn in Wirklichkeit ist die Moderne niemals ein radikaler Bruch. Tradition beinhaltet nicht von vornherein ein Vorrecht des Alten über das Neue: Sie kannte weder das eine noch das andere — erst die Moderne erfindet beide zugleich, daher ist sie gleichzeitig immer »neo« und »retro«, modern und anachronistisch. Als Dialektik des Bruchs wird sie sehr schnell zur Dynamik von Amalgam und Recycling. In Politik, Technik, Kunst und Kultur lässt sie sich als Grad der Veränderung bestimmen, den das System gerade noch tolerieren kann, ohne dass etwas an der Grundordnung verändert wird. Die Mode ist also der Grundordnung keineswegs entgegengesetzt: Gleichzeitig evoziert sie sehr deutlich den *Mythos* der Veränderung (sie erhält ihn in den alltäglichsten Anschauungen als höchsten Wert am Leben) und das strukturelle *Gesetz* der Veränderung: und zwar deshalb, weil die Veränderung aus dem Spiel von Modellen und distinktiven Gegensatzpaaren hervorgeht, also aus einer Ordnung, die sie keineswegs dem Code der Tradition überlässt. Denn das Wesen der Moderne liegt in der binären Logik. Sie steuert die unendliche Differenzierung und die »dialektischen« Effekte von Brüchen. Die Moderne ist keine Umwertung aller Werte, sondern eine Austauschbarkeit aller Werte, also ihre Kombinatorik und ihre Ambiguität. Die Moderne ist eine Code, und die Mode ist sein Emblem.

Allein diese Sichtweise erlaubt es, die Grenzen der Mode zu beschreiben, das heißt die beiden gleichzeitig auftretenden Vorurteile zu überwinden, die darin bestehen:

I. ihren Bereich bis zu den Grenzen der Anthropologie auszuweiten, also bis hin zum animalischen Verhalten; und im Gegensatz dazu,

II. ihre aktuelle Einflusssphäre auf Kleidung und äußere Zeichen zu beschränken.

Die Mode hat mit ritueller Ordnung nichts zu tun (geschweige denn mit dem Schmuck der Tiere) — weil diese weder die Äquivalenz / das Wechselspiel von Altem und Neuem kannte, noch distinktive Gegensatzsysteme oder gar Modelle mit ihren seriellen und kombinatorischen Aufsplitterungen. Im Gegenteil, die Mode steht deshalb im Zentrum von Wissenschaft und Revolution und im Zentrum der ganzen Moderne, weil die ganze Ordnung der Moderne, vom Sex bis zu den Medien, sowie von der Kunst bis zur Politik von dieser Logik durchzogen ist. Selbst der Aspekt der Mode, der dem Ritual am nächsten zu sein scheint – Mode als Schauspiel, Fest oder Verschwendung – bestärkt noch den Unterschied von Mode und Ritual: Denn was uns erst erlaubt, Mode und Zeremonial zu verbinden, ist gerade die *ästhetische* Betrachtungsweise (genauso wie es uns erst der Begriff des Festes ermöglicht, bestimmte aktuelle Prozesse mit sogenannten primitiven Strukturen in Verbindung zu bringen), die ihrerseits selbst der Moderne entspringt (nämlich dem Spiel distinktiver Gegensatzpaare, wie Nützlichkeit/Gratuität, etc.) und welche wir in archaische Strukturen projizieren, um diese mit Hilfe unserer Analogien umso besser zu annektieren. Unsere Mode ist Spektakel und verdoppelte Sozialität, sie findet einen *ästhetischen* Genuss an sich selbst; sie ist ein Spiel der Veränderung um der Veränderung willen. In der »primitiven« Ordnung hatte die Zurschaustellung von Zeichen niemals diesen »ästhetischen« Effekt. Ebenso ist unser Fest eine *»Ästhetik« der Überschreitung*, also kein primitiver Austausch, in dem wir so gern einen Reflex oder ein Modell unserer Feste sähen — eine »ästhetische« Neuauflage des Potlatchs, eine ethnozentrische Nachahmung (réécriture).

So wie man die Mode von der rituellen Ordnung unterscheiden muss, muss die Analyse der Mode in unserem eigenen System radikalisiert werden. Eine minimale und oberflächliche Definition der Mode beschränkt sich auf Folgendes: »Das sprachliche Element, das der Mode unterworfen ist, ist nicht die signifikante Ebene des Diskurses, sondern seine mimetische Untermalung, das heißt sein Rhythmus, die Stimmlage, die Artikulation, die Auswahl von Wörtern und Wendungen (...) die Gestik. Das gilt auch für intellektuelle Moden: Existenzialismus oder Strukturalismus — das Vokabular und nicht die Forschungsweise wird übernommen …«[3] Auf diese Weise soll eine Grundstruktur gerettet werden, die gegen die Mode gefeit ist. Aber man muss die Mode innerhalb der Sinnproduktion, in den »objektiven« Strukturen aufsuchen – im Sinn, in dem auch letztere dem Spiel der Simulation und der kombinatorischen Innovation unterliegen. Hier liegt der gleiche Zusammenhang vor wie zwischen Kleidung und Körper: Heute ist der Körper selbst in seiner Identität, in seinem Geschlecht und in seiner Haltung zum Material der Mode geworden – die Kleidung ist dabei nur noch ein Spezialfall. Und so geht es weiter. Die wissenschaftliche und kulturelle Vulgarisierung ist sicherlich ein Terrain für Mode-»Effekte«. Aber man muss sich fragen, ob die Wissenschaft und die Kultur in der »Originalität« ihrer Vorgehensweisen selbst nicht schon einer modischen »*Struktur*« gehorchen. Wenn wirklich eine Vulgarisierung möglich ist – was es übrigens in keiner anderen Kultur gibt (das Faksimile, der Digest, die Imitation, die Simulation, die massenhafte Verbreitung in vereinfachten Formen, all das ist auf der Ebene ritueller Sprache, des Textes oder der heiligen Handlung undenkbar) –, dann deshalb, weil es bereits im Ursprung der Innovation selbst in diesen Bereichen eine Manipulation durch analytische Modelle, einfache Elemente und geregelte Gegensatzpaare gibt, welche die beiden ursprünglichen homogenen Ebenen des »Originalen« und der Vulgarisierung und ihre Unterscheidung rein taktisch und moralisch machen. Radar begreift also nicht, dass jenseits der »Mimik« des Diskurses sogar der Sinn des Diskurses unter das Diktat der Mode fällt, sobald in einem kulturellen Bereich, der vollständig auf sich selbst bezogen ist, die Begriffe sich selbst nur durch Brechung und Spiegelung erzeugen und aufeinander reagieren. Gleichermaßen mag es sich mit wissenschaftlichen Hypothesen verhalten. Und auch die Psychoanalyse entgeht selbst im Inneren ihrer theoretischen und klinischen Praxis nicht der modischen Bestimmung. Auch sie geht in das Stadium institutioneller Repro-

3 Radar, Le mime, manifestation de sociabilité, S. 43–56.

duktion über, wobei sie entwickelt, was in ihren Grundvorstellungen an Simulationsmodellen angelegt ist. Wenn es einmal eine *Arbeit* des Unbewussten gegeben hat und somit eine Determination der Psychoanalyse durch ihr Objekt, so hat sich diese Determination heute ganz unversehens in eine *Determination des Unbewussten durch die Psychoanalyse selbst gewandelt*. Von dem Moment an, in dem sie sich selbst als Bezugspunkt setzt (sich selbst als Mode bezeichnet), reproduziert sie das Unbewusste. Das Unbewusste kehrt also wieder in die Sitten ein – die Nachfrage danach ist groß und die soziale Macht fällt der Psychoanalyse ebenso zu wie dem Code –, sie wird von einer ungeheuren Verfeinerung der Theorien über das Unbewusste begleitet, die im Grunde alle austauschbar und gleichgültig sind.

In der Mode liegt etwas Mondänes: Träume, Phantasmen und Psychosen à la mode, wissenschaftliche Theorien und linguistische Schulen à la mode, von Kunst und Politik ganz zu schweigen – aber das sind ›alles nur kleine Fische‹. Viel tiefgreifender ist, dass die Mode die Modell-Disziplinen genau in dem Maße heimsucht, wie diese zu ihrem vermehrten Ruhme erfolgreich ihre Axiome verselbständigen und in ein *ästhetisches* Stadium übergehen, das nahezu spielerisch ist und in dem, wie bei gewissen mathematischen Formeln, nur die perfekte Brechung und Spiegelung der Analysemodelle zählt.

## Das Flottieren (floating) der Zeichen

Als Zeitgenosse der politischen Ökonomie ist die Mode, wie der Markt, eine universelle Form. Alle Zeichen werden in ihr ausgetauscht, so wie alle Produkte als Äquivalente auf dem Markt erscheinen. Die Mode ist das einzige universalisierbare Zeichensystem; es bringt alle anderen unter seine Gewalt, so wie der Markt alle anderen Tauschweisen eliminiert. Im Bereich der Mode gibt es kein allgemeines Äquivalent, weil sie von vornherein in einer viel formaleren Abstraktion als die politische Ökonomie angesiedelt ist; sie befindet sich in einem Stadium, in dem es für ein allgemeines sinnliches Äquivalent (Geld oder Gold) keinen Bedarf mehr gibt, weil nur noch die Form allgemeiner Äquivalenz vorhanden ist: nämlich die Mode selbst. Oder vielmehr: Für den *quantitativen* Wertaustausch wird ein allgemeines Äquivalent gebraucht, die Voraussetzung für einen Austausch von Differenzen sind *Modelle*. Modelle sind jene Art von allgemeinem Äquivalent, das in Matrizen aufgefächert ist, die die unterschiedlichen Bereiche der Mode beherrschen. Sie sind die Shifters, die Macher, die Dispatchers und Medien der Mode; mit ihrer Hilfe kann sie sich unendlich reproduzieren. Mode gibt es dann, wenn eine Form nicht mehr gemäß ihrer eigenen Determination produziert wird, *sondern ausgehend von einem Modell* – das heißt Mode wird niemals produziert, sondern immer und unmittelbar *reproduziert*. Das Modell ist zum einzigen Bezugs- und Referenzpunkt geworden.

Die Mode ist kein *Derivat* von Zeichen – sie ist deren *Flottieren* in dem Sinne, wie heute die monetären Zeichen flottieren. Dieses Flottieren ist in der Ordnung der Ökonomie jüngeren Datums: Die »ursprüngliche Akkumulation« muss überall abgeschlossen sein und ein ganzer Zyklus toter Arbeit muss durchlaufen sein (nach dem Geld wird die ganze Ordnung der Ökonomie in diese allgemeine Relativität übergehen). Für die Ordnung der Zeichen ist dieser Vorgang schon seit langem abgeschlossen. Hier findet die ursprüngliche Akkumulation viel früher statt, wenn sie nicht schon immer vorgegeben war, und die Mode bezeichnet das bereits erreichte Stadium einer beschleunigten und grenzenlosen Zirkulation, einer hin- und rückfließenden Kombinatorik von Zeichen, die dem kurzfristigen und mobilen Gleichgewicht flottierender Währungen gleichzusetzen ist. Alle Kulturen und Zeichensysteme werden in der Mode ausgetauscht, kombinieren sich, gleichen sich einander an und gehen flüchtige Verbindungen ein, die der Apparat ausscheidet und deren Sinn nirgendwo liegt. Die Mode ist das rein spekulative Stadium der Ordnung der Zeichen

— es gibt keinen Zwang zu irgendeiner bestimmten Kohärenz oder Referenz, ebensowenig wie es bei den flottierenden Währungen eine festgelegte Parität oder Gold/Konvertibilität gibt. Diese Unbestimmtheit erzeugt die für die Mode (und zweifellos auch bald für die Ökonomie) charakteristische Gestalt von Zyklen und Rekurrenzen, während die Determination (von Zeichen oder Produktion) zu einer linearen und kontinuierlichen Ordnung führt. Somit zeichnet sich das Schicksal des Ökonomischen in der Form der Mode ab, die dem Geld und der Ökonomie auf dem Weg allgemeiner Kommutationen weit voraus ist.

## Der Mode-»Trieb«

Dass die Mode das Unbewusste und den Wunsch transportiert, und dass man sie dadurch zu erklären meint — hat nichts zu bedeuten, wenn der Wunsch selbst in Mode ist. In der Tat gibt es einen Mode-»Trieb«, der mit dem individuellen Unbewussten nicht viel zu tun hat — es ist dies etwas so Heftiges, dass jegliches Verbot wirkungslos bleibt: ein Wunsch nach der Abschaffung von Sinn und nach einem Versinken in reinen Zeichen, in Richtung auf eine ungeregelte und unmittelbare Sozialität. Im Gegensatz zu den vermittelten oder ökonomischen Gesellschaftsprozessen bewahrt die Mode so etwas wie eine radikale Sozialität, und zwar nicht auf der Ebene des psychologischen Austausches von Inhalten, sondern auf der unmittelbaren Ebene des Teilhabens an den Zeichen. Bereits La Bruyère schrieb: »Liebhaberei ist nicht Geschmack für das Gute oder Schöne, sie ist eine Sucht nach dem Seltenen, nach dem, was einzig in seiner Art ist, ein Stolz auf das, was man selbst hat und andere nicht besitzen. Sie ist keine Vorliebe für das Vollkommene, sondern für Gesuchtes, Modisches. Sie ist kein Zeitvertreib, sondern eine Leidenschaft, und oft eine so heftige Leidenschaft, dass sie hinter Liebe und Ehrgeiz nur in der Bedeutungslosigkeit des Gegenstandes zurücksteht.«[4]

4 La Bruyère, Die Charaktere oder Die Sitten des Jahrhunderts, S. 325.

La Bruyère bringt die Modeleidenschaft mit Sammelleidenschaft und Objektbesessenheit in Verbindung: Tulpen, Vögel, Stiche von Callot. Die Mode nähert sich dem Sammeln, beziehungsweise der Kollektion (wie im Wort »Mode-Kollektion« bereits angedeutet) auf subtilen Umwegen. Für Oscar Wilde »geben beide dem Menschen eine Sicherheit, wie sie ihm die Religion niemals geben konnte«.

Sein Heil in der Mode finden. Eine kollektive Leidenschaft, eine Leidenschaft an Zeichen und am Zyklus (auch das Sammeln ist ein Zyklus), die bewirkt, dass eine Modewelle zirkuliert und sich in schwindelerregender Weise im ganzen Gesellschaftskörper verbreitet, wobei sie dessen Integrität verstärkt und alle Identifikationen zusammenballt (so wie die Sammelleidenschaft in einem gleichen unendlich wiederholten Zyklus konzentriert).

Diese Macht und dieser Genuss haben ihre Wurzeln im Zeichen der Mode selbst. Die Semiurgie der Mode widersetzt sich der Funktionalität des ökonomischen Bereiches. Der Produktionsethik[5] widersetzt sich eine Ästhetik der Manipulation, der Verdoppelung und der Konvergenz im einzigen Spiegel des Modells: »Mit der Mode, diesem Schauspiel ohne Inhalt, führen sich die Menschen wechselseitig ihre Macht vor, Bedeutungsloses bedeuten zu lassen.«[6] Der Charme und die Faszination der Mode liegen in dem Geheimnis, dass sie ohne irgendeine Begründung nur sich selbst darstellt. Sie verschafft einen Genuss am Willkürlichen, als ob es sich um eine Gnadenwahl oder eine Kastensolidarität handelte, die sich einer Diskriminierung des Zeichens verdankt. Eben

5 Aber wie wir bereits gesehen haben, unterliegt der ökonomische Bereich heute der gleichen Unbestimmtheit; zugunsten einer »zwecklosen Zweckmäßigkeit« der Produktion zieht sich die Ethik aus diesem Bereich zurück, so dass die Produktion der rauschhaften Nutzlosigkeit der Mode verfällt. Man kann also für die Produktion das gleiche sagen, was Roland Barthes von der Mode gesagt hat: »Das System lässt also den Sinn fallen, ohne irgend etwas vom *Schauspiel der Bedeutung* aufzugeben.« (Barthes, Die Sprache der Mode, S. 294)

6 Barthes, ebenda.

dadurch unterscheidet sie sich radikal von der Ökonomie, deren Krönung sie dennoch ist. Gegenüber der unerbittlichen Finalität der Produktion und des Marktes, deren Inszenierung sie dennoch darstellt, ist die Mode ein Fest. Sie fasst alles zusammen, was die Herrschaft der ökonomischen Abstraktion zensiert. Sie ist die Umkehrung aller kategorischen Imperative.

In diesem Sinne hat sie eine ansteckende Wirkung, während das ökonomische Kalkül die Leute untereinander isoliert. Sie entzieht den Zeichen jeden Wert und jeden Affekt und wird wieder zu einer Leidenschaft — zur Leidenschaft am Künstlichen. Gerade diese Absurdität, die formelle Nutzlosigkeit des Modezeichens und die Perfektion eines Systems, in dem sich nichts mehr gegen etwas Reales austauscht — gleichzeitig die Willkürlichkeit dieses Zeichens und seine absolute Kohärenz, sowie sein Zwang zur Relativierung gegenüber den anderen Zeichen, verursachen sowohl seine ansteckende Virulenz wie einen kollektiven Genuss. Jenseits von Rationalem und Irrationalem, jenseits vom Schönen und Hässlichen und jenseits von Nutzen und Nutzlosigkeit verleihen diese Immoralität gegenüber allen Kriterien und diese Frivolität der Mode gelegentlich eine subversive Kraft (in totalitären, puritanischen oder archaischen Zusammenhängen) und sie machen aus ihr — im Gegensatz zum Ökonomischen — immer einen eigenen soziologischen Tatbestand — angesichts dessen man gezwungen ist, sich erneut einen völlig neuen Zugang zu verschaffen, so wie Mauss es am Beispiel des Tausches gemacht hat.

Das Ziel der Mode, wie auch der Sprache, ist von Anfang an Sozialität (der Dandy in seiner provozierenden Einsamkeit ist dafür ein Beweis a contrario). Aber im Unterschied zur Sprache, die auf den Sinn gerichtet ist und vor ihm in den Hintergrund tritt, ist die Mode auf eine theatralische Sozialität gerichtet und findet ihren Gefallen an sich selbst. Daher wird sie für jeden zu einem Ort der Intensität — zu einem Spiegel für ein bestimmtes Wunschbild seiner selbst. Im Gegensatz zur Sprache, die eine Kommunikation *anvisiert*, *spielt* sie die Kommunikation und macht diese zum endlosen Einsatz einer Signifikation ohne Botschaft. Daher das ästhetische Vergnügen an ihr, das nichts mit Schönheit oder Hässlichkeit zu tun hat. Ist sie also eine Art von Fest, ein verdoppelter Exzess der Kommunikation?

Durch ihre Dimension der »wasteful consumption« oder des »Potlatch« erscheinen die Kleidermode und die Mode, die sich auf die Zeichen des Körpers beziehen, als »festlich«. Das gilt vor allem für die Haute Couture. Und das erlaubt VOGUE, folgendes köstliches Glaubensbekenntnis abzulegen: »Was ist noch anachronistischer und traumhafter als ein Segelschiff? Die Haute Couture. Sie entmutigt den Ökonomen, sie steht auf Kriegsfuß mit den Rentabilitätstechniken, sie ist ein Affront für die Demokratisierung. Eine Vielzahl von hochqualifizierten Personen stellt mit superber Langsamkeit eine geringe Zahl von Modellen mit kompliziertem Schnitt her, die im besten Fall zwanzig Mal mit der gleichen Langsamkeit nachgeschneidert werden — oder im schlechtesten Fall gar nicht. (...) Kleider, die eine Million kosten. (...) Aber warum soviel Mühe verschwenden?, werden Sie sagen. Warum nicht?, antworten die Modeschöpfer, Handwerker, Arbeiter und die 4000 Kunden, die alle von der gleichen Leidenschaft, der Suche nach Vollkommenheit besessen sind. Die Couturiers sind die letzten Abenteurer in der modernen Welt. Sie kultivieren die nutzlose Handlung. (...) Wozu Haute Couture?, denken manche Verleumder. Und wozu Champagner?« Und weiter: »Weder Praxis, noch Logik können das extravagante Abenteuer der Kleidung rechtfertigen. Überflüssig, aber notwendig, ist die Mode ein Teil der Religion.« Potlatch, Religion, also der rituelle Ausdruckszauber wie auch der Schmuck und animalische Tänze: Alles ist recht, um die Mode gegenüber der Ökonomie als Überschreitung in Richtung auf eine spielerische Sozialität zu erhöhen.

Aber wie wir wissen, versteht sich auch die Werbung als ein »Fest der Konsumation«; und die Medien sehen sich als ein »Fest der Information« und die Messen als ein »Fest der Produktion«, etc. Auch der Kunstmarkt oder Pferderennen können als Potlatch durchgehen. — Warum nicht?, würde VOGUE sagen. Überall versucht man funktionale Verschwendung als symbolische Destruktion auszugeben. Da der ökonomische Bereich sein Nützlichkeitsprinzip und seine funktionalen Fesseln unbarmherzig durchgesetzt hat, bekommt alles, was aus ihm ausbricht, leicht den Wohlgeruch von Spiel und Nutzlosigkeit. Es ist schwer zu erkennen, dass das Wertgesetz sehr weit über das Ökonomische hinausgeht und dass sein wirklicher Machtbereich heute in der Rechtsprechung von Modellen liegt. Überall wo es Modelle gibt, wird das Wertgesetz durchgesetzt und es beginnt eine Unterdrückung durch Zeichen und der Zeichen selbst. Deshalb gibt es einen radikalen Unterschied zwischen symbolischen Ritualen und den Zeichen der Mode.

In den sogenannten primitiven Kulturen zirkulierten die Zeichen offen im ganzen Bereich der »Dinge«; es gab weder ein »Herausdestillieren« des Bezeichneten, noch die Vernunft oder Wahrheit des Zeichens. Das Reale – unsere schönste Konnotation – existierte nicht. Das Zeichen hatte keine Nach-Welt und *kein Unbewusstes* (welches die höchste und subtilste aller Konnotationen und Rationalisierungen darstellt). Die Zeichen wurden dort ohne Phantasmen und ohne die Halluzination der Realität ausgetauscht.

Sie hatten also nichts mit dem modernen Zeichen zu tun, dessen Paradox Barthes folgendermaßen definiert: »Die rastlose Bemühung geht dahin, das Sinnliche in Signifikantes zu verwandeln, bis hin zu immer stärker durchorganisierten, abgeschlossenen Systemen. Parallel dazu, und in den entsprechenden Proportionen will man das Zeichen als solches, sein systematisches Wesen maskieren – man will es rationalisieren und auf eine Vernunft, eine weltliche Instanz, eine Substanz oder eine Funktion beziehen.«[7] Durch die Simulation machen die Zeichen nichts anderes mehr, als das Reale und das Referenzielle als ein Super-Zeichen auszuson-

7 Barthes, ebenda, S. 285.

dern – so wie die Mode das Nackte als Super-Zeichen der Kleidung aussondert und erfindet. Das Reale ist tot, es lebe das realistische Zeichen! Dieses Paradox des modernen Zeichens führt zu einer radikalen Abspaltung vom magischen oder rituellen Zeichen und sogar von dem, was in der Maskierung, in der Tätowierung oder im Fest ausgetauscht wird.

Auch wenn die Mode zauberhaft ist, sie bleibt doch eine Zauberei der Ware — und darüber hinaus eine Zauberei der Simulation, des Codes und des Gesetzes.

## Das modifizierte Geschlecht

In der Kleidung, in der Schminke soll sich die Sexualität darstellen? Nichts ist ungewisser — es sei denn, es handelt um eine *modifizierte* Sexualität, die sich auf der Ebene der Mode auswirkt. Wenn die Verdammung der Mode diese puritanische Heftigkeit bekommt, so ist allerdings doch nicht der Sex gemeint. Das Tabu richtet sich gegen die Nutzlosigkeit, gegen die Leidenschaft für das Unnütze und Künstliche, die vielleicht noch tiefer reicht als der Sexualtrieb. In unserer mit dem Nützlichkeitsprinzip verflochtenen Kultur hat das Nutzlose die Wirkung einer Überschreitung oder einer Gewalttat — und die Mode wird auf Grund ihrer Macht verdammt, über ein reines Zeichen zu verfügen, das nichts bezeichnet. Gegenüber diesem Prinzip, das die Grundlagen unserer Kultur leugnet, ist die sexuelle Provokation sekundär.

Wohlgemerkt, das gleiche Tabu trifft *auch* die »nutzlose«, nicht auf Fortpflanzung gerichtete Sexualität, aber wenn man sich auf den Sex konzentriert, besteht die Gefahr, auf die List des Puritanismus hereinzufallen, der die Energie auf das Sexuelle umleiten will – da es auf der Ebene des Realitätsprinzips selbst liegt, also dem Referenzprinzip angehört, an dem das Unbewusste und die Sexualität noch partizipieren und gegen das die Mode ihr reines Differenzen-Spiel wendet. Die Sexualität innerhalb dieser

Geschichte weiterzuentwickeln, bedeutete ein weiteres Mal, *das Symbolische durch den Sex und das Unbewusste zu neutralisieren.* Es entspricht der gleichen Logik, dass die Analyse der Mode sich traditionellerweise auf die Kleidung bezieht, denn in ihr ist die sexuelle Metapher am leichtesten auszumachen. Folge dieser Verkehrung: Die Analyse wird auf die Perspektive der sexuellen »Befreiung« gelenkt, welche sich einfach in der Freiheit der Kleiderwahl vollendet. Und damit beginnt dann eine neue Modewelle, ein neuer Mode-Zyklus.

Sicherlich wird die Sexualität am effektivsten durch die Mode neutralisiert (mit einer geschminkten Frau darf man sich nicht einlassen[8]), gerade weil die Mode eine Leidenschaft ist – also keine Komplizin, sondern eine Konkurrentin des Sex, die ihn besiegt, wie La Bruyère bereits erkannt hat. Deshalb überzieht die Modeleidenschaft den mit dem Sex verbundenen Körper mit ihrer ganzen Ambiguität.

Die Mode wird zu einem immer bedeutenderen Phänomen, indem sie zur Inszenierung des Körpers wird. Der Körper wird zum Medium der Mode.[9] Als früher bereits verdrängtes und aufgrund seiner Verdrängung nicht erkennbares Heiligtum wird jetzt

8 Vgl. Kap. IV, Der Körper oder das Massengrab der Zeichen.

9 Siehe die drei Modalitäten, die Barthes als »Körper der Mode« (Barthes, Die Sprache der Mode, S. 264 ff.) anführt:
1. Der Modekörper ist eine reine Form ohne eigene Attribute, er wird tautologisch durch die Kleidung definiert.
2. Dann bestimmt man jedes Jahr, dass dieser oder jener Körper (oder Körpertyp) modern ist. Das ist eine andere Form, beide in Übereinstimmung zu bringen.
3. Man ordnet die Kleidung so an, dass sie den realen Körper verwandelt und ihn als idealen Körper der Mode bezeichnet.
Diese Modalitäten entsprechen beinahe genau der historischen Entwicklung des Modellstatus: vom ursprünglichen, aber nicht professionellen Modell (den Frauen der high society) bis zum professionellen Mannequin, dessen Körper auch als sexuelles Modell dient, und bis zur letzten (gegenwärtigen) Phase, in der alle zum Mannequin werden. Jeder ist aufgerufen und genötigt, seinen Körper der Spielregel der Mode zu unterwerfen – jeder wird zum »Agenten« der

auch der Körper besetzt. Das Spiel der Kleidung verblasst vor dem Spiel der Modelle.[11] Infolgedessen verliert die Kleidung ihren ze-

Mode, so wie jeder zum Agenten der Produktion geworden ist. Die Mode ergießt sich gleichzeitig über jeden einzelnen und über alle Signifikationsebenen. Genauso ist es möglich, diese Etappen der Modeentwicklung mit den Etappen der sukzessiven Kapitalkonzentration und der Strukturierung des ökonomischen Bereiches der Mode zu verbinden (Veränderung des konstanten Kapitals und der organischen Zusammensetzung des Kapitals, der Umschlaggeschwindigkeit der Waren, des Finanzkapitals und des Industriekapitals)[10]. Aber das analytische Prinzip dieser Wechselwirkung zwischen dem Ökonomischen und den Zeichen ist nicht immer deutlich. Mehr als in der direkten Beziehung auf die Ökonomie, kann man die historische Ausdehnung des Bereiches der Mode in einer Art von homologen Bewegung zur Ausdehnung des Marktes beobachten:

I. In einer Anfangszeit hat die Mode nur spärliche Konturen und eine minimale Variationsbreite, die durch marginale Kategorien übertragen wird; sie befindet sich in einem System, das im wesentlichen homogen und traditionell bleibt (so wie in der ersten Phase der Ökonomie nur der Überschuss einer Produktion ausgetauscht wird, der im übrigen hauptsächlich innerhalb der Gruppe konsumiert wird – es gibt nur einen sehr geringen Teil freier und entlohnter Arbeitskraft). Die Mode steht außerhalb der Kultur und außerhalb der Gruppe, sie ist fremd wie das Städtische für den Bauern, etc.

II. Die Mode integriert progressiv und virtuell alle Zeichen der Kultur, und sie regelt den Zeichenaustausch – genauso wie in einer zweiten Phase die ganze materielle Produktion virtuell von der politischen Ökonomie integriert wird. Alle früheren Produktions- und Tauschsysteme verschwinden in der Universalität des Marktes. Alle Kulturen werden im Universum der Mode zum Mitspieler. Referenzpunkt der Mode in dieser Phase ist die herrschende kulturelle Klasse; sie erzeugt die distinktiven Werte der Mode.

III. Die Mode erstreckt sich über alles und wird schlicht und einfach zum Lebensmodus. Sie dringt in alle Bereiche ein, die ihr bis dahin entgangen waren. Alle Welt unterstützt und reproduziert sie. Sie erobert sich ihre eigene Negativität (die Tatsache, dass sie nicht nur modern ist), sie wird zu ihrem eigenen Signifikat (so wie die Produktion im Stadium der Reproduktion). Aber irgendwie ist das auch ihr Ende.

10 Vgl. Utopie, Nr. 4, Oktober 1971. [In dieser Ausgabe der Zeitschrift sind folgende Texte Baudrillards enthalten: Conte de grève 2, S. 24–27; Requiem pour les media, S. 35–51; L'ADN ou la métaphysique du code, S. 57–61.]

11 Denn es ist nicht wahr, dass ein Kleid oder eine enge Hose, die den Körper zur Geltung bringen, irgend etwas »befreien«: In der Ordnung der Zeichen ist das nur eine zusätzliche Verfeinerung. Das Enthüllen der Strukturen bedeutet

remoniellen Charakter (den sie noch bis ins 18. Jahrhundert besaß), der mit dem Gebrauch von Zeichen als Zeichen verbunden ist. Unterhöhlt durch die Signifikate, also durch jene Illumination des Körpers als Sexualität und als Natur, verliert die Kleidung die Überfülle des Phantastischen, die sie seit den sogenannten primitiven Gesellschaften hatte. Sie verliert die Möglichkeit der reinen Maskierung; aufgrund der Notwendigkeit, den Körper bezeichnen zu müssen, wird sie neutralisiert und angepasst.

Aber auch der Körper wird bei dieser Operation neutralisiert. Auch er verliert die Möglichkeit der Maskierung, die ihm durch Tätowierung und Schmuck gegeben war. Er spielt nur noch mit der ihm *eigenen* Wahrheit, die zugleich seine Grenzlinie bildet, also mit seiner Nacktheit. Im Schmuck sind die Zeichen des Körpers offen mit den Zeichen des Nicht-Körperlichen verbunden. Dann wird der Schmuck zur Kleidung und der Körper zur Natur. Mit der Gegenüberstellung von Kleidung und Körper setzt sich ein anderes Spiel durch: das Spiel von Definition und Zensur (also die gleiche Brechung wie zwischen Signifikant und Signifikat, zwischen Verschiebung und Anspielung). Genaugenommen entsteht die Mode überhaupt erst mit dieser Abtrennung des verdrängten und durch Anspielungen bezeichneten Körpers und auch sie findet ihr Ende in der Simulation der Nacktheit des Körpers, in der *Nacktheit als Simulationsmodell des Körpers*. Für den Indianer

keine Rückkehr zum Nullpunkt der Wahrheit, sondern die Entwicklung einer neuen Signifikation, die alle anderen ergänzt. Es beginnt also ein neuer Formenzyklus, ein neues Zeichensystem. So verläuft der Zyklus formeller Innovation, so funktioniert die Logik der Mode — keiner kann daran etwas ändern. Die Strukturen des Körpers, die Strukturen des Unbewussten oder die funktionelle Wahrheit des Objekts im Design »befreien« — immer läuft es darauf hinaus, der Universalisierung des Modesystems den Weg zu ebnen (es ist das einzige universalisierbare System, das einzige, das die Zirkulation aller Zeichen regeln kann, auch wenn diese Zeichen widersprüchlich sind). Es handelt sich also um eine bürgerliche Revolution im System der Formen nach dem Vorbild der politischen bürgerlichen Revolution, die ihrerseits der Universalisierung des Marktsystems den Weg ebnet.

ist der ganze Körper Gesicht, das heißt Versprechen und symbolische Heldentat im Gegensatz zu unserer Nacktheit, die nur sexuelle Instrumentalität ausdrückt.

Diese neue Realität des Körpers als verborgenes Geschlecht ist von Anfang an mit dem Körper der Frau verbunden. Der verborgene Körper ist weiblich (natürlich nicht biologisch, sondern mythologisch). Die Verbindung von Mode und Frau seit dem Beginn der bürgerlich-puritanischen Ära entspricht also einer doppelten Zuordnung: die der Mode an den verborgenen Körper und die der Frau an eine verdrängte Sexualität. Diese Zuordnung gab es bis zum 18. Jahrhundert nicht (oder kaum) – (und schon gar nicht in den Zeremonialgesellschaften) –, während sie sich für uns heute aufzulösen beginnt. Während nun für uns das Schicksal des verborgenen Sex und der verbotenen Wahrheit des Körpers deutlich wird, während die Mode selbst den Gegensatz von Körper und Kleidung neutralisiert und somit die Affinität von Frau und Mode zunehmend zurückgeht[12] — verallgemeinert sich die Mode und wird immer weniger zum Attribut eines Geschlechtes oder einer Altersklasse. Aber Vorsicht, es handelt sich hier weder um einen Fortschritt, noch um eine Befreiung. Weiterhin ist dieselbe Logik am Werk; und wenn die Mode zum Allgemeingut wird und nicht länger bevorzugtes Hilfsmittel der Frau bleibt, um sich für alle zu öffnen, so deshalb, weil das Verbot des Körperlichen sich seinerseits auch verallgemeinert — und zwar in viel subtilerer Form als durch die puritanische Unterdrückung: nämlich in Form allgemeiner Entsexualisierung. Denn nur durch seine Verdrängung war der Körper ein starkes sexuelles Potenzial: Erst dadurch bekam er das Aussehen eines gefesselten Verlangens. Dem Modezeichen überlassen, wird der Körper sexuell entzaubert, er wird *Manne-*

12 Für diese Affinität gibt es sicherlich noch andere – gesellschaftliche oder historische – Gründe: Marginalität oder gesellschaftliche Relegation der Frau (oder der Jugend). Aber das macht keinen Unterschied: Gesellschaftliche Unterdrückung und unheilstiftender sexueller Einfluss sind immer den gleichen Kategorien zuzuordnen.

*quin* — ein Wort, dessen Geschlechtslosigkeit sehr gut ausdrückt, was es bedeutet. Das Mannequin insgesamt ist Sex/Geschlecht, aber Sex/Geschlecht ohne Eigenschaften. Die Mode ist sein Geschlecht. Oder: In der Mode verliert sich das Geschlecht als Differenz, denn es verallgemeinert sich als Referenz (als Simulation). Nichts mehr ist geschlechtlich/sexuell, alles ist sexualisiert. Haben sie erst einmal ihre Besonderheiten eingebüßt, bekommen das Männliche und das Weibliche die Chance einer zweiten unbegrenzten Existenz. In unserer einzig dastehenden Kultur durchdringt die Sexualität alle Signifikationen, weil die Zeichen ihrerseits den ganzen sexuellen Bereich besetzt haben.

Somit wird das gegenwärtige Paradox deutlich: Gleichzeitig gibt es die »Emanzipation« der Frau und eine radikale Form von Mode, da die Mode es mit dem Weiblichen zu tun hat und nicht mit den Frauen. In dem Maße, wie die Frauen ihrer Diskriminierung entkommen, verweiblicht sich die ganze Gesellschaft (das gleiche gilt für Wahnsinnige, Kinder, etc. — das ist die normale Konsequenz der Logik der Ausschließung). So hat sich das »auf eigenen Füßen stehen« — ein Ausdruck weiblichen Genusses — heute verallgemeinert, also genau zu der Zeit, wo es nichts mehr bedeutet. Denn man muss begreifen, dass die Frau nur als »Lustobjekt« und als »Objekt der Mode« »befreit« und »emanzipiert« werden kann, genauso wie der Proletarier immer nur als Arbeitskraft befreit worden ist. Die Illusion darüber ist tief verwurzelt. Die historische Definition des Weiblichen bezieht sich auf die Bestimmung des Körpers und des Sex, die mit der Mode verbunden ist. Und eine historische Befreiung des Weiblichen kann nur in einer erweiterten Realisierung eben dieser Bestimmung bestehen (und wäre infolgedessen eine Befreiung aller, ohne jedoch weniger diskriminierend zu sein). In dem Augenblick, in dem die Frau nach dem Modell des Proletariers arbeitet wie alle Welt, emanzipiert sich nach dem Modell der Frauen alle Welt vom Sex und von der Mode. Man begreift infolgedessen besser, in welchem Maße die Mode Arbeit ist und wie sehr man »die materielle« Arbeit und die Arbeit der Mode in ihrer historischen Bedeutung gleichsetzen muss. Es ist gleichermaßen eine Sache von kapitaler Bedeutung (und es bildet ebenso einen Teil des Kapitals), Waren marktgerecht zu produzieren und den Körper entsprechend den Sex- und Moderegeln zu produzieren. Die Arbeitsteilung besteht nicht da, wo man glaubt – besser gesagt, es gibt überhaupt keine Arbeitsteilung: Produktion des Körpers, Produktion des Todes, Zeichenproduktion und Warenproduktion — all das sind nur *Modalitäten* ein und desselben Systems. Mit der Mode ist es zweifellos noch schlimmer: Denn wenn der Arbeiter im Zeichen der Ausbeutung und des Realitätsprinzips lebendig von sich selbst getrennt ist, so ist die Frau von sich selbst und von ihrem Körper im Zeichen der Schönheit und des Lustprinzips getrennt.

## Das Insubversible

Die Geschichte zeigt, dass die Kritik der Mode (Oliver Burgelin) im 19. Jahrhundert ein Anliegen der Rechten war und dass sie seit dem Beginn des Sozialismus heute zu einem Anliegen der Linken geworden ist. Die eine kam von der Religion, die andere kommt von der Produktion. Die Mode korrumpiert die Sitten, die Mode hindert am Klassenkampf. Dass die Kritik der Mode auf die Linke übergegangen ist, bedeutet keine wesentliche Veränderung: im Hinblick auf die Moral und die Sitten bedeutet das allenfalls, dass die Linke ganz einfach den Ausgangspunkt der Rechten übernommen hat und dass sie im Namen der Revolution die moralische Ordnung und die klassischen Vorurteile geerbt hat. Seitdem das Revolutionsprinzip wie ein kategorischer Imperativ in die Sitten eingeführt wurde, ist jede politische – auch linke – Ordnung zu einer moralischen Ordnung geworden.

Die Mode ist unmoralisch, darin liegt das Problem – und alle Machthaber (oder diejenigen, die von der Macht träumen) verabscheuen sie heftig. Es gab eine Zeit, in der Immoralität – von Machiavelli bis Stendhal – anerkannt wurde und in der jemand wie Mandeville im 18. Jahrhundert argumentieren konnte, dass eine Gesellschaft nur durch ihre Laster revolutioniert werden könne und dass ihre Immoralität sie dynamisch mache. Die Mode ist immer noch mit dieser Immoralität behaftet: Sie kennt weder Wertsysteme noch Urteilskriterien: das Gute oder das Böse, das Schöne und das Hässliche, das Rationale/Irrationale – sie ist diesseits oder jenseits dieser Bestimmungen tätig. Die Mode ist also eine Subversion jeglicher Ordnung, darin eingeschlossen die revolutionäre Rationalität. Sie ist so etwas wie eine Hölle der Macht: eine Hölle der Relativität aller Zeichen, die jede Macht zerbrechen muss, um ihre eigenen Zeichen zu retten. Aus diesem Grund wird sie von der heutigen Jugend als Widerstand, der keine Ideologie und kein Ziel hat, gegen jeden Imperativ wieder aufgegriffen.

Andererseits kann die Mode nicht subversiv sein, da sie keinen Referenzpunkt hat, zu dem sie sich in Widerspruch setzen könnte (ihr Referenzpunkt ist sie selbst). Man kann der Mode nicht entgehen (denn die Verweigerung von Mode ist ein Bestandteil der Mode selbst – die Blue Jeans sind ein historisches Beispiel dafür). So richtig es auch ist, dass man dem Realitätsprinzip des Inhaltes immer ausweichen kann, dem Realitätsprinzip des Codes kann man jedoch niemals entkommen. Selbst wenn man gegen die Inhalte revoltiert, gehorcht man mehr und mehr der Logik des Codes. Aber weswegen?

Das ist das Diktat der »Moderne«. Die Mode erlaubt keine Revolution, sondern nur eine Rückkehr zur Genese des Zeichens selbst, das die Revolution konstituiert. Die Alternative zur Mode liegt nicht in einer »Freiheit« oder in irgendeiner Überschreitung in Richtung auf eine Wahrheit der Welt oder der Referenzpunkte. Sie liegt in der Dekonstruktion der Form des Modezeichens und sogar des Realitätsprinzips der Signifikation, wie die Alternative zur politischen Ökonomie nur in der Dekonstruktion der Waren/Form und des Produktionsprinzips selbst liegt.

# IV
# Der Körper oder das Massengrab der Zeichen

Der Körper ist das Grab der Zeichen
Das Zeichen ist das Gerippe des Sexus

## Der gezeichnete Körper

Die gesamte gegenwärtige Geschichte des Körpers ist die seiner Eingrenzung, des Rasters von Markierungen und Zeichen, die ihn vernetzen, aufteilen, die ihn in seiner Differenz und seiner grundsätzlichen Ambivalenz negieren, um ihn als strukturelles Material des Zeichen/Austauschs der Sphäre der Objekte entsprechend zu organisieren und seine Fähigkeit zum Spiel und zum symbolischen Tausch (der nicht mit der Sexualität zu verwechseln ist) in eine Sexualität zu verwandeln, die als determinierende Instanz angesehen wird — eine phallische Instanz, die ganz und gar um die Fetischisierung des Phallus als allgemeinem Äquivalent organisiert ist. In diesem Sinn, im Zeichen der Sexualität in ihrer gegenwärtigen Bedeutung, das heißt im Zeichen ihrer »Befreiung«, wird der Körper in einen Prozess integriert, dessen Funktionsweise und Strategie die der politischen Ökonomie sind.

Mode, Werbung, nude-look, nacktes Theater, Striptease: überall das gleiche Szenodrama der Erektion und der Kastration. Es ist ungeheuer vielfältig und monoton. Kurze Stiefel oder Stiefel, die bis zum Oberschenkel reichen, Shorts unter langen Umhängen, lange Handschuhe bis über den Ellbogen oder Strumpfbänder auf dem Oberschenkel, Schminke auf den Augen oder die Dreieckslips der Stripteasetänzerinnen, aber auch Armreifen, Halsbänder, Ringe, Gürtel, Schmuck und Ketten — überall das gleiche Szenario: Eine Markierung bekommt die Kraft eines Zeichens und eben dadurch eine perverse erotische Funktion, sie wird zu einer Demarkationslinie, die die Kastration darstellt, die die Kastration als symbolische Artikulation des *Mangels parodiert,* und zwar in der strukturellen Form eines Querstrichs, der zwei vollständige Terme verbindet (die sich jetzt auf beiden Seiten so verhalten wie das Signifikat und der Signifikant in der klassischen Ökonomie der Zeichen). Was der Querstrich hier als aufeinander bezogene Zeichen wirken lässt, ist eine Zone des Körpers — durchaus keine erogene Zone, sondern eine erotische, erotisierte Zone, eine Parzelle, die als phallischer Signifikant einer Sexualität aufgebaut wird, die ganz und gar Begriff, ganz und gar Signifikat geworden ist.

In diesem grundlegenden Schema, das dem des linguistischen Zeichens entspricht, wird die Kastration *signifiziert* (sie bekommt den Status eines Zeichens) und damit missverstanden. Das Nackte und das Nicht-Nackte stehen in einer *strukturellen* Opposition und tragen damit zur *Bezeichnung* des Fetischs bei. So etwa der Rand des Strumpfes auf dem Schenkel: Die erotische Kraft dieses Bildes geht nicht auf die Nähe des wirklichen Geschlechts und auf ein positives Versprechen zurück (für eine so naive, funktionalistische Auffassung müsste der nackte Schenkel die gleiche Rolle spielen), sondern beruht darauf, dass die Sexualangst (das panische Wiedererkennen der Kastration) hier *durch eine Inszenierung der Kastration stillgestellt wird* — durch die ungefährliche Linie des Strumpfes, hinter der, statt des Mangels, der Ambivalenz und des Abgrunds, nur das eindeutig Sexuelle liegt, weil der nackte Schenkel und in Metonymie dazu auch der ganze Körper durch diese Zäsur zum *phallischen Bild* geworden ist, zum Fetisch-Objekt der Kontemplation und Manipulation, von dem keine Bedrohung mehr ausgeht.[1] Wie im Fetischismus kann der Wunsch sich jetzt auf Kosten der Kastrationsdrohung und des Todestriebs befriedigen.

1 Fetischisiert wird niemals das Geschlecht als solches, sondern der Phallus als allgemeines Äquivalent — ebenso wie in der politischen Ökonomie niemals das Warenprodukt als solches fetischisiert wird, sondern die Form des Tauschwerts und sein allgemeines Äquivalent.

Die Erotisierung besteht also immer im Hervorheben eines Körperfragments durch einen Querstrich, durch eine Trennungslinie, in der phallischen Phantasmatisierung dessen, was jenseits dieser Linie in der Position des Signifikanten liegt, und in der gleichzeitigen Reduktion der Sexualität auf den Status eines Signifikats (eines *repräsentierten Wertes*). Eine strukturelle Operation, die vor der Bedrohung schützt und durch die das Subjekt sich wieder als Phallus begreifen kann: Mit diesem Körperfragment oder mit diesem ganz und gar positivierten, fetischisierten Körper kann es sich identifizieren, es kann ihn sich in der Befriedigung eines Wunsches wieder aneignen, der sein eigenes Scheitern für immer verleugnet.

Dieser Vorgang lässt sich noch im kleinsten Detail erkennen. Das Kettchen, das das Hand- oder Fußgelenk umschließt, der Gürtel, die Halskette, der Ring machen den Fuß, die Taille, den Hals, den Finger zum *erektilen Teil*. Im äußersten Fall braucht man noch nicht einmal sichtbare Merkmale oder Zeichen: Selbst wenn er von allen Zeichen entblößt ist, wirkt die Erotizität des ganzen Körpers *in seiner Nacktheit* aufgrund einer phantasmatisierten Trennung, nämlich der gespielten und verhinderten Kastration. Selbst wenn er nicht durch irgendein Kennzeichen (Schmuck, Schminke oder Verletzung, alles kann diesen Zweck erfüllen) strukturiert ist, selbst wenn er nicht unterteilt ist — die Trennungslinie besteht trotzdem: in den Kleidern, die fallen und dadurch das Auftauchen des Körpers als Phallus signalisieren, auch und vor allem beim Körper der Frau. Darin besteht die ganze Kunst des Striptease, auf den wir noch zurückkommen werden.

In diesem Sinn wäre die sogenannte »freudianische« Symbolik neu zu interpretieren. Wenn der Fuß, der Finger, die Nase oder ein anderer Körperteil als Phallussymbol erscheinen können, dann liegt das nicht an ihrer hervorspringenden Form (nach einer schematischen Analogie zwischen verschiedenen Signifikanten und dem realen Penis): Ihre phallische Valenz beruht nur auf jenem phantasmatischen Einschnitt, durch den sie erigibel werden —

kastrierter Penis, Penis, weil kastriert. Vollwertige, phallifizierte Terme, die durch die Trennungslinie gekennzeichnet werden, die sie autonom macht — jenseits der Trennungslinie ist alles Phallus, alles löst sich in der phallischen Äquivalenz auf, selbst das weibliche Geschlecht, selbst weitgeöffnete Objekte oder Organe, die traditionellerweise zum Repertoire weiblicher »Symbole« gehören. Der Körper ist nicht in weibliche oder männliche »Symbole« aufgeteilt: Er ist im viel umfassenderen Sinn der Ort, an dem das Spiel und die Negation der Kastration stattfinden, was die (von Freud in »Fetischismus« beschriebene) chinesische Sitte illustriert, den Frauen erst die Füße zu verstümmeln und diese verstümmelten Füße dann als Fetisch zu verehren. In unzähligen Variationen wird so der ganze Körper für diese Markierung/Verstümmelung[2] und die anschließende phallische Verehrung (erotische Überhöhung) verfügbar. Darin liegt sein Geheimnis, und durchaus nicht in der Anamorphose der Sexualorgane.

2 Es besteht eine Affinität zwischen dem Zeichenzeremoniell, mit dem der erotische Körper sich umgibt, und dem Leidenszeremoniell, mit dem die sadomasochistische Perversion sich umgibt. Die »fetischisierte« Markierung (Halsbänder, Ketten, Armreifen) imitiert und evoziert immer die sadomasochistische Markierung (Verstümmelung, Verletzung, Narbe). Beide Perversionen kristallisieren sich ausschließlich um diese Apparatur von Markierungen.
Bestimmte Markierungen (und sie allein sind bedeutsam) bewirken, dass der Körper nackter erscheint als wenn er es wirklich wäre. Er besitzt dann eine perverse Nacktheit, die durch das Zeremoniell entsteht. Diese Markierungen können aus Kleidungsstücken oder Accessoires bestehen, aber auch aus Gesten, Musik oder anderen Techniken. Alle Perversionen brauchen Kunstgriffe, im wörtlichen Sinne. Im Sadomasochismus ist es das Leiden, das den Körper so emblematisiert wie es der Schmuck oder die Schminke in der fetischistischen Leidenschaft tun.
Zwischen allen Perversionen besteht eine Konvergenz: In dem erotischen System, das wir beschreiben, wird der Körper durch Selbstgenuss, durch Selbstverführung erregt — im Sadomasochismus wird er durch das Leiden (schmerzhafte Autoerotik) erregt. Doch es gibt eine Affinität zwischen beiden: Damit der andere leidet oder sich selbst verführt, muss er radikal objektiviert werden. Jede Perversion spielt mit dem Tod.

Auch der geschminkte Mund ist phallisch (Schminke und Make-up sind ein wesentlicher Teil des Arsenals zur Verwandlung des Körpers in einen strukturellen Wert). Ein geschminkter Mund spricht nicht mehr: Die still und unbeweglich gewordenen Lippen, halb geöffnet, halb geschlossen, haben nicht mehr die Funktion zu sprechen, zu essen, zu spucken oder zu küssen. Jenseits der stets ambivalenten Funktionen des Austauschs, des Aufnehmens und Ausstoßens, gerade von ihrer Verleugnung ausgehend, etabliert sich die perverse erotische und kulturelle Funktion, der faszinierende Mund als künstliches Zeichen, als kulturelle Arbeit, als Spiel und Spielregel, als Mund, der nicht spricht, der nicht isst, den man nicht küsst — der als Schmuckstück objektivierte Mund, dessen starker erotischer Reiz durchaus nicht, wie man meint, auf seiner Betonung als erogener Öffnung beruht, sondern im Gegenteil auf seiner Geschlossenheit —, wobei die Schminke gewissermaßen das phallische Kennzeichen bildet, die Markierung, die ihn als *phallischen Tauschwert* etabliert — ein erektiler Mund, ein sexuelles Anschwellen, in dem die Frau erigiert und in dem der Mann von seinem eigenen Bild fasziniert ist.[3]

Der Wunsch, so unbezwinglich er auch ist, weil er aus dem Verlust, dem Verlangen des einen nach dem anderen entsteht, wird durch diese strukturelle Arbeit mediatisiert. Er wird zum *Handelsobjekt*: in Gestalt von phallischen Zeichen und Werten, die nach einer allgemeinen phallischen Äquivalenz indexiert und getauscht werden, so dass jeder sich vertragsgemäß verhält und aus seinem eigenen Genuss in Form von phallischer Akkumulation Gewinn schlägt — die ideale Situation einer *politischen Ökonomie* des Wunsches.

Das gleiche gilt für den Blick. Die Schminke am Auge (auch jede andere künstlich-erotische Veränderung des Auges) führt zu

3 Häufig ist der sexuelle Akt nur um den Preis der Perversion möglich: Man stellt sich den anderen als Mannequin, als Phallus/Mannequin, als phallischen Fetisch vor, der dann wie der eigene Penis liebkost, gestreichelt und in Besitz genommen wird.

einer Verneinung des Blicks als permanent und gleichzeitig bestehender Möglichkeit der Kastration oder des Liebesversprechens. Durch Schminke metaphorisierte Augen bedeuten die ekstatische Reduktion dieser Bedrohung durch den Blick des anderen, in dem das Subjekt sich in seinem eigenen Mangel erkennen, in dem es aber auch schwindlig werden und untergehen kann, wenn die Augen es wirklich anblicken. Die raffiniert zurechtgemachten Medusen-Augen[4] sehen niemanden an, ihr Blick fällt auf nichts. In der Arbeit des Zeichens aufgehend, haben sie auch die Redundanz des Zeichens: Sie erregen sich an ihrer eigenen Faszination und ihre Verführungskraft geht auf diesen perversen Onanismus zurück.

Die Reihe wäre fortzusetzen: Was über die bevorzugten Orte des symbolischen Tauschs, den Mund und den Blick, gesagt wurde, das gilt auch für jeden anderen Körperteil, jedes Körperdetail, das von diesem Vorgang der erotischen Signifikation ergriffen wird. Aber das schönste Objekt, das Objekt, das diese Inszenierung vollendet und als Schlussstein der politischen Ökonomie des Körpers erscheint, ist der Körper der Frau. In den tausend Varianten des Erotismus bedeutet der enthüllte Körper der Frau ganz offensichtlich das Erscheinen des Phallus, des Fetischobjekts, er ist ein gigantisches Werk der phallischen Simulation und zugleich das unaufhörlich wiederholte Schauspiel der Kastration. Von der ungeheuren Verbreitung von Bildern bis zum minutiösen Ritual des

4 Der These von der phallischen Mutter, die furchterregend, weil phallisch ist, hat Freud entgegengehalten, dass die Lähmung durch das Medusenhaupt nur dadurch bewirkt wurde, dass durch die Schlangen, die es anstelle von Haaren hatte, die Kastration ebensoviele Male geleugnet wurde wie Schlangen auf dem Haupt waren, dass aber die Kastration von demjenigen, der sie vergessen wollte, durch die Umkehrung ebenso oft wieder erinnert wurde (André Green). Das gleiche gilt für die Faszination des Make-up und des Striptease: Auch jedes Fragment des Körpers, das durch die Markierung betont wird und einen phallischen Wert bekommt, leugnet die Kastration, die dennoch überall gerade in der Abtrennung dieser Partialobjekte wieder zum Vorschein kommt, so dass diese, wie das Fetischobjekt, immer nur als »Beweis und Verschleierung des kastrierten Geschlechts« (Lacan) in Erscheinung treten.

Striptease, überall wirkt das glatte und makellose Potenzial des zur Schau gestellten weiblichen Körpers als Demonstration des Phallischen, ein Potenzial, das durch das unaufhörliche phallische Verlangen in eine Medusa verwandelt wurde (darin besteht die tiefe imaginative Affinität zwischen der Eskalation der Erotik und dem Wachstum der Produktivität).

Das erotische Privileg des weiblichen Körpers hat nicht nur für die Männer, sondern auch für die Frauen Geltung. Es gibt tatsächlich eine gemeinsame perverse Struktur für alle: Ihre Achse bildet die Verleugnung der Kastration und sie befasst sich in erster Linie mit dem weiblichen Körper als der unmittelbaren Kastrationsdrohung.[5] Daher führt die logische Entwicklung des Systems (wiederum homolog zur politischen Ökonomie) zu einer Verstärkung der Erotik des weiblichen Körpers, der keinen Penis hat und sich daher am besten als allgemeines phallisches Äquivalent eignet. Der männliche Körper übt bei weitem nicht die gleiche erotische Wirkung aus, weil er weder die faszinierende Erinnerung an die Kastration noch das Schauspiel ihrer ständigen Überschreitung ermöglicht. Er kann niemals wirklich ein glattes, vollendetes, perfektes Objekt werden: weil er mit der »richtigen« *Markierung* versehen ist (die für das allgemeine System einen Wert besitzt), ist er für die *Demarkation*, die Abgrenzung, die lange Arbeit an der Umwandlung des Phallischen weniger geeignet. Aber es ist noch nicht sicher, ob nicht auch der männliche Körper eines Tages als phallische Variante aktualisiert werden kann. Bis zu einer neuen Ordnung jedoch gibt es keine erektile Nacktheit: Nur um diesen Preis kann die Erektilität in kontrollierter Form auf die gesamte Auffächerung der Objekte und des weiblichen Körpers übertragen wer-

5 Wenn der Rand des Strumpfes erotischer ist als die Schminke an den Augen oder die Linie des Handschuhs auf dem Arm, dann nicht wegen der genitalen Promiskuität, sondern ganz einfach, weil die Kastration hier in und aus nächster Nähe vorgespielt und geleugnet wird. Bei Freud wird daher der Gegenstand zum Fetischobjekt, der als letzter vor der Entdeckung des fehlenden Penis bei der Frau wahrgenommen wird.

den. Aber im äußersten Fall ist auch die Erektion nicht vereinbar mit dem System.[6]

Man müsste zu zeigen versuchen, welches Verhältnis zwischen diesem erotischen »Privileg« der Frau und den gesellschaftlichen und historischen Abhängigkeitsverhältnissen besteht. Nicht im Sinn eines sexuellen »Entfremdungs«-Mechanismus, der die gesellschaftliche »Entfremdung« verdoppeln würde, sondern indem man festzustellen versuchte, *ob sich nicht in jeder Form von politischer Diskriminierung der gleiche Vorgang der Verkennung abspielt wie bei der Differenzierung der Geschlechter im Fetischismus* — der dann zu einer Fetischisierung der beherrschten Klasse oder Gruppe führen würde, zu ihrer sexuellen Überbewertung, durch die um so leichter die für sie entscheidende Frage nach der Machtverteilung verhindert werden kann. Genaugenommen stammt das ganze signifikante Material des erotischen Bereichs aus dem Umkreis der Sklaverei (Ketten, Halsbänder, Peitschen) und der Wilden (Negritude, Bräunung, Nacktheit, Tätowierung), aus allen Zeichen der beherrschten Klassen und Rassen. Entsprechend ist auch das Verhältnis der Frau zu ihrem eigenen Körper, der von einer phallischen Ordnung annektiert ist, deren politischer Ausdruck sie selbst zur Nicht-Existenz verdammt.[7]

6 Undenkbar und unerträglich bleiben einzig die Annullierung des Phallus/Wertes und das Eindringen des radikalen Spiels der Differenz.

7 Mit anderen Worten: Dass einer der Terme des sexuellen Binoms, der Maskuline, zum markanten Term geworden ist, dass er zum allgemeinen Äquivalent im System geworden ist, diese Struktur, die uns notwendig erscheint, hat in sich keine biologische Begründung: Wie jede große Struktur hat sie im Gegenteil gerade den Zweck, mit der Natur zu brechen (Lévi-Strauss). Man kann sich eine Kultur vorstellen, in der die Terme umgekehrt wären: Männer-Striptease in einer matriarchalen Gesellschaft! Das Feminine brauchte nur zum markanten Term zu werden und als allgemeines Äquivalent zu wirken. Man sollte jedoch bedenken, dass beim bloßen Alternieren der Terme (worauf die »Befreiung« der Frau weitgehend hinausläuft) die Struktur unverändert bleibt, das Verdrängen der Kastration und die phallische Abstraktion unverändert bleiben. Wenn also das System die Möglichkeit zum strukturellen Alternieren ent-

Jeder Körper oder jeder Körperteil kann die gleiche Funktion erfüllen, vorausgesetzt, er wird der gleichen erotischen *Disziplin* unterworfen: Es ist notwendig und ausreichend, dass er so geschlossen, glatt und makellos wie möglich ist, ohne Öffnung, ohne »Mangel« – jede erogene Differenz muss durch die strukturelle Trennungslinie gebannt sein, die den Körper bezeichnet (im doppelten Sinn von Bezeichnung und Design), eine Trennungslinie, die in der Kleidung, im Schmuck, in der Schminke sichtbar ist, die bei völliger Nacktheit zwar unsichtbar wird, aber trotzdem da ist, weil sie dann den Körper wie eine *zweite Haut* umgibt.

Charakteristisch dafür ist in der Werbung die Omnipräsenz des »fast nackt«, des »nackt ohne nackt zu sein, aber so, als ob Sie es wären«, der Strumpfhosen, in denen »Sie noch nackter sind als ohne sie«: Das alles hat den Zweck, das naturalistische Ideal, seinen eigenen Körper »direkt« zu erleben, mit dem kommerziellen Imperativ des Mehrwerts zu versöhnen. Aber weiter. Das Interessanteste ist, dass die wahre Nacktheit hier als zweite Nacktheit definiert wird: Es ist die Nacktheit der Strumpfhose X oder Y, die aus so transparentem Material sind, »dass Sie selbst durch diese Transparenz verändert werden«. Diese Nacktheit wird übrigens oft durch einen Spiegel vermittelt — jedenfalls verbindet sich die Frau durch die Verdoppelung mit »dem Körper, von dem sie träumt: ihrem Körper«. Und endlich einmal hat der Mythos der Werbung uneingeschränkt Recht: Es gibt keine andere Nacktheit als die, die sich in den Zeichen verdoppelt, die sich in ihrer signifikanten Wahrheit selbst verdoppelt und die, wie ein Spiegel, das fundamentale Gesetz des Körpers auf dem Gebiet der Erotik wiedergibt: Um phallisch bewundert zu werden, muss die Nacktheit

hält, dann liegt das wirkliche Problem nicht darin, sondern in einer radikalen Alternative, die die Abstraktion dieser politischen Ökonomie des Sexus selbst in Frage stellt, die auf dem Term als allgemeinem Äquivalent, auf der Verkennung der Kastration und der symbolischen Ökonomie basiert.

zur transparenten, glatten, enthaarten Substanz eines wunderbaren und asexuellen Körpers werden.

Das perfekte Beispiel dafür ist die vergoldete Frau in dem James Bond-Film »Goldfinger«: ein radikales Make-up, das alle Öffnungen verstopft und aus ihrem Körper einen makellosen Phallus macht (dass er aus Gold ist, unterstreicht noch die Homologie mit der politischen Ökonomie), der selbstverständlich den Tod wert ist. Das nackte, mit Gold überzogene Playgirl stirbt daran, dass sie das Phantasma des Erotischen bis zur äußersten Absurdität verkörpert hat. Aber das gilt für jede Haut in der funktionalen Ästhetik, in der Massenkultur des Körpers. Strumpfhosen, Mieder, Strümpfe, Handschuhe, »hautenge« Bekleidung und natürlich das Braunwerden: Immer wieder taucht das Leitmotiv der »zweiten Haut« auf, immer wieder macht ein transparenter Film den Körper zu Glas.

Die Haut selbst wird nicht als »Nacktheit« verstanden, sondern als erogene Zone: als sinnliches Medium des Kontakts und des Austauschs, als Stoffwechsel von Absorption und Exkretion. Diese poröse Haut mit ihren Löchern und Öffnungen, die den Körper nicht begrenzt und die nur von der Metaphysik als Demarkationslinie des Körpers festgelegt wird, wird zugunsten einer zweiten Haut negiert, die nicht porös ist, die keine Ausdünstungen und Exkretionen hat,[8] die weder heiß noch kalt ist (sie ist »frisch«, sie ist »sanft«, eine optimale Klimatisierung), ohne Narben und Unebenheiten (sie ist »weich«, sie ist »samtig«), ohne eigenes Volumen (die »Transparenz des Teints«), vor allem aber ohne

8 Außer der edlen Absonderung von Tränen natürlich, aber mit welchen Vorsichtsmaßnahmen! Dazu ein bemerkenswerter Werbetext von Longcils Boncza: »Wenn ein Gefühl Sie so verwirrt, dass nur Ihr Blick noch seine Tiefe ausdrücken kann, dann dürfen Sie gerade in diesem Moment nicht von Ihrem Augen-Make-up im Stich gelassen werden. (...) Gerade in diesem Augenblick ist Longcils unentbehrlicher denn je (...), gerade in diesem Moment achtet Longcils auf Ihren Blick, umhüllt ihn und bringt ihn zur Geltung. So gut, dass Sie nur Ihre Augen zu schminken brauchen und (...) nicht mehr daran denken müssen.«

Öffnungen (sie ist »glatt«). Sie wird als Zellophanfolie funktionalisiert. Alle ihre Eigenschaften (Frische, Weichheit, Transparenz, Glätte) sind Eigenschaften der *Abschließung* — ein Null-Wert, der aus der Negation ambivalenter Extreme resultiert. Ebenso ist es mit ihrer »Jugendlichkeit«: Das Paradigma jung/alt wird hier in einer unsterblichen Jugend der Simulation neutralisiert.

Dieses Verglasen der Nacktheit gleicht der Besessenheit, mit der Gegenstände mit Schutzhüllen aus Wachs, Plastik etc. versehen werden, oder auch dem Abbürsten, dem Säubern, das sie in einen Zustand der Reinheit, der makellosen Abstraktion zurückversetzen soll — und damit auch ihre Sekretion (Patina, Rost, Staub) und ihren Verfall verhindern soll, um sie in einer Art von abstrakter Unsterblichkeit zu bewahren.

Eine »bezeichnete« Nacktheit, die in ihr Zeichennetz, das sie knüpft, keinen Hintergedanken und vor allem keinen Körper mit einschließt: weder einen Arbeitskörper noch einen Vergnügungskörper, weder einen erogenen Körper noch einen zerrütteten Körper — über all das geht sie im Simulakrum eines pazifizierten Körpers hinaus, wie Brigitte Bardot, die »schön ist, weil sie ihr Kleid genau ausfüllt« — eine Funktionsgleichung ohne Unbekannte. Anders als die Haut des Enthäuteten, unter der die Muskeln zucken, erinnert der moderne Körper eher an etwas Aufblasbares, ein Thema, das durch einen Comic Strip in Lui[9] illustriert wird, in dem eine Striptease-Tänzerin am Ende ihrer Show eine letzte Geste macht: Sie zieht einen Stöpsel aus dem Bauchnabel und schrumpft sofort zu einem kleinen Häufchen Haut auf der Bühne zusammen.

Utopie der Nacktheit, des Körpers, der in seiner Wahrheit *präsent* ist: In Wirklichkeit ist es die Ideologie des Körpers, der *repräsentiert* werden kann. Ein Indianer (ich weiß nicht mehr welcher) sagte einmal: »Der nackte Körper ist eine ausdruckslose Maske,

9 [»Lui, le magazine de l'homme moderne« (Lui, das Magazin für den modernen Mann) erschien zwischen 1963 und 1987 monatlich in Frankreich.]

die die wahre Natur eines jeden verbirgt.« Er wollte damit zu verstehen geben, dass nur ein mit Markierungen versehener und mit Inschriften bedeckter Körper einen Sinn hat. In einer Erzählung von Alphonse Allais verstand ein Radscha, ein Fanatiker der Denotation und der Wahrheit, dies umgekehrt: Nicht zufrieden damit, dass die Bajadere sich ausgezogen hatte, ließ er ihr bei lebendigem Leib die Haut abziehen.

Nirgendwo ist der Körper die bloße Oberfläche des Wesens, der unberührte Strand ohne Spuren, die Natur. Er hat diesen »ursprünglichen« Wert erst durch die Verdrängung bekommen — *und ihn, der naturalistischen Illusion entsprechend, als solchen zu befreien, würde bedeuten, ihn als verdrängten zu befreien*. Sogar seine Nacktheit kehrt sich gegen ihn und umgibt ihn mit einer unsichtbaren, doch undurchdringlichen Zensur: mit der zweiten Haut. Denn wie jedes Zeichen hat auch die Haut die Kraft eines Zeichens und verdoppelt sich in der Signifikation: Sie ist immer schon die zweite Haut. Das heißt, sie ist nicht die spätere, sondern immer die einzige.

In dieser Redundanz der Zeichen-Nacktheit, die dazu beiträgt, den Körper als Phantasma der Totalisierung wiederherzustellen, stoßen wir wieder auf die endlose Spekulation/Spiegelung des Subjekts des Bewusstseins durch sein Abbild im Spiegel — wobei die irreduzible Teilung des Subjekts durch die Verdoppelung formal zusammengefasst und aufgelöst werden soll. Die in den Körper eingeschriebenen Zeichen, in denen sich der Todestrieb ausdrückt, wiederholen auf dem körperlichen Material immer nur die metaphysische Operation des Subjekts des Bewusstseins. »Durch die Haut lässt man die Metaphysik in den Geist zurückkehren«[10], wie Artaud sagte.

Einschließung in den Spiegel oder phallische Verdoppelung der Markierung: In beiden Fällen verführt das Subjekt sich selbst. Es täuscht seinen eigenen Wunsch und bannt ihn in seinen eige-

10 [Vgl. Artaud, Das Theater und sein Double, S. 106.]

nen, durch die Zeichen verdoppelten Körper. Hinter dem Austausch der Zeichen, hinter der Arbeit des Codes, der als phallische Festung funktioniert, kann das Subjekt sich verbergen und sich wieder in die Gewalt bekommen: Sich vor dem Wunsch des anderen (vor seinem eigenen Mangel) zu verstecken, heißt gewissermaßen sehen (sich sehen), ohne gesehen zu werden. Die Logik des Zeichens ergänzt die Logik der Perversion.

Es ist wichtig, zwischen der Arbeit der Inskription und der Markierung der Körper in den »primitiven« Gesellschaften und in unserem gegenwärtigen System eine radikale Unterscheidung zu machen. Man fasst sie allzu leicht in der allgemeinen Kategorie des »symbolischen Ausdrucks« der Körper zusammen. Als ob der Körper immer gewesen wäre, was er ist, als ob die archaische Tätowierung die gleiche Bedeutung hätte wie das Schminken, als ob, unabhängig von allen Revolutionen der Produktionsweise, vom Beginn der Geschichte bis zur Epoche der politischen Ökonomie, ein unveränderter Bezeichnungsmodus existiert hätte. Anders als bei uns, *wo die Zeichen unter der Herrschaft eines allgemeinen Äquivalents ausgetauscht werden*, wo sie innerhalb eines Systems von phallischer Abstraktion und imaginärer Sättigung des Subjekts einen Tauschwert besitzen, haben die Markierung des Körpers und die Verwendung von Masken in archaischen Gesellschaften die Funktion einer unmittelbaren Aktualisierung des symbolischen Tauschs, des Gaben/Tauschs entweder mit den Göttern oder innerhalb der Gruppe — ein Tausch, bei dem das Subjekt nicht hinter der Maskierung oder Manipulation von Zeichen *seine eigene Identität zum Verkauf anbietet*, sondern bei dem es im Gegenteil seine Identität verzehrt, sich als Subjekt der Aneignung/Enteignung aufs Spiel setzt und bei dem der ganze Körper, ebenso wie die materiellen Güter und die Frauen, zum Gegenstand des symbolischen Tauschs wird — genauer gesagt: Es gibt weder die Abstraktion des Geldes noch das Standardschema der Bezeichnung, unser transzendentales Signifikant/Signifikat, die Phallus/Subjektivität, die unsere gesamte politische Ökonomie des Körpers beherrscht. Wenn der Indianer (vielleicht derselbe) auf die Frage des Weißen nach der Nacktheit seines Körpers erwidert: »Bei mir ist alles Gesicht«, dann sagt er damit, dass bei ihm der ganze Körper (der übrigens niemals nackt ist, wie wir gesehen haben) für den symbolischen Tausch bestimmt ist, während dieser bei uns tendenziell auf das Gesicht und den Blick reduziert wird. Bei den Indianern sehen die Körper sich an und tauschen alle ihre Zeichen aus, die sich in einer unaufhörlichen Verbindung verzehren und sich weder auf ein transzendentales Wertgesetz noch auf die private Aneignung des Subjekts beziehen. Bei uns verschließt sich der Körper über seinen Zeichen, bewertet sich durch ein Kalkül von Zeichen, die er nach dem Gesetz der Äquivalenz und der Reproduktion des Subjekts austauscht. Dieses setzt sich im Tausch nicht mehr außer Kraft: Es spekuliert, spiegelt. Dieses Subjekt, und nicht der Wilde, steckt voller Fetischismus aufgrund der Selbstverwertung seines Körpers wird es durch das Wertgesetz fetischisiert.

## Der »Striptease«

Alain Bernardin (Direktor des Crazy Horse Saloon) in Lui: »Der Striptease ist weder ›strip‹ noch ›tease‹ (...), er ist eine Parodie. (...) Ich bin ein Spaßmacher: Man erweckt den Eindruck, die nackte Wahrheit zu zeigen, aber die Täuschung könnte nicht größer sein.

Das ist das Gegenteil des Lebens. Denn wenn die Frau nackt ist, ist sie viel sorgfältiger zurechtgemacht als angezogen. Die Körper werden mit einem speziellen Make-up geschminkt, das die Haut seidig macht (...). Sie hat Handschuhe, die ihre Arme unterteilen, was immer sehr schön ist, sie hat grüne, rote oder schwarze Strümpfe, die ihre Beine am Oberschenkel unterbrechen (...).

Ein traumhafter Striptease: die Weltraum-Frau. Sie würde im luftleeren Raum tanzen. Denn je langsamer eine Frau sich bewegt, desto erotischer ist sie. Ich meine also, dass der Gipfel eine Frau im Zustand der Schwerelosigkeit wäre.

Die Nacktheit am Strand hat nichts mit der Nacktheit auf der Bühne zu tun. Auf der Bühne sind sie Göttinnen, sie sind unberührbar (...). Die Welle der Nacktheit am Theater und anderswo ist oberflächlich, sie beschränkt sich auf einen gedanklichen Vorgang: Ich werde mich ausziehen, ich werde nackte Schauspieler und Schauspielerinnen zeigen. Gerade durch diese Eingeschränktheit ist es uninteressant. Anderswo wird die Realität gezeigt: Ich aber suggeriere hier ausschließlich das Unmögliche.

Die Realität des Sex, die überall zur Schau gestellt wird, verkleinert nur die Subjektivität der Erotik.

In wechselnder Beleuchtung schillernd, juwelenglitzernd und mit einer großen, orangefarbenen Perücke geschmückt, wird Uscha Barock, österreichisch-polnischer Abstammung, die Tradition des Crazy Horse fortsetzen: die Frau zu schaffen, die man nicht umarmen kann.«

Der Striptease ist ein Tanz: vielleicht der einzige und originellste der heutigen westlichen Welt. Sein Geheimnis liegt darin, dass eine Frau ihren eigenen Körper in einem autoerotischen Ritual zelebriert und er dadurch begehrenswert wird. Ohne diese narzisstische Täuschung, die die Substanz aller ihrer Gesten ist, ohne diese angedeuteten Liebkosungen, die den Körper einhüllen und ihn als phallisches Objekt emblematisieren, gäbe es keine erotische Ausstrahlung. Eine sublime Form der Masturbation, für die die Langsamkeit entscheidend ist, wie Bernardin sagt. Diese Langsamkeit betont, dass die Gesten, mit denen die Frau sich umhüllt (ausziehen, liebkosen und sogar das Vorspielen von Wollust), Gesten des »Anderen« sind. Durch ihre Gesten schafft sie das Phantom eines sexuellen Partners. Doch zugleich wird dieser Andere ausgeschlossen, weil sie ihn substituiert und sich seine Gesten durch eine Verdichtungsarbeit aneignet, die dem Vorgang des Traums sehr ähnlich ist. Das ganze erotische Geheimnis (und die Arbeit) des Striptease liegt in dieser Schaffung und Aufhebung des

Anderen durch Gesten, deren Langsamkeit erotisch wirkt, wie die Zeitlupenaufnahme einer Explosion oder eines Absturzes, weil es dabei, bevor der Vorgang abgeschlossen ist, *Zeit genug gibt, einen Mangel zu empfinden*, wodurch, falls es so etwas gibt, die Vollendung des Wunsches entsteht.[11]

Ein Striptease ist nur dann gelungen, wenn er den Körper, einer rigorosen narzisstischen Abstraktion entsprechend, in einem solchen Spiegel von Gesten reflektiert — wobei das Gestische das bewegliche Äquivalent dieses Arsenals von Zeichen und Markierungen ist, die sonst bei der erektilen Inszenierung des Körpers auf allen Ebenen der Mode, des Make-ups, der Werbung verwendet werden.[12] Ein schlechter Striptease ist demnach einer, bei

11 Die gestische Darstellung, im Fachjargon als »bump and grind« bezeichnet, realisiert das, was Bataille die »Vortäuschung des Gegenteils« genannt hat. Weil der Körper durch dieselben Gesten, die ihn entkleiden, zugleich ständig verdeckt und verschleiert wird, bezieht er aus dieser Ambivalenz eine poetische Bedeutung. Die Naivität von Nudisten und anderen, diese »oberflächliche Nacktheit an den Stränden«, von der Bernardin spricht, die die nackte Realität zu zeigen glaubt, verfällt im Gegenteil der Äquivalenz der Zeichen: Sie ist nicht mehr als der äquivalente Signifikant einer signifikaten Natur. Diese naturalistische Entkleidung ist immer nur ein »geistiger Akt«, wie Bernardin sehr richtig sagte, sie ist eine Ideologie. In diesem Sinn ist der Striptease mit seinem perversen Spiel und seiner raffinierten Ambivalenz das Gegenteil der »Befreiung durch Nacktheit« als einer rationalistischen/liberalen Ideologie. Die »Eskalation des Nackten« ist die Eskalation des Rationalismus, der Menschenrechte, der formalen Befreiung, der liberalen Demagogie, der kleinbürgerlichen Gedankenfreiheit. Diese realistische Verirrung wurde von einem kleinen Mädchen zurechtgerückt, dem man eine Puppe schenken wollte, die »Pipi machen« kann. »Das kann meine kleine Schwester auch. Kannst du mir nicht lieber eine richtige Puppe schenken?«

12 Ein Spiel mit transparenten Schleiern kann dieselbe Wirkung haben wie dieses Spiel der Gesten. Auf der gleichen Ebene liegt die häufig zu sehende Werbung, die zwei oder mehrere Frauen ins Bild bringt: Dies ist nur scheinbar eine homosexuelle Thematik, in Wirklichkeit ist es eine Variante des narzisstischen Modells der Selbstverführung, ein Verdoppelungsspiel, das über den Umweg einer sexuellen Simulation auf sich selbst zentriert ist (diese Simulation kann durchaus auch heterosexuell sein: Der Mann taucht in der Werbung immer nur als narzisstische Absicherung auf, die der Frau hilft, sich selbst zu gefallen).

dem es nur schlicht und einfach ums Ausziehen geht, der nur die Nacktheit, den angeblichen Zweck des Schauspiels wiederherstellt, und dem die Hypnose des Körpers fehlt, die ihn der offenen Begehrlichkeit des Publikums darbietet. Es ist nicht so, dass ein schlechter Striptease nicht das Begehren des Publikums wecken könnte, im Gegenteil – aber es ist der Frau nicht gelungen, ihren Körper *für sich selbst* als verzaubertes Objekt zu erschaffen, es ist ihr nicht gelungen, diese Transsubstantiation der profanen (realistischen, naturalistischen) Nacktheit in eine sakrale Nacktheit zu vollziehen, in die Nacktheit eines Körpers, der sich selbst umkreist, sich selbst berührt (aber doch immer durch eine subtile Leere hindurch, durch eine sinnliche Distanz, eine Umschreibung, die, wiederum wie ein Traum, die Tatsache reflektiert, dass die Gesten spiegelbildlich sind, dass der Körper sich durch den Spiegel der Gesten auf sich selbst bezieht).

Ein schlechter Striptease wird von der Nacktheit dominiert, oder von der Unbeweglichkeit (oder dem Fehlen von Rhythmus, der Schroffheit der Gesten): Auf der Bühne ist dann nur eine »obszöne« Frau, ein »obszöner« Körper im strengen Sinn des Wortes, und nicht die geschlossene Sphäre eines Körpers, der sich durch jene Aura von Gesten selbst als Phallus bezeichnet und sich selbst als *Zeichen* des Begehrens überlegen fühlt. Mit einem Striptease Erfolg zu haben, bedeutet also durchaus nicht, »mit dem Publikum ins Bett zu gehen«, wie man im Allgemeinen glaubt, genau das Gegenteil ist richtig. Die Striptease-Tänzerin ist eine Göttin, wie Bernardin sagt, und das Verbot, das auf ihr liegt, das sie um sich errichtet, bedeutet nicht, dass man ihr nichts *nehmen* könnte (dass das sexuelle acting-out unmöglich wäre: Diese repressive Situation gehört zum schlechten Striptease), sondern vielmehr, dass man ihr nichts *geben* kann, weil sie selbst sich alles gibt, und daraus entsteht die vollendete Transzendenz, die ihre Faszination ausmacht.

Die Langsamkeit der Gesten ist die des Priesters und der Transsubstantiation. Nicht der Transsubstantiation von Brot und Wein, sondern von Körper in Phallus. Mit jedem Kleidungsstück, das fällt, ist man nicht näher am Nackten, an der nackten Wahrheit des Sex (obwohl das ganze Schauspiel auch von diesem voyeuristischen Trieb lebt und von der Vorstellung des gewaltsamen Entkleidens und der Lust zur Vergewaltigung besetzt ist, laufen solche Phantasmen ihm zuwider) – sondern wenn ein Kleidungsstück fällt, bezeichnet es das, was es entblößt, als Phallus – es kommt ein neues Kleidungsstück zum Vorschein, und das Spiel vertieft sich, während der Körper im Rhythmus des Striptease immer deutlicher als phallisches Bild in Erscheinung tritt. Es ist also kein Spiel, bei dem die Zeichen einer sexuellen »Tiefe« wegen abgelegt werden, es ist im Gegenteil ein sich steigerndes Spiel mit der Konstruktion von Zeichen – wobei jede Markierung durch ihre Benutzung als Zeichen eine erotische Kraft bekommt, das heißt, durch die Umkehrung, durch die es das, was es nie gewesen ist (Verlust und Kastration), zu dem macht, was es stattdessen bedeutet: den Phallus.[13] Deshalb ist der Striptease langsam: Er müsste so schnell wie möglich ablaufen, wenn sein Zweck die rituelle Entblößung wäre, aber er ist langsam, weil er Diskurs, Zeichenkonstruktion und genaue Ausarbeitung einer verschobenen Bedeutung ist. Auch der Blick bestätigt diese phallische Transfiguration. Die Starrheit des Blicks ist ein wesentliches Mittel der guten Striptease-Tänzerin. Man interpretiert ihn gewöhnlich als Distanzierungstechnik, als coolness, die die Grenzen dieser erotischen Situation abstecken soll. Ja und nein: Der starre Blick, der nur das Verbot sichtbar machen sollte, würde genau damit den Striptease zu einer Art von repressivem Pornodrama machen. Aber der gute Striptease ist das nicht, die Beherrschtheit des Blicks ist keine ge-

13 Auch das letzte Kleidungsstück könnte fallen: Der integrale Striptease ändert seine Logik nicht. Man weiß, dass die Gesten genügen, um einen Zauberkreis um den Körper zu ziehen, eine subtilere Markierung als durch einen Slip, und ohnehin ist das, was diese strukturelle Markierung (ob Slip oder Geste) versperrt, kein Geschlechtsorgan, sondern die Sexuation selbst, die den Körper durchdringt. Der Anblick des Organs, und äußerstenfalls auch des Orgasmus, löst das keineswegs auf.

wollte Kälte: Wenn er cool ist wie der Blick des Mannequins, dann soll damit das Coole als eine ganz spezifische Qualität der gesamten gegenwärtigen Kultur der Medien und des Körpers neu definiert werden, eine Qualität, die nicht mehr der Ordnung von heiß oder kalt angehört. Dieser Blick ist der neutralisierte Blick der autoerotischen Faszination, der Blick der Objekt/Frau, die sich selbst betrachtet und ihre weit geöffneten Augen in dieser Selbstbetrachtung verschlossen hat. Dies ist nicht die Folge eines zensierten Wunsches: Es ist der Gipfel der Perfektion und Perversion. Es ist die Vollendung des ganzen sexuellen Systems, das die Frau nur dann so verführerisch und ganz sie selbst sein lässt, wenn sie es akzeptiert, zunächst *sich selbst* zu gefallen, wenn sie Gefallen daran findet, außer ihrem eigenen Bild keinen anderen Wunsch, keine Transzendenz zu kennen.

Der ideale Körper für diesen Status ist der des Mannequins. Das Mannequin ist das Modell für diese ganze phallische Instrumentalisierung des Körpers. Schon das Wort sagte es: *Manne-ken*, »kleiner Mann« – Kind oder Penis –, in diesem Fall ist es der eigene Körper, den die Frau mit einer raffinierten Manipulation, mit einer starken, nie versagenden narzisstischen Disziplin handhabt, die ihn zum Paradigma der Verführung macht. Und dieser perverse Vorgang, der aus ihr und ihrem sakralisierten Körper einen lebenden Phallus macht, ist zweifellos *die wirkliche Kastration der Frau* (und ebenso des Mannes, aber einem Modell entsprechend, das sich vorzugsweise um die Frau herum kristallisiert). Kastriert zu sein bedeutet, von phallischen Substituten verdeckt zu sein. Die Frau wird von ihnen verdeckt, sie muss ihren Körper zum Phallus machen, weil sonst die Gefahr besteht, dass sie niemals begehrenswert ist. Und wenn Frauen keine Fetischisten sind, dann deshalb, weil sie diese ständige Fetischisierungsarbeit auf sich selbst anwenden, weil sie sich zur *Puppe* machen. Man weiß, dass die Puppe ein Fetisch ist, der ständig an- und ausgezogen, herausgeputzt und wieder zerstört wird. Dieses Spiel des Auf- und Zudeckens hat in der Kindheit seinen symbolischen Wert, auf dieses Spiel regredieren umgekehrt alle Objekt- und Symbolbeziehungen, wenn die Frau *sich zur Puppe macht,* ihr eigener Fetisch und der Fetisch des Anderen wird.[14]

Freud: »Die so häufig zum Fetisch erkorenen Wäschestücke halten den Moment der Entkleidung fest, den letzten, in dem man das Weib noch für phallisch halten durfte.«[15]

Die Faszination des Striptease als Schauspiel der Kastration würde demnach auf der drohenden Entdeckung beruhen, oder vielmehr auf der Suche, die niemals zu einer Entdeckung führt, oder noch besser darauf, dass man mit allen Mitteln sucht, um niemals zu entdecken, dass es nichts zu finden gibt. »Als *stigma indelebile* der stattgehabten Verdrängung bleibt auch die Entfremdung gegen das wirkliche weibliche Genitale, das man bei keinem Fetischisten vermisst.«[16] Ein unvorstellbarer Mangel — eine Erfahrung, die von nun an die Grundlage jeder »Aufdeckung«, jeder »Enthüllung« bildet (insbesondere aber die Grundlage des sexuellen ›Status‹ der ›Wahrheit‹) –, die Obsession, die das Loch erzeugt, verwandelt sich in die umgekehrte Faszination durch den Phallus. Aus diesem Mysterium der verleugneten und versperrten Öffnung steigt eine ganze Anzahl von Fetischen auf (Objekte,

14 Der perverse Wunsch ist der normale Wunsch, den das gesellschaftliche Modell aufzwingt. Wenn die Frau der autoerotischen Regression entgeht, ist sie kein Objekt des Wunsches mehr, sie wird zum Subjekt des Wunsches und stellt sich damit zugleich gegen die Struktur des perversen Wunsches. Aber auch sie kann die Befriedigung ihres Wunsches durchaus in der fetischistischen Neutralisierung des Wunsches des Anderen finden: Die perverse Struktur (diese Form von Arbeitsteilung des Wunsches, in der das Geheimnis der Perversion und ihrer erotischen Kraft liegt) bleibt dann unverändert. Die einzige Alternative: Jeder müsste die phallische Festung niederreißen, diese perverse Struktur, in der das sexuelle System ihn gefangen hält; jeder müsste, statt nach seiner phallischen Identität zu schielen, den Mangel an sich selbst statt am Anderen ins Auge fassen, um so dieser weißen Magie der phallischen Identifikation zu entgehen und seine eigene gefahrvolle Ambivalenz zu erkennen — dann wäre die Möglichkeit des Wunsches als symbolischer Tausch wieder gegeben.

15 Freud, Fetischismus, S. 315.

16 Freud, ebenda, S. 313.

Phantasmen, Körper/Objekte). Der fetischisierte Körper der Frau selbst hat die Stelle des Mangels verdeckt, aus dem er hervorgeht, hat diesen schwindelerregenden Ort mit seiner ganzen erotischen Präsenz verdeckt, dem »Zeichen des Triumphes über die Kastrationsdrohung und Schutz gegen sie«.[17]

Hinter den nacheinander fallenden Hüllen ist nichts, ist niemals etwas, und die Bewegung, die immer weiter vorandrängt, um es zu entdecken, ist der eigentliche Kastrationsvorgang — nicht die Anerkennung des Mangels, sondern die schwindelerregende Faszination durch diese nicht vorhandene Substanz. Die ganze abendländische Entwicklung, die zu einem schwindelerregenden, realistischen Zwangsverhalten führt, wird durch diesen Seitenblick auf die Kastration beeinflusst: Unter dem Vorwand, »den Dingen auf den Grund zu gehen«, liebäugelt man unbewusst mit der Leere. Anstatt die Kastration anzuerkennen, baut man alle möglichen phallischen Alibis auf, um sie dann wie unter einem faszinierenden Zwang eins nach dem andern beiseite zu räumen, um die »Wahrheit« zu entdecken — die immer die Kastration ist, sich aber schließlich immer nur als *geleugnete* Kastration zu erkennen gibt.

## Der gesteuerte Narzissmus

Das alles führt wieder zum Narzissmus als Ausdruck der gesellschaftlichen Kontrolle zurück. Eine Passage von Freud (»Zur Einführung des Narzißmus«) erinnert an das, war wir bisher behandelt haben: »Es stellt sich besonders im Falle der Entwicklung zur Schönheit eine Selbstgenügsamkeit des Weibes her, welche das Weib für die ihm sozial verkümmerte Freiheit der Objektwahl entschädigt. Solche Frauen lieben, strenggenommen, nur sich selbst mit ähnlicher Intensität, wie der Mann sie liebt. Ihr Bedürfnis geht auch nicht dahin zu lieben, sondern geliebt zu wer-

17 Freud, ebenda.

den, und sie lassen sich den Mann gefallen, welcher diese Bedingungen erfüllt. (...) Solche Frauen üben den größten Reiz auf die Männer aus, nicht nur aus ästhetischen Gründen, weil sie gewöhnlich die schönsten sind, sondern auch infolge interessanter psychischer Konstellationen.«[18] Es ist dann die Rede von »Kindern, Katzen und bestimmten Tieren«, die wir »um die Erhaltung (...) einer unangreifbaren Libidoposition beneiden«, die dadurch entsteht, dass sie »unser Interesse durch die narzißtische Konsequenz« erzwingen. Im heutigen erotischen System geht es indessen nicht um den primären Narzissmus, der mit einer Art von »polymorpher Perversion« einhergeht, sondern um die Verschiebung des Narzissmus auf ein »Ideal-Ich«, dem nun »die Selbstliebe gilt, welche in der Kindheit das wirkliche Ich genoss«, genauer gesagt, um die Projektion der »narzißtischen Vollkommenheit der Kindheit« als Ich-Ideal, das, wie man weiß, an die Verdrängung und die Sublimierung gebunden ist. Diese Wertschätzung, die die Frau ihrem eigenen Körper entgegenbringt, diese Rhetorik der Schönheit, reflektiert tatsächlich eine strenge Disziplin und eine Ethik, die parallel zu der läuft, die im ökonomischen Bereich herrscht. Im Rahmen dieser funktionalen Ästhetik des Körpers kann niemand mehr den Prozess, in dem sich das Subjekt seinem narzisstischen Ich-Ideal unterwirft, von dem unterscheiden, in dem die Gesellschaft es zur Anpassung zwingt und ihm keine andere Wahl lässt, als sich selbst zu lieben, sich selbst den Regeln entsprechend zu besetzen, die sie vorschreibt. Dieser Narzissmus ist also radikal verschieden von dem der Katze oder des Kindes, *weil er im Zeichen des Wertes steht*. Es ist ein *gesteuerter* Narzissmus, eine gesteuerte und funktionale Überschätzung der Schönheit, die dazu dient, die Zeichen zur Geltung zu bringen und ihren Austausch zu sichern. Diese Selbstverführung hat nur den Anschein von Zweckfreiheit, in Wirklichkeit ist jedes Detail durch eine Norm für den optimalen Einsatz des Körpers auf dem Markt der Zeichen festge-

18 Freud, Zur Einführung des Narzißmus, S. 155.

legt. Welche Phantasmen auch immer die moderne Erotik in Umlauf bringt, sie wird von einer rationalen Wertökonomie reguliert, und darin besteht die ganze Differenz zum primären oder infantilen Narzissmus.

Die Mode und die Werbung zeichnen also die »Karte des Königreichs der autoerotischen Zärtlichkeit«[19] und seiner gesteuerten Erforschung: Man ist für seinen Körper verantwortlich und muss ihn zur Geltung bringen, man muss ihn besetzen – nicht nach den Prinzipien des Genusses, sondern den Zeichen entsprechend, die durch verallgemeinerbare Modelle, durch ein Organisationsschema des Prestiges etc. reflektiert und vermittelt werden. Dabei wird eine merkwürdige Strategie verfolgt: eine Umlenkung und Übertragung der Besetzung des Körpers und der erogenen Zonen auf *die Inszenierung des Körpers und der Erogenität.* Die narzisstische Verführung verbindet sich von nun an mit dem Körper oder mit Körperteilen, die durch eine Technik, durch Objekte, durch Gesten, durch ein Zusammenspiel von Markierungen und Zeichen objektiviert werden. Dieser *Neo-Narzissmus* verbindet sich mit der *Manipulation* des Körpers als Wert. Es ist eine gesteuerte Ökonomie des Körpers, die sich auf ein Schema der libidinösen und symbolischen Destrukturierung des Körpers gründet, auf eine gesteuerte Zerstörung und Neustrukturierung der Besetzungen, auf die »Wiederaneignung« des Körpers nach leitenden Modellen, also unter Kontrolle des Verstandes, auf die Übertragung der Wunscherfüllung auf den Code.[20] Das alles begründet einen

19 [Anspielung auf die berühmte »Carte de Tendre« in einen Roman von Madeleine de Scudérie (Clélie, Histoire romaine, 1654–60).]

20 Wenn man sich an die Funktion des Buchstabens bei Serge Leclaire erinnert, an seine erogene Funktion als Einschreibung und Annullierung der Differenz, dann erkennt man, dass das gegenwärtige System durch die Aufhebung der öffnenden zugunsten seiner nur einschließenden Funktion charakterisiert wird. Die buchstäbliche Funktion wird aufgelöst – die symbolische Inskription macht der nur strukturellen Inskription Platz –, das Alphabet des Wunsches weicht dem Alphabet des Codes. Auch die analytische Ambivalenz des Buchstabens wird durch seine Äquivalenz im System des Codes ersetzt, durch

gewissermaßen »synthetischen« Narzissmus, der von den beiden klassischen Formen des Narzissmus zu unterscheiden wäre:

1. Primärer Narzissmus: verschmelzend.

2. Sekundärer Narzissmus: Besetzung des Körpers als etwas Verschiedenes, als Spiegel-Ich. Integration des Ich durch das gespiegelte Erkennen und durch den Blick des Anderen.

3. Tertiärer Narzissmus: »synthetisch«. Neubezeichnung des dekonstruierten Körpers als »personalisierter«, das heißt kollektiven, funktionalen Modellen entsprechend klassifizierter Eros. Das ist der Körper, der als Ort der industriellen Produktion von Zeichen und Differenzen homogenisiert wurde, der im Zeichen der programmatischen Verführung mobilisiert wurde. Auflösung der Ambivalenz zugunsten einer totalen Positivierung des Körpers als Schema der Verführung, der Befriedigung und des Prestiges. Der Körper als Summierung der Partialobjekte, dessen Subjekt das »Sie« des *Konsumierens* ist.[21] Auflösung der Beziehung des

seine Funktionalität als (linguistischer) Wert. Damit verdoppelt und reflektiert sich der Buchstabe als vollwertiges Zeichen, an Stelle der erogenen Differenz wird nun der Buchstabe als einheitliches Merkmal besetzt. Er wird als Phallus besetzt, in dem sich alle Differenzen auflösen. Der Buchstabe löst das Subjekt in der Lust nicht mehr auf, »skandiert« es nicht mehr — es gibt nur noch die bloße Wunscherfüllung im fetischisierten Buchstaben. So steht dem erogenen Körper bei Leclaire nicht nur der anatomische Körper gegenüber, sondern auch und vor allem der semiurgische Körper, der aus der Lexik der vollwertigen und codifizierten Signifikanten besteht, aus signifikanten Modellen der Wunscherfüllung. [Vgl. Leclaire, Der psychoanalytische Prozess.]

21 Das Subjekt des Konsums, besonders des Körper-Konsums, ist weder das Ich noch das Subjekt des Unbewussten, es ist das »Sie«, das »you« der Werbung, also ein Subjekt, das von den vorherrschenden Modellen gebrochen, fragmentiert und rekonstituiert wird, das »personalisiert« und im Zeichen/Tausch eingesetzt wird. Das »Sie« ist nichts weiter als das Simulationsmodell der zweiten Person und des Tauschs, es ist in Wirklichkeit keine Person, niemand mehr, es ist nur der fiktive Terminus, der den Diskurs des Modells aufrechterhält. Dieses »Sie« ist nicht mehr dasjenige, mit dem man spricht, sondern nur das Ergebnis der Verdoppelung des Codes, ein Phantom, das im Spiegel der Zeichen erscheint.

Subjekts zu seinem eigenen Mangel an Körper durch den Körper selbst, der zum Medium der Totalisierung geworden ist, wie es in dem Film »Le Mépris« (Die Verachtung) sehr schön gezeigt wird. Dort zerlegt Brigitte Bardot ihren Körper im Spiegel in seine Einzelteile, die sie der erotischen Bewertung des Anderen präsentiert: das Ganze mündet in eine formale Summierung als Objekt: »Nun, liebst Du mich denn insgesamt?«[22] Unter dem allgemeinen Äquivalent des Phallus-Kults ist der Körper zum totalen, von Modellen gelenkten Zeichensystem geworden, ebenso wie das Kapital unter dem allgemeinen Äquivalent des Geldes zum totalen System des Tauschwerts wird.

## Die inzestuöse Manipulation

Die gegenwärtige »Befreiung« des Körpers geht über den Narzissmus im engeren Sinne hinaus. Der »befreite« Körper ist ein Körper, in dem Gesetz und Verbot, die früher den Sexus und den Körper von außen zensiert haben, in gewisser Weise als narzisstische Variable verinnerlicht worden sind. Die äußeren Zwänge haben sich in eine Einkreisung durch Zeichen, in eine geschlossene Simulation verwandelt. Und während das puritanische Gesetz im Namen des Vaters noch in erster Linie auf die genitale Sexualität angewendet wurde, und zwar in gewaltsamer Form, ist die gegenwärtige Phase mit einer Veränderung all dieser Charakteristika verbunden:

— sie ist nicht mehr gewaltsam: Die Unterdrückung ist friedfertig

— sie zielt nicht mehr grundsätzlich auf die genitale Sexualität, die inzwischen einen offiziellen Platz innerhalb des Moralkodex

22 [Vgl. »Le Mépris« (1963) von Jean-Luc Godard. Auf Druck des Produzenten musste Godard ein paar Nacktaufnahmen von Brigitte Bardot nachdrehen, die eine ganz eigene Ästhetik aufweisen, als Rückblenden, untermalt von banalen, neckischen Dialogen.]

bekommen hat. Was in diesem viel subtileren und radikaleren Stadium der Repression anvisiert wird, ist die *Ebene des Symbolischen selbst*. Das bedeutet, dass die Repression, indem sie über die sekundäre Sexuation (Genitalität und bisexuelles Gesellschaftsmodell) hinausgeht, die primäre Sexuation trifft (die erogene Differenz und Ambivalenz, die Beziehung des Subjekts zu seinem eigenen Mangel, der die Möglichkeit des symbolischen Tauschs überhaupt begründet)[23]; — die Repression wird nicht mehr im Namen des Vaters vollzogen, sondern in gewisser Weise im Namen der Mutter. Weil der symbolische Tausch durch das Inzestverbot begründet wurde, bedeutet jede Aufhebung (Zensur, Verdrängung, Vernichtung) dieser Ebene des symbolischen Tauschs einen Prozess der inzestuösen Regression. Wir haben gesehen, dass die Erotisierung und die phallische Manipulation des Körpers sich als Fetischisierung charakterisieren ließen; der perverse Fetischist aber wird durch die Tatsache definiert, dass er sich niemals vom Wunsch der Mutter befreit hat, die ihn zum Substitut dessen gemacht hat, was ihr fehlte. Die ganze Arbeit des perversen Subjekts als lebendem Phallus der Mutter besteht darin, sich in diesem Trugbild seiner selbst einzurichten und darin die Erfüllung seines Wunsches zu finden — tatsächlich aber *die Erfüllung des Wunsches der Mutter* (während die traditionelle genitale Repression *die Erfüllung des Wortes des Vaters* bedeutet). Damit ist

23 Man kann ganz klar sagen, dass die »Befreiung« und die »Revolution« des Körpers sich im Wesentlichen auf der Ebene der sekundären Sexuation abspielt, das heißt auf der Ebene einer bisexuellen Rationalisierung des Sexus. Sie wirken sich also — mit einer Phasenverschiebung — in dem Bereich aus, der früher von der puritanischen Verdrängung betroffen war, und daher haben sie auch keine Auswirkung auf die aktuelle Repression, auf die Repression des Symbolischen. Sie können diese Repressionsform nicht treffen, weil sie zu weit hinter ihr zurückbleiben. Besser noch (oder schlechter): Die fundamentale Repression schreitet wegen dieser »sexuellen Revolution« und durch sie hindurch voran, weil diese häufig auf beunruhigende Weise mit dieser »sanften« Repression im Zeichen des gelenkten Narzissmus konvergiert, von der wir schon gesprochen haben.

eine ausgesprochen inzestuöse Situation geschaffen: Das Subjekt ist nicht mehr *geteilt* (es weicht nicht mehr von seiner phallischen Identität ab) und es teilt nicht mehr (es entäußert nichts von sich selbst in einer symbolischen Tauschbeziehung). Es wird vollständig durch die Identifikation mit dem Phallus der Mutter definiert. Der gleiche Vorgang wie beim Inzest: Es bleibt in der Familie.

Mit dem Körper ganz allgemein ist es heute genauso: Wenn das Gesetz des Vaters, die puritanische Moral (mehr oder weniger) außer Kraft gesetzt wird, dann geschieht das einer libidinösen Ökonomie entsprechend, die durch die Vernichtung des Symbolischen und durch die Aufhebung der Inzest-Barriere gekennzeichnet ist. Durch die Massenmedien verbreitet, bleibt diesem allgemeinen Modell der Wunscherfüllung doch noch ein Element von Obsession und Angst, das sich aber sehr von der puritanischen Neurose auf hysterischer Grundlage unterscheidet. Es handelt sich nicht mehr um die Angst, die mit dem ödipalen Verbot verbunden ist, man könne selbst noch im »Schoß« der Befriedigung und der vielfältigen genitalen Lust, selbst noch im »Schoß« dieser großzügigen, toleranten, beruhigenden, permissiven Gesellschaft nur die lebende Marionette des Wunsches der Mutter sein. Eine Angst, die tiefer geht als die vor der genitalen Frustration, denn sie ist die Angst vor der Zerstörung des Symbolischen und des Tauschs, vor einer inzestuösen Situation, in der dem Subjekt sogar sein eigener Mangel fehlt — eine Angst, die sich heute überall in der Phobie und Zwangsvorstellung der *Manipulation* äußert.

Wir alle erleben auf allen Ebenen diese subtile Form von Repression und Entfremdung: Ihre Quellen sind ungreifbar, ihre Präsenz ist tückisch und total, Kampfformen gegen sie sind noch nicht gefunden worden und vielleicht unauffindbar. Und zwar weil diese Manipulation auf die ursprüngliche Manipulation des Subjekts durch die Mutter zurückgeht, die es zu ihrem eigenen Phallus gemacht hat. Dieser alles verschmelzenden und alles manipulierenden Totalität, dieser Enteignung, kann man sich nicht mehr so widersetzen wie dem transzendentalen Gesetz des Vaters.

Jede künftige Revolution wird diese fundamentale Voraussetzung berücksichtigen müssen und – zwischen dem Gesetz des Vaters und dem Wunsch der Mutter, zwischen dem Zyklus Repression/Überschreitung und dem Zyklus Regression/Manipulation – die Form der symbolischen Artikulation wiederfinden müssen.[24]

## Körpermodelle

1. Für die Medizin ist die *Leiche* der Referenzkörper. Anders gesagt, die Leiche ist der Idealzustand des Körpers in seiner Beziehung zum System der Medizin. Im Zeichen der Erhaltung des Lebens produziert und reproduziert sie die Medizin in der vollendeten Form ihrer Praxis.

2. Für die Religion ist das *Tier* (Instinkte und Gelüste des »Fleisches«) die ideale Referenz des Körpers. Der Körper als Massengrab und der Auferstandene jenseits des Todes als fleischliche Metapher.

3. Für das System der politischen Ökonomie ist der *Roboter* der Idealtypus des Körpers. Der Roboter ist das vollendete Modell der funktionalen »Befreiung« des Körpers als Arbeitskraft, er ist die Extrapolation der absolut rationalen, asexuellen Produktivität (es kann auch ein geistiger Roboter sein: Noch der Computer ist eine Extrapolation des Gehirns der Arbeitskraft).

24 Dies setzt eine Tauschform voraus, die nicht länger vom Inzestverbot und dem Gesetz des Vaters beherrscht wird, wie dies bei der Tauschform (der Ökonomie und der Sprache) der Fall ist, die wir kennen: Sie basiert auf dem Wert und kulminiert im System des Tauschwerts. Es gibt einen anderen Typus des Tauschs: den symbolischen Tausch, der im Gegenteil auf der Annullierung des Wertes basiert und der dadurch das den Wert begründende Verbot aufhebt und das Gesetz des Vaters überschreitet. Der symbolische Tausch fällt weder hinter das Gesetz zurück (auf den Inzest), noch ist er eine bloße Überschreitung des Gesetzes (die immer noch von ihm abhängig wäre): Er ist die Aufhebung dieses Gesetzes.

4. Für das System der politischen Ökonomie des Zeichens ist das *Mannequin* (in all seinen Varianten) das Referenzmodell des Körpers. Als Zeitgenossin des Roboters (die ideale Partnerin der Science-fiction: Barbarella) repräsentiert auch das Mannequin einen unter dem Wertgesetz vollständig funktionalisierten Körper, aber diesmal als Produktionsstätte des *Wert/Zeichens*. Nicht mehr die Arbeitskraft wird produziert, sondern Signifikationsmodelle — nicht nur Modelle sexueller Vollkommenheit, sondern die *Sexualität selbst als Modell*.

Jedes dieser Systeme enthüllt also nach und nach hinter der Idealität seiner Ziele (Gesundheit, Wiederauferstehung, rationale Produktivität, befreite Sexualität) das vereinfachende Phantasma, durch das es organisiert wird, die wahnsinnige Vision des Körpers, die die Grundlage seiner Strategie bildet. Die Leiche, das Tier, die Maschine oder das Mannequin — das sind die negativen Idealtypen des Körpers, die phantastischen Reduktionen, nach denen er produziert und in die jeweiligen Systeme eingeschrieben wird.

Das Merkwürdige ist, dass der Körper nichts anderes ist als jene Modelle, in die die verschiedenen Systeme ihn hineingezwängt haben, aber gleichzeitig doch etwas völlig anderes: ihre radikale Alternative, die irreduzible Differenz, die sie negiert. Man kann diese entgegengesetzte Möglichkeit noch Körper nennen. Aber dafür — für den Körper als Gegenstand des symbolischen Tauschs — *gibt es kein Modell*, keinen Code, keinen Idealtypus, kein leitendes Phantasma, denn für den Körper als Anti-Objekt *kann es kein System geben*.

## »Phallus Exchange Standard«

Seit der Industriellen Revolution werden die materiellen Güter, die Sprache und die Sexualität (der Körper) von ein und demselben großen Veränderungsprozess erfasst, der die fortschreitende Verallgemeinerung der politischen Ökonomie oder auch die Erweiterung des Wertgesetzes kennzeichnet.

1. Die Produkte werden Waren: Gebrauchswert und Tauschwert. Sie sind einerseits durch die abstrakte Finalität von »Bedürfnissen« bestimmt, die sie »befriedigen« sollen, andererseits durch die strukturelle Form, die ihre Produktion und ihren Austausch regelt.

2. Die Sprache wird Kommunikationsmittel, Signifikationsfeld. Sie teilt sich in Signifikanten und Signifikate auf. Die gleiche Trennung wie bei der Ware: Auf der einen Seite eine referenzielle Finalität, die von der Sprache als Medium ausgedrückt werden soll: die Ordnung der Signifikate; auf der anderen Seite eine strukturelle Form, die den Austausch der Zeichen regelt: der sprachliche Code.

In beiden Fällen besiegelt der Übergang zur funktionalen Finalität die rationale Zuweisung an einen »objektiven« Gehalt (Gebrauchswert oder Signifikat/Referent), die Zuweisung an eine strukturelle Form, die die eigentliche Form der politischen Ökonomie ist. Im »neokapitalistischen« (techno- und semiokratischen) Rahmen systematisiert sich diese Form auf Kosten der »objektiven« Referenz: Signifikate und Gebrauchswerte verschwinden mehr und mehr zum ausschließlichen Vorteil des Codes und des Tauschwertes.

Am Ende dieses Prozesses, ein Ende, das sich erst heute für uns abzeichnet, konvergieren die beiden »Sektoren« der Produktion und der Signifikation. Produkte und Waren erscheinen als Zeichen und Botschaften und werden durch die abstrakte Form der Sprache gesteuert: Sie transportieren Inhalte, Werte, Finalitäten (ihre Signifikate), sie zirkulieren in einer allgemeinen abstrakten Form, die von *Modellen* vorgegeben wird. Waren und Botschaften gipfeln in ihrem gemeinsamen Status als Zeichen. Auch ihre Referenz tritt jetzt hinter das bloße Funktionieren der Signifikanten zurück, die damit zur strukturellen Perfektion gelangen: zum Wachstum, zum Wuchern von Informationen, Zeichen, Modellen — die *lineare* Welt der Ware vollendet sich in der *Mode* als geschlossenem Zyklus.

Der Körper und die Sexualität lassen sich in den vorher angeführten Begriffen bestimmen: als Gebrauchswert/Tauschwert, als Signifikat/Signifikant.

1. Man kann zeigen, wie sich die Sexualität *in ihrer gegenwärtigen Form der Befreiung auflöst* in Gebrauchswert (Befriedigung von sexuellen Bedürfnissen) und Tauschwert (Spiel und Kalkül erotischer Zeichen, die durch die Zirkulation von Modellen geregelt werden). Man kann zeigen, dass die Sexualität als *Funktion* sich verselbständigt hat: Von der kollektiven Funktion als Reproduktion der Gattung geht sie über zu den individuellen Funktionen als physiologisches Gleichgewicht (Teil einer allgemeinen Hygiene), als seelisches Gleichgewicht, als »Ausdruck der Subjektivität«, als Emanation des Unbewussten und wer weiß was sonst noch. Auf jeden Fall wird die Sexualität *ein Element der Ökonomie des Subjekts*, sie wird eine objektive Finalität des Subjekts und gehorcht ihrerseits einer Ordnung von Finalitäten, ganz gleich welcher.

2. In dem Maß, wie die Sexualität sich funktionalisiert (sich irgendeiner transzendenten Referenz unterwirft, *die durch sie hindurch spricht* — selbst wenn es ihr eigenes idealisiertes Prinzip ist, die Libido, der letzte Zufluchtsort des Signifikats), nimmt die Sexualität eine strukturelle Form an (wie die Industrieprodukte oder die Sprache der Kommunikation). Sie zieht sich in die großen Gegensätze zurück (Maskulin/Feminin), von deren Disjunktion sie eingekreist wird und kristallisiert sich in der Anwendung eines bestimmten Modells, das durch ein bestimmtes sexuelles Organ bestätigt wird und damit das Funktionieren der Signifikanten des Körpers beendet.

3. Die Struktur Maskulin/Feminin vermischt sich mit dem Privileg, das der genitalen Funktion (der Fortpflanzung oder der Erotik) zugestanden wird. Dieses Privileg der Genitalität vor allen erogenen Möglichkeiten des Körpers wirkt auf die Struktur einer Gesellschaftsordnung mit männlicher Vorherrschaft zurück. Denn die Strukturalität spielt den biologischen Unterschied aus; aber nicht einmal, um einen wirklichen Unterschied aufrechtzuer-

halten, sondern um im Gegenteil eine *allgemeine Äquivalenz* zu begründen, durch die der Phallus zum absoluten Signifikanten wird, nach dem alle erogenen Möglichkeiten bemessen und geordnet werden, durch den sie alle abstrakt und äquivalent werden. Dieser »Phallus Exchange Standard« beherrscht die gesamte heutige Sexualität, einschließlich ihrer »Revolution«.

4. Das Aufkommen des Phallus als allgemeines Äquivalent der Sexualität, das Aufkommen der Sexualität selbst als allgemeines Äquivalent der Möglichkeiten des symbolischen Tauschs – all das bestimmt das Aufkommen einer *politischen Ökonomie des Körpers*, die sich auf den Ruinen seiner *symbolischen Ökonomie* erhebt. Die gegenwärtige »Revolution«, die Überschätzung des Sexuellen im Rahmen einer allgemeinen Liberalisierung demonstriert nur, dass der Körper und die Sexualität das Stadium der politischen Ökonomie erreicht haben, dass sie in das Gesetz des Wertes und des allgemeinen Äquivalents integriert werden.

5. Unter beiden Aspekten – der Einschätzung der *Sexualität als Funktion* oder der Einschätzung der Sexualität als strukturellen Diskurs – wird das Subjekt auf eine fundamentale Norm der politischen Ökonomie verwiesen: Es denkt und definiert sich in Begriffen des Gleichgewichts (Ausgewogenheit der Funktionen im Zeichen der Ich-Identität) und der Kohärenz (die strukturelle Kohärenz eines Diskurses im Zeichen der endlosen Reproduktion des Codes).

Ebenso wie die »bezeichneten« – von der politischen Ökonomie des Zeichens wieder aufgenommenen – Objekte einem Imperativ der Reduktion und Bloßlegung unterliegen, der eine asketische Ökonomie der Funktionsberechnung widerspiegelt, und ebenso wie das Zeichen ganz allgemein dahin tendiert, sich zu reduzieren und zu entblößen, um die Adäquation von Signifikant und Signifikat, die sein Gesetz und sein Realitätsprinzip ist, so genau wie möglich wiederzugeben – so tendiert auch der von der politischen Ökonomie erfasste Körper zur formalen Nacktheit als seinem absoluten Imperativ. Diese Nacktheit, in der die ganze Arbeit der Inskription von Zeichen, die Arbeit der Mode und des Make-up und auch die ganze idealistische Perspektive der »Befreiung« zusammengefasst wird, hat nichts mit einer »Entdeckung« oder »Wiederentdeckung« des Körpers zu tun: Diese Nacktheit drückt die logische Metamorphose des Körpers im historischen Prozess unserer Gesellschaft aus. Sie drückt den modernen Status des Körpers in seiner Beziehung zur politischen Ökonomie aus. Genau wie die Reduktion und Bloßlegung von Objekten kennzeichnend für ihre Zuweisung an eine Funktion ist, das heißt für ihre *Neutralisierung durch die Funktion,* genauso definiert die Nacktheit des Körpers seine Zuordnung zu Sexus/Funktion, seine Zuweisung zum Sexus als Funktion, das heißt *die wechselseitige Neutralisierung von Körper und Sexus.*

## Demagogie des Körpers

Im Zeichen der sexuellen Revolution: Verklärung des Triebs zur revolutionären Substanz, des Unbewussten zum Subjekt der Geschichte. Die Primärprozesse als »poetisches« Prinzip der gesellschaftlichen Wirklichkeit befreien, *das Unbewusste als Gebrauchswert befreien*: Das ist das Imaginäre, das sich unter der Parole des Körpers herauskristallisiert. Man sieht, warum der Körper und der Sexus all diese Hoffnungen stützen: Weil sie unter jeder Ordnung unserer »geschichtlichen« Gesellschaften verdrängt wurden und so zu *Metaphern der radikalen Negativität* geworden sind. Die Metapher will man in eine revolutionäre *Tatsache* verwandeln. Irrtum: Die Partei des Körpers ergreifen, heißt in eine Falle gehen. Man kann nicht an die Seite der Primärprozesse treten, das ist viel eher eine sekundäre Illusion.[25]

Auch für die Theorie wird der Körper immer nur ambivalent bleiben. Objekt und Anti-Objekt: Indem er die Disziplinen, die

25 Vgl. Lyotard, Discours, figure, S. 23.

vorgeben, ihn zu vereinheitlichen, durchkreuzt und annulliert – Ort und Nicht-Ort: Ort des Unbewussten als Nicht-Ort des Subjekts, usw. In seinem Namen stellt auch die gegenwärtige Psychoanalyse (Leclaire), nachdem sie ihn in den anatomischen und den erogenen Körper aufgeteilt hat, die Bewegung des Verlangens unter die Herrschaft des Buchstabens. Immerzu der Körper. Denn es gibt keinen Terminus, um den Nicht-Ort zu bestimmen: Der beste ist zweifellos immer noch der, der während einer ganzen Geschichte das bezeichnet hat, was nicht stattfand, was verdrängt wurde. Man muss sich aber auch der Risiken dieser Erbschaft bewusst sein. Das dem Körper durch sein Verdrängungsstatut verliehene subversive Privileg hört mit seiner gegenwärtigen Emanzipation auf.[26] (Diese ist nicht ausschließlich der Tatsache einer Politik repressiver Entsublimierung zu verdanken, auch die Psychoanalyse trägt ihren Teil zum Offiziellwerden des Körpers und Sexus

26 Auf die Geschichte der Negativität des Körpers folgt die seiner Positivität. Die ganze Zweideutigkeit der gegenwärtigen »Revolution« beruht darauf, dass Jahrhunderte von Verdrängung den Körper als Wert begründet haben. Der verdrängte Körper hat sich mit der Virtualität zur Überschreitung und Umwertung aller Werte aufgeladen. Parallel dazu aber hat sich im Schatten der Verdrängung eine tiefe und unauflösbare Verbindung zwischen dem Körper und einer Reihe von »materialistischen« Werten vollzogen (Gesundheit, Wohlbefinden, Sexualität, Freiheit) – der Begriff hat sich im Schatten eines gewissen transzendentalen Materialismus entwickelt, der seinerseits im Schatten des Idealismus allmählich als dessen Ersatzlösung herangereift war. Deshalb vollzieht sich selbst noch das Wiederaufleben des Körpers nach festgelegten Finalitäten und bildet ein dynamisches Element innerhalb des Gleichgewichts dieses neuen Wertsystems. Die Nacktheit wird zum Emblem der radikalen Subjektivität. Der Körper wird zum Banner der Triebe. Aber diese Befreiung ist zweideutig wie alle Befreiungen. Sie befreit die Subjektivität als Wert. Ebenso wie die Arbeit in einem System der Produktivkräfte und des Tauschwerts immer nur als Arbeitskraft »befreit« wird, so wird auch die Subjektivität immer nur als Phantasma und Zeichen/Wert befreit – im Rahmen dieser gelenkten Signifikationsweise, dieser Systematik der Signifikation, deren Übereinstimmung mit der Systematik der Produktion deutlich genug ist. Genau gesagt wird die Subjektivität immer nur in den Formen »befreit«, in denen sie von einer politischen Ökonomie erfasst werden kann

bei: Auch in ihr ist die Verflechtung zwischen Körper und Sexus als entscheidendes *Ereignis* des Subjekts, als Prozess, als Arbeit unentwirrbar, und dieselben sind wiederum als historische *Errungenschaften* in der Ordnung der Begriffe und der Werte nicht durchschaubar.) Man muss sich fragen, ob der Körper, den man »befreit«, nicht der ist, der die symbolischen Möglichkeiten des alten verdrängten Körpers für immer verleugnet, ob der Körper, »von dem man spricht«, nicht das genaue Gegenteil von demjenigen ist, der spricht. Dem Körper als Ort der Primärprozesse stellt sich im gegenwärtigen System der Körper als Sekundärprozess entgegen: als erotischer Gebrauchs- und Tauschwert, als Rationalisierung im Zeichen des Werts. Dem triebhaften Körper, der vom *Verlangen* heimgesucht wird, stellt sich der semiurgisierte, strukturalisierte, in der Nacktheit theatralisierte und durch die *berechenbare Sexualität* funktionalisierte Körper entgegen.

Dieser sekundäre Körper, der Körper der sexuellen Emanzipation und der »repressiven Entsublimierung« wird *unter das alleinige Zeichen des Eros* gestellt. Es findet eine Vermischung des Sexus mit dem Erosprinzip statt, das heißt *eine Neutralisierung des einen durch das andere unter Ausschaltung des Todestriebs*. Das Lustprinzip entwickelt sich zur Vernunft einer »befreiten« Sexualität, einer »neuen politischen Ökonomie« des Subjekts. »Der Eros definiert die Vernunft in seinem eigenen Sinne: Vernünftig ist nun, was die Ordnung der Befriedigung stützt.«[27] Die »befreite« Subjektivität erschöpft sich von nun an darin, sich als Positivität in die Verwirklichung des Lustprinzips einzuschreiben, eines Eros, der nichts weiter ist als die Verdinglichung der Libido zum Modell der Vollkommenheit. Darin liegt eine neue *Vernunft*, die einer unbegrenzten Finalität des Subjekts den Weg bahnt, und es besteht von nun an keine Differenz zwischen der sexuellen »Eskalation« und dem Schema des unbegrenzten Wachstums der Gesellschaften zur »Befreiung« der Produktivkräfte. Beide entwickeln sich in

27 Marcuse, Triebstruktur und Gesellschaft, S. 220.

der gleichen Bewegung, beide sind gleichermaßen zum Scheitern verurteilt — durch die unvermeidliche Wiederkehr eines Todestriebs, den sie bannen zu können glaubten.

Der Körper, der unter das Zeichen des Eros gestellt wird, repräsentiert eine weiter fortgeschrittene Phase der politischen Ökonomie. Und wenn Marx die historische Phase beschrieben hat, in der die Entfremdung der Arbeitskraft und die Warenlogik mit Notwendigkeit zu einer *Verdinglichung des Bewusstseins* führten, dann kann man heute sagen, dass die Einschreibung des Körpers (und aller symbolischen Bereiche) in die Logik des Zeichens notwendig mit einer *Verdinglichung des Unbewussten* einhergeht.

Statt dass die Nacktheit durch den Wunsch aufgesprengt wird, wirkt sie als Äquivalenz und Inszenierung des Wunsches. Statt dass der Körper durch den Sexus aufgesprengt wird, wirkt er als Signifikant und Äquivalent des Sexus. Statt dass die Sexualität durch die Ambivalenz aufgesprengt wird, wirkt sie über den strukturellen Trick des »Maskulinen« und des »Femininen« als Äquivalenz dieser Ambivalenz! Der sexuelle Bipol wirkt als Szenario der Differenz. Die strukturell in zwei Termini zerfallende Libido wirkt als reduzierendes Äquivalent des Todestriebs. Statt dass die Nacktheit, der Körper, der Sexus, das Unbewusste etc. sich dieser vertieften Differenz öffnen, verketten sie sich als einander repräsentierende Äquivalente, gleichen sich aneinander an und bilden einen Diskurs des Sexus als Wert, um sich von Terminus zu Terminus zu einer *diskursiven Logik der Sexualität* zusammenzuschließen. Die gleiche Operation wie in der Psychometaphysik, in der das Subjekt als idealer Referent nur aus der Zirkulation besteht, dem ununterbrochenen Austausch der Begriffe des Bewusstseins, des Willens, der Repräsentation etc.

## Fabel

»Ach, warum gibt es eigentlich zwei Geschlechter? – Worüber beklagst du dich? Wäre dir ein Dutzend lieber, oder nur ein einziges?«
(Moderner Roman)

Man kann den Abstand auch vergrößern: warum nicht kein Geschlecht oder unendlich viele? Die Frage der »Zahl« ist in diesem Fall absurd (obwohl man sich *logisch* fragen könnte: Warum nicht sechs Finger an jeder Hand?). Absurd, weil die Sexuation ja gerade in dieser Teilung besteht, die quer durch jedes Subjekt geht, wodurch »eins« oder »mehrere« undenkbar werden — aber »zwei« auch, denn die Zwei ist schon eine Zahl (und um die Zwei als Zahl dreht sich dieser absurde Dialog oben). Das Geschlecht im eigentlichen Sinne kann niemals einen Status als Zahl bekommen, noch kann es überhaupt zählbar werden: Es ist eine *Differenz*, und die beiden »Teile« der Differenz, die keine *Terme* sind, können weder addiert werden noch den Teil einer Serie bilden.

Logisch ist dieser Dialog dagegen im Rahmen des herrschenden bisexuellen Modells (Maskulin/Feminin), denn dieses setzt das Geschlecht von vornherein als zwei einander strukturell entgegengesetzte *Terme* voraus. Die Möglichkeit, bis zum absurden Extrem der seriellen Nummerierung, *zum Geschlecht als Akkumulation* fortzuschreiten, wird von der bisexuellen Struktur von dem Moment an impliziert, in dem das Maskuline und das Feminine als zwei vollständige Terme gedacht werden.

Damit wird die Ambivalenz des Sexus auf die *Bivalenz* (zweier Pole und Geschlechterrollen) reduziert. Heute, wo diese Bivalenz die Metamorphosen der »sexuellen Revolution« durchläuft, und wo, wie es heißt, die Differenzen zwischen Maskulin und Feminin sich verwischen, wird die Ambivalenz des Sexus auf die *Ambiguität* des Unisex reduziert.

Gegen die sexualistische Metapher.

Heute kann man dank der Freudschen Aufklärung hinter jeder gesellschaftlichen, ethischen, politischen Verhaltensweise ganz klar, nur allzu klar, die Sublimierung, die sekundäre Rationalisierung von Triebregungen erkennen. Es ist zum kulturellen Klischee geworden, in allen Diskursen die Termini der Verdrängung und der phantasmatischen *Determination* zu entziffern.

Aber das sind inzwischen nur noch Termini und das Unbewusste ist für sie nichts weiter als eine Sprache der Referenz. Der sexuelle Diskurs wird genauso phantasmatisch wie der Sexus; aus einer kritischen Reduktion der moralischen und gesellschaftlichen Mystifizierung verwandelt er sich in die *Rationalisierungsweise* eines Problems, das sich auf der Ebene der *totalen Zerstörung der Symbolik der sozialen Beziehungen* stellt — eine Frage, die der sexualistische Diskurs in einem verharmlosenden Code zu umschreiben hilft. Es ist heute durchaus möglich, im FRANCE DIMANCHE zu lesen, dass die Frigidität sehr vieler Frauen auf ihre starke Vaterfixierung zurückgeht, für die sie sich durch ein Lustverbot bestrafen: Diese psychoanalytische »Wahrheit« ist heutzutage ein Teil der Kultur und der gesellschaftlichen Rationalisierung (daher auch die immer ausweglosere Sackgasse der psychoanalytischen Behandlung).

Es gibt keine Ausnahme für die sexuelle oder psychoanalytische Interpretation. Auch sie kann als endgültige Wahrheit phantasiert werden — und damit zugleich auch als revolutionäres Thema. Genau das geschieht heute: Das geheime Einverständnis zwischen Revolution und Psychoanalyse hängt ebenso mit dem Imaginären und der Verzerrung zusammen wie die »bürgerliche« Wiederaufbereitung der Psychoanalyse — und beide hängen von der *Einschreibung des Sexus und des Unbewussten als determinierender Instanz* ab, das heißt von ihrer Reduktion auf eine rationalistische Kausalität.

Mystifikation entsteht von dem Moment an, wo eine Rationalisierung im Namen einer Instanz, ganz gleich welcher, vorgenommen wird. Wenn das Sexuelle als etwas Politisches, Soziales oder Moralisches sublimiert und rationalisiert wird — aber ebenso wenn das Symbolische in der dominierenden sexuellen Sprache (parole) zensiert und sublimiert wird.

»Der Fürst Wen Hui hatte einen Koch, der für ihn einen Ochsen zerteilte. Er legte Hand an, drückte mit der Schulter, setzte den Fuß auf, stemmte das Knie an: ritsch! ratsch! — trennte sich die Haut, und zischend fuhr das Messer durch die Fleischstücke. Alles ging wie im Takt eines Tanzliedes, und er traf immer genau die Gelenke.

Der Fürst Wen Hui sprach: ›Ei, vortrefflich! Das nenn' ich Geschicklichkeit!‹ Der Koch legte das Messer beiseite und antwortete zum Fürsten gewandt: ›Der *Sinn* ist's, was dein Diener liebt. Das ist mehr als Geschicklichkeit. Als ich anfing, Rinder zu zerlegen, da sah ich eben nur Rinder vor mir. Nach drei Jahren hatte ich's soweit gebracht, dass ich die Rinder nicht mehr ungeteilt vor mir sah. Heutzutage verlasse ich mich ganz auf den Geist und nicht mehr auf den Augenschein. Der Sinne Wissen hab' ich aufgegeben und handle nur noch nach den Regungen des Geistes. Ich folge den natürlichen Linien nach, dringe ein in die großen Spalten und fahre den großen Höhlungen entlang. Ich verlasse mich auf die (anatomischen) Gesetze. Geschickt folge ich auch den kleinsten Zwischenräumen zwischen Muskeln und Sehnen, von den großen Gelenken ganz zu schweigen.

Ein guter Koch wechselt das Messer einmal im Jahr, weil er *schneidet*. Ein stümperhafter Koch muss das Messer alle Monate wechseln, weil er *hackt*. Ich habe mein Messer nun schon neunzehn Jahre lang und habe schon mehrere tausend Rinder zerlegt, und doch ist seine Schneide wie frisch geschliffen. Die Gelenke haben Zwischenräume; des Messers Schneide hat keine Dicke. Was aber keine Dicke hat, dringt in Zwischenräume ein — ungehindert, wie spielend, so dass die Klinge Platz genug hat. Darum habe ich das Messer nun schon neunzehn Jahre, und die Klinge ist wie frisch geschliffen. Und doch, so oft ich an eine Gelenkverbindung komme, sehe ich die Schwierigkeiten. Vorsichtig nehme ich mich in Acht, sehe zu, wo ich haltmachen muss, und gehe ganz langsam weiter und bewege das Messer kaum merklich — plötzlich ist es auseinander und fällt wie ein Erdenkloß zu Boden. Dann stehe ich da mit dem Messer in der Hand und blicke mich nach allen Seiten um. Ich zögere noch einen Augenblick befriedigt, dann reinige ich das Messer und tue es beiseite.‹

Der Fürst Wen Hui sprach: ›Vortrefflich! Ich habe die Worte eines Kochs gehört und habe die Pflege des Lebens gelernt.‹«[28]

Ein ausgezeichnetes Beispiel für die Analyse und ihre erstaunliche Operationalität, die von der unmittelbaren, stofflichen, opaken Anschauung des Objekts ausgeht (»als ich anfing, Rinder zu zerlegen, da sah ich eben nur Rinder vor mir«), zur anatomischen Anschauung des Körpers als vollständiger Konstruktion gelangt, die man rücksichtslos in Knochen, Fleisch und innere Organe zerlegen kann, die nur durch die äußere Form zusammengehalten werden, mit der der gewöhnliche Koch sich beschäftigt, der sie mit Gewalt zerteilt, bis man schließlich die Leere als Gelenkverbindung erkennt, die Struktur der Leere, die den Körper zusammenhält (»ich folge den natürlichen Linien nach, dringe ein in die großen Spalten und fahre den großen Höhlungen entlang«). Das Messer des Kochs von Zhuāngzǐ ist nichts Festes, das durch etwas Festes dringt, es ist selbst etwas Leeres (»des Messers Schneide hat keine Dicke«), das auf etwas Leeres trifft (»was aber keine Dicke hat, dringt in Zwischenräume ein — ungehindert, wie spielend, so dass die Klinge Platz genug hat«). Das Messer, das mit der Schärfe des analytischen Verstandes operiert, arbeitet sich nicht in dem Raum ab, den das Rind ausfüllt, der durch die Sinne, durch die Augen bestätigt wird, sondern es operiert der inneren logischen Organisation des Rhythmus und der Intervalle entsprechend. Wenn es sich nicht abnutzt, dann deshalb, weil es sich nicht auf die Festigkeit von Fleisch und Knochen, auf eine zu überwindende Substanz einlässt — weil es die reine Differenz ist, die auf die Differenz einwirkt. In diesem Fall, in dem ein Körper zu zerle-

28 Dschuang Dsi [Zhuāngzǐ], Der Koch, S. 54f.

gen ist, ein praktischer Vorgang, der aber ohne weiteres erkennen lässt, dass er auf einer symbolischen Ökonomie beruht, die keine Ökonomie des »objektiven« Wissens oder eines Kräfteverhältnisses ist, sondern die Ökonomie einer Tauschstruktur. Das Messer und der Körper *tauschen sich aus*, das Messer gliedert, artikuliert die Leerstellen des Körpers und zerlegt ihn dadurch seinem eigenen Rhythmus gemäß.

Genauso wie dieses Messer ist der Buchstabe bei Leclaire, der bestimmte Bereiche des Körpers der Logik des Wunsches gemäß in erogene Zonen aufteilt. Eine für die symbolische Einschreibung »unbrauchbare« Disponibilität, denn durch seine extreme Feinheit und Schärfe zerlegt der Buchstabe den Körper und operiert in der artikulierten Leere des Körpers, während der volle, einfache Diskurs, der des schlechten Kochs, nur anatomisch, in der materiellen Evidenz operiert.

Als tausendjähriger Bruder des Messers von Lichtenberg,[29] dessen logisches Paradox (das Messer ohne Klinge, das keinen Griff hat) den einfachen Phallus und seine phantas(ma)tische Evidenz durch symbolische Konfiguration eines *abwesenden* Phallus ersetzt hat — operiert dieses Messer nicht am Körper, es löst ihn auf, es bewegt sich aufmerksam und traumwandlerisch darin (eine schwebende Aufmerksamkeit: »Vorsichtig nehme ich mich in Acht, sehe zu, wo ich haltmachen muss, und gehe ganz lang-

29 Und im Gegensatz zum Rasiermesser von Ockham, der die Direktverbindung von Abstraktion und Vernunft kastriert und durchschneidet. [Lichtenberg schreibt in einem Brief an seinen regelmäßigen Korrespondenten Christian Gottlob Heyne, vom 23. Juli 1795: »Bey der Camera obscura (...) ist mir das Messer ohne Klinge eingefallen, an welchem der Stil fehlte.« Ein wahrlich merkwürdiges Messer, eins, das sprachlich entsteht und zugleich wieder zum Verschwinden gebracht wird und nur noch in einer Art doppelten Negativität Bestand hat. (Georg Christoph Lichtenberg, Briefwechsel, Band IV (1793–1799), München 1983, S. 487, Nr. 2552). Lichtenberg beschreibt ein fiktives »Verzeichnis einer Sammlung von Gerätschaften, welche in dem Hause des Sir H. S. künftige Woche öffentlich verauktioniert werden soll«. (Georg Christoph Lichtenberg, Schriften und Briefe, Bd. 3, München 1972, S. 452.)]

sam weiter und bewege das Messer kaum merklich«), und es geht *anagrammatisch* vor — das heißt, es geht nicht von einem Terminus zum nächsten, von einem Organ zum anderen über, als wären sie aneinandergereiht, miteinander verbunden wie die Wörter durch die Kette einer funktionalen Syntax: So verfahren der schlechte Koch und der Linguist der Signifikation. Dieses Messer verfolgt eine andere Richtung: es schiebt den manifesten Körper beiseite und folgt dem Körper unter dem Körper, so wie das Anagramm seinem Modell der Streuung und Auflösung eines Terminus gemäß einem corpus princeps folgt, dessen Geheimnis in der anderen Artikulation liegt, die unter dem Diskurs verläuft und etwas (einen Namen, eine Formel) nachzeichnet, dessen Abwesenheit den Text unsichtbar durchdringt. Diese Formel des Körpers, die den anatomischen Körper ignoriert, wird durch das Messer beschrieben und gelöst. Es ist sicher, dass die Wirkung des Zeichens, seine symbolische Wirksamkeit in den primitiven Gesellschaften durchaus nicht »magisch« war, sondern mit dieser sehr präzisen Arbeit der *anagrammatischen Auflösung* verbunden war. Das gilt auch für die Architektur des erogenen Körpers, die nichts ist als die anagrammatische Artikulation einer Formel, die »verlorengegangen ist, ohne je existiert zu haben«, einer Formel, die mit der Klinge des Wunsches die disjunktive Synthese wiederherstellt, die sie nachzeichnet, ohne sie auszusprechen: Der Wunsch selbst ist nichts anderes als die Auflösung des Signifikanten in der orphischen Zerrissenheit des Körpers, in der anagrammatischen Auflösung des Gedichts durch den musikalischen Rhythmus, in dessen Klang man das Messer des Kochs von Zhuāngzǐ erkennt.

# V
# Die politische Ökonomie und der Tod

## Die Ausweisung der Toten

Seitdem die Wilden nur die Mitglieder ihres Stammes als »Menschen« bezeichneten, ist die Definition des »Menschlichen« beträchtlich erweitert worden: Es ist zu einem universellen Begriff geworden. Eben das nennt man Kultur. Heute sind alle Menschen Menschen. Diese Universalität begründet sich allein durch Tautologie und Verdoppelung: Eben dadurch gewinnt das »Menschliche« die Kraft eines moralischen Gesetzes und eines Prinzips der Aussonderung. Denn das »Menschliche« ist von Anfang an Setzung seines strukturellen Doubles: Setzung des Unmenschlichen. Es selbst ist sogar nichts anderes, und die Fortschritte der Menschheit und der Kultur sind eine einzige Kette von aufeinander folgenden Diskriminierungen, welche die »Anderen« mit dem Charakter von Unmenschlichkeit, also Nichtigkeit, belegen. Für die Wilden, die sich »Menschen« nennen, sind die Anderen noch etwas anderes. Für uns, unter dem Zeichen des Menschlichen als universellem Begriff sind die Anderen dagegen nichts.

»Mensch« sein ist anderswo eine Herausforderung, ebenso wie Edelmann sein: Als gewaltsam erfahrener Unterschied erlaubt diese *Eigenschaft*, diese gesellschaftliche Stellung, nicht nur einen Austausch mit anderen Wesen, d.h. mit Göttern, Vorfahren, Fremden, Tieren oder der Natur, sondern sie *erfordert*, dass sie überall mit Begeisterung und vollem Einsatz aufs Spiel gesetzt wird. *Wir* beschränken uns auf eine Sonderstellung im Universum und auf einen allgemeinen abstrakten Wert, dessen Äquivalent die Gattung bildet, durch Ausschließung alles Übrigen. Auf eine gewisse Weise hat sich also die Definition des Menschlichen im Laufe der Entwicklung der Kultur unerbittlich verengt: Jeder »objektive« Fortschritt der Zivilisation hin zum Universellen entsprach einer immer stärkeren Diskriminierung, bis zu dem Punkt, dass man eine Zeit der endgültigen Universalität des Menschen vorhersehen kann, welche mit der Exkommunikation aller Menschen zusammenfallen wird — in der Leere erstrahlt dann nichts als die Reinheit des Begriffs.

Der Rassismus ist modern. Die früheren Kulturen oder Rassen haben sich ignoriert oder vernichtet, aber niemals unter dem Zeichen einer universellen Vernunft. Es gab kein Kriterium für den Menschen und keine Ausgliederung des Unmenschlichen, sondern nur Unterschiede, die einander bis in den Tod hinein gegenüberstehen. Erst *unser* undifferenzierter Begriff des Menschen lässt die Diskriminierung entstehen. Man muss den Bericht eines Mannes aus dem 16. Jahrhundert lesen, Jean de Lérys »Histoire d'un voyage fait en la terre du Brésil«[1], um zu sehen, dass in jener Zeit, als sich die Idee des Menschen in all ihrer metaphysischen Reinheit noch nicht durchgesetzt hatte, okzidentale Kultur und Rassismus nicht existieren: Der reformierte und puritanische Edelmann aus Genf, der nach Brasilien zu den Kannibalen fährt, ist kein Rassist. Seitdem sind wir es geworden, denn wir haben Fortschritte gemacht. Und nicht allein gegenüber den Indianern und Kannibalen — unsere Kultur hat, indem sie ihre Rationalität vertiefte, nach und nach die unbelebte Natur, die Tiere und die niederen Rasse[2] der Unmenschlichkeit soweit ausgelie-

1 [Vgl. Jean de Léry, Unter Menschenfressern am Amazonas. Brasilianisches Tagebuch 1556–1558.]

2 Es geschieht immer aus der Sicht des Universellen, das den Rassismus begründet hat, dass man vorgibt, ihn vermöge der Gleichheitsmoral des Humanismus zu überschreiten. Aber bereits die Seele oder heute die biologischen Gattungsmerkmale, auf die sich diese Gleichheitsmoral stützt, sind keine objektiveren

fert, dass der Krebs des Menschlichen diese Gesellschaft selbst erfasst hat, die er in seiner absoluten Überlegenheit zu beschreiben vorgab. Michel Foucault hat die Auslieferung der Wahnsinnigen zu Beginn der okzidentalen Moderne analysiert, aber wir wissen auch um die Auslieferung der Kinder, von ihrer fortschreitenden Einschließung – selbst während der Entwicklung der Vernunft – in ihren idealisierten Status der Kindheit, in das Ghetto des infantilen Universums und in die Gemeinheit der Unschuld. Aber auch die Alten sind unmenschlich und an die Peripherie der Normalität gedrängt worden. Und wie viele andere »Kategorien« gibt es, die eben nur im Zeichen fortschreitender Trennungen zu »Kategorien« geworden sind, welche die Entwicklung der Kultur abstecken. Die Armen, die Unterentwickelten, die mit niedrigem IQ, die Perversen, die Transsexuellen, die Intellektuellen, die Frauen – eine Volkskunde des Terrors, eine Volkskunde der Exkommunizierung auf der Grundlage einer zunehmend rassistischen Definition des »Normal-Menschlichen«. Die Quintessenz der Normalität: Am Ende werden alle »Kategorien« aus einer endlich universell gewordenen Gesellschaft ausgeschlossen, abgetrennt und geächtet, dort sind dann das Normale und das Universelle unter dem Zeichen des Menschlichen endlich vereint.[3]

oder weniger willkürlichen Argumente als die Hautfarbe. Denn auch sie sind distinktive Kriterien. Auf der Basis dieser Kriterien (Seele oder Geschlecht) erhält man tatsächlich eine Gleichung Schwarz = Weiß – aber diese Gleichung schließt noch radikaler alles aus, was keine Seele oder kein »menschliches« Geschlecht hat. Für die Wilden, die weder die Seele noch die Gattung hypostasierten, waren die Erde, das Tier und die Toten ein Sozius. Wir haben sie verstoßen aufgrund unserer universellen Prinzipien und unseres egalitären Metahumanismus, der, indem er die Schwarzen aufgrund weißer Kriterien integrierte, nur die Grenzen der abstrakten Soziabilität und der Sozialität dem Recht nach erweiterte. Es funktioniert immer die gleiche weiße Magie des Rassismus, die nichts anderes macht, als die Schwarzen im Zeichen des Universellen weiß zu machen.

3 »Es ist aber hier sogleich wesentlich zu bemerken – und diese Erscheinung ist eine höchst merkwürdige, das innerste Wesen der Religion charakterisierende –, daß, je menschlicher dem *Wesen* nach Gott ist, um so größer *scheinbar* der

Foucaults Analyse ist eines der Meisterstücke dieser wirklichen Geschichte der Kultur und dieser Genealogie der Diskriminierung, in der Arbeit und Produktion seit dem 19. Jahrhundert selbst eine entscheidende Stellung einnehmen. Dennoch gibt es eine Ausschließung, die allen anderen vorhergeht, radikaler ist als die der Wahnsinnigen, der Kinder und niederen Rassen, eine Ausschließung, die ihnen allen vorhergeht und ihnen als Modell dient, und die an der Basis selbst der »Rationalität« unserer Kultur steht: Das ist die Ausschließung der Toten und des Todes.

Die Entwicklung von den Gesellschaften der Wilden zu den modernen Gesellschaften ist irreversibel: Nach und nach *hören die Toten auf zu existieren*. Sie sind aus der symbolischen Zirkulation in der Gruppe ausgeschlossen. Sie sind nicht mehr besondere We-

Unterschied zwischen ihm und dem Menschen ist, d.h. um so mehr von der *Reflexion über die Religion, von der Theologie die Identität,* die Einheit des göttlichen und menschlichen Wesens *geleugnet* und das Menschliche, wie es *als solches* dem Menschen *Gegenstand seines Bewußtseins* ist, herabgesetzt wird. Der Grund hievon ist: Weil das Positive, das Wesentliche in der Anschauung oder Bestimmung des göttlichen Wesens allein das Menschliche, so kann die Anschauung des Menschen, wie er Gegenstand des Bewußtseins ist, nur eine *negative, menschenfeindliche* sein. Um Gott zu bereichern, muß der Mensch arm werden« (Ludwig Feuerbach, Das Wesen des Christentums, Einleitung, 2.). Dieser Text beschreibt gut das »Räubertum« des Universellen. Die Universalisierung Gottes ist immer mit einer Ausschließung und Reduktion des Menschlichen in seiner Originalität verbunden. Wenn Gott sich dem Menschen ähnlich macht, so ähnelt der Mensch nichts mehr. Was Feuerbach nicht sagt, da er sich bereits zu sehr mit der Religion angelegt hat, ist, dass die Universalisierung des Menschen sich auch auf Kosten eines Ausschlusses aller Anderen (Wahnsinnigen, Kinder, etc.) in ihrer Unterschiedlichkeit herstellt. Wenn der Mensch sich dem Menschen ähnlich macht, so ähneln die Anderen nichts mehr. Als Universalisierung und ideale Referenz definiert, ist das Menschliche, ebenso wie Gott, eigentlich inhuman und maßlos. Was Feuerbach auch nicht sagt, ist, dass durch diesen Raubzug, durch welchen Gott das Menschliche zu seinem Vorteil derartig beraubt, dass der Mensch nur noch das blutleere Negativ Gottes ist, Gott selbst durch die Rückkehr der Flamme zu Tode kommt; und dass auch der Mensch selbst im Begriff ist, an den inhumanen Differenzen (Wahnsinn, Kindheit, Wildheit), die er eingerichtet hat, zu sterben.

sen oder zum Austausch geeignete Partner, und das macht man ihnen deutlich, indem man sie mehr und mehr aus der Gruppe der Lebenden verbannt: von der häuslichen Intimität zum Friedhof (ein erster Sammelplatz noch im Herzen des Dorfes oder der Stadt), dann mehr und mehr aus dem Zentrum an die Peripherie (ein erstes Ghetto als Vorwegnahme aller künftigen Ghettos) und schließlich ein Nirgendwo, wie in den neuen Städten oder den gegenwärtigen Metropolen, in denen für die Toten nichts vorgesehen ist, weder im physischen noch im geistigen Raum. Selbst die Wahnsinnigen, die Kriminellen und die Anomalen können in den neuen Städten, das heißt in der Rationalität einer modernen Gesellschaft, eine Aufnahmestruktur finden — allein die Todes-Funktion kann dort weder programmiert noch lokalisiert werden. Um es genau zu sagen, man weiß nicht mehr, was man damit anfangen soll. Denn *es ist heute nicht normal, tot zu sein*, und das ist neu. Tot zu sein ist eine unvorstellbare Anomalie, alle anderen sind im Vergleich dazu harmlos. Der Tod ist ein Verbrechen, eine unheilbare Verirrung. Den Toten ist weder ein Ort noch ein Zeit/Raum zugewiesen, ihr Aufenthalt ist unauffindbar, sie sind in die radikale Utopie verstoßen — sie werden sogar noch mehr zusammengedrückt, so dass sie sich in Luft auflösen.

Wir aber wissen, was diese unauffindbaren Orte bedeuten, denn wenn die Fabrik nicht mehr existiert, so ist die Arbeit überall, — wenn das Gefängnis nicht mehr existiert, so gibt es überall im gesellschaftlichen Zeit/Raum Zwangsverwahrung und Einschließung —, wenn die Anstalten nicht mehr existieren, so hat sich die psychische und therapeutische Kontrolle generalisiert und zum Gemeinplatz erhoben, — wenn die Schule nicht mehr existiert, so sind alle Fasern des gesellschaftlichen Prozesses von Disziplin und pädagogischer Formierung durchtränkt —, wenn das Kapital nicht mehr existiert (noch seine marxistische Kritik), so ist das Wertgesetz in eine Selbstverwaltung des Überlebens in all seinen Formen übergegangen, etc., etc. Wenn der Friedhof nicht mehr existiert, so deshalb, weil die modernen Städte als Ganze diese Funktion übernommen haben: Sie sind tote Städte und Städte des Todes. Und wenn die große, operationale Metropole die vollendete Form einer ganzen Kultur ist, so ist die unsere ganz einfach eine Kultur des Todes.[4]

## Das Überleben oder der äquivalente Tod

Es ist richtig zu sagen, dass die von den Lebenden verfolgten und getrennten Toten uns, die Lebenden, zu einem *äquivalenten Tod* verdammen: Denn das fundamentale Gesetz symbolischer Verpflichtung wirkt in jedem Fall, im Guten wie im Schlechten. So ist der Wahnsinn immer nur die *Trennungslinie* zwischen Wahnsinnigen und Normalen, eine Linie, welche die Normalität mit dem Wahnsinn *teilt* und durch welche sie sich abgrenzend bestimmt. Jede Gesellschaft, die ihre Wahnsinnigen einsperrt, ist eine von Grund auf vom Wahnsinn durchdrungene Gesellschaft, welcher sich schließlich symbolisch einzig und überall als legales Zeichen der Normalität austauscht. Diese lange Arbeit des Wahnsinns an der Gesellschaft, die ihn einschließt, hat mehrere Jahrhunderte gedauert; heute öffnen sich die Mauern der Anstalten – nicht aufgrund irgendeiner wunderbaren Toleranz, sondern weil die Arbeit der Normalisierung dieser Gesellschaft durch den

4 Gegenwärtig, da die »Sozialbauwohnungen« die Gestalt von Friedhöfen annehmen, werden die Friedhöfe normalerweise zu Immobilienobjekten (Nizza, etc.). Umgekehrt ist bewundernswert, dass in den amerikanischen Metropolen und manchmal auch in Frankreich die traditionellen Friedhöfe die einzigen grünen oder freien Flächen im Ghetto der Städte sind. Dass der Raum der Toten der einzige lebenswerte Platz sei, sagt viel über die Verkehrung der Werte in den modernen Nekropolen. In Chicago spielen dort die Kinder, Radfahrer fahren herum und die Liebenden umarmen sich. Welcher Architekt wagte es, sich durch diese Wahrheit des gegenwärtigen städtischen Dispositivs inspirieren zu lassen, um eine Stadt ausgehend von Friedhöfen, unbebauten Gebieten und »verbotenen« Räumen zu entwerfen? Das wäre in der Tat der Tod der Architektur.

Wahnsinn *vollendet* ist –, der Wahnsinn ist allgegenwärtig geworden, wobei ihm ein Aufenthalt weiter verboten bleibt. Die Anstalt wird im Innern des sozialen Feldes aufgelöst und aufgesogen, da die Normalität jenen Grad an Vollkommenheit erreicht hat, an dem sie die typischen Eigenschaften der Anstalt zurückgewinnt, weil der Virus der Einschließung in alle Fasern der »normalen« Existenz eingedrungen ist.

Ebenso ist es mit dem Tod. Der Tod ist am Ende nichts anderes als die *gesellschaftliche* Abgrenzungslinie, welche die »Toten« von den »Lebenden« trennt, sie berührt also gleichermaßen die einen und die anderen. Entgegen der verrückten Illusion der Lebenden, sich durch den Ausschluss der Toten für lebendig zu halten, entgegen der Illusion, das Leben durch die Unterdrückung des Todes auf einen *absoluten Mehrwert* zu reduzieren, setzt die unzerstörbare Logik des symbolischen Tausches die Äquivalenz von Leben und Tod wieder ein, und zwar in der gleichgültigen Fatalität des Überlebens. Ist der Tod ins Überleben verdrängt, so ist das Leben selbst, infolge einer wohlbekannten Rückläufigkeit, nur noch ein durch den Tod determiniertes Überleben.

## Das Ghetto jenseits des Grabes

Parallel zur Absonderung der Toten entsteht der Begriff der Unsterblichkeit. Denn das Jenseits des Todes, dieser Sonderstatus, der das Kennzeichen der »Seele« und »höherer« Spiritualitäten ist, ist nur eine Fabel, welche die reale Auslieferung der Toten und die Unterbrechung des symbolischen Austausches mit ihnen vertuscht. Wenn die Toten anders, aber dennoch lebendig anwesend sind und in vielfältigem Austausch Partner der Lebenden sind, haben sie kein Bedürfnis, unsterblich zu sein; *es ist nicht notwendig*, dass sie es dann sind, denn diese phantastische Qualität zerbräche alle Reziprozität. Allein in dem Maße, wie sie von den Lebenden ausgeschlossen werden, werden sie ganz allmählich zu Unsterblichen, und dieses idealisierte Weiterleben ist nichts als das Kennzeichen ihres gesellschaftlichen Exils.

Es muss gebrochen werden mit der Idee eines *Fortschreitens* von Religionen, die vom Animismus zum Polytheismus und dann zum Monotheismus als fortschreitender Befreiung einer unsterblichen Seele führt. Nur entsprechend dem Grad der Einschließung der Toten wird ihnen Unsterblichkeit zugesprochen; ähnlich wie wir in unseren Gesellschaften simultan die Lebenschancen und die Absonderung der alten Leute als asozial zunehmen sehen.

Dass die Unsterblichkeit fortschreitet, ist eine der befremdlichsten Sachen. Zeitlich geht sie von einem begrenzten Überleben zu ewigem Weiterleben über, räumlich und sozial demokratisiert sich die Unsterblichkeit und aus dem Privileg einiger wird das virtuelle Recht aller. Aber das ist erst eine relativ junge Entwicklung. In Ägypten haben sich einige Mitglieder der Gruppe (die Pharaonen, dann die Priester, die Chefs, die Reichen und die Mitglieder der herrschenden Klasse) vermöge ihrer Macht langsam als Unsterbliche hervorgehoben, die anderen hatten nur das Recht auf den Tod und auf ein Double. Gegen 2000 v.Chr. gelangte jeder zur Unsterblichkeit: Das ist eine Art von sozialem Erfolg, vielleicht erzwungen durch Gewalt; ohne aus Sozialgeschichte Fiktion zu machen, kann man sich im Ägypten der Alten Dynastien sehr gut Revolten und soziale Bewegungen vorstellen, die das Recht auf Unsterblichkeit für alle forderten.

Zu Anfang handelt es sich also um ein Emblem von Macht und sozialer Transzendenz. Hingegen dort, wo es in primitiven Gruppen keine politischen Machtstrukturen gibt, gibt es auch keine persönliche Unsterblichkeit. Eine »relative« Seele und eine »beschränkte« Unsterblichkeit korrespondieren folglich in den weniger segmentierten Gesellschaften einer Transzendenz, welche selbst den Machtstrukturen entspricht. Die Unsterblichkeit verallgemeinert und verewigt sich dann in den despotischen Gesellschaften mit der totalen Überlegenheit der Macht, den Großen Reichen. Es ist zunächst der König oder der Pharao, der von dieser Entwicklung profitiert, dann – in einem weiter fortgeschrittenen Stadium – Gott selbst, die Unsterblichkeit par excellence, von dem aus durch Neuverteilung die Unsterblichkeit für alle hervorgeht. Aber diese Phase des unsterblichen Gottes, die mit den großen Weltreligionen und besonders mit dem Christentum zusammenfällt, ist bereits diejenige einer sehr großen Abstraktheit gesellschaftlicher Macht im römischen Imperium. Wenn die griechischen Götter sterblich sind, so deshalb, weil sie mit einer spezifischen und noch nicht universell gewordenen Kultur verbunden sind.

Selbst noch die Anfänge des Christentums sind nicht an die Unsterblichkeit gekoppelt, die eine spätere Errungenschaft ist. Die Kirchenväter nahmen noch eine provisorische Vernichtung der Seele an, in Erwartung der Wiederauferstehung. Und als der Apostel Paulus eben diese Idee der Wiederauferstehung predigte, machten sich die Heiden über ihn lustig, aber auch die Christen und die Kirchenväter widersetzten sich ihr heftig. Im Alten Testament (Buch Daniel) wird die Wiederauferstehung nur denjenigen versprochen, die nicht zu ihren Lebzeiten ihren Lohn *im Guten oder im Bösen* bekommen haben. Das Jenseits des Lebens, das Weiterleben, ist nur eine Begleichung aller Rechnungen, es existiert ausschließlich vermöge des überschüssigen Restes, der zu Lebzeiten nicht ausgeglichen wurde. Ein gutes Beispiel für den Notbehelf, den die Wiederauferstehung oder die Unsterblichkeit darstellt im Verhältnis zu der symbolischen Möglichkeit der archaischen Gruppe, alle Rechnungen *unmittelbar* zu begleichen und ihre symbolische Schuld zu lösen, ohne auf ein späteres Leben zu verweisen.

Ursprünglich distinktives Emblem der Macht, wirkt die Unsterblichkeit der Seele während des ganzen Christentums als gleichmachender Mythos, als Demokratie im Jenseits gegenüber der weltlichen Ungleichheit vor dem Tode. Sie ist nur ein Mythos. Selbst in der universellsten christlichen Version gehört die Unsterblichkeit jedem menschlichen Wesen nur *als Recht*. Faktisch wird sie nur sehr knickerig zugestanden, sie bleibt das Erbteil einer Kultur und im Innern dieser Kultur das Erbteil einer gesellschaftlichen und politischen Kaste. Haben die Missionare jemals an die unsterbliche Seele der Eingeborenen geglaubt? Hat die Frau wirklich eine Seele im »klassischen« Christentum? Und die Wahnsinnigen, die Kinder, die Kriminellen? Faktisch haben letztendlich nur die Mächtigen und die Reichen eine Seele. Die soziale, politische und ökonomische Ungleichheit vor dem Tode (Lebenschancen, Prestige durch Totenfeiern, Ruhm und Weiterleben im Gedächtnis der Menschen) ist nichts als ein Rückfall in folgende grundlegende Diskriminierung: die einen, allein wahrhaftige »menschliche Wesen«, haben das Recht auf Unsterblichkeit, die anderen haben nur das Recht auf den Tod. Seit dem Ägypten der Alten Dynastien hat sich im Grunde nichts geändert.

Unsterblich oder nicht, wird der naive Materialist sagen, ist völlig unwichtig: All das ist imaginär. Ja, und es ist aufregend zu sehen, dass die *reale* gesellschaftliche Diskriminierung sich darin begründet und dass es keinen anderen Ort gibt, keinen bedeutenderen, an dem sich Macht und gesellschaftliche Transzendenz bezeichnen, als das Imaginäre. Die ökonomische Macht des Kapitals ist nicht weniger im Imaginären begründet als die der Kirchen. Sie ist nur deren phantastische Säkularisierung.

Die Demokratie ändert hieran auch nichts. Seit jeher konnte man kämpfen, um die Unsterblichkeit der Seele für alle zu erlangen, ebenso wie Generationen von Proletariern gekämpft haben, um die Gleichheit an Gütern und Kultur zu erlangen. Der gleiche Kampf, der einen für das Weiterleben im Jenseits, der anderen für das aktuelle Überleben — die gleiche Falle: Die persönliche Unsterblichkeit von einigen resultiert, wie man gesehen hat, aus dem Zerbrechen der Gruppe; wozu dient es, sie für alle zu fordern? Das hieße nur, das Imaginäre zu verallgemeinern. Die Revolution kann nur in der Abschaffung der Abtrennung des Todes bestehen und nicht in der Gleichheit des Überlebens.

Die Unsterblichkeit ist nur eine Art von allgemeinem Äquivalent, das mit der Abstraktheit linearer Zeit verbunden ist (sie entwickelt sich allein in dem Maße, wie die Zeit diese abstrakte Dimension wird, die mit dem Prozess der Akkumulation der politischen Ökonomie und der Abstraktheit des Lebens als solchem verbunden ist).

## Death power

Das Phänomen des Überlebens lässt sich also als grundlegende Operation der Geburt der Macht analysieren. Nicht allein weil dieses Dispositiv die Notwendigkeit von Opfern im hiesigen Leben und die Erpressung eines Ausgleiches im anderen Leben billigt – die Strategie der Priesterkaste –, sondern noch grundlegender durch die Errichtung eines *Verbotes des Todes* und gleichzeitig einer Instanz, die über dieses Verbot des Todes wacht: die Macht. Die Einheit von Toten und Lebenden brechen, den Austausch von Leben und Tod unterbrechen, das Leben vom Tode wegdrängen und den Tod und die Toten mit einem Verbot belegen, das ist der erste Punkt des Auftauchens sozialer Kontrolle. Die Macht ist nur möglich, wenn der Tod nicht mehr in Freiheit ist, wenn die Toten unter Überwachung gestellt werden, wobei die künftige Einschließung allen Lebens zu erwarten ist. Das ist das grundlegende *Gesetz* und die Macht ist der Torhüter des Gesetzes. Die fundamentale Verdrängung ist nicht diejenige unbewusster Triebe, irgendeiner Energie, einer Libido, und sie ist nicht anthropologisch – sondern sie ist die Verdrängung des Todes, und sie ist *gesellschaftlich* in dem Sinne, dass sie eine Wende hin zur repressiven Vergesellschaftung des Lebens vollzieht.

Aus der Geschichte weiß man, dass die priesterliche Macht auf dem Monopol über den Tod und der exklusiven Kontrolle der Beziehungen zu den Toten basiert.[5] Die Toten sind der erste re-

5 Die Häresien haben immer wieder dieses »Königreich des Jenseits« in Frage gestellt, um das Königreich Gottes hier und jetzt zu etablieren. Wenn man die Teilung in Leben und Weiterleben, sowie die Existenz einer Nachwelt ver-

servierte Bereich, der allein durch die obligatorische Vermittlung der Priester dem Austausch wieder übergeben werden kann. Die Macht installiert sich auf dieser Barriere zum Tode. Später nährt sie sich von anderen bis ins Unendliche verzweigten Trennungen: diejenige von Seele und Körper, von männlich und weiblich, von gut und böse, etc., aber die erste Trennung ist die von Leben und Tod.[6] Wenn man sagt, dass die Macht »das Ruder fest in der Hand hält«, so ist das keine Metapher: sie *ist* diese Schranke, dieses Ruder zwischen Leben und Tod, dieses Dekret, das den Austausch zwischen Leben und Tod unterbricht, diese Zoll- und Kontrollstelle zwischen zwei Ufern.

Auf die gleiche Weise wird die Macht sich später zwischen dem Subjekt und seinem Körper installieren, zwischen dem Individuum und dem geteilten gesellschaftlichen Körper, zwischen dem Menschen und seiner geteilten Arbeit: An der Trennstelle entsteht die Instanz von Vermittlung und Repräsentation. Aber man muss beachten, dass das Urbild dieser Operation in dem besteht, was eine Gruppe von ihren Toten trennt, beziehungsweise jeden von uns heute von seinem eigenen Tod. Alle Formen der Macht haben ständig irgendetwas von diesem Geruche um sich, da die Macht sich in letzter Instanz durch die Manipulation und Verwaltung des Todes begründet.

In diesem Spannungsverhältnis zwischen einem Leben und seinem eigenen Ende, das heißt durch die Erzeugung einer buchstäblich phantastischen und artifiziellen Vergänglichkeit (da ja alles

neint, verneint man auch den Bruch mit den Toten und die Notwendigkeit, zu ihnen allein durch eine vermittelnde Instanz gelangen zu können, um einen Handel zu etablieren. Das wäre das Ende der Kirchen und ihrer Macht.

6 Gott ist das, was den Signifikanten und das Signifikat, das Gute und das Böse, auseinander hält, was den Mann und die Frau, die Lebenden und die Toten, den Körper und den Geist, das Andere und das Gleiche, etc. getrennt hält – noch allgemeiner ist er derjenige, der den Abstand zwischen den Polen jeder distinktiven Opposition bewahrt – somit also auch zwischen den Unteren und den Oberen, den Schwarzen und den Weißen. Wenn die Vernunft politisch wird, das heißt, wenn die distinktive Opposition sich in Macht auflöst und zugunsten eines der Terme ausschlägt, ist Gott immer auf dieser Seite.

Leben bereits in jedem Augenblick mit seinem eigenen Tode präsent ist, das heißt in seiner gleichzeitig realisierten Endlichkeit), in diesem zerteilten Raum etablierten sich die Instanzen von Unterdrückung und Kontrolle. Die erste abstrakte gesellschaftliche Zeit installiert sich in diesem Bruch der unteilbaren Einheit von Leben und Tod (weit vor der Zeit abstrakter gesellschaftlicher Arbeit!). Alle spätere Entfremdung, Teilung und Abstraktion, welche die politische Ökonomie von Marx kritisierte, wurzelt in dieser Abtrennung des Todes.

Den Tod vom Leben zu trennen, eben darin besteht die Operation des Ökonomischen — übrig bleibt ein *residuales* Leben, das nunmehr in den operationellen Kalkül- und Wertausdrücken lesbar ist. Wie in »Peter Schlemihls wundersame Geschichte« (Chamisso): Nachdem Peter Schlemihl einmal seinen Schatten verloren hat (der subtrahierte Tod), wird er reich, mächtig und kapitalistisch — der Pakt mit dem Teufel ist immer nur der Pakt mit der politischen Ökonomie.

Das Leben dem Tod zurückzugeben, darin besteht die Operation des Symbolischen.

## Der Austausch mit dem Tode in der primitiven Ordnung

Die Wilden haben keinen biologischen Begriff vom Tode. Beziehungsweise das biologische Faktum — Tod, Geburt oder Krankheit —, alles, was natürlich ist und dem wir einen Status von Notwendigkeit und Objektivität beilegen, hat für sie ganz einfach gar keinen Sinn. Es ist die absolute Unordnung, weil es sich nicht symbolisch austauschen lässt; und was sich nicht symbolisch austauschen lässt, bildet für die Gruppe eine tödliche Gefahr.[7] Das sind dann unversöhnliche, ungesühnte, zauberische und feindselige Kräfte, welche die Seele und den Körper umschleichen, wel-

7 Umgekehrt bildet für uns alles, was sich symbolisch austauschen lässt, eine tödliche Gefahr für die herrschende Ordnung.

che den Lebenden und den Toten belauern, vergangene und kosmische Energien, welche die Gruppe im Tausch nicht zu meistern wusste.

*Wir* haben den Tod desozialisiert, indem wir ihn bio-anthropologischen Gesetzen unterstellten, ihm die Immunität der Wissenschaft beilegten und ihn als individuelles Schicksal verselbständigten. Aber die physische Materialität des Todes, die uns durch das »objektive« Vermögen, welches wir ihm gegeben haben, paralysiert, schreckt die Wilden nicht. Sie haben den Tod niemals »naturalisiert«, sie wissen, dass der Tod (wie der Körper oder ein Naturereignis) eine *soziale Beziehung* ist, dass seine Definition gesellschaftlich ist. Darin sind sie größere »Materialisten« als wir, da die wahre Materialität des Todes für sie – ebenso wie die Materialität der Ware für Marx – in seiner Form liegt, die immer eine soziale Beziehung ist. Stattdessen erstrebt all unser Idealismus die Illusion einer *biologischen* Materialität des Todes: ein Diskurs der »Realität«, der in Wirklichkeit ein Diskurs des *Imaginären* ist und den die Wilden durch die Einführung des *Symbolischen* überbieten.

Die Initiation ist *die* Zeit symbolischer Handlung. Weder beschwört sie den Tod, noch »überschreitet« sie ihn, sondern sie artikuliert ihn gesellschaftlich. So beschreibt Robert Jaulin in »La mort sara«: Die Gruppe der Ahnen »verschlingt die Koy« (die jungen Kandidaten der Initiation), die *symbolisch* sterben, um wiedergeboren zu werden. Das ist nicht in unserem degradierten Sinn zu verstehen, sondern in dem Sinne, dass ihr Tod zum Einsatz in einem reziprok/antagonistischen Austausch zwischen den Ahnen und den Lebenden wird und anstelle eines Bruches ein gesellschaftliches Verhältnis zwischen den Partnern errichtet, eine ebenso bedeutsame Zirkulation von Gaben und Gegen-Gaben wie die Zirkulation von Luxusgütern und von Frauen – ein Spiel unaufhörlicher Erwiderungen, in dem der Tod sich nicht mehr als Ende oder als Instanz installieren kann. Durch die Opfergabe eines Fleischklößchens übergibt der Bruder seine Frau einem Toten der Familie, um ihn wieder lebendig zu machen. Durch die Nahrung wird der Tote in das Leben der Gruppe eingeschlossen. Aber der Tausch ist reziprok. Der Tote übergibt seine Frau, den Boden des Clans, einem Lebenden seiner Familie, um wieder zu leben, indem er sich ihm verbindet und ihn wieder lebend macht, indem er ihn mit sich selbst verbindet. Der wichtige Moment ist die Tötung der Koy (der Initiierten) durch die Moh (die Oberpriester); die Koy werden von ihren Ahnen verschlungen, dann werden sie durch die Erde neu geboren, so wie ihre Mutter sie geboren hatte. Nachdem sie »getötet« worden sind, werden die Initiierten den Händen ihrer »kulturellen« Initiationseltern überlassen, die sie unterrichten, pflegen und formen (initiatorische Geburt).

Klar ist, dass die Initiation in der Einrichtung eines Tausches da besteht, wo es nur bloße Tatsachen gab: Vom natürlichen, zufälligen und irreversiblen Tod gelangt man zu einem *gegebenen* und *erhaltenen* Tod, der also reversibel im gesellschaftlichen Tausch, »lösbar« im Tausch, ist. Gleichzeitig verschwindet der Gegensatz von Geburt und Tod: Auch diese können sich in den Gattungen der symbolischen Reversibilität *austauschen*. Die Initiation ist jener entscheidende Moment, jener gesellschaftliche Nexus, jene black box, in der Geburt und Tod, indem sie aufhören *Begrenzungspunkte* des Lebens zu sein, einander durchdringen — nicht in Richtung einer mystischen Verschmelzung, sondern um aus dem Initiierten ein wirkliches gesellschaftliches Wesen zu machen. Das nicht-initiierte Kind wird weder nur biologisch geboren, noch hat es nur einen »realen« Vater und eine »reale« Mutter; um ein gesellschaftliches Wesen zu werden, muss es das symbolische Erlebnis von initiatorischer Geburt/Tod durchstehen, es muss die Reise des Lebens und des Todes machen, um in die symbolische Realität des Tausches einzutreten.

Bei der initiatorischen Prüfung handelt es sich nicht darum, eine zweite Geburt zu inszenieren, um den Tod zu verdunkeln. Jaulin selbst neigt zu folgender Interpretation: Die Gesellschaft »bannte« den Tod, oder auch, sie setzte ihm in der Initiation »dialektisch« einen Term entgegen, den sie erfunden hat und der den

Tod benutzt und »überschreitet«: »Dem Leben und dem Tod, welche ihm gegeben sind, fügt der Mensch die Initiation hinzu, wodurch er die Unordnung des Todes transzendiert.«[8] Eine gleichzeitig sehr schöne und zweideutige Formulierung, denn die Initiation fügt sich nicht den anderen Termen hinzu und spielt das Leben nicht *gegen* den Tod in Richtung einer Wiedergeburt aus (misstrauen wir allen, die über den Tod triumphieren!). Was die Initiation bannt, ist die *Teilung* von Geburt und Tod und die mit ihr verbundene Fatalität, welche auf dem Leben lastet, solange es derartig geteilt ist. Denn wenn das Leben zu einer solchen biologischen Irreversibilität wird, zu einem solchen absurden physischen Schicksal, so ist es von vornherein verloren, weil es dazu bestimmt ist, mit dem Körper zu verschwinden. Daher die Idealisierung des einen Ereignisses, der Geburt (und seiner Verdopplung in der Wiederauferstehung), auf Kosten des anderen, des Todes. Aber das ist nur eines unserer tiefen Vorurteile über den »Sinn des Lebens«. Denn die Geburt als nicht rückgängig zu machendes persönliches Erlebnis ist ebenso traumatisierend wie der Tod. Die Psychoanalyse hat das auf andere Weise gesagt: Die Geburt ist eine Art von Tod. Und mit der Taufe hat das Christentum nichts anderes gemacht, als durch ein kollektives Sakrament, durch einen gesellschaftlichen Akt jenes *tödliche* Ereignis der Geburt zu umschreiben. Das Leben ist eine Art von *Verbrechen*, wenn es nicht durch ein kollektives Simulakrum des Todes wieder genommen und gesühnt wird. Das Leben an sich ist nur in der zählbaren Ordnung des Wertes etwas Gutes. In der symbolischen Ordnung ist das Leben, wie jede andere Sache, ein *Verbrechen*, wenn es einseitig geführt wird — wenn es nicht genommen und zerstört, gegeben und zurückgegeben, dem Tode »zurückgegeben« wird. Die Initiation schafft dieses Verbrechen aus der Welt, indem sie die *getrennten* Ereignisse von Geburt und Tod in ein und demselben gesellschaftlichen Tauschakt auflöst.

8 [Jaulin, La mort sara.]

Das Symbolische ist weder ein Begriff, noch eine Instanz oder eine Kategorie, noch eine »Struktur«, sondern ein Tauschakt und eine *soziale Beziehung, die das Reale beendet* und auflöst; und zugleich löst es den Gegensatz von Realem und Imaginärem auf.

Der Initiationsakt ist das Gegenteil unseres Realitätsprinzips. Er zeigt, dass die *Realität* der Geburt nur durch die Trennung von Geburt und Tod entsteht; und dass die *Realität* des Lebens selbst aus der Abtrennung des Lebens vom Tode entsteht. Der *Effekt des Realen* ist also überall nur der strukturelle Effekt der Trennung zweier Teile, und unser berühmtes Realitätsprinzip ist mit all seinen normativen und repressiven Implikationen nur die Verallgemeinerung dieses disjunktiven Codes auf allen Ebenen. Die Realität der Natur, ihre »Objektivität« und »Materialität«, entsteht erst durch die Trennung von Mensch und Natur — eines Körpers und eines Nicht-Körpers, sagt Octavio Paz.[9] Selbst die Realität des Körpers, sein materieller Status entsteht durch die Abtrennung eines geistigen Prinzips, durch die Unterscheidung von Seele und Körper, etc.

Das Symbolische macht Schluss mit diesem Code der Trennung und den getrennten Teilen. *Es ist die Utopie, die Schluss macht mit der Topik von Seele und Körper, Mensch und Natur, Realem und Nicht-Realem, Geburt und Tod.* In einer symbolischen Handlung verlieren beide Seiten ihr Realitätsprinzip.[10]

9 Vgl. Paz, Verbindungen – Trennungen.

10 Auf symbolischer Ebene also keine Trennung zwischen Lebenden und Toten. Die Toten haben einen anderen Status, der einige rituelle Vorsichtsmaßnahmen erfordert, das ist alles. Aber Sichtbares und Unsichtbares schließen sich nicht aus, sie sind zwei mögliche Zustände der Person. Der Tod ist ein Aspekt des Lebens. Der Kanake, der in Sydney ankommt und zunächst durch die Vielzahl der Leute verblüfft ist, erklärt sich bald alles durch die Tatsache, dass in diesem Lande die Toten unter den Lebenden wandeln, was nichts Befremdliches hat. »Do Kamo« ist für die Kanaken dasjenige, »was lebt« (Leenhardt,

Aber dieses Realitätsprinzip ist immer nur das *Imaginäre* der anderen Seite. In der Teilung Mensch/Natur ist die (objektive, materielle) Natur nur das Imaginäre des so konzipierten Menschen. In der geschlechtlichen Trennung maskulin/feminin, einer willkürlichen und strukturellen Trennung, die das Prinzip sexueller »Realität« (und Repression) begründet, ist die so definierte »Frau« immer nur das Imaginäre des Mannes. Jede Seite der Trennung schließt die andere, die ihr Imaginäres wird, aus.

Ebenso ist es mit dem Leben und dem Tod in dem System, in dem wir leben: Der Preis, den wir für die »Realität« des Lebens bezahlen, um es als positiven Wert zu leben, ist das kontinuierliche Phantasma des Todes. Für uns, derartig als Lebende definiert, ist der Tod unser Imaginäres.[11] Denn alle Trennungen, die die unterschiedlichen Strukturen des Realen bilden (was keineswegs ab-

Do Kamo), und jeder kann diese Kategorie erlangen. Lebende / Nicht-Lebende ist dabei eine Opposition, die allein wir machen und auf welcher wir unsere »Wissenschaft« und unsere operative Gewalt gründen. Wissenschaft, Technik und Produktion unterstellen diesen Bruch von Lebenden und Nicht-Lebenden zum Vorteile des Nicht-Belebten, ein Bruch, der die Wissenschaft erst in ihrer ganzen Schärfe begründet (vgl. Monod, Zufall und Notwendigkeit). Die »Realität« der Wissenschaft und der Technik ist ebenfalls diejenige der Trennung von Lebendem und Totem. Selbst eine Zweckbestimmung der Wissenschaft als Trieb, als Todestrieb (als Wunsch nach Wissen) schreibt sich in die Trennung ein, wodurch es nur Totes als reales Objekt gibt, d.h. es gibt nur Zurückverwiesenes in indifferente und leblose Objektivität, wie es zuvor, vor jeder anderen Sache, der Tod und die Toten waren.
Die Primitiven sind im Gegensatz dazu in keinen »Animismus« verfallen, das heißt in einen Idealismus des Lebenden oder eine irrationale Magie von Kräften: Sie heben weder den einen noch den anderen Zustand hervor, und zwar aus dem Grunde, weil sie ganz einfach diesen Bruch nicht gemacht haben.

11 Diese Regel gilt auch in der politischen Sphäre. Auch die Völker der dritten Welt (Araber, Schwarze, Inder) wirken als das Imaginäre der westlichen Kultur (ebenso als Objekt / Träger für den Rassismus wie als Stütze revolutionärer Hoffnung). Umgekehrt sind wir, der technologische und industrielle Westen, ihr Imaginäres, von dem sie in ihrer Abgetrenntheit träumen. Darauf gründet sich die Realität der Weltherrschaft.

strakt ist: Es ist auch das, was den Lehrer vom Lernenden trennt und das Wissen als Realitätsprinzip ihrer Beziehung einsetzt — und in der Folge in allen gesellschaftlichen Beziehungen, die wir kennen), haben ihr Urbild in der Trennung von Leben und Tod. Und so wird jedes abgetrennte Teil, für das das andere sein Imaginäres ist, in jedem Bereich der »Realität« durch dieses wie *durch seinen eigenen Tod* heimgesucht. Das Symbolische beendet also überall diese wechselseitige Anziehung des Realen und des Imaginären, diese Einschließung eines Phantasmas, die die Psychoanalyse schildert, in das sie sich aber selbst einschließt, indem auch sie bedeutende Disjunktionen (Primärvorgänge/Sekundärvorgänge, Unbewusstes/Bewusstes etc.), ein psychisches Realitätsprinzip des Unbewussten errichtet – welches untrennbar vom psychoanalytischen Realitätsprinzip ist (das Unbewusste als Realitätsprinzip der Psychoanalyse!) –, so dass das Symbolische schließlich auch die Psychoanalyse beenden muss.[12]

12 Sicherlich ist das psychoanalytische (lacansche) Reale nicht mehr als Substanz oder als positive Referenz gegeben: Es ist ein auf immer verlorenes, unfindbares Objekt, über das es allenfalls nichts zu sagen gibt. Als eine im Netz der »symbolischen Ordnung« beschriebene Abwesenheit bewahrt dieses Reale allerdings allen Zauber eines Versteckspiels mit dem Signifikanten, der es vor Augen stellt. Von der Repräsentation zur Spur geworden, verschwindet zwar die Instanz des Realen — aber dennoch nicht komplett. Das ist der ganze Unterschied zwischen einer unbewussten Topik und der Utopie. Die Utopie beendet das Reale, selbst als Abwesenheit oder Mangel.
Immerhin gibt es bei Lacan etwas anderes als das idealistische Missverständnis von Lévi-Strauss. Für diesen ist es »die Funktion des symbolischen Universums, auf idealer Ebene das aufzulösen, was auf der Ebene des Realen als widersprüchlich erfahren wird« (Lévi-Strauss, Strukturale Anthropologie). Das Symbolische erscheint hier (was nicht weit entfernt von seiner degradiertesten Bedeutung ist) als eine Art von ideeller Kompensationsfunktion, als Vermittlung zwischen dem getrennten Realen und Idealen. Das Symbolische wird in der Tat ganz einfach zum Imaginären herabgewürdigt.

Das reale Ereignis des Todes gehört dem Bereich des Imaginären an. Dort, wo dieses Imaginäre eine symbolische Unordnung schafft, stellt die Initiation die symbolische Ordnung wieder her. Das Inzestverbot bewirkt das gleiche auf dem Gebiet der Filiation: Dem realen, natürlichen und »asozialen« Ereignis biologischer Filiation antwortet die Gruppe durch ein System der Verschwägerung und des Austausches von Frauen. Das Wesentliche ist, dass alles für den Tausch disponibel wird (hier die Frauen, anderswo Geburt und Tod), das heißt alles unter die Gerichtsbarkeit der Gruppe kommt. In diesem Sinne ergänzt das Inzestverbot die Initiation solidarisch und komplementär: Beim einen sind es die jungen Initiierten, die unter den lebenden Erwachsenen und den toten Ahnen zirkulieren — sie werden gegeben und zurückgegeben, und dadurch gelangen sie zu symbolischer Anerkennung. Beim anderen sind es die Frauen, die zirkulieren: Auch sie gelangen nur zu einem wirklichen gesellschaftlichen Status, indem sie einmal gegeben und empfangen werden, anstatt vom Vater oder den Brüdern zum eigenen Gebrauch zurückgehalten zu werden. »Wer nichts gibt, sei es seine Tochter oder seine Schwester, ist tot.«[13]

Das Inzestverbot ist die Basis der Verbindung der Lebenden untereinander. Die Initiation ist die Basis der Verbindung der Lebenden und Toten. Das ist die grundlegende Tatsache, die uns von den Primitiven unterscheidet: Der Tausch hört mit dem Leben nicht auf. Der symbolische Tausch hat kein Ende, weder unter den Lebenden noch mit den Toten (noch mit den Steinen oder den Tieren). Er ist ein absolutes Gesetz: Verpflichtung und Reziprozität sind unüberwindlich. Gegen wen oder was es auch gerichtet

13 Umgekehrt, wer nicht gegeben werden kann, stirbt ebenfalls oder unterliegt der Notwendigkeit sich zu verkaufen. Als Residuum von Tausch/Gabe und erste Form ökonomischen Tausches wurzelt hier die Prostitution. Wenn auch der Lohn der Prostituierten im archaischen Kontext zunächst ein »Opferlohn« ist, so führt er doch die Möglichkeit eines anderen Typus von Tausch ein.

sein mag, keiner kann sich dem entziehen, bei Bestrafung mit dem Tode. Der Tod bedeutet dann nichts anderes, als aus dem Kreis des symbolischen Tausches ausgeschlossen zu sein.[14]

Aber ebensogut könnte man sagen, dass dies uns nicht von den Primitiven trennt und dass *es für uns ganz genauso ist*. Trotz des ganzen Systems der politischen Ökonomie hat sich das Gesetz des symbolischen Tausches um kein Jota verändert: Wir tauschen weiterhin mit den verleugneten und nicht geduldeten Toten — den Bruch des symbolischen Tausches mit ihnen zahlen wir einfach mit unserem eigenen kontinuierlichen Sterben und mit unserer Angst vor dem Tode. Grundsätzlich ist es ebenso mit der unbelebten Natur und den Tieren. Allein eine absurde Idee von Freiheit kann annehmen, wir seien dem entgangen; die Schuld ist universell und nicht endend, wir werden es niemals schaffen, für all die »Freiheit«, die wir genommen haben, »zurückzugeben«. Dieser enorme Streitwert, der aus all den von uns denunzierten Verpflichtungen und Reziprozitäten entstanden ist, ist eigentlich das Unbewusste. Es bedarf keiner Libido, keines Wunsches, keiner Energetik und keines Triebschicksals, um darüber Rechenschaft abzulegen. Das Unbewusste ist in dem Sinne gesellschaftlich, dass es aus all dem besteht, was sich nicht gesellschaftlich oder symbolisch austauschen konnte. Ebenso tauscht sich der Tod in jedem Falle; bestenfalls *tauscht* er sich nach einem gesellschaftlichen Ritus, wie bei den Primitiven, schlimmstenfalls wird er durch in-

14 Vgl. Mauss, Soziologie und Anthropologie (Bd. 2), Fünfter Teil: Über die physische Wirkung der von der Gemeinschaft suggerierten Todesvorstellung auf das Individuum. Vgl. auch: »Es gibt keine Vorstellung einer Vernichtung durch den Tod. Der Kanake kann Tod und Nichts nicht zusammenbringen. Vielleicht kann man bei ihm eine Idee finden, die dem Nichts ähnlich ist: ›seri‹. Es bezeichnet die Situation eines verhexten und verfemten Menschen, der von seinen Blutsverwandten verlassen wurde, ein asozialer Mensch der Verdammnis. Er fühlt sich inexistent und leidet an wirklicher Zerrüttung. Das Nichts ist für den Kanaken mehr oder weniger eine gesellschaftliche Negation und hängt keineswegs mit der Vorstellung zusammen, die er sich vom Tode macht.« (Leenhardt, Do Kamo)

dividuelle Trauerarbeit *abgezahlt*. Das Unbewusste besteht ganz und gar aus einer Verzerrung des Todes von einem symbolischen Prozess (Tausch, rituell) in einen ökonomischen Prozess (Abzahlung, Arbeit, Schuld, individuell). Daraus ergibt sich ein bedeutender Unterschied im Vergnügen: Wir handeln mit unseren Toten in den Formen der Melancholie, die Primitiven leben mit den ihren unter den Vorzeichen des Rituellen und des Festes.

## Das Unbewusste und die primitive Ordnung

Die Hypothese vom Unbewussten wird durch folgendes in Frage gestellt: durch diese Reziprozität von Leben und Tod, so wie sie sich in einem gesellschaftlichen *Zyklus* austauschen, anstatt sich einer biologischen *Linearität* oder einer *Wiederholung* von Phantasmen entsprechend voneinander abzuspalten, durch diese innere Aufsaugung des Verbots, das die Lebenden und die Toten trennt und so gewaltsam auf die Lebenden zurückfällt.

»Seine Mutter heiraten«, »den Vater töten«, was bedeutet das?, fragen Marie-Cécile und Edmond Ortigues. »Das Wort heiraten hat in den beiden Kontexten nicht den gleichen Sinn, es hat nicht den gleichen gesellschaftlichen und psychologischen Gehalt. Sind wir sicher, dass das scheinbar so klare Wort ›töten‹ keine Überraschungen enthält? Was ist also ein ›toter Vater‹ in einem Land, in dem die Ahnen den Lebenden so nah sind? (...) Die Totalität hat sich geändert und zwingt uns, den Sinn jedes Ausdruckes neuerlich zu überprüfen.«[15]

»In einer Gesellschaft, die dem Gesetz der Ahnen unterworfen ist, gibt es für das Individuum keine Möglichkeit, diesen immer schon toten und nach der Sitte der Alten immer noch lebenden Vater zu töten. (...) Den Tod des Vaters auf sich zu nehmen oder das moralische Bewusstsein zu individualisieren, indem man

15 Ortigues/Ortigues, Oedipe africain.

die väterliche Autorität auf die eines Sterblichen oder einer ersetzbaren Person reduzierte, die vom Altar der Ahnen und des ›Brauches‹ getrennt wäre, *das bedeutete, die Gruppe zu verlassen* und sich an den Grundlagen der Stammesordnung zu vergreifen.

Wenn wir von der Auflösung des Ödipuskomplexes sprechen, denken wir an ein individuell erlebtes Drama. Was aber wäre damit in einer Stammesgesellschaft, in der eine ›Fruchtbarkeits‹- und ›Ahnen‹-Religion eben das zur expliziten Basis der kollektiven Tradition machte, was bei uns den jungen Ödipus dazu verdammt hat, in seinen persönlichen Phantasmen zu leben?«[16]

So artikuliert sich die »symbolische Funktion« in den primitiven Gesellschaften nicht durch das Gesetz des Vaters und ein individuelles psychisches Realitätsprinzip, sondern ohne Weiteres durch ein kollektives Prinzip, durch die kollektive Bewegung des Austauschens. Wir haben gesehen, wie in der Initiation durch einen gesellschaftlichen Prozess die biologischen Figuren der Filiation sich auflösten, um den Initiationseltern Platz zu machen — symbolischen Figuren, welche auf den Sozius verweisen, das heißt auf alle Väter und alle Mütter des Clans und letzten Endes auch auf die toten Väter, die Ahnen und den Mutter-Boden des Clans. Die Instanz des Vaters erscheint nicht, sie ist in die Kollektivität (initiierter) rivalisierender Brüder aufgelöst. »Die Aggressivität verschiebt sich in eine horizontale Linie, in eine Rivalität zwischen den Brüdern, die durch eine sehr starke Solidarität überkompensiert wird.«[17] (Warum »verschiebt«? Als ob sie sich »normalerweise« auf den Vater richtete?) Dem Ödipusprinzip, das dem *negativen* Aspekt des Inzestverbotes korrespondiert (ein vom Vater über die Mutter verhängtes Verbot), stellt sich in *positivem* Sinn ein Prinzip des Austausches der Schwestern durch die Brüder entgegen — die Schwester und nicht die Mutter steht im Zentrum des Dispositivs, und das ganze Spiel gesellschaftlichen Austauschs

16 Ortigues/Ortigues, ebenda.

17 Ortigues/Ortigues, ebenda.

organisiert sich auf der Ebene der Brüder und Schwestern. Also kein desozialisiertes ödipales Dreieck, keine enge Familienstruktur, die durch das Verbot und das dominierende Wort des Vaters sanktioniert wird, sondern ein Prinzip des Austauschs unter *Gleichen* auf der Basis der Herausforderung und Reziprozität — ein autonomes Prinzip gesellschaftlicher Organisation. »Der Begriff der Gabe erschien innerhalb einer gleichen Altersklasse in einer Atmosphäre der Gleichheit. Das Opfer, dem ein Kind in der Kinderstube zum Vorteile eines anderen Kindes zustimmt, ist nicht von der gleichen Ordnung wie die Trennung von der Mutter.«[18]

Also: Ein gesellschaftliches Tauschprinzip steht einem psychischen Verbotsprinzip gegenüber. Ein symbolischer Vorgang steht einem unbewussten Vorgang gegenüber. Weil dort alles gesellschaftlich gegliedert und gelöst wird, entsteht nirgendwo in der primitiven Ordnung die *psychisch* überdeterminierte und in der Psyche durch einen Knoten von Phantasmen verdoppelte *biologische* Triade der Familie, welche noch durch einen vierten rein »symbolischen« Term gekrönt wird, nämlich durch den Phallus — »der unbedingt notwendig ist, um die Beziehung auf der Ebene des Sprechens einzuführen und um aus ihr ein Gesetz der wechselseitigen Anerkennung unter den Subjekten zu machen«[19]. Eben dadurch wird für uns (zumindest nach der psychoanalytischen Theorie) der Name des Vaters als Signifikant des Gesetzes eingeschrieben, der allein den Tausch einleitet. Der berühmte Kunstgriff der Rede des Vaters, die gegen die tödliche Verschmelzung mit und das Sich-Verzehren durch den Wunsch nach der Mutter schützt. Außerhalb des Phallus gibt es kein Heil. Eine Notwendigkeit dieses Gesetzes und einer symbolischen Instanz, die das Subjekt begrenzt, dank derer sich die erste Verdrängung ergibt, die die Basis zur Bildung des Unbewussten ist und eben dadurch dem Subjekt Zugang zu seinem eigenen Wunsch verschafft. Ohne diese Ins-

18 Ortigues/Ortigues, ebenda.

19 Ortigues/Ortigues, ebenda.

tanz, die den Austausch regelt, ohne diese Vermittlung des Phallus gelangt das zur Verdrängung unfähige Subjekt nicht mehr zum Symbolischen und verfällt in die Psychose.

Genau deshalb hat man sagen können, dass die primitiven Gesellschaften »psychotische« Gesellschaften sind — *denn in der Tat kennen sie weder das Wirken dieses Gesetzes, noch die Strukturen der Verdrängung und des Unbewussten, die sich daraus ergeben*. Dies ist, wohlverstanden, nur unsere grausame Weise, sie in ihrem freundlichen Wahn einzuschließen (um nicht zu sehen, was sich bereits im psychoanalytischen Abendland anbahnt, nämlich dass die Psychose eine viel radikalere Bedeutung und einen viel radikaleren Symbolgehalt enthalten könnte, als wir jemals unter dem Zeichen der Psychoanalyse geahnt haben). Diese Gesellschaften haben sehr wohl Zugang zum Symbolischen.[20] Sie haben aber zu ihm nicht Zugang durch das Eingreifen eines unveränderlichen Gesetzes, dessen Gestalt die gesellschaftliche Ordnung selbst beinhaltet, nämlich die des Vaters, des Chefs, des Signifikanten und der Macht. Bei ihnen ist das Symbolische keine Instanz, so dass der Zugang zum Symbolischen durch die Vermittlung eines Phallus bestimmt wäre, durch ein großgeschriebenes Wort, in dem sich alle metonymischen Figuren des Gesetzes verkörperten. Das Symbolische ist der Zyklus des Austausches selbst, der Zyklus von geben und zurückgeben, eine Ordnung, die aus der Reversibilität selbst geboren wird und die der doppelten Rechtsprechung einer verdrängten psychischen Instanz und einer transzendenten gesellschaftlichen Instanz entgeht.[21]

20 Eben dadurch sind sie weit weniger psychotisch als unsere modernen Gesellschaften, denen man freundlicherweise die Qualifikation »neurotisch« verliehen hat, die aber in Wirklichkeit dabei sind, entsprechend unserer eigenen Definition »psychotisch« zu werden, das heißt, jeden Zugang zum Symbolischen völlig zu verlieren.

21 Denn in den »primitiven Gesellschaften« existiert selbst das »Gesellschaftliche« nicht. Der Ausdruck »primitiv« ist heute abgeschafft, man sollte aber auch den ethnozentrischen Begriff »Gesellschaft« abschaffen.

Während die Väter sich austauschen, das heißt während sie gegeben und empfangen werden und von einer Generation der Initiierten zur nächsten in Form von bereits toten und dennoch lebenden Ahnen weitergegeben werden (der biologische Vater ist unaustauschbar, man kann sich ihm nur substituieren; und seine symbolische Figur, sein Sprechen ist unveränderlich, es tauscht sich auch nicht aus, es ist ein Sprechen ohne Erwiderung) — und während die Mutter durch die Väter *gegeben* (sie ist die jedes Mal durch die Initiation ins Spiel zurückgebrachte Erde der Ahnen), empfangen und weitergegeben wird (sie ist auch die Sprache des Stammes und die Geheimsprache, die der Initiierte erlangt), währenddessen verlieren also alle Dinge, der Vater, die Mutter und die Rede ihren Charakter als fatale, undechiffrierbare Instanzen oder sogar als Positionen in einer vom Verbot beherrschten Struktur — ebenso wie Tod und Geburt im symbolischen Überereignis der Initiation ihren Status von Notwendigkeit und Gesetz und den Status eines fatalen Ereignisses verlieren.

Wenn man von einer Gesellschaft ohne Verdrängung und Unbewusstes spricht, so keineswegs um irgendeine wunderbare Unschuld wiederzufinden, wo die »Wunsch«-Ströme freien Lauf hätten und die »Primärvorgänge« sich ohne Verbot aktualisierten — wo also eine *Ordnung der Entladung* wäre, ein Idealzustand für Wunsch und Libido, so wie ihn freudo-reichsche, freudo-marxistische und selbst schizo-nomadische Gedanken erstreben; dieses Phantasma eines Wunsches und eines neutralisierten (oder maschinisierten) Unbewussten, um »frei« zu werden: Phantasma einer »Freiheit«, die heute aus den Sphären rationalen Denkens zu denen des Irrationalen, Leidenschaftlichen, »Ursprünglichen« und Unbewussten transferiert wird, ohne dass es deshalb aufhörte, ein *bürgerliches* Problem zu sein (insbesondere das kantsche und cartesianische Problem von Notwendigkeit und Freiheit).

Die Theorie des Unbewussten in Frage zu stellen, bedeutet auch die Theorie des Wunsches in Frage zu stellen, insofern es sich dabei auf der Ebene einer ganzen Zivilisation um das negative Phantasma einer rationalen Ordnung handelt. Der Wunsch ist dann ganz und gar Teil unserer Herrschaft des Verbotes, und seine erträumte Materialität ist ein Teil unseres Imaginären. Ob er durch das Verbot dialektisiert wird, wie im Ödipus und in der Psychoanalyse, oder ob er in seiner leidenschaftlichen Produktivität gepriesen wird, wie im Anti-Ödipus, immer ist er das Versprechen eines wilden Naturzustandes, das Phantasma einer *objektiven*, befreienden oder zu befreienden Triebenergie — eine Wunschkraft, die auf dem wechselnden Felde der Revolutionen von der guten alten Arbeitskraft ererbt wird. Wie man weiß, bewirkt eine Kraft immer eine Zurückstauung (Verdrängung), und die Wirkung der Realität gehört immer zur Ordnung des Imaginären. Man müsste einen Spiegel des Wunsches schreiben, wie man einen Spiegel der Produktion geschrieben hat.

Ein Beispiel: der primitive Kannibalismus. Jenseits der Ernährungsfrage ist dieser ein Problem eines »oralen Triebes«, der Verzehrung, auf dem unser grundlegendes, vielleicht das grundlegendste Verbot lastet, während gewisse Wilde es naiv überschreiten und ihren »Wunsch« ohne Weiteres erfüllen. Postulat: Jeder Mensch hat das Verlangen, seinen Mitmenschen zu verzehren; und als eine katholische Rugbymannschaft es gezwungenermaßen bei einem Flugzeugunglück in den Kordilleren der Anden tat,[22] war alle Welt verwundert über die göttliche Wiederkehr einer Natur, die man verschwunden glaubte. Der Papst selbst hat sie gesegnet und gerechtfertigt, und zwar nicht, um ein Beispiel zu setzen; aber dennoch: es ist kein *absolutes* Verbrechen mehr — und wenn nicht, so vielleicht in Bezug auf eine *Natur*, deren (unbewusstes und psychoanalytisches) Sakrales, ein *libidinöses* Sakrales, heute siegreich mit dem göttlichen und religiösen Sakralen konkurriert? Die Kannibalen beabsichtigen überhaupt nicht, im Naturzustand

22 [Am 13. Oktober 1972 stürzte ein uruguayisches Flugzeug mit einer Rugbymannschaft aus Montevideo in den schneebedeckten Anden in 4000 m Höhe ab. Das Wrack wird erst nach Wochen gefunden, 16 der 45 Menschen überlebten. Die Geretteten haben sich vom Fleisch ihrer toten Kameraden ernährt.]

oder entsprechend ihren Wünschen zu leben, sie wollen durch ihren Kannibalismus ganz einfach *in Gesellschaft leben*. Der interessanteste Fall ist der, in dem sie ihre eigenen Toten essen. Das geschieht weder aus Lebensnotwendigkeit, noch weil sie nichts von ihnen halten würden, sondern ganz im Gegenteil, um sie zu ehren und somit zu vermeiden, dass sie – der biologischen Ordnung des Verwesens überlassen – der gesellschaftlichen Ordnung entschwinden und sich gegen die Gruppe zurückwenden, um sie zu verfolgen. Diese Verzehrung ist ein gesellschaftlicher und *symbolischer* Akt, damit ein Verbindungsfaden zu dem Toten oder dem verzehrten Feind erhalten bleibe – man weiß jedenfalls, der Gegessene ist immer jemand von Wert, man isst nicht irgendjemanden; es ist immer ein Zeichen der Achtung, denn jemanden zu verzehren, macht ihn zugleich heilig. *Wir* verachten, was wir essen, und wir können nur das essen, was wir verachten, nämlich Totes, tierisch oder pflanzlich Unbeseeltes, das der biologischen Assimilation überlassen ist – und in der Perspektive unserer eigenen Verachtung unserer Nahrung, des Essensaktes und sogar unseres eigenen Körpers betrachten wir die Anthropophagie als verachtenswert. Die primitive Verzehrung kennt kein Aktives oder Passives, jene abstrakte Trennung in Essenden und Gegessenen. Zwischen beiden gibt es eine Art von Duell um Ehre und Reziprozität, vielleicht sogar eine Herausforderung und einen ganz kurzen Zweikampf, den der Gegessene eventuell gewinnen kann (vgl. das ganze Ritual der Versöhnung mit der Nahrung), jedenfalls gibt es niemals eine bloß mechanische Operation der Absorption.[23] Nicht einmal eine Absorption von »Lebenskräften«, wie es die Ethnologie den Eingeborenen folgend gewöhnlich annimmt, indem sie einfach von einem Funktionalismus der Ernährung zu einem magischen Funktionalismus übergeht (die Psychoanalytiker halten sich ihrerseits an den psychischen Funktionalismus des Triebes).

23 Vgl. die kannibalische Szene bei Jean de Léry, Indiens de la Renaissance, in: Histoire d'un voyage fait en la terre du Brésil.

Nicht mehr nur ein Subsistenzakt, ist die Verzehrung eine Transsubstantiation des Mana zum Vorteile des Essenden — sie ist ein *gesellschaftlicher* Akt, eine Opferhandlung, bei der der ganze Stoffwechsel der Gruppe auf dem Spiel steht. Die Verzehrung ist weder eine Wunscherfüllung, noch eine Assimilation von irgendetwas, sondern im Gegenteil ein Akt der Verausgabung, der Konsumation und Transmutation des Fleisches in eine symbolische Beziehung, eine Transmutation des toten Körpers in einen gesellschaftlichen Austausch. Das gleiche findet sich beim Abendmahl, allerdings in Form eines abstrakten Sakraments und in der allgemeinen Äquivalenz von Brot und Wein. Der verfemte Teil, der hier aufgezehrt wird, ist bereits mit Bedacht sublimiert und evangelisiert.

Auch das Töten hat nicht die gleiche Bedeutung wie für uns. Der rituelle Königsmord hat nichts gemein mit dem »psychoanalytischen« Vatermord. Neben der Verpflichtung, durch den Tod das Privileg, das der König innehat, zu sühnen, beabsichtigt seine Tötung auch, dasjenige in der wechselseitigen Austauschbewegung der Gruppe in Fluss zu halten, was drohte, sich in der Person des Königs anzuhäufen und zu fixieren (Status, Reichtümer, Frauen, Macht). Sein Tod kommt diesem Unglück zuvor. Wesen und Funktion des Opfers ist, denjenigen zu beseitigen, der droht, aus der symbolischen Kontrolle der Gruppe herauszufallen, und ihm alle Last des Todes aufzuladen. Der König muss also (von Zeit zu Zeit) getötet werden, und mit ihm das Gesetz und die Gestalt des Phallus, die begann, das gesellschaftliche Leben zu regieren. Die Tötung des Königs hat also ihren Grund nicht im Unbewussten und in der Vaterfigur, sondern im Gegenteil resultieren unser Unbewusstes und seine Peripetien aus dem Verlust der Opfermechanismen. Wir verstehen die Tötung nur noch innerhalb einer begrenzten Ökonomie als phantasmatische Tötung des Vaters, das heißt als Ausgleich für die Verdrängung und das Gesetz, als Wunscherfüllung und Schuldenausgleich. Der Einsatz ist phallisch, und erst auf der Basis von Verdrängung kommt mit dem Tode des Vaters die phallische Peripetie der Machtergreifung ins

Spiel. Das ist dann eine völlig vereinfachte Neuauflage des Todes und der Tötung als verdrängte Aggression, als eine Gewalt, die der Gewalt der Verdrängung äquivalent ist. In der primitiven Ordnung ist die Tötung weder Gewalt noch ein acting-out des Unbewussten; für diejenigen, die den König töten, gibt es also keinerlei Belohnung an Macht, noch einen Schuldzuwachs, wie im Freudschen Mythos. Selbst der König unterliegt dem nicht: Er gibt seinen Tod, er erhält seinen Tod im Austausch, was durch ein Fest dargestellt wird, während der phantasmatische Vatermord als Schuldhaftigkeit und Angst erfahren wird.

Somit haben die Vorgänge des Tötens und Essens nicht die gleiche Bedeutung wie für uns: Sie resultieren nicht aus einem Tötungstrieb, einem oralen Sadismus oder einer Struktur der Verdrängung, welche allein ihnen die Bedeutung gegeben hat, die sie für uns heute haben. Sie sind gesellschaftliche Vorgänge, die vollständig dem Dispositiv symbolischer Verpflichtung unterliegen. Niemals haben sie jenen einseitigen Sinn, in dem sich alle Aggression ausdrückt, die die Grundlage unserer Kultur ist: töten essen – ich töte ich esse – du wirst getötet du wirst gegessen – das ganze Unbewusste und seine Phantasmen (und deren psychoanalytische Theorie) erfordern die Akzeptierung dieser Trennung, diese Verdrängung der Ambivalenz, deren Restitution in einem symbolischen Prozess, in welcher Form auch immer, der Rechtsprechung des Unbewussten ein Ende machte.

Töten besitzen verzehren — unser ganzes individuelles Unbewusstes organisiert sich um diese Terme und um die Phantasmen, die sie im Zeichen der Verdrängung umschließen.

Geben zurückgeben austauschen — bei den Primitiven geht es im manifesten kollektiven Tausch immer um diese drei Terme, die durch Ritual und Mythos unterstützt werden.

Jedes »Wort« des Unbewussten setzt einen Schnitt, einen Bruch, einen Riegel voraus, den man überall in der Psychoanalyse wiederfindet, und auch die Schuldhaftigkeit, die diese entfesselt, sowie das Wirken und die Wiederholung des Verbotes. Die

»Wörter« des Symbolischen dagegen verlangen Reversibilität und einen unendlichen zyklischen Übergang.

Aber dennoch: Der radikale Unterschied liegt in der Verselbständigung einer psychischen Sphäre: In den primitiven Gesellschaften wirkt etwas Kollektives, dessen Verdrängung uns erst zur Instanz des Psychischen und Unbewussten führt. Alles trennt also das Ritual vom Phantasma und den Mythos vom Unbewussten. Alle jene Analogien, mit denen Anthropologie und Psychoanalyse so munter umgehen, sind eine tiefe Mystifikation.

Die Verzerrung, die die primitiven Gesellschaften durch die Psychoanalyse erfahren, ist von der gleichen Ordnung, aber im umgekehrten Sinne, wie die der marxistischen Analyse.

I. Für die Anthropomarxisten ist die Instanz des ökonomischen auch in diesem Gesellschaftstypus präsent und determinierend, sie ist nur verdeckt und latent, während sie bei uns manifest ist. Diese Differenz aber wird als sekundär beurteilt, die Analyse hält sich damit nicht auf und geht problemlos zum materialistischen Diskurs über.

II. Für die Anthropopsychoanalytiker ist die Instanz des Unbewussten auch in diesen Gesellschaftstypen präsent und determinierend, sie ist allerdings manifest und ausgeprägt, während sie bei uns latent und verdrängt ist. Diese Differenz aber berührt nicht das Wesentliche, und die Analyse setzt ihren Diskurs in den Begriffen des Unbewussten problemlos fort.

Auf beiden Seiten gibt es die gleiche Missachtung dieser scheinbar winzigen Differenz: Mit einer gleichen Struktur, Ökonomie und Unbewusstes, gelangt man von primitiven Formationen zu unseren, bald vom Manifesten zum Verdeckten, bald umgekehrt. Allein unsere Metaphysik erlaubt uns, dieses Detail zu vernachlässigen, in der Illusion, dass der Inhalt der gleiche bleibt. Aber das ist völlig falsch: Wenn das ökonomische sich hinter anderen Strukturen »versteckt«, so hört es ganz einfach auf zu existieren — es legt von nichts Rechenschaft ab, es ist nichts. Umgekehrt, wenn das Unbewusste sich »manifestiert«, wenn es eine manifeste und artikulierte Struktur wird, so ist es einfach kein Unbewusstes mehr – eine psychische Struktur und ein auf Verdrängung gegründeter Prozess haben keinen Sinn in dieser anderen, rituellen und nicht-psychischen Konfiguration einer offenen Auflösung von Zeichen. Es ändert sich alles, wenn man vom Latenten zum Manifesten oder vom Manifesten zum Latenten übergeht.[24] Entgegen dem marxistischen und psychoanalytischen Missverständnis muss man deshalb alles *ausgehend von* dieser Verschiebung wiederaufnehmen.

Man entdeckt, dass das Symbolische gerade die Unmöglichkeit ist, das Ökonomische ausfindig zu machen und zu spezifizieren, und dass die Möglichkeit etwas offen zu manifestieren, das das Unbewusste sein soll, was aber eben dadurch aufhört, es zu sein, eben das Symbolische ist.

## Das Double und die Entzweiung

Die Gestalt des Doubles (Doppelgängers), die jener von Tod und Magie eng verbunden ist, beinhaltet schon allein alle psychologischen und psychoanalytischen Interpretationsprobleme.

Schatten, Gespenst, Spiegelbild, Einbildung und beinahe noch sichtbarer, materieller Geist – das primitive Double gilt allgemein als unvollkommene Vorwegnahme der Seele und des Bewusstseins, entsprechend einem wachsenden Sublimationsvorgang und einer geistigen »Menschwerdung« à la Teilhard de Chardin: hin zum Gipfel des einzigen Gottes und universeller Moral. Denn der einzige Gott hat viel zu tun mit einer vereinheitlichenden politischen Macht, und nichts mit den primitiven Göttern. Ebenso haben Seele und Bewusstsein viel zu tun mit dem Prinzip der Vereinheitlichung des Subjekts, und nichts mit dem primitiven Double. Das historische Auftreten der »Seele« setzt im Gegenteil dem

24 Vgl. zu diesem Punkt: Girard, La violence et le sacré, S. 166–169.

wuchernden Austausch mit Geistern und Doubles ein Ende – indem es im Gegenzug die Erscheinung einer anderen Gestalt von Double hervorbringt, die teuflisch durch die abendländische Vernunft hindurchschimmert –, und die Seele hat eine Menge mit der abendländischen Form der Entfremdung zu tun, und nichts mit dem primitiven Double. Die Vereinheitlichung beider unter dem Zeichen von (bewusster oder unbewusster) Psychologie ist ein irreführendes Unterfangen.

Zwischen dem Primitiven und seinem Double gibt es kein Spiegel- oder Abstraktionsverhältnis wie zwischen dem Subjekt und seinem geistigen Prinzip, der Seele, oder zwischen dem Subjekt und seinem moralischen und psychologischen Prinzip, dem Bewusstsein. Nichts dient dieser ungeteilten Vernunft als Ausgleich, dieser idealen Äquivalenzrelation, die für uns das Subjekt bis zu seiner Entzweiung strukturiert. Das Double ist nicht mehr jenes phantastische Ektoplasma, jenes archaische Wiederaufleben, das aus den Tiefen des Unbewussten und der Schuldhaftigkeit (wir werden darauf zurückkommen) gekommen ist. Das Double ist ebenso wie der Tote (der Tote ist das Double des Lebenden, das Double ist die lebende und vertraute Gestalt des Todes) ein *Partner*, zu dem der Primitive eine persönliche und konkrete Beziehung hat, eine ambivalente – je nach dem, glückliche oder unglückliche – Beziehung, eine gewisse Art von sichtbarem Tausch (gestische und rituelle Sprache) mit einem unsichtbaren Teil von sich selbst, *ohne dass man von Entfremdung sprechen könnte*. Denn das Subjekt ist nur – so wie wir es sind – entfremdet, wenn es eine abstrakte Instanz verinnerlicht, die aus der »Hinterwelt« kommt, wie Nietzsche sagt – die psychologisch (Ich und Ich-Ideal), religiös (Gott und die Seele) und moralisch (Bewusstsein und Gesetz) ist –, eine unversöhnliche Instanz, der alles andere untergeordnet ist. Historisch beginnt die Entfremdung mit der Verinnerlichung des Herren durch den *emanzipierten* Knecht: also keine Entfremdung, solange ein Verhältnis von Zweikampf zwischen Herr und Knecht besteht.

Der Primitive hat ein Zweikampf- und nicht ein entfremdetes Verhältnis zu seinem Double. Er kann wirklich, was uns auf immer verboten ist, *mit seinem Schatten* Handel treiben (ein realer Schatten, ohne Metaphorik) wie mit irgendeiner echten oder lebendigen Sache, um mit ihm zu sprechen, ihn zu unterstützen und sich mit ihm zu beraten; ein schützender oder feindseliger Schatten — eben kein Spiegelbild des »Original«-Körpers, sondern ein Schatten als eigenständiger Teil, und eben nicht als »entfremdeter« Teil des Subjekts, sondern als eine der Gestalten des Austauschs. Das ist es übrigens, was die Dichter bei einer Befragung ihres eigenen Körpers oder der Wörter der Sprache wiederfinden. Mit seinem Körper sprechen und mit seiner Sprache Zwiesprache halten, jenseits von Aktiv und Passiv (mir spricht der Körper, mir spricht die Sprache), jeden Körperteil autonom machen, jedes Sprachfragment als lebendes Wesen, das zur Antwort und zum Austausch fähig ist — das ist das Ende von Trennung und Entzweiung, die nur eine Äquivalenz ist, die jeden Körperteil dem Prinzip des Subjektes unterwirft und jedes Sprachfragment dem Sprachcode.

Der Status des Doubles in der primitiven Gesellschaft (und der Status der Geister und Götter, denn auch sie sind reale, lebende differente Andere und nicht ein idealisiertes Wesen) ist also das Gegenteil unserer Entfremdung: Das Wesen vervielfältigt sich dort in zahllose Andere, die ebenso lebendig sind wie es selbst, während das vereinheitlichte, individualisierte Subjekt sich selbst nur in der Entfremdung und im Tode begegnen kann.

Mit der Verinnerlichung von Seele und Bewusstsein (dem Identitätsprinzip und der sich selbst gleichen Äquivalenz) unterliegt das Subjekt einer regelrechten Einschließung, ähnlich der der Wahnsinnigen, die Foucault für das 17. Jahrhundert beschreibt. Wenn sich also das primitive Denken des Doubles als Denken der Kontinuität und des Austausches verliert, beginnt die Besessenheit vom Double als Diskontinuität des Subjekts im Wahnsinn und im Tod. »Wer seinen Doppelgänger sieht, sieht seinen Tod.« Vampir-Double, Rache-Double, unversöhnliche Seele, das Double wird zum vorweggenommenen Tod des Subjekts, der ihn bereits mitten im Leben heimsucht. Sei es der Doppelgänger von Dostoevskij oder [Chamissos] Peter Schlemihl, jener Mann, der seinen Schatten verloren hat – immer hat man diesen Schatten als Metapher der Seele, des Bewusstseins, des Heimatbodens etc. interpretiert, unheilbarer Idealismus: Die Erzählung ist noch außergewöhnlicher, wenn sie nicht als Metapher genommen wird. Wir alle haben unseren *realen* Schatten, den uns die Sonne spendet, verloren, denn er existiert nicht mehr für uns, wir sprechen nicht mehr von ihm, und mit ihm hat uns unser Körper verlassen — seinen Schatten verlieren, bedeutet bereits, seinen Körper zu vergessen. Umgekehrt, wenn der Schatten wächst und eine selbständige Kraft wird, wie das Spiegelbild in »Der Student von Prag«, so ist das eine Wirkung des Teufels und des Irreseins, um das Subjekt, das ihn verloren hat, zu verschlingen, ein mörderischer Schatten, das Bild aller zurückgewiesenen vergessenen Toten, die es, was ganz normal ist, niemals akzeptieren, nichts mehr für die Lebenden zu bedeuten.

Unsere ganze Kultur ist voll von dieser Furcht vor dem abgetrennten Double, bis hin zu jener subtilsten Form, die Freud ihm in »Das Unheimliche« gibt, jener Angst, die an den vertrautesten Plätzen entsteht, dort wo mit stärkster Intensität, weil in der einfachsten Form, sich der *Schwindel bei Trennung* erhebt. Es kommt tatsächlich der Augenblick, in dem die nächsten Dinge, die wie unser eigener Körper und dieser Körper selbst sind, unsere Stimme, unser Bild, in dem Maße einer Abtrennung unterliegen, wie wir dieses Prinzip idealer Subjektivität, nämlich die Seele (oder jede andere Instanz oder äquivalente Abstraktion) verinnerlichen. Sie tötet jenes Wuchern von Doubles und Geistern, und sie wirft sie in die gespenstischen und schleierhaften Kulissen unbewusster Volkskunst zurück, so wie die antiken Götter durch das Christentum in Dämonen verwandelt, verteufelt[25] wurden.

25 [Im Original deutsch.]

Die Seele ist es auch, die die Doubles durch eine letzte List der Geistigkeit *psychologisiert*. Die letzte Form der Verteufelung[26], der dämonischen Korruption und Liquidierung der primitiven Doubles ist in der Tat die Interpretation in Begriffen des archaischen *Psychismus*. Eine Projektion der mit dem phantasmatischen Mord des Anderen (eines nahen Verwandten) verbundenen Schuldhaftigkeit entsprechend der Magie der »Allmacht der Gedanken«[27], Wiederkehr des Verdrängten, etc.; Freud sagt: »Die Analyse der Fälle des Unheimlichen hat uns zur alten Weltauffassung des *Animismus* zurückgeführt, die ausgezeichnet war durch die Erfüllung der Welt mit Menschengeistern, durch die narzißtische Überschätzung der eigenen seelischen Vorgänge, die Allmacht der Gedanken, und die darauf aufgebaute Technik der Magie, die Zuteilung von sorgfältig abgestuften Zauberkräften an fremde Personen und Dinge (Mana), sowie durch all die Schöpfungen, mit denen sich der uneingeschränkte Narzißmus jener Entwicklungsperiode gegen den unverkennbaren Einspruch der Realität zur Wehr setzte. Es scheint, daß wir alle in unserer individuellen Entwicklung eine diesem Animismus der Primitiven entsprechende Phase durchgemacht haben, daß sie bei keinem von uns abgelaufen ist, ohne noch äußerungsfähige Reste und Spuren zu hinterlassen, und daß alles, was uns heute als ›unheimlich‹ erscheint, die Bedingung erfüllt, daß es an diese Reste animalistischer Seelentätigkeit rührt und sie zur Äußerung anregt.«[28]

Soweit die Psychologie, unsere Instanz der Tiefe, unsere eigene Hinterwelt – diese Allmacht der Gedanken, dieser magische Narzissmus, diese Furcht vor Toten,[29] dieser primitive Animismus

26 [Im Original deutsch.]

27 [Freud, Das Unheimliche, S. 253. Im Original deutsch.]

28 [Freud, ebenda.]

29 Ebenso Jaulin über die primitive Furcht vor den Toten: »Indem sie den Kräften des Todes antisoziale Absichten unterstellten, haben die Sara nur gleichzeitig weit verbreitete Beobachtungen und unbewusste Gegebenheiten logisch verlängert.« (Jaulin, La mort sara) Es ist keineswegs sicher, ob die unbewuss-

oder Psychismus – die wir bedächtig bis zu den Wilden zurückspinnen, um sie uns darauf als »archaische Sedimente« zu vereinnahmen. Freud glaubte nicht zuviel zu sagen, als er von einer »narzißtischen Überschätzung seelischer Vorgänge« sprach. Wenn es aber jemanden gibt, der seine eigenen seelischen Vorgänge überschätzt (bis zu dem Punkt, sie als Theorie zu exportieren, so wie wir unsere Moral und Technik ins Innere aller Kulturen exportiert haben), so ist das Freud selbst und unsere ganze psychologische Kultur. Die Rechtsprechung des psychologischen Diskurses über alle symbolischen Praktiken (insbesondere der Wilden, des Todes, des Doubles und der Magie, aber auch über unsere eigenen, gegenwärtigen) ist sogar noch gefährlicher als die des ökonomischen Diskurses – sie ist von der gleichen Ordnung wie die repressive Rechtsprechung der Seele oder des Bewusstseins über alle symbolischen Wirkungsmöglichkeiten des Körpers. Die Neuinterpretation des Symbolischen durch das Psychoanalytische ist eine reduzierende Operation. Da wir unter der Herrschaft des Unbewussten leben (aber leben wir dort? Ist das nicht unser eigener Mythos, der die Verdrängung bezeichnet, indem er aber an ihr partizipiert – ein von der Verdrängung verdrängtes Denken), glauben wir uns genötigt, diese Rechtsprechung, diese Rechtsprechung der Psychogeschichte, wie übrigens die der Geschichte schlechthin, auf

ten »Gegebenheiten« im Innern nichts zu bedeuten haben. Der Schrecken und die Negativität der Todeskräfte zeigen sich deutlich als bedrohliche Instanz, als Nahen von Kräften, die herumirren, seitdem sie der Gruppe entwischt sind, und die sich mit ihr nicht mehr austauschen können. »Der Tod rächt sich« in der Tat. Aber ein feindliches Double, ein feindlicher Toter verkörpert immer nur den Versuch der Gruppe, ihr symbolisches Tauschmaterial zu bewahren und durch ein erprobtes Ritual jene »Natur« wieder in der Gruppe zu beheimaten, die mit dem Tod entschwunden ist und sich seitdem in einer schädlichen Instanz kristallisiert, die zwar niemals ihre Beziehung zur Gruppe abbricht, sie aber in Form von Verfolgung pflegt (die im capital fixe eingefrorene tote Arbeit spielt bei uns die gleiche Rolle). Das hat nichts zu tun mit irgendeiner über-ich-haften Projektion oder einem unbewussten Dispositiv, das dem Wesen der Gattung entspräche ...

alle möglichen Konfigurationen zu übertragen. Das Unbewusste, die psychische Ordnung im Allgemeinen, wird zu einer unüberschreitbaren Instanz, die ein Recht zur Beurteilung aller früheren individuellen und gesellschaftlichen Formationen verleiht. Wodurch sich aber deren Imaginäres auch in die Zukunft verlängert: wenn das Unbewusste unser moderner Mythos ist und die Psychoanalyse sein Prophet, so ist die Befreiung des Unbewussten (die Revolution des Wunsches) eine chiliastische Häresie.

Das Denken des Unbewussten ist genau *wie das Denken des Bewusstseins* noch ein Denken der Diskontinuität und des Bruches. Es ersetzt ganz einfach die Positivität des Objektes und das Subjekt des Bewusstseins durch die Unwiederbringlichkeit eines verlorenen Objektes und eines auf immer entschwundenen Subjektes. Wenn auch dezentriert, so bleibt es mit seiner fortwährenden *Topik* (Hölle/Himmel – Subjekt/Natur – Bewusstes/Unbewusstes) doch in der Kreisbahn abendländischen Denkens, in dem das zerteilte Subjekt von einer verlorenen Kontinuität nur träumen kann.[30] Niemals gelangt es zur *Utopie* — welche keineswegs das Phantasma einer verlorenen Ordnung ist, sondern entgegen allen Topiken der Diskontinuität und Verdrängung das Denken einer dualistischen Ordnung, einer Ordnung der Reversibilität, eine symbolische Ordnung (im genauen und etymologischen Sinne des Ausdruckes), in der zum Beispiel der Tod kein abgetrennter Bereich ist, in der für das Subjekt weder sein Körper noch sein Schatten ein abgetrennter Bereich ist, in der es keinen Tod gibt, der die Geschichte des Körpers beendet, und in der es keine Barriere gibt, die die Ambivalenz von Subjekt und Objekt beendet, in der es we-

30 Der Neo-Chiliasmus der Befreiung des Unbewussten lässt sich nicht als eine Verzerrung der Psychoanalyse analysieren: Er entsteht logischerweise aus einer imaginären Wiederauferstehung dieses verlorenen Objekts; dieses Objekt ›a‹, das die Psychoanalyse im Innersten ihrer Theorie verbirgt: Dieses auf immer unauffindbare Reale, das ihr erlaubt, die Tore des Symbolischen zu bewachen. Dieses Objekt ›a‹ ist gleichzeitig der wahre Spiegel des Wunsches und der Spiegel der Psychoanalyse.

der ein Jenseits (das Weiterleben und den Tod) noch ein Diesseits (das Unbewusste und das verlorene Objekt) gibt, sondern eine unmittelbare und nicht phantasmatische Aktualisierung symbolischer Reziprozität. Dieses utopische Denken ist kein verschmelzendes: allein die Nostalgie erzeugt Verschmelzungsutopien. Hier ist nichts nostalgisch, noch verloren, noch abgetrennt oder unbewusst. Alles ist bereits da, reversibel und geopfert.

## Die politische Ökonomie und der Tod

> »Man stirbt nicht, weil man sterben muss, man stirbt, weil es eine Gewohnheit ist, die man dem Bewusstsein eines Tages vor noch nicht so langer Zeit aufgezwungen hat.« (Artaud)
> 
> »Tod ist bei Göttern immer nur ein Vorurtheil.« (Nietzsche)

Der Tod als universelle menschliche Bedingung existiert erst, seit es eine *gesellschaftliche* Diskriminierung der Toten gibt. Die *Institution* des Todes ist wie die des Weiterlebens und der Unsterblichkeit eine späte Errungenschaft des *politischen* Rationalismus der Priesterkasten und der Kirchen: Durch die Verwaltung dieser imaginären Sphäre des Todes begründen sie ihre Macht. Das Verschwinden des religiösen Weiterlebens ist eine noch spätere Errungenschaft des politischen Rationalismus des *Staates*. Und soweit das Weiterleben angesichts der Fortschritte »materialistischer« Vernunft verschwindet, so ist es in das Leben selbst übergegangen: Durch die Verwaltung des *Lebens als objektives Überleben* begründet der Staat seine Macht; noch stärker als die Kirche: Denn nicht auf einem Imaginären des Jenseits, sondern auf dem Imaginären des Lebens selbst erhebt sich der Staat und seine abstrakte Macht. Er stützt sich auf einen säkularisierten Tod, die Transzendenz des Gesellschaftlichen, und seine Kraft erwächst ihm aus dieser tödlichen Abstraktion, die er verkörpert. Wie die Medizin eine Medizin der Leichname ist, so ist der Staat die Verwaltung des toten Körpers des Sozius.

Die Kirche hat sich von Anfang an auf die Teilung in Leben und Weiterleben, in eine Erdenwelt und ein Himmelreich gestützt. Und darüber wacht sie eifersüchtig, denn wenn diese Distanz verschwände, wäre ihre Macht beendet. Die Kirche lebt von einer *aufgeschobenen Ewigkeit* (so wie der Staat von einer aufgeschobenen Gesellschaftlichkeit lebt, und so wie die revolutionären Parteien von einer aufgeschobenen Revolution leben: Alle leben vom Tode) — aber sie hatte es schwer, sich damit durchzusetzen. Das ganze Urchristentum, und später das populäre, messianische und häretische Christentum, lebte von der Hoffnung auf die Wiederkunft des Herrn und dem Verlangen nach unmittelbarer Realisierung des Reiches Gottes.[31] Die christlichen Massen glaubten ursprünglich nicht an einen Himmel oder eine Hölle im Jenseits: Ihre Vision beinhaltete die schlichte und einfache Auflösung des Todes im kollektiven Willen einer *unmittelbaren Ewigkeit*. Die großen manichäischen Häresien, die die Grundlagen der Kirche bedrohten, hatten das gleiche Prinzip, als sie diese Welt hier unten als agonistische Dualität des Prinzips von Gut und Böse interpretierten — sie ließen die Hölle auf die Erde steigen, was genauso gottlos ist, wie den Himmel herabsteigen zu lassen. Weil sie das Vorfeld des Jenseits vernichtet hätten, wurden sie grausam verfolgt, so wie die geistigen Häresien vom Typus des heiligen Francesco d'Assisi und des Gioacchino da Fiore, denen radikale Nächstenliebe so viel bedeutete, wie bereits auf Erden eine umfassende Gemeinschaft zu errichten und das Jüngste Gericht einzuleiten. Die Katharer gingen noch etwas weiter und wollten eine *realisierte* Vollkommenheit, die Einheit von Körper und Geist und die Immanenz des Seelenheils im kollektiven Glauben, wodurch sie die Macht des Todes der Kirchen verhöhnten. Im Laufe ihrer Geschichte musste die Kirche die Urgemeinde zerstören, weil jene die Tendenz hatte, ihr Seelenheil ausschließlich in der intensiven Wechselseitigkeit der Beziehungen, von der sie durchdrun-

31 Vgl. Mühlmann, Chiliasmus und Nativismus.

gen war, zu suchen, wobei sie ihre eigene Energie erschöpfte. Gegenüber der abstrakten Universalität Gottes und der Kirche praktizierten die Sekten und Gemeinden eine »Selbstverwaltung« des Seelenheils, das in einer symbolischen Exaltation der Gruppe bestand und sich gelegentlich in einem Todesrausch vollendete. Die einzige Bedingung der Möglichkeit von Kirchen ist die unaufhörliche Vernichtung dieses symbolischen Anspruches — und das ist auch die einzige Bedingung der Möglichkeit des Staates. Genau hier beginnt die politische Ökonomie.

Gegen die irdische Verzückung der Gemeinden stellt die Kirche eine *politische Ökonomie des individuellen Seelenheils*. Zunächst durch den Glauben (der aber zur persönlichen Beziehung der Seele zu Gott geworden ist, anstelle eines Aufwallens der Gemeinde), später durch die Anhäufung von Werken und Verdiensten, das heißt eine Ökonomie im eigentlichen Sinne des Wortes mit ihrer Endabrechnung und ihrer Äquivalenz. Es erhob sich also am Horizont des Lebens, wie immer seit dem Auftreten eines Akkumulationsprozesses,[32] der Tod. Das ›Königreich‹ geht wahrhaftig auf die andere Seite des Todes über — vor dem jeder sich *allein* wiederfindet. Wenn das Christentum eine Faszination am Leiden, an der Einsamkeit und am Tode mit sich bringt, so nur in dem Ausmaße seiner Universalisierung, die eine Zerstörung der archaischen Gemeinden implizierte. In der vollendeten Form des Religiös-Allgemeinen und ebenso des Ökonomisch-Allgemeinen (dem Kapital) findet jeder sich allein wieder.

Mit dem 16. Jahrhundert verallgemeinert sich diese moderne Gestalt des Todes. Mit der Gegenreformation und den Besessenheits- und Trauerspielen des Barock, aber auch mit dem Prostestantismus, der den Prozess individueller Todesangst verstärkte, indem er das Gewissen Gott gegenüber individualisierte und die kollektive Zeremonie entleerte. Es beginnt auch das große moderne

32 Die Wissenschaft selbst ist nur kumulativ, weil sie in Verbindung mit dem Tod ihren Anfang genommen hat und weil sie einen Toten auf den anderen häuft.

Unternehmen der Beschwörung des Todes: die Ethik von Akkumulation und materieller Produktion, das Heilsversprechen durch Investition, Arbeit und Profit, was man gewöhnlich den »Geist des Kapitalismus« nennt (Max Weber, Die protestantische Ethik) — diese Maschinerie des Seelenheils, aus der sich innerweltliche Askese nach und nach zum Vorteil weltlicher und produktiver Akkumulation zurückzieht, ohne den Zweck zu ändern: die Abschirmung gegen den Tod.

Vor dieser Wende im 16. Jahrhundert sind Vorstellung und Ikonographie des Todes im Mittelalter noch volkstümlich und vergnüglich. Es gibt ein *kollektives Theater* des Todes, der sich nicht in das individuelle Bewusstsein (oder später ins Unbewusste) verflüchtigt. Noch im 15. Jahrhundert nährt der Tod das große messianische und egalitäre Fest des Totentanzes: Könige, Bischöfe, Prinzen, Bürger und Bauernlümmel sind vor dem Tode alle gleich, eine Herausforderung an die ungleiche Ordnung nach Geburt, Reichtum und Macht. Ein letzter großer Augenblick, in dem der Tod als offensiver Mythos und kollektive Sprache erscheinen konnte. Seitdem ist der Tod bekanntlich ein individueller und tragischer[33] Gedanke »von Rechts« geworden, der im Hinblick auf Bewegungen der Revolte und der sozialen Revolution »reaktionär« ist.

Unser Tod wurde tatsächlich im 16. Jahrhundert geboren. Seine Sense und seine Totenuhr, die Reiter der Apokalypse und die grotesken und makabren Spiele des Mittelalters hat er verloren. All das war noch Volkskunst und Fest, in denen sich der Tod noch austauschte, sicherlich nicht mehr mit der »symbolischen Wirk-

33 Ein anderes individualistisches und pessimistisches Denken des Todes hatte bereits vorher existiert — das vorchristliche, aristokratische Denken der Stoiker, das auch mit einem Begriff von persönlicher Einsamkeit des Todes in einer Kultur verbunden war, deren kollektive Mythen sich auflösten. Die gleichen Akzente finden sich bei Montaigne und Pascal, bei dem Schlossherren oder dem Jansenisten mit Amtsadel – geadelte Großbourgeoisie – in humanistischer Resignation oder verzweifeltem Christentum. Aber damit beginnt die moderne Verinnerlichung der Todesangst.

samkeit« der Primitiven, aber zumindest als *kollektives* Phantasma am Giebel der Kathedralen oder in den Passionsspielen, die in der Hölle spielten. Man kann sogar sagen: Solange es eine Hölle gibt, gibt es auch Lust. Ihr Verschwinden ins Imaginäre ist nur das Zeichen ihrer psychologischen Verinnerlichung, als der Tod aufhörte der große Schnitter zu sein, um zur Angst vor dem Tode zu werden. Aus dieser psychologischen Hölle erwachsen andere, subtilere und wissenschaftlichere Generationen von Priestern und Hexern.

Seit der Desintegration der traditionellen christlichen und feudalen Gemeinden durch die bürgerliche Vernunft und das entstehende System der politischen Ökonomie nimmt der Tod nicht mehr am Leben teil. Der Tod existiert in der Vorstellung von materiellen Gütern, die immer weniger so wie früher im Austausch unter unzertrennlichen Partnern zirkulieren (mehr oder weniger ist es immer eine Gemeinschaft oder ein Clan, wo ausgetauscht wird) und immer mehr unter dem Zeichen eines allgemeinen Äquivalentes zirkulieren. In der kapitalistischen Welt steht jeder allein vor dem allgemeinen Äquivalent. Ebenso findet sich jeder allein vor dem Tode wieder — und das ist keine Koinzidenz. Denn *die allgemeine Äquivalenz ist der Tod.*

Von da an wird die Obsession des Todes und der Wille, den Tod durch die Akkumulation abzuschaffen, zum Hauptmotor der Rationalität der politischen Ökonomie. Akkumulation des Wertes und insbesondere der Zeit als Wert im Phantasma einer Übertragung des Todes in den Ausdruck linearer Unendlichkeit des Wertes. Selbst diejenigen, die nicht mehr an eine persönliche Ewigkeit glauben, glauben noch an die Unendlichkeit der Zeit wie an ein Gattungskapital, das überaus vielfältigen Interessen dient. Die Unendlichkeit des Kapitals geht über in eine Unendlichkeit der Zeit, in die Ewigkeit eines Produktionssystems, das die Reversibilität von Tausch/Gabe nicht mehr kennt, sondern nur noch die Irreversibilität quantitativen Wachstums. Die Akkumulation der Zeit bringt die Idee des Fortschritts hervor, wie die Akkumulation der Wissenschaft die Idee der Wahrheit bringt: In beiden

Fällen tauscht sich das Akkumulierte nicht mehr symbolisch aus und wird zu einer *objektiven* Dimension. Schließlich führt die totale Objektivität der Zeit, wie die totale Akkumulation, zur totalen Unmöglichkeit des symbolischen Tausches — das ist der Tod. Daher die absolute Sackgasse der politischen Ökonomie: durch Akkumulation will sie den Tod abschaffen — aber die zur Akkumulation benötigte Zeit ist selbst eine Zeit des Todes. Am Endpunkt dieses Prozesses ist kein dialektischer Umschwung zu erwarten, denn der Prozess verläuft spiralförmig.

Man weiß bereits, dass die ökonomische Rationalisierung des Tausches (der Markt) eine gesellschaftliche Form ist, die den Mangel *produziert*.[34] Ebenso erzeugt die unendliche Akkumulation der Zeit als Wert im Zeichen allgemeiner Äquivalenz jenen absoluten Mangel an Zeit, der dem Tode entspricht.

Ein Widerspruch des Kapitalismus? Von wegen, der Kommunismus ist darin mit der politischen Ökonomie solidarisch, dass auch er die Abschaffung des Todes beabsichtigt, entsprechend dem gleichen Phantasma von Fortschritt und Freiheit und entsprechend dem gleichen phantastischen Schema der Ewigkeit von Akkumulation und Produktivkräften. Allein seine völlige Unkenntnis des Todes (außer als einem feindlichen, durch Wissenschaft und Technik zu besiegenden Horizont) hat ihn bis heute vor schlimmen Widersprüchen bewahrt. Denn es nützt nichts, das Wertgesetz abschaffen zu wollen, wenn man damit den Tod abschaffen will, das heißt das Leben als absoluten Wert bewahren will. Das Leben selbst muss sich vom Wertgesetz trennen und sich schließlich mit dem Tod austauschen. In ihrem Idealismus eines vom Tode gereinigten Lebens und eines endlich von aller Ambivalenz »befreiten« Lebens kümmern sich die Materialisten um all das überhaupt nicht.[35]

34 Vgl. Sahlins, The original affluent society, in: Stone age economics.

35 In dieser Hinsicht gibt es keinerlei Differenz zwischen atheistischem Materialismus und christlichem Idealismus, denn wenn sie sich um die Frage des

Unsere ganze Kultur ist nichts anderes als eine immense Anstrengung, Leben und Tod voneinander zu trennen und die Ambivalenz des Todes zum Vorteile der Reproduktion des Lebens als Wert und der Zeit als allgemeinem Äquivalent zu bannen. Den Tod abschaffen, das ist unser sich in alle Richtungen verzweigendes Phantasma: Überleben und Ewigkeit in den Religionen, Wahrheit in der Wissenschaft, sowie Produktivität und Akkumulation in der Ökonomie.

Keine andere Kultur kennt diese distinktive Opposition zwischen Leben und Tod zugunsten eines Lebens als Positivität: das Leben als Akkumulation, der Tod als Zahltag.

Keine andere Kultur kennt diese Sackgasse: Seitdem die *Ambivalenz* von Leben und Tod aufhört, seitdem die symbolische *Reversibilität* des Todes aufhört, beginnt man mit dem Prozess der Akkumulation des Lebens als Wert – aber gleichzeitig begibt man sich auf das Feld der Produktion, welche dem Tode *äquivalent* ist. So wird dieses zu Wert geronnene Leben ständig durch den äquivalenten Tod *pervertiert*. Der Tod wird jederzeit zum Objekt eines perversen Wunsches. Sogar die Trennung von Leben und Tod wird durch den Wunsch besetzt.

Nur in diesem Sinne kann man von Todestrieben sprechen. Nur so kann man vom Unbewussten sprechen, denn *das Unbewusste ist ausschließlich diese Akkumulation des äquivalenten Todes*, der sich nicht mehr austauscht und sich nur im Phantasma ausprägen kann. Das Symbolische ist der umgekehrte Traum vom Ende der Akkumulation und von einer möglichen Reversibilität des Todes im Tausch. Der *symbolische* Tod, der nicht dieser *imaginären* Trennung von Leben und Tod, die der Ursprung der *Realität* des Todes ist, unterliegt, tauscht sich in einem sozialen Festritual aus.

Überlebens uneins sind (aber ob es irgendetwas nach dem Tode gibt oder nicht, ist unwichtig: that is not the question), im Prinzip stimmen sie überein – das Leben ist das Leben – der Tod ist immer der Tod –, das heißt, sie stimmen in dem Willen überein, Leben und Tod sorgfältig auf Distanz zu halten.

Der reale/imaginäre (unser) Tod kann nur in der individuellen Trauerarbeit abbezahlt werden, die das Subjekt am Tode anderer und an sich selbst von Anbeginn seines eigenen Lebens vollzieht. Diese Trauerarbeit nährt die abendländische Metaphysik des Todes seit dem Christentum bis hin zu dem metaphysischen Begriff des Todestriebes.

## Der Todestrieb

Mit Freud geht man vom philosophischen Tod, dem Drama des Bewusstseins, zum Tod als Triebvorgang über, der in die Ordnung des Unbewussten eingeschrieben ist — von einer Metaphysik der Angst zu einer Metaphysik des Triebes. Alles geschieht so, als ob der Tod, *befreit vom Subjekt*, endlich seinen Status einer *objektiven* Zweckbestimmung (Finalität) gefunden hätte: als Todestriebenergie oder als psychisches Funktionsprinzip.

Wenn der Tod zum Trieb wird, so hört er doch nicht auf, ein Zweck zu sein (von da an sogar der einzige: Die Annahme eines Todestriebes bedeutet eine außerordentliche Simplifikation der Zweckbestimmungen, selbst Eros ist ihm untergeordnet), aber diese Zweckbestimmung vertieft sich so weit, dass sie sich ins Unbewusste einschreibt. Diese Einbettung des Todes ins Unbewusste koindiziert mit einer Zementierung des herrschenden Systems: Quer zu der gewaltigen repressiven Mobilisierung von Arbeit und Produktion wird der Tod gleichzeitig zu einem »Prinzip des psychischen Funktionierens« und zum »Realitätsprinzip« unserer Gesellschaftsformationen. Mehr noch: Im Moment des Übergangs vom allgemeinen System der Produktion zu reiner und einfacher *Reproduktion* installiert Freud mit dem Todestrieb inmitten objektiver Determination den Vorgang der *Wiederholung*. Die Koinzidenz ist außergewöhnlich, wenn man sich jenseits ihrer metapsychologischen Bedeutung für eine *Genealogie* des Begriffs vom Todestrieb interessiert. Ist dieser eine »Entdeckung« auf anthropologischer Ebene, die alle anderen in den Schatten stellt (und die seitdem als universelles Erklärungsprinzip dienen kann: Man kann sich jede politische Ökonomie als durch den Todestrieb beherrscht und hervorgebracht vorstellen) — oder wurde der Begriff in einem gegebenen Moment in Relation zu dieser bestimmten Konfiguration des Systems *produziert*? In diesem Fall wäre seine Radikalität nur die des Systems selbst und der Begriff sanktionierte eine Kultur des Todes, indem er dieser den Titel eines übergeschichtlichen Triebes gäbe. Eine typische idealistische Operation, die wir Freud nicht zugestehen können. Mit Freud (wie mit Marx) hält die abendländische Vernunft inne, um ihre eigenen Prinzipien zu rationalisieren und zu idealisieren und durch ihren kritischen Anspruch auf »Objektivität« die Realität selbst zu idealisieren und schließlich die unüberschreitbaren Strukturen des Triebes und der Ökonomie zu bestimmen: so den Todestrieb als *ewigen* Prozess des Begehrens. Warum aber unterliegt nicht auch dieser Ansatz den Vorgängen sekundärer Bearbeitung?

Es ist richtig, dass der Todestrieb anfänglich mit dem okzidentalen Denken bricht. Vom Christentum bis hin zum Marxismus und im Existenzialismus gilt: Entweder wird der Tod ganz offen geleugnet und sublimiert oder er wird dialektisiert. In der Theorie und Praxis des Marxismus ist der Tod immer schon durch das Dasein der Klasse besiegt oder als geschichtliche Negativität integriert. Ganz allgemein charakterisiert sich die abendländische Praxis der Naturbeherrschung und der Sublimation von Aggressivität durch Produktion und Akkumulation als konstruktiver Eros: Der Eros macht die sublimierte Aggressivität seinen Zwecken dienlich und der Tod wird in der Bewegung des Werdens (auch der politischen Ökonomie) als Negativität in homöopathischen Dosen destilliert. Selbst die modernen Philosophen des »Seins zum Tode« ändern an dieser Tendenz nichts: in ihren Augen dient der Tod zur tragischen Neubelebung des Subjektes, er besiegelt dessen absurde Freiheit.[36]

36 Auf die christliche Dialektik des Todes, die eine Formel Pascals (»Im ganzen Leben ist es wichtig, zu wissen, ob die Seele sterblich oder unsterblich ist«) abschließend zusammenfasst, folgt der humanistische Gedanke einer rationalen Meisterung des Todes. Letzteres beginnt im Okzident bereits bei den Stoikern und Epikuräern (Montaigne – Leugnung des Todes – fröhliche oder eisige Heiterkeit) bis zum 18. Jahrhundert und Feuerbach: »Der Tod ist ein Phantom, eine Schimäre, da er nur existiert, wenn er nicht existiert.« Der Humanismus wurde durch eine Vernunft aufgebracht, die niemals aus einem Exzess des Lebens oder einer begeisterten Akzeptierung des Todes resultiert: Er ist auf der Suche nach einer natürlichen Vernünftigkeit des Todes, nach einer durch Wissenschaft und Aufklärung gestützten Weisheit.

Auf diese formale und rationalistische Überschreitung des Todes folgt die dialektische Vernunft — der Tod als Negativität und Bewegung des Werdens. Hegel. Diese schöne Dialektik schildert die aufsteigende Bewegung der politischen Ökonomie. Dann verwirrt sie sich, um der Unreduzierbarkeit des Todes, seinem unvermeidlichen Nahen (Kierkegaard) Platz zu machen. Und dann bricht die dialektische Vernunft mit Heidegger zusammen: Sie nimmt einen subjektiven und irrationalen Weg, den einer Metaphysik des Absurden und der Verzweiflung, die dennoch nicht aufhört, die Dialektik eines bewussten Subjektes zu sein, das darin eine paradoxe Freiheit wiederfindet: »Alles ist erlaubt, da der Tod unüberschreitbar ist« (quia absurdum — Pascal war demnach nicht allzu weit von diesem modernen Pathos des Todes entfernt). Camus: »Der absurde Mensch betrachtet den Tod mit einer leidenschaftlichen Spannung und diese Faszination befreit ihn.«

Die Todesangst als Wahrheitsbeweis. Das menschliche Leben als Sein zum Tode. *»Das eigentliche Sein zum Tode, das heißt die Endlichkeit der Zeitlichkeit, ist der verborgene Grund der Geschichtlichkeit des Daseins.«* (Heidegger, Sein und Zeit, S. 386). Der Tod als »Eigentlichkeit«: durch seine Beziehung auf das selbst todbringende System ist er ein schwindelerregendes Überbieten, eine Herausforderung, die in Wirklichkeit eine tiefe Unterordnung ist.

Der Terrorismus der Eigentlichkeit des Todes: auch ein sekundärer Vorgang, bei dem das Bewusstsein durch eine dialektische Akrobatik seine »Endlichkeit« als Bestimmung zurückerobert. Die Angst als Prinzip von Realität und »Freiheit« ist immer noch ein Imaginäres, das in seiner gegenwärtigen Phase die Unsterblichkeit durch einen Spiegel des Todes ersetzt. Aber das alles ist immer sehr christlich und verkehrt übrigens ständig mit dem »existenzialistischen« Christentum.

Das revolutionäre Denken oszilliert zwischen einer Dialektisierung des Todes als Negativität und dem rationalistischen Ziel einer Abschaffung des Todes: der am Ende im Kommunismus wie ein »reaktionäres« Hindernis, das mit dem Kapital gekoppelt ist, dank Wissenschaft und Technik, die eine Unsterblichkeit des Gattungsmenschen erstreben, im Jenseits der Geschichte endet. Der

Ganz anders bei Freud. Je mehr (selbst tragische) Sublimierung, umso mehr Dialektik mit dem Todestrieb ist möglich. Zum ersten Mal erscheint der Tod als ein dem Eros entgegengesetztes unzerstörbares *Prinzip*. Und das ohne Rücksicht auf Subjekt, Klasse oder Geschichte: eine unreduzierbare Dualität der beiden Triebe Eros und Thanatos, die in gewisser Weise die antike manichäische Weltauffassung eines unendlichen Antagonismus der beiden Prinzipien von Gut und Böse wiederbelebt. Eine sehr bedeutende Auffassung, die aus den archaischen Kulten kam, in denen noch das tiefe Gefühl für die besonderen Eigenschaften des Bösen und des Todes lebendig war. Eine unerträgliche Erscheinung für die Kirche, die Jahrhunderte brauchte, um sie zu vernichten und den Vorrang des Prinzips des Guten (Gottes) durchzusetzen, indem sie das Böse und den Tod zu einem negativen Prinzip herabsetzte, das dialektisch einem anderen (dem Teufel) untergeordnet ist. Aber immer wird der Alptraum einer Autonomie des Erzengels des Bösen, Luzifer (in allen seinen Gestalten von populären Häresien und Aberglauben, die immer die Tendenz haben, die Existenz eines Prinzips des Bösen wörtlich zu nehmen, und ihm deshalb einen Kult widmen, bis hin zu schwarzer Magie und jansenistischen Theorien, ohne die Katharer zu erwähnen), die Kirche Tag und Nacht heimsuchen. Einem radikalen Denken des Todes, dem dualistischen und manichäischen Denken, setzt sie die Dialektik als institutionelle Theorie und Abschreckungswaffe entgegen. Und die Geschichte zeigt den Sieg der Kirche und der Dialektik (darin eingeschlossen die »materialistische« Dialektik). In diesem Sinne bricht Freud grundlegend mit der christlichen und abendländischen Metaphysik.

Die Dualität von Lebens- und Todestrieben entspricht genau der Position von Freud in »Jenseits des Lustprinzips«. In »Das Unbehagen in der Kultur« vollendet sich die Dualität zu einem

Tod ist dann wie viele andere Dinge nur Überbau, dessen Schicksal durch die Revolutionierung der Basis geregelt wird.

Zirkel des einzigen Todestriebes. Eros ist nur noch ein gewaltiger Umweg der Kultur auf dem Weg zum Tode, der alles seinen eigenen Zwecken unterordnet. Aber diese letzte Version gelangt doch nicht zu einem Diesseits der Dualität, zu einer umgekehrten Dialektik. Denn es gibt nur eine Dialektik des konstruktiven Werdens, des Eros, dessen Ziel es ist, »immer größere Einheiten herzustellen, und so zu erhalten, also Bindung« der Energien. Dem widersetzt sich der Todestrieb unter zwei Hauptmerkmalen:

I. Er löst die Zusammenhänge auf, entbindet die Energien und zerstört den organischen Verlauf des Eros, um die Dinge zum Anorganischen, Ungebundenen und in einer gewissen Weise zum Utopischen zurückzuführen, im Gegensatz zu den artikulierten und konstruktiven Topiken des Eros. Entropie des Todes, Negentropie des Eros.

II. Diese Kraft zur Zersetzung, Auflösung und Zerstörung impliziert durch eine Rückbildung zum früheren und anorganischen Zustand eine Gegen-Zweckbestimmung. Der Wiederholungszwang, der »auch solche Erlebnisse der Vergangenheit wiederbringt, die keine Lustmöglichkeiten enthalten«, ist zunächst eine Tendenz, jenes Nicht-Ereignis par excellence zu reproduzieren, das für jedes Lebewesen ein vorheriger und anorganischer Zustand der Dinge ist, das heißt den Tod. Der Tod zerstört also in einem Wiederholungszyklus ständig die konstruktiven, linearen oder dialektischen Absichten des Eros. Eine Zähflüssigkeit des Todestriebes und Elastizität des Anorganischen, die allenthalben erfolgreich der Strukturierung des Lebens widersteht.

Beim Phänomen des Todestriebes – sei es in seiner doppelten Form oder in der unaufhörlichen und zerstörerischen Gegen-Zweckbestimmung der Wiederholung – gibt es also irgendetwas, das auf kein intellektuelles Dispositiv des abendländischen Denkens zurückführbar ist. Das Denken Freuds wirkt im Grunde selbst wie ein Todestrieb im abendländischen theoretischen Universum. Aber es ist sicherlich absurd, ihm den konstruktiven Status von »Wahrheit« beizulegen: Die »Realität« des Todestriebes ist nicht zu verteidigen, denn um den Gedanken des Todestriebes zu verfolgen, muss man ihn als dekonstruktive Hypothese aufrechterhalten, das heißt, ihn allein in den Grenzen der Dekonstruktion übernehmen, die er an allem früheren Denken vollzieht, aber das bedeutet auch und sogleich, ihn selbst als Begriff zu dekonstruieren. Es wäre undenkbar – es sei denn als eine letzte List der Vernunft –, dass das Prinzip der Dekonstruktion dem als einziges entginge.

Der Todestrieb muss gegen alle Versuche verteidigt werden, ihn in einem neuen konstruktiven Bauwerk zu redialektisieren. Marcuse ist ein gutes Beispiel. Er spricht von einer Unterdrückung durch den Tod: »Die Theologie und die Philosophie liegen heute in einem Wettstreit um die Verherrlichung des Todes als existenzieller Kategorie; indem sie eine biologische Tatsache in eine ontologische Wesenheit verkehren, erteilen sie der Schuld der Menschheit, die sie zu vertuschen helfen, ihren transzendentalen Segen«[37]. Das zur »zusätzlichen Unterdrückung«. Was die grundlegende Unterdrückung betrifft: »Die bloße Tatsache des Todes hebt ein für allemal die Wirklichkeit eines nicht-repressiven Daseins auf. Der Tod ist die endgültige Negativität der Zeit, aber ›alle Lust wünscht Ewigkeit‹[38]. (...) Die Zeit hat keine Macht über das Es, das die ursprüngliche Domäne des Lustprinzips ist. Das Ich aber, durch das allein die Lust zur Wirklichkeit werden kann, ist gänzlich der Zeit unterworfen. Die bloße Voraussicht des unvermeidlichen Endes, die in jedem Augenblick gegenwärtig ist, muss in alle libidinösen Beziehungen ein repressives Element bringen.«[39] Übergehen wir »die bloße Tatsache des Todes«: Niemals ist eine »bloße Tatsache«, sondern allein ein gesellschaftliches Verhältnis repressiv. Aber am merkwürdigsten ist die Weise, in der diese fundamentale Unterdrückung des Todes mit der »Befreiung« des Eros

37 Marcuse, Triebstruktur und Gesellschaft, S. 233.

38 [Vgl. »Doch alle Lust will Ewigkeit« (Friedrich Nietzsche, Also sprach Zarathustra, 3, Das andere Tanzlied, 3).]

39 Marcuse, Triebstruktur und Gesellschaft, S. 227.

ihre Bedeutung ändert: »Der Todestrieb wirkt unter dem Nirwanaprinzip: er strebt nach jenem Zustand (...) ohne allen Mangel. Diese Triebtendenz bedeutet gleichzeitig, daß die destruktiven Manifestationen mit der Annäherung an den erstrebten Zustand abnehmen. Ist das Ziel des Todestriebes nicht die Beendigung des Lebens, sondern das Ende des Leides – das Fehlen von Spannung –, dann ist paradoxerweise, im Sinne des Triebes, der Konflikt zwischen Leben und Tod um so geringer, je mehr sich das Leben dem Zustand der Befriedigung nähert. Gleichzeitig würde Eros, befreit von der zusätzlichen Unterdrückung, erstarken und als solcher die Ziele des Todestriebes absorbieren. *Der Triebwert des Todes wäre ein anderer geworden*«[40]. So kann man der guten alten idealistischen Philosophie von Notwendigkeit und Freiheit folgend den Trieb verändern und über folgende bloße Tatsache triumphieren: »Der Tod kann zum Wahrzeichen der Freiheit werden. Die Unvermeidlichkeit des Todes widerlegt nicht die Möglichkeit einer schließlichen Befreiung. Gleich den anderen Notwendigkeiten kann er vernünftig gestaltet werden — schmerzlos.«[41] Die marcusesche Dialektik impliziert also eine völlige Entstellung des Todestriebes (und auf diese Passage folgt in »Eros and Civilization« unmittelbar die »Kritik des Neo-Freudianischen Revisionismus«!). Man begreift, welche Widerstände dieses Konzept bei den frommen Seelen hervorruft. Auch hier reicht alle Dialektik nicht hin – hier die der »Befreiung« des Eros, anderswo die von Produktivkräften –, um den Tod aus dem Wege zu räumen.

Der Todestrieb ist lästig, weil er keine Wiederherstellung einer Dialektik zulässt. Darin liegt seine Radikalität. Aber die Panik, die er hervorruft, verleiht ihm nicht den Status einer Wahrheit; man muss sich fragen, ob er nicht in letzter Instanz selbst eine Rationalisierung des Todes ist. Zunächst spricht bei Freud die Überzeugung (anderswo wird er von einer spekulativen Hypothese spre-

40 Marcuse, ebenda, S. 231. [Hervorhebung vom Autor.]
41 Marcuse, ebenda, S. 233.

chen): »Daß wir als die herrschende Tendenz des Seelenlebens, vielleicht des Nervenlebens überhaupt, das Streben nach Herabsetzung, Konstanzerhaltung, Aufhebung der inneren Reizspannung erkannten (das *Nirwanaprinzip* nach einem Ausdruck von Barbara Low), (...) das ist ja eines unserer stärksten Motive, an die Existenz von Todestrieben zu glauben.«[42] Warum also all die Anstrengungen bei Freud, um seinen Todestrieb in biologischer Rationalität zu begründen (siehe die Arbeiten von Weismann[43] u.a.) — eine allgemein beklagte positivistische Anstrengung, ein wenig so wie Engels' Versuch einer Dialektisierung der Natur, der man zustimmt, um sie aus Zuneigung zu ihm außer Acht zu lassen. Und dennoch: »Wenn wir es als ausnahmslose Erfahrung annehmen dürfen, daß alles Lebende aus *inneren* Gründen stirbt, ins Anorganische zurückkehrt, so können wir nur sagen: *Das Ziel alles Lebens ist der Tod*, und zurückgreifend: *Das Leblose war früher da als das Lebende*. (...) auch die Lebenswächter sind ursprünglich Trabanten des Todes gewesen.«[44]

Es ist schwierig, den Todestrieb vom Positivismus zu befreien, um aus ihm eine »spekulative Hypothese« oder ein »reines und einfaches Prinzip psychischen Funktionierens«[45] zu machen. Auf dieser Ebene gibt es im Übrigen auch keine wirkliche Dualität von Trieben mehr: Der Tod allein ist eine Zweckbestimmung. Aber diese Zweckbestimmung stellt auf ihre Weise ein entscheidendes Problem, denn sie gibt dem Tod einen derartigen zeitlichen Vorrang einer organischen und psychischen Bestimmung, beinahe wie eine Programmierung und ein genetischer Code — kurz gesagt, eine derartige *Positivität*, dass man ihn, ohne an die wissenschaft-

42 [Freud, Jenseits des Lustprinzips, VI, S. 60.]

43 [August Weismann unterscheidet zwischen dem sterblichen Teil des Körpers, dem Soma, und den Keimzellen, die bei Verschmelzung unsterblich sind. Jedoch hält Weismann den Tod für eine späte Erfindung der Evolution, er sieht darin nicht, wie Freud, eine von Anfang an in allem Lebendigen wirksame Kraft.]

44 [Freud, Jenseits des Lustprinzips, V, S. 41.]

45 Jean-Bertrand Pontalis, in: L'Arc, 34, 1968.

liche Realität dieses Triebes zu glauben, nur noch als Mythos begreifen kann. Man kann Freud nur entgegenhalten, was er selbst sagt: »Die Trieblehre ist sozusagen unsere Mythologie. Die Triebe sind mythische Wesen, großartig in ihrer Unbestimmtheit.«[46]

Wenn der Todestrieb ein Mythos ist, so interpretieren wir ihn. Interpretieren wir den Todestrieb und den Begriff des Unbewussten als Mythen und kümmern wir uns nicht um ihre Wirkung oder ihren Anspruch auf »Wahrheit«. Ein Mythos berichtet irgendetwas: weniger in seinem Inhalt als in der Form seines Diskurses. Setzen wir darauf, dass die Psychoanalyse in den metaphorischen Formen von Sexualität und Tod irgendetwas über die grundlegende Organisation unserer Kultur berichtet. Wenn der Mythos nichts mehr berichtet und er seine Fabel in Axiome verwandelt, verliert er jene »großartige Unbestimmtheit«, von der Freud spricht. »Der Begriff [ist] nur (...) das *Residuum einer Metapher*«[47], sagt Nietzsche. Setzen wir also auf die *Metapher* des Unbewussten und auf die *Metapher* des Todestriebes.

Eros im Dienste des Todes, die ganze kulturelle Sublimierung ist ein langer Umweg zum Tode, der Todestrieb nährt die repressive Gewalt und dirigiert die Kultur als ein grausames Über-Ich, die Lebenskräfte schreiben sich im Wiederholungszwang ein — all das ist richtig, richtig für unsere Kultur —, ein Unternehmen des Todes, das versucht, den Tod abzuschaffen und deshalb Tod über Tod bringt, und das vom Tod als seinem eigenen Ende besessen ist. Es ist so, der Ausdruck »Trieb« sagt es metaphorisch und bezeichnet dadurch die gegenwärtige Phase des Systems der politischen Ökonomie (ist das noch politische Ökonomie?), in der sich das Wertgesetz in seiner terroristischsten strukturellen Form als schlichte Zwangsreproduktion des Codes vollendet — in der das Wertgesetz einer ebenso unveränderlichen Zweckbestimmung gleicht wie ein Trieb, dass es für unsere ganze Kultur die Gestalt

46 [Freud, Neue Vorlesungen zur Einführung in die Psychoanalyse, S. 101.]
47 [Nietzsche, Über Wahrheit und Lüge im außermoralischen Sinne, S. 197.]

eines Schicksals annimmt. Ein Stadium von repetitiver Immanenz des immer gleichen Gesetzes in allen Bereichen des Lebens. Ein Stadium, in dem das System an sein Ende stößt, schwankend zwischen völliger Ergriffenheit durch den Tod als objektive Zweckbestimmung und völliger Subversion durch den Todestrieb als Prozess der Dekonstruktion. Die Metapher des Todestriebes sagt all das gleichzeitig — denn der Todestrieb ist zugleich das System und der *Doppelgänger* des Systems, seine Entzweiung in eine radikale Gegen-Zweckbestimmung.[48]

Das berichtet der Mythos. Sehen wir nun, wie der Tod funktioniert, wenn er sich als objektiver Diskurs eines »Triebes« gibt. Mit dem Ausdruck »Trieb«, dessen Definition zugleich biologisch und psychisch ist, wurzelt die Psychoanalyse in Kategorien, die direkt aus dem Imaginären einer bestimmten okzidentalen Vernunft kommen: Weit davon entfernt, ihr radikal zu widersprechen, muss sie vielmehr als ein Moment des okzidentalen Denkens interpretiert werden. Was das Biologische betrifft: Es ist klar, dass es die wissenschaftliche Rationalität ist, welche die Unterscheidung von lebend / nicht-lebend, auf der die Biologie gründet, hervorbringt. Indem die Wissenschaft sich selbst als Code produziert, erzeugt sie buchstäblich den Tod, das Leblose als begriffliches Objekt, und die Abtrennung des Todes als Axiom, von dem aus sie Gesetze geben kann. Analog zum guten Indianer gibt es nur ein gutes (wissenschaftliches) Objekt, nämlich das tote. Denn auf diesen anorganischen Zustand bezieht sich der Todestrieb, auf diesen Status des Leblosen, der einzig durch die Willkür der Wissenschaft entsteht, und um es genau zu sagen, durch sein eigenes Phantasma von Unterdrückung und Tod. Indem der Todestrieb schließlich nur ein Zyklus der Wiederholung von Leblosem ist, partizipiert er an dieser Willkürlichkeit der Biologie, er verstärkt sie um eine psychische Dimension. Alle anderen Kulturen erzeu-

48 Vgl. der Doppelgänger und seine »beunruhigende Fremdheit«, Freud, Das Unheimliche.

gen nicht die Idee eines Leblosen, allein unsere Kultur produziert sie im Zeichen der Biologie. Es genügte also, diese Diskriminierung zu beseitigen, um zugleich die Idee des Todestriebes zu annullieren. Dieser ist schließlich nur eine theoretische Aufteilung in Lebendes und Lebloses, mit ebensowenig Erfolg wie alle anderen Gliederungsversuche, in denen die Wissenschaft sich verliert. Definitiv ist es immer das Leblose, das die Axiomatik eines Systems des Todes nach sich zieht.[49]

Das gleiche Problem ergibt sich beim Psychischen — und damit steht die ganze Psychoanalyse in Frage. Man muss sich fragen, wann und warum unser System beginnt, »Psychisches« zu produzieren. Die Verselbständigung des »Psychischen« vollzog sich erst vor kurzem. Sie verdoppelt auf höherer Ebene die der Biologie. Die Linie verläuft dieses Mal zwischen dem Organischen, dem Somatischen und ... etwas anderem. Psychisches gibt es nur auf der Basis dieser Unterscheidung. Daher ergibt sich die verworrene Schwierigkeit, auf einmal zu beschreiben, woraus genau der Begriff des Triebes resultiert, der eine Brücke zwischen beiden schlagen will und aber einfach an der Willkür beider partizipiert. Die Metapsychologie des Triebes vereinigt sich hier wieder mit der Metaphysik von Seele und Körper: Sie ist deren Neuauflage in einem weiter fortgeschrittenen Stadium.

Die abgetrennte Ordnung des Psychischen entsteht aus dem bewussten oder unbewussten Niederschlag in unserem »Innersten« von all dem, dessen kollektiven und symbolischen Tausch das System verbietet. Sie ist eine Ordnung des Verdrängten. Es ist keineswegs erstaunlich, dass sie durch den Todestrieb beherrscht wird — denn sie ist nur ein individueller Niederschlag der Ordnung des Todes. Und die Psychoanalyse, die sie als solche theoretisiert, macht nichts anderes als jede Disziplin ihrer Art, indem sie die tödliche Diskriminierung absegnet.

49 Vgl. Monod, Le hasard et la nécessité (Zufall und Notwendigkeit).

Bewusst, Unbewusst, Über-Ich, Schuld, Verdrängung, Primärvorgang und Sekundärvorgang, Phantasma, Neurose und Psychose — ja, das funktioniert schon, *wenn man* die Umschreibung des Psychischen als solches *zulässt*, die unser System (und nicht irgendeines) als unmittelbare und grundlegende Form von Intelligibilität, das heißt als Code, produziert. Die Allmacht des Codes besteht genau in dieser Einschreibung abgetrennter Sphären, die darauf alle der Gerichtsbarkeit einer spezialisierten Forschung und einer souveränen Wissenschaft unterworfen werden — aber das Psychische hat zweifellos die schönste Zukunft. Alle wilden, umherschweifenden, querliegenden und symbolischen Vorgänge werden dort eingeschrieben, um *im Namen des Unbewussten selbst* domestiziert zu werden — welches heute wie zum Hohn zum Leitmotiv radikaler »Befreiung« wird! Dadurch wird im Zeichen des Todestriebes sogar der Tod selbst domestiziert!

Der Todestrieb muss in der Tat gegen Freud und gegen die Psychoanalyse interpretiert werden, wenn man ihm seine Radikalität bewahren will. Der Todestrieb muss als gegen die ganze wissenschaftliche Positivität des psychoanalytischen Apparates, so wie Freud ihn ausgearbeitet hat, wirkend begriffen werden. Der Todestrieb ist weder ihre höchste Formulierung, noch die radikalste Folgerung, sondern ihre Rückentwicklung, und diejenigen, die diese Idee zurückgewiesen haben, haben auf gewisse Weise eher recht als diejenigen, die sie auf der Ebene der Psychoanalyse akzeptiert haben, indem sie Freud folgten, ohne vielleicht zu verstehen, was er sagt. Der Todestrieb macht in der Tat alle früheren Sichtweisen und Bestimmungen virtuell unnütz und überragt sie: ökonomisch, energetisch, topisch, und selbst psychisch, erst recht natürlich die Trieblogik, der er seine Existenz verdankt, die von der wissenschaftlichen Mythologie des 19. Jahrhunderts geerbt wurde. Lacan hat das vielleicht durchschaut, wenn er von der »Ironie« dieses Konzeptes und von dem außergewöhnlichen und unlösbaren Paradox, das es enthält, spricht. Die Psychoanalyse hat sich historisch dafür entschieden, ihn als ihr eigenstes Produkt zu sehen, aber der Tod lässt sich nicht im Spiegel der Psychoanalyse einfangen. Er wirkt als totales und radikales Funktionsprinzip und hat darum keinen Bedarf nach Verdrängung oder libidinöser Ökonomie. Er hat nichts zu schaffen mit den sukzessiven Topiken und Energiekalkülen, höchstens dass er die Ökonomie des Unbewussten selbst betreibt — indem er all das *auch* als eine konstruktive Maschine des Eros und als eine positive Interpretationsmaschine denunziert, die er wie jede andere auflöst und zerstört. Als Prinzip der Gegenfinalität und radikale spekulative Hypothese, metaökonomisch, metapsychisch, metaenergetisch, metapsychoanalytisch ist der Tod(estrieb) jenseits des Unbewussten angesiedelt — er muss der Psychoanalyse entrissen und gegen sie gekehrt werden.

## Der Tod bei Bataille

Die psychoanalytische Sicht des Todes ist in ihrer Radikalität noch eine restriktive Sicht: als triebhafter *Zwang* zur Wiederholung, als Perspektive endgültigen Ausgleichs im anorganischen Kontinuum, als Aufhebung aller Differenzen und Intensitäten in einer Rückentwicklung zum niedrigsten Stand, als Entropie des Todes, Konservatismus des Triebes, Ausgleich in Ermangelung des Nirwana, und als solche weist diese Theorie bestimmte Affinitäten zur politischen Ökonomie auf. Sie ist malthusianisch wie diese, deren Inhalt es ist, sich gegen den Tod zu verteidigen. Denn die politische Ökonomie existiert nur durch eine Restriktion: Der Tod ist ihr blinder Fleck, die Abwesenheit, die alle Kalkulationen bedroht. Und allein die Abwesenheit des Todes erlaubt den Tausch von Werten und das Spiel der Äquivalenzen. *Die minimalste Injektion des Todes würde auf der Stelle einen solchen Exzess, eine derartige Ambivalenz erzeugen, dass das ganze Spiel des Wertes zusammenbrechen würde.* Die politische Ökonomie ist eine Ökonomie des Todes, weil sie mit dem Tode wirtschaftet und ihn unter ihrem Diskurs begräbt. Der Todestrieb verfällt ins Gegenteil: Als unüberschreitbare Finalität ist er ein Diskurs des Todes. Ein umgekehrter, aber komplementärer Diskurs, denn wenn die politische Ökonomie dieses Nirwana ist (endlose Akkumulation und Reproduktion des toten Wertes), so enthüllt der Todestrieb die Wahrheit und zugleich dessen absolute Lächerlichkeit — aber er macht dies mit den Begriffen des Systems selbst, indem er den Tod zum Trieb (zur objektiven Finalität) idealisiert. Der Todestrieb ist als solcher das radikalste Negativ des gegenwärtigen Systems, aber noch beschränkt er sich darauf, dem vom Tode gezeichneten Imaginären der politischen Ökonomie den Spiegel vorzuhalten.

Statt den Tod als Spannungsregulierung und Ausgleichsfunktion, als *Triebökonomie* anzusetzen, begreift Bataille ihn umgekehrt als Paroxysmus des Austausches, als Überschwang und Exzess. Der Tod als immer schon vorhandener Überschuss und Beweis, dass das Leben unvollständig ist, wenn der Tod ihm entzogen ist, dass das Leben nur im Einbruch des Todes und im Austausch mit dem Tode existiert, andernfalls es der Diskontinuität des Wertes und derart dem absoluten Defizit anheimfällt. »Wollen, dass es nur das Leben gibt, lässt bewirken, dass es nur den Tod gibt.« Die Idee, dass der Tod keineswegs eine Schwäche des Lebens ist, dass er vom Leben selbst bejaht wird, und dass das irrsinnige Phantasma, das der Ökonomie, ihn abzuschaffen, bedeutet, ihn inmitten des Lebens selbst zu installieren — aber diesmal als eintöniges und endloses Nichts. Biologisch gesehen: »Die Vorstellung von einer Welt, in der das Menschenleben durch künstliche Organisation verlängert würde, beschwört einen Alptraum.«[50] Aber vor allem symbolisch gesehen — und dort ist der Alptraum keine einfache Möglichkeit mehr, sondern die Realität, die wir in jedem Augenblick leben: Der Tod (der Exzess, die Ambivalenz, die Gabe, das Opfer, die Verausgabung und der Paroxysmus) und so auch das wahre Leben ist darin abwesend. Wir weigern uns, zu

50 Bataille, Die Erotik, S. 98.

sterben, und wir akkumulieren, statt uns zu verlieren: »... wir integrieren den Gegenstand in unser Verlangen, das in Wahrheit ein Verlangen nach dem Tod war, wir integrieren ihn in unser dauerhaftes Leben. Wir bereichern unser Leben, statt es zu verlieren.«[51] Vorrang des Luxus und der Verschwendung vor dem funktionalen Kalkül, Vorrang des Todes vor dem Leben als einseitiger Zweckbestimmung von Produktion und Akkumulation: »Nimmt man das menschliche Leben im Ganzen, so trachtet es bis zur Angst nach der Verschwendung, *bis zur Angst, bis zu der Grenze, an der die Angst nicht mehr erträglich ist*. Das Übrige ist Moralistengeschwätz (...) eine fieberhafte Erregung in uns fordert den Tod heraus, dass er auf unsere Kosten seine Verwüstungen treibe.«[52]

Statt sich als antagonistische Prinzipien zu bekämpfen (Freud), tauschen Tod und Sexualität sich in ein und demselben Zyklus aus, in derselben zyklischen Revolution der Kontinuität. Der Tod ist weder der »Preis« der Sexualität – eine Art Äquivalenz, die man überall in der Theorie über komplexe Lebewesen findet (die Infusorien sind unsterblich und geschlechtslos) – noch ist die Sexualität der schlichte Umweg zum Tode wie in »Unbehagen in der Kultur« (Freud): Sie tauschen ihre Energien aus, und sie erregen sich wechselseitig. Es gibt weder eine spezifische Ökonomie des einen noch des anderen: Nur getrennt verfallen Leben und Tod dem Zugriff der Ökonomie – vermischt gehen sie gemeinsam im Fest und in der Verschwendung (der Erotik für Bataille) über die Ökonomie hinaus: »[Wir] können keinen Unterschied zwischen Tod und Sexualität mehr machen. Sexualität und Tod sind nur die Höhepunkte eines Festes, das die Natur mit der unerschöpflichen Vielzahl der Wesen feiert: Beide bedeuten eine grenzenlose Vergeudung, die sich die Natur im Widerspruch zu dem tiefen Wunsch jedes Wesens nach eigener Fortdauer leistet.«[53] Ein Fest also, ein Fest als Restitution des *Zyklus*, während der Mangel zur linearen

51 Bataille, ebenda, S. 137.

52 Bataille, ebenda, S. 60f.

53 Bataille, ebenda, S. 62.

Ökonomie der Dauer führt — als Restitution der zyklischen Revolution von Leben und Tod, während Freud nur den Ausgang der repetitiven Rückentwicklung zum Tod prophezeit.

Bataille begreift also den Tod als exzessives Prinzip und als Anti-Ökonomie. Daher die Metapher des Luxus, des luxuriösen Charakters des Todes. Allein die prunkvolle und nutzlose Verausgabung hat einen Sinn — die Ökonomie hat keinen Sinn, sie ist nur ein Residuum, aus dem man das Gesetz des Lebens gemacht hat, während der Reichtum im luxuriösen Austausch mit dem Tod besteht: im Opfer, im »verfemten Teil«, dem, der der Investition und den Äquivalenzen entgeht und der nur vernichtet werden kann. Wenn das Leben nur ein Bedürfnis nach Dauer *um jeden Preis* ist, so ist die Vernichtung ein Luxus *ohne jeden Preis*. In einem System, in dem das Leben durch den Wert und die Nützlichkeit bestimmt wird, wird der Tod zu einem nutzlosen Luxus und zur einzigen Alternative.

Diese luxuriöse Verbindung von Sexus und Tod steht bei Bataille im Zeichen der *Kontinuität*, im Gegensatz zur diskontinuierlichen Ökonomie der individuellen Existenzen. Die Finalität gehört zur Ordnung der Diskontinuität, es sind die diskontinuierlichen Wesen, die die Finalität absondern, alle Arten von Finalitäten, die auf eine einzige hinauslaufen: ihren *eigenen* Tod. »Wir sind diskontinuierliche Wesen, Individuen, die getrennt voneinander in einem unbegreiflichen Abenteuer sterben, aber wir haben Sehnsucht nach der verlorenen Kontinuität.«[54] Der Tod hat keine Finalität und in der Erotik stellt er die Finalität des individuellen Wesens in Frage: »Was bedeutet die Erotik der Körper anderes als eine Vergewaltigung der Partner in ihrem Sein? (...) Die ganze Erotik ist auf eine Zerstörung der Struktur jenes abgeschlosseren Wesens ausgerichtet, das der Partner des Spiels im Normalzustand ist.«[55] Die erotische Entkleidung entspricht der Tötung insoweit, als sie einen Zustand von Kommunikation, Identitätsverlust und

54 Bataille, ebenda, S. 17.

55 Bataille, ebenda, S. 19f.

Verschmelzung herstellt. Die Faszination durch die Auflösung bestehender Formen: Das ist Eros – im Gegensatz zu Freud, bei dem Eros die Energien bündelt und sie zu immer größeren Einheiten vereinigt. Beim Tod wie beim Eros geht es darum, in die Diskontinuität jede nur mögliche Kontinuität einzuführen: Es ist ein Spiel mit der totalen Kontinuität. In diesem Sinne sagt Bataille, »dass der Tod, der *Bruch* mit jener individuellen Diskontinuität, an die uns die Angst fesselt, uns eine höhere Wahrheit dünkt als das Leben«[56]. Freud sagt genau das gleiche, aber in restriktiver Form. Und es handelt sich nicht mehr um den gleichen Tod.

Das Manko Freuds ist nicht, dass er im Tod die Lebenskurve selbst sieht, sondern dass er den vom Tod ausgehenden Taumel, den Exzess und die Umkehrung aller Lebensökonomie verkannt hat – dass er aus dem Tod in Gestalt eines letzten Triebes eine Gleichung zur Verzögerung des Lebens gemacht hat. Dass er im Zeichen der Wiederholung eine letzte Ökonomie des Todes formuliert und den Paroxysmus vergessen hat. Der Tod ist keine Auflösung und keine Rückbildung, sondern er ist Reversion und symbolische Herausforderung.

»Denn selbstvergessen, allzubereit den Wunsch
Der Götter zu erfüllen, ergreift zu gern,
Was sterblich ist, wenn offnen Augs auf
Eigenen Pfaden es einmal wandelt,

Ins All zurück die kürzeste Bahn; so stürzt
Der Strom hinab, er suchet die Ruh, er reißt,
Es ziehet wider Willen ihn, von
Klippe zu Klippe, den Steuerlosen,

56 Bataille, ebenda, S. 21.

Das wunderbare Sehnen dem Abgrund zu;
Das Ungebundne reizet und Völker auch
Ergreift die Todeslust (...)

Am Xanthos lag, in griechischer Zeit, die Stadt
(...)
Es reizte sie die Güte von Brutus. Denn
Als Feuer ausgegangen, so bot er sich
zu helfen ihnen, ob er gleich, als Feldherr,
Stand in Belagerung vor den Toren.

Doch von den Mauern warfen die Diener sie,
Die er gesandt, Lebendiger ward darauf
Das Feuer und sie freuten sich und ihnen
Strecket' entgegen die Hände Brutus

Und Alle waren außer sich selbst. Geschrei
Entstand und Jauchzen. Drauf in die Flamme warf
Sich Mann und Weib, von Knaben stürzt' auch
Der von dem Dach, in der Väter Schwert der.

Nicht rätlich ist es, Helden zu trotzen. Längst
Wars aber vorbereitet. Die Väter auch
Da sie ergriffen waren, einst, und
Heftig die persischen Feinde drängten,

Entzündeten, ergreifend des Stromes Rohr,
Dass sie das Freie fänden, die Stadt. Und Haus
Und Tempel nahm, zum heilgen Aether
Fliegend, und Menschen hinweg die Flamme.

So hatten es die Kinder gehört (...)«[57]

57 Friedrich Hölderlin, Stimme des Volks (Zweite Fassung).

Die Vorstellung, nach der sich Leben und Tod austauschen, nach der das Leben seinen höchsten Preis im Tod eintauscht, liegt nicht mehr auf der Ebene wissenschaftlicher Wahrheit — sie ist eine »Wahrheit«, die der Wissenschaft für immer versagt ist. Was Bataille über die Erotik sagt, enthält keinerlei objektiven Bezug, keinerlei Gesetz und keinerlei Naturnotwendigkeit: »Ist die Verbindung der beiden Liebenden die Wirkung der Leidenschaft, schließt sie den Tod ein, das Verlangen nach dem Mord oder dem Selbstmord (...) die ununterbrochene Vergewaltigung der diskontinuierlichen Individualität«[58]. Luxus und Exzess sind keine Funktionen und sind weder in den Körper noch in die Welt eingeschrieben. Auch der Tod, dieser prunkvolle, symbolische Tod, der zur Ordnung der Herausforderung gehört, ist im Unterschied zum biologischen Tod nicht in irgendeinen Körper oder in irgendeine Natur eingeschrieben. Das Symbolische vermischt sich niemals mit dem Realen oder mit der Wissenschaft.

Bataille begeht selbst diesen Fehler. »Mit geringen Kosten zu produzieren, ist ein armselig menschlicher Wunsch«[59], während die Natur ohne Berechnung verschwendet und mit Freuden »opfert«.

Warum sich um die Bürgschaft einer ideal verschwenderischen Natur bemühen, im Unterschied zur Bürgschaft der Ökonomisten, die ideal kalkulatorisch ist? Der Luxus ist nicht »natürlicher« als die Ökonomie. Das Opfer und die Verausgabung im Opfer gehören nicht zur Ordnung der Dinge. Dieser Irrtum verleitet Bataille sogar dazu, die gattungserhaltende Sexualität und die erotische Verausgabung zu vermengen: »Der Exzess, aus dem die Zeugung hervorgeht, und der Exzess des Todes können nur der eine mit Hilfe des anderen verstanden werden.«[60] Die Fortpflanzung als solche kennt jedoch keinen Exzess — selbst wenn sie den Tod des Individuums impliziert, handelt es sich noch um eine positive

58 Bataille, Die Erotik, S. 23.
59 Bataille, ebenda, S. 60.
60 Bataille, ebenda, S. 43.

Ökonomie und einen funktionalen Tod – zum Vorteil der Gattung. Der Opfertod ist antiproduktiv und antireproduktiv. Wohl ist er auf eine Kontinuität gerichtet, wie Bataille sagt, aber nicht auf die der Gattung, die nur die Kontinuität einer Ordnung des Lebens ist, während die radikale Kontinuität, in der sich das Subjekt in der Geschlechtlichkeit und im Tode verliert, immer den phantastischen Zusammenbruch der Ordnung bedeutet. Er stützt sich nicht auf den Fortpflanzungsakt, ebensowenig wie der Wunsch auf das Bedürfnis, ebensowenig wie die prunkvolle Verausgabung die Befriedigung der Bedürfnisse verlängert – in der Erotik negiert er die biologische Funktionalität. Im Gesetz der Gattung das Geheimnis des Opfers, der Zerstörung durch das Opfer, des Spiels und der Verausgabung zu suchen, heißt, all das immer noch zu funktionalisieren. Zwischen beiden gibt es nicht einmal einen Berührungspunkt. Es gibt keine Gemeinsamkeit zwischen dem erotischen Exzess und der sexuellen Fortpflanzungsfunktion. Es gibt keine Gemeinsamkeit zwischen dem symbolischen Exzess des Todes und der biologischen Auflösung von Körpern.[61]

61 Die Gefahr der Konfusion ist hier sehr groß, denn wenn man anerkennt, dass Tod und Sexualität als organisches Geschick komplexer Lebewesen biologisch miteinander verbunden sind, so muss man zugleich sehen, dass das nichts zu tun hat mit dem symbolischen Verhältnis von Tod und Sexus – das erstere ist in die Positivität des genetischen Codes eingeschrieben, das letztere in die Dekonstruktion des gesellschaftlichen Codes. Oder vielmehr, das letztere ist überhaupt nicht in eine biologische Äquivalenz, in eine Chiffre oder eine Sprache eingeschrieben. Es ist Spiel, Herausforderung und Genuss, und es spielt sich so ab, dass es das erstere ausschaltet. Zwischen beiden, zwischen jenem realen Verhältnis von Tod und Sexualität und ihrem symbolischen Verhältnis verläuft die entscheidende Zäsur des Tausches, eines gesellschaftlichen Schicksals, das auf dem Spiel steht.
Weismann: Das Soma ist sterblich, das Keimplasma ist unsterblich. Die Einzeller sind virtuell unsterblich, der Tod tritt erst bei den Vielzellern auf, den differenzierten Lebewesen, bei denen der Tod nicht nur möglich, sondern sogar vernünftig wird (die unbegrenzte Lebensdauer des Individuums wird zu einem unnützen Luxus – wohingegen für Bataille gerade der Tod ein »unvernünftiger« Luxus ist). Der Tod ist erst eine späte Erwerbung der Lebewe-

Bataille erliegt hier einer naturalistischen, wenn nicht biologistischen Versuchung, was ihn dazu führt, auf der anderen Seite eine Art Tendenz zur Diskontinuität zu naturalisieren: den »tiefen Wunsch jedes Wesens nach eigener Fortdauer.«[62] Gegen eine Natur, die eine Verschwendung von Lebensenergien und eine Orgie der Vernichtung darstellen soll, schützt das »Wesen« sich durch Verbote; mit allen Mitteln widersetzt es sich diesem Trieb zum Exzess und zum Tod, der ihm aus der Natur erwächst (doch ist sein Widerstand immer nur vorläufig, »in Wirklichkeit setzten die Menschen der Gewalttätigkeit (dem Exzeß, um den es sich handelt) (...) niemals ein endgültiges *Nein* entgegen.«[63] So bildet sich

sen. In der Geschichte der lebenden Organismen erscheint er zusammen mit der Sexualität.
So auch Tournier: »Geschlecht und Tod. Ihre enge Verbundenheit (...). Er wies besonders auf die Opferung des Individuums an die Art hin, die beim Zeugungsakt insgeheim stets vollzogen wird. – Somit war, wie er sagte, die Sexualität die lebendige, drohende und tödliche Gegenwart der Art selbst im Herzen des Individuums. Zeugen, das heißt die kommende Generation schaffen, die unschuldig, aber unerbittlich die vorhergehenden ins Nichts zurückstößt. (...) Deshalb ist es sehr wahr, dass der Instinkt, der die Geschlechter einander zuneigt, ein tödlicher Instinkt ist. Ebenso hat die Natur es für notwendig gehalten, ihr Spiel zu verbergen – doch immerhin durchsichtig. Es ist scheinbar ein egoistisches Vergnügen, dem die Liebenden sich hingeben, während sie in Wirklichkeit den Weg der unsinnigsten Selbstverleugnung gehen.« (Tournier, Freitag oder Im Schoß des Pazifik, S. 133 f.) Eine richtige Beschreibung, die aber nur die biologische Korrelation von Tod und Sexualität beweist: Das Todesdekret erscheint in der Tat zusammen mit der Sexualität, weil diese bereits die Einschreibung eines funktionalen Programms beinhaltet und somit unmittelbar zur Ordnung der Verdrängung gehört. Aber dieses funktionale Programm gehört nicht zur Ordnung des Triebes, sondern ist gesellschaftlich. Es erscheint in einem bestimmten Typ gesellschaftlicher Beziehung. Die Wilden autonomisieren die Sexualität nicht so wie wir. Sie sind der Beschreibung Batailles näher: »Im Spiel der Organe, die sich in der steten Wiederkehr der Verschmelzung verströmen (...), herrscht (...) das Prinzip der Enteignung.« (Bataille, Die Erotik) So muss man mit und gegen Weismann sagen: Der Tod (und die Sexualität) ist erst eine späte Erwerbung des gesellschaftlichen Wesens.

62 Bataille, Die Erotik, S. 62.

63 Bataille, ebenda.

bei Bataille auf der Grundlage einer *natürlichen* Erklärung der Verausgabung (die Natur als Modell der Verschwendung) und einer ebenso substanziellen und ontologischen Erklärung der Ökonomie (das Subjekt will sich in seinem Dasein erhalten — aber woher stammt dieser grundlegende Wunsch?) eine Art *subjektiver Dialektik* von Verbot und Überschreitung, in der sich die ursprüngliche Freude am Opfer und am Tode in den Wonnen des Christentums und der Perversion verliert[64] — und eine Art *objektiver Dialektik* zwischen Kontinuität und Diskontinuität, in der die Herausforderung, die der Tod der ökonomischen Organisation entgegensetzt, sich in einem großen metaphysischen Wechselspiel auflöst.

Aber in Batailles exzessiver und luxuriöser Auffassung des Todes gibt es etwas, das ihn von der Psychoanalyse, dem individuellen und psychischen Beweggrund der Psychoanalyse, scheidet — nämlich die Chance zur Zerrüttung aller Ökonomie, die Chance, nicht nur den objektiven Spiegel der politischen Ökonomie zu zer-

64 Die »exzessive« Sicht Batailles erliegt in der Tat oft der Falle der Überschreitung — einer fundamental christlichen Dialektik oder Mystik (die aber geteilt wird von der gegenwärtigen Psychoanalyse und allen »libertären« Ideologien des Festes und der Enthemmung) von Verbot und Überschreitung. Wir haben aus dem Fest eine Ästhetik der Überschreitung gemacht, weil unsere ganze Kultur eine Kultur des Verbots ist. Es ist immer noch die Verdrängung, die diese Idee des Festes markiert, der man infolgedessen vorwerfen kann, dass sie das Verbot reaktiviert und die gesellschaftliche Ordnung verstärkt. Wir bedenken das primitive Fest mit der gleichen Analyse, unfähig, wie wir sind, uns im Grunde etwas anderes vorzustellen als die Barriere und ihr Diesseits oder Jenseits — denn all dies geht aus unserem Grundschema einer ununterbrochenen linearen Ordnung hervor (die »gute Form«, die unsere Kultur beherrscht, ist immer die des Endes, einer endlichen Vollendung). Das primitive Fest ist wie das Opfer keine Überschreitung, sondern Reversibilität und zyklische Revolution — die einzige Form, die der Barriere des Verbots wirklich ein Ende macht. Die umgekehrte Ordnung der Überschreitung oder der »Befreiung« verdrängter Energien läuft nur auf den Zwang zur Wiederholung des Verbots hinaus. Allein die Reversibilität, allein der Zyklus also sind exzessiv — die Überschreitung ist noch restriktiv. In der ökonomischen Ordnung ist alle Produktion nur Reproduktion, in der symbolischen Ordnung ist alle Reproduktion Produktion.

brechen, sondern auch den umgekehrten psychischen Spiegel der Verdrängung, des Unbewussten und der Libido-Ökonomie. Jenseits aller Spiegel oder in ihren zerstreuten Splittern, wie in denen jenes Spiegels, in denen der Student von Prag sein wirkliches Bild im Augenblick des Todes wiederfindet, erscheint für uns heute etwas anderes: eine phantastische Zersplitterung des Körpers, des Daseins und der Reichtümer, der Bataille mit seiner Darstellung des Todes sehr nahegekommen ist.

## Mein Tod überall, mein Tod, der träumt

### Punktueller Tod, biologischer Tod

Die Irreversibilität des biologischen Todes, sein objektiver und punktueller Charakter, ist ein Produkt der modernen Wissenschaft. Er ist eine Besonderheit unserer Kultur. Alle anderen gehen davon aus, dass der Tod vor dem Tode beginnt, dass das Leben nach dem Leben fortwährt und dass es unmöglich ist, Leben und Tod zu trennen. Entgegen der Vorstellung, dic im einen die *Bestimmung* des anderen sieht, muss versucht werden, die radikale *Unbestimmtheit* von Leben und Tod und die Unmöglichkeit, sie einzeln in einer symbolischen Ordnung zu verselbständigen, zu begreifen. Der Tod ist kein Fristablauf, der Tod ist eine Nuance des Lebens — oder das Leben ist eine Nuance des Todes. Aber unsere moderne Idee vom Tode wird durch ein ganz anderes Vorstellungssystem bestimmt: das der Maschine und des Funktionierens. Eine Maschine läuft oder sie läuft nicht. So ist die biologische Maschine tot *oder* lebendig. Die symbolische Ordnung kennt diese abstrakte Eindeutigkeit nicht. Und selbst die Biologie gesteht ein, dass man seit der Geburt zu sterben beginnt, aber diese Aussage bleibt im Rahmen einer funktionellen Definition.[65] Etwas anderes

65 Es ist übrigens kurios zu beobachten, wie der Tod für die Wissenschaft selbst technisch immer unbestimmbarer wird: Herzstillstand, das Aussetzen der Ge-

ist es zu sagen, dass der Tod das Leben artikuliere, sich mit dem Leben austausche und der Höhepunkt des Lebens sei — denn es ist absurd, aus dem Leben einen Vorgang zu machen, der durch den Tod entschieden wird, und noch absurder ist es, den Tod einem Defizit oder einem Verlust gleichzusetzen. Weder das Leben noch der Tod können einem wie auch immer gearteten Zweck untergeordnet werden: Es gibt also weder eine Punktualität noch eine *Endgültigkeit* des möglichen Todes.

Wir sind vollständig in einem Evolutionsdenken befangen, welches besagt, dass wir vom Leben zum Tode gehen: Das ist eine Illusion des Subjektes, die von der Biologie und der Metaphysik gemeinsam genährt wird (die Biologie versteht sich als Umkehrung der Metaphysik, ist aber nur deren Fortsetzung). Denn es gibt nicht einmal ein Subjekt, das in einem gegebenen Moment stirbt. Es ist richtiger zu sagen, dass ganze Teile von »uns selbst« (von unserem Körper, unseren Gegenständen und unserer Sprache) von Anbeginn des Lebens dem Tod verfallen und lebendig der Trauerarbeit unterliegen. Einige gelangen dadurch dahin, sich selbst nach und nach bereits zu Lebzeiten zu vergessen — so wie Gott in Brechts Ballade »Vom ertrunkenen Mädchen«, das den Fluss heruntertreibt:

> »Geschah es (sehr langsam), daß Gott sie allmählich vergaß
> Erst ihr Gesicht, dann die Hände und ganz zuletzt erst ihr Haar.«[66]

Die Identität des Subjektes löst sich in jedem Augenblicke auf und fällt dem Vergessen Gottes anheim. Aber dieser Tod hat nichts Biologisches. An dem einen Pol, der Biochemie, kennen die geschlechtslosen Einzeller keinen Tod, sie teilen und verzweigen sich (auch der genetische Code kennt keinen Tod: Jenseits des

hirnströme, dann ... was noch? Es gibt hier mehr als einen objektiven Fortschritt: Im Innern der Wissenschaft prallt irgendetwas vor der Unbestimmbarkeit und Unhaltbarkeit des Todes auf symbolischer Ebene zurück.

66 [Bertolt Brecht, Vom ertrunkenen Mädchen (1919), in: Hauspostille (1927). Brecht bezog sich, ohne politische Motivation, auf Rosa Luxemburg.]

Schicksals von Individuen überträgt er sich unveränderlich). An dem anderen Pol, dem Symbolischen, existiert der Tod als Nichts auch nicht mehr, Leben und Tod sind hier reversibel.

Allein in dem unendlich kleinen Bereich des bewussten, individuellen Subjektes bekommt der Tod eine irreversible Bedeutung; übrigens nicht einmal als Ereignis, sondern als im Voraus erlebter Mythos. Wegen seiner Identität bedarf das Subjekt eines Mythos' über sein Ende, wie es auch einen Mythos über seinen Ursprung braucht. In Wirklichkeit ist das Subjekt niemals in der Weise vorhanden wie ein Gesicht, die Hände oder Haare, und mit Sicherheit ist es immer bereits woanders, da es von einer unsinnigen Aufteilung und von einem durch den Tod angetriebenen endlosen Zyklus ergriffen ist. Dieser überall im Leben vorhandene Tod soll gebannt und an einem bestimmten Punkt und Ort in der Zeit lokalisiert werden: dem Körper.

Im biologischen Tod neutralisieren sich Tod und Körper, anstatt sich gegenseitig zu steigern. Die Biologie braucht *grundsätzlich* eine Dualität von Seele und Körper. Diese Dualität ist in gewisser Weise der Tod selbst, denn er objektiviert den Körper als residuell — als ein böses Objekt, das sich durch sein Sterben rächt. Als Funktion der Seele wird der Körper zu dieser bloßen objektiven Tatsache, zum Gegenstand von Sexualität, Angst und Tod. Es liegt an diesem imaginären Schizo, der Seele, dass der Körper zu einer »Realität« wird, welche nur als dem Tod geweihte existiert.

Der sterbliche Körper ist also nicht »realer« als die unsterbliche Seele: Beide resultieren gleichzeitig aus derselben Abstraktion, und mit ihnen die beiden großen komplementären Metaphysiken: die idealistische der Seele (mit all ihren moralischen Metamorphosen) und die »materialistische« des Körpers (mit ihren biologischen Fortsetzungen). Die Biologie lebt zwar auch von der Trennung Seele und Körper, wie jegliche christliche oder cartesianische Metaphysik, aber sie sagt es nicht mehr — die Seele zeigt sich nicht mehr, als ideales Prinzip ist sie vollständig in die moralische Disziplin der Wissenschaft, in das Legitimitätsprinzip technischer Eingriffe in das Reale und die Welt, sowie in die Prinzipien des »objektiven« Materialismus übergegangen. Diejenigen, die im Mittelalter den Diskurs der Seele führten, waren weniger weit von den »Zeichen des Körpers«[67] entfernt als die biologische Wissenschaft, die mit ihrer Technik und ihren Axiomen vollständig auf die Seite des »Nicht-Körpers« übergegangen ist.

## Unfall und Katastrophe

Der Tod ist für die moderne bürgerliche Rationalität ein Paradox. Den Tod als natürlich, profan und irreversibel zu begreifen, konstituiert zwar die »Aufklärung« und die Vernunft, aber er befindet sich in einem scharfen Widerspruch zu den Prinzipien bürgerlicher Rationalität — den individuellen Werten, dem unbegrenzten Fortschritt der Wissenschaft und der Naturbeherrschung in jeder Form. Als »natürliche Tatsache« neutralisiert, wird er nach und nach zu einem *Skandal*. Genau das hat Octavio Paz sehr gut in seiner Theorie über den Zufall analysiert: »Die moderne Wissenschaft ist am Ende der großen Epidemien entstanden und sie hat uns plausible Erklärungen für andere Naturkatastrophen geliefert: Die Natur hörte auf, ein Depot unseres Schuldgefühls zu sein; zur gleichen Zeit hat die Technik den Begriff des Zufalls verbreitet, erweitert und ihm einen völlig unterschiedlichen Charakter gegeben. (...) Der Zufall ist ein Bestandteil unseres alltäglichen Lebens und sein Bild schreckt unsere schlaflosen Nächte. (...) Das Prinzip der Indetermination in der Physik und der Beweis Gödels in der Logik sind ein Äquivalent für den Zufall in der Welt der Geschichte. (...) Die deterministischen und axiomatischen Systeme haben ihre Konsistenz verloren und zeigen einen inneren Bruch. Dieser Bruch ist in Wirklichkeit keiner: Er ist eine Eigenheit des Systems, die zu ihm als System gehört. Der Zufall ist weder eine Ausnahme noch eine Krankheit unserer politischen Regime, auch

67 [Paz, Verbindungen – Trennungen.]

ist er kein korrigierbarer Mangel unserer Zivilisation: Er ist die natürliche Konsequenz unserer Wissenschaft, unserer Politik und unserer Moral. Der Zufall ist ein Teil unserer Fortschrittsidee. (...) Der Zufall ist zu einem Paradox der Notwendigkeit geworden: Er besitzt die Fatalität von dieser und die Indetermination von Freiheit. Der in materialistische Wissenschaft umgewandelte Nicht-Körper ist ein Synonym für den Schrecken: Der Zufall ist eines der Attribute der Vernunft, die wir bewundern. (...) Die christliche Moral ist seiner Unterdrückungsmacht gewichen, aber gleichzeitig ist von dieser übermenschlichen Macht jener moralische Anspruch abgefallen. Das ist die Wiederkehr der Angst der Azteken, wenn auch ohne Vorhersagen oder himmlische Zeichen. Die Katastrophe wird banal und lächerlich, da der Zufall letztendlich nur ein Unfall ist.«[68]

So wie die sich normalisierende Gesellschaft an ihrer Peripherie Wahnsinnige und Anomale entstehen lässt, so erzeugen die sich vertiefende Vernunft und die technische Naturbeherrschung um sich herum die Katastrophe und das Versagen als Unvernunft des »organischen Körpers der Natur« – eine unerträgliche Unvernunft, weil die Vernunft souverän sein will und sogar nichts mehr denken kann, was ihr entgeht – und eine unauflösliche Unvernunft, denn es gibt für uns keine Rituale der Sühne oder Versöhnung mehr: Der Unfall ist absurd wie der Tod, ein Punkt, das ist alles. Er entsteht durch *Sabotage*. Ein tückischer Dämon, der bewirkt, dass diese schöne Maschine immerzu kaputt geht. So ist diese rationalistische Kultur wie keine andere von einer kollektiven Paranoia ergriffen. Alles – die kleinste Störung, die geringste Unregelmäßigkeit, die kleinste Katastrophe, ein Erdbeben, ein einstürzendes Haus, schlechtes Wetter – ist ein *Attentat*, für das es einen Verantwortlichen geben muss. Das Anwachsen von Sabotage, Terrorismus und Banditentum ist weniger wichtig als die Tatsache, dass alles, was vorkommt, in diesem Sinne interpretiert

68 [Paz, ebenda.]

werden muss. Zufall oder nicht? Das ist unentscheidbar. Und unwichtig, denn die Kategorie des Zufalls, die Octavio Paz analysiert, ist in die des Attentats umgekippt. Und in einem rationalen System ist das normal: Der Zufall kann nur einem menschlichen Willen zugestanden werden, wodurch sich jede Störung als *Hexerei* interpretieren lässt — oder politisch als ein Anschlag auf die gesellschaftliche Ordnung.[69] Und es ist richtig: Eine Naturkatastrophe ist nicht nur durch die von ihr hervorgerufene wirkliche Unordnung eine Gefahr für die etablierte Ordnung, sondern auch durch den Schlag, den sie jeder souveränen und auch politischen »Rationalität« versetzt. Daher der Belagerungszustand bei einem Erdbeben (Nicaragua), daher die Ordnungsdienste in Katastrophengebieten (bei einem Flugzeugunglück wie das der DC-10 bei Ermenonville sind sie wichtiger als bei einer Demonstration). Denn niemand weiß, wie weit der bei dieser Gelegenheit durch einen Unfall oder eine Katastrophe entfesselte »Todestrieb« sich befreien und gegen die politische Ordnung wenden kann.

Bemerkenswert ist, dass wir inmitten des Systems der Vernunft und mit der vollen logischen Konsequenz dieses Systems zur »primitiven« Sichtweise zurückgekehrt sind und jedem Ereignis und insbesondere dem Tod einen feindlichen Willen unterstellen. Aber wir allein sind voller Primitivität (mit der wir die Primitiven ausstatten, um sie ihnen auszutreiben), denn dieser Konzeption entspricht bei den Primitiven ein reziproker und ambivalenter Austausch mit ihrer ganzen Umgebung, so dass selbst Naturkatastrophen und der Tod im Rahmen ihrer gesellschaftlichen Strukturen intelligibel waren — während sie bei uns ganz offensichtlich ein Trugschluss ist, also eine Paranoia der Vernunft, deren Axiome überall ein nichtintelligibles Absolutes entstehen lassen; der Tod wird unakzeptabel und unlösbar, der Unfall zur Verfolgung,

69 So dass es für bestimmte politische Gruppen genügt, diesen Unfall oder jenes Attentat von unbekannter Seite für sich in Anspruch zu nehmen: Hier besteht ihre einzige »Praxis« darin, den Zufall in Subversion zu verwandeln.

zu einem absurden und bösartigen Widerstand einer Materie oder Natur, die sich nicht dort den »objektiven« Gesetzen beugen will, wo man sie umstellt hat. Daher die wachsende Faszination von Katastrophen, Unfällen und Attentaten: Sie gehört zu einer Vernunft, die selbst von der Hoffnung auf eine universelle Revanche gegen ihre eigenen Normen und Privilegien umstellt ist.

### Der »natürliche« Tod

Der biologischen Definition des Todes und dem logischen Willen der Vernunft korrespondiert eine ideale und genormte Form des Todes: Der »natürliche« Tod. Das ist ein »normaler« Tod, da er am »Ende des Lebens« eintritt. Sein Begriff verdankt sich der Möglichkeit, die Grenzen des Lebens hinauszuschieben: Das Leben wird zu einem Akkumulationsprozess, und mit dieser quantitativen Strategie kommen Wissenschaft und Technik ins Spiel. Wissenschaft und Technik gelingt es keineswegs, einen ursprünglichen Wunsch, so lange wie möglich zu leben, zu erfüllen – nur ein Übergang vom Leben zum Lebens-Kapital (zu einer quantitativen Bewertung) wird durch die symbolische Außerkraftsetzung des Todes erreicht, die allein Wissenschaft und bio-medizinische Technik zur Verlängerung des Lebens hervorruft.

Der natürliche Tod bedeutet also keine Akzeptierung eines Todes, der zur »Ordnung der Dinge« gehörte, sondern eine systematische Leugnung des Todes. Der natürliche Tod unterliegt der Rechtsprechung der Wissenschaft und wird von der Wissenschaft tendenziell abgeschafft. Im Klartext bedeutet das: Der Tod ist unmenschlich, irrational und sinnlos wie die ungebändigte Natur (der abendländische »Natur«-Begriff ist immer derjenige einer verdrängten und domestizierten Natur). Es gibt nur einen guten Tod, den besiegten und dem Gesetz unterworfenen: Das ist das Ideal des natürlichen Todes.

Für jeden soll es möglich sein, bis zur Grenze seines biologischen Kapitals zu gelangen und sein Leben »bis zur Neige« ohne

Gewalt oder vorzeitigen Tod zu genießen. So als ob jeder sein kleines Lebensschema, seine »normale Lebenserwartung« und einen »Lebens-Vertrag« in der Tasche hätte — daher der *soziale* Anspruch auf eine Lebensqualität, zu der ein natürlicher Tod gehört. Ein neuer Gesellschaftsvertrag: Die ganze Gesellschaft mit ihrer Wissenschaft und Technik wird gemeinsam verantwortlich für den Tod jedes Individuums.[70] Dieser Anspruch kann übrigens ebenso eine Infragestellung der existierenden Ordnung implizieren, wie quantitative Ansprüche und Lohnforderungen: die Forderung einer *gerechten* Lebensdauer wie die einer gerechten Entlohnung der Arbeitskraft. Im Wesentlichen verdeckt dieses Recht, wie alle anderen, eine repressive Ausübung des Rechtes. Jeder hat das Recht, aber gleichzeitig auch die *Pflicht* eines natürlichen Todes. Denn dieser ist der für das System der politischen Ökonomie charakteristische Tod, ihre Art eines *aufgezwungenen* Todes:

I. Als System der Maximierung von Produktivkräften (in einem »extensiven« System der Handarbeit gibt es für die Sklaven keinen natürlichen Tod, man lässt sie bei der Arbeit verrecken).

II. Noch wichtiger: Dass jeder ein *Recht* auf sein Leben hat (habeas corpus — habeas vitam), bedeutet eine Ausdehnung der gesellschaftlichen Rechtsprechung auf den Tod. Der Tod ist vergesellschaftet wie alles andere: Er kann nur noch natürlich sein, denn jeder andere Tod wäre ein *gesellschaftlicher* Skandal, den man überflüssig gemacht hat. Gesellschaftlicher Fortschritt? Nein: Ein Fortschritt des Gesellschaftlichen, das sich selbst mit dem Tode verbindet. Jeder ist seines Todes enteignet, es ist ihm nicht mehr möglich, so zu sterben, wie er es möchte. Er ist nicht einmal mehr so frei, so lange wie möglich zu leben. Was unter anderem ein Verbot bedeutet, sein Leben ungeachtet seiner Grenzen auszuschöpfen. Das Prinzip des natürlichen Todes entspricht einer Neutrali-

70 Denn heute wendet sich dieser vertragliche Anspruch an eine gesellschaftliche Instanz — einstmals war es der Teufel, mit dem man einen Pakt für ein langes Leben, Reichtum und Genuss schloss. Der gleiche Vertrag, die gleiche Falle: Der Teufel gewinnt immer.

sierung des Lebens schlechthin.[71] Ebenso ist es mit der Frage der Gleichheit vor dem Tode: Das Leben muss auf Quantität (und der Tod folglich auf ein Nichts) reduziert werden, um es der Demokratie und dem Äquivalenzgesetz anzupassen.

### Greisentum und Drittes Lebensalter

Auch hier tritt der Sieg der Wissenschaft über den Tod in Widerspruch zur Rationalität des Systems: Das dritte Lebensalter wird für die gesellschaftliche Verwaltung zu einer gewaltigen toten Last. Ein ganzer Teil des gesellschaftlichen Reichtums (Geld und moralische Werte) verpufft, ohne dem Alter einen Sinn geben zu können. So wird ein Drittel der Gesellschaft in einen Zustand der Sonderung und des ökonomischen Parasitentums versetzt. Die dem Terrain des Todes abgerungenen Gebiete sind gesellschaftlich verwüstet. Das erst kürzlich kolonialisierte Greisentum der modernen Zeit lastet auf dieser Gesellschaft mit dem gleichen Druck wie die seinerzeit kolonialisierten Völker der Eingeborenen. Der Ausdruck ›Drittes Lebensalter‹ sagt genau, was er beinhaltet: eine Art von Dritter Welt.

Es ist nicht mehr als ein marginaler und schließlich sogar asozialer Lebensabschnitt — ein Ghetto, ein Abschub, ein Vorfeld des Todes. Es ist eigentlich eine Liquidierung des Greisentums. In dem Maße wie die Lebenden viel länger leben und über den Tod »triumphieren«, werden sie nicht länger symbolisch anerkannt. Zu einem Tode verurteilt, der ständig zurückweicht, verliert dieses

71 Das ist viel wichtiger als die maximale Ausbeutung der Arbeitskraft. Man begreift das am Beispiel der Greise: Sie werden nicht mehr ausgebeutet — wenn man sie leben lässt, so auf Kosten der Gesellschaft — und wenn man sie zum Leben zwingt, so weil sie ein lebendiges Beispiel für die *Akkumulation* des Lebens sind (das Gegenteil seiner Konsumation). Die Gesellschaft unterhält sie als Modelle für den Gebrauchswert des Lebens, für die Akkumulation und das Sparen. Aus diesem Grunde haben sie in unserer Gesellschaft keinerlei symbolische Präsenz.

Alter seinen Rang und seine Vorrechte. In anderen gesellschaftlichen Formationen existiert das Greisentum als wirklicher symbolischer Angelpunkt der Gruppe. Der Status des Greises, der durch den des Ahnen vollendet wird, ist der angesehenste. Die »Jahre« sind ein realer Reichtum, für den man Autorität und Macht eintauscht, im Gegensatz zu heute, wo die »gewonnenen« Jahre nur zählbare Jahre sind: akkumuliert, ohne dass man sie eintauschen könnte. Die verlängerte Lebenserwartung hat also nur zu einer Diskriminierung des Alters geführt, was sich logisch aus der Diskriminierung des Todes entwickelt. Das »Gesellschaftliche« hat hier ausgezeichnet gearbeitet. Es hat aus dem Greisentum ein gesellschaftliches Gebiet gemacht (das in den Zeitungen in einer Rubrik mit den ›Gastarbeitern‹ und den Abtreibungen auftaucht), es hat diesen Lebensabschnitt vergesellschaftet, indem es ihn in sich selbst eingeschlossen hat. Unter dem gewinnbringenden Zeichen des natürlichen Todes hat es aus ihm einen vorweggenommenen *gesellschaftlichen Tod* gemacht.

»Das ganze Problem seines (Tolstojs) Grübelns drehte sich zunehmend um die Frage: ob der *Tod* eine sinnvolle Erscheinung sei oder nicht. Und die Antwort lautet bei ihm: für den Kulturmenschen — nein. Und zwar deshalb nicht, weil ja das zivilisierte, in den ›Fortschritt‹, in das Unendliche hineingestellte einzelne Leben seinem eigenen immanenten Sinn nach kein Ende haben dürfte. Denn es liegt ja immer noch ein weiterer Fortschritt vor dem, der darin steht; niemand, der stirbt, steht auf der Höhe, welche in der Unendlichkeit liegt. Abraham oder irgend ein Bauer der alten Zeiten starb ›alt und lebensgesättigt‹, weil er im organischen Kreislauf des Lebens stand, weil sein Leben auch seinem Sinn nach ihm am Abend seiner Tage gebracht hatte, was es bieten konnte, weil für ihn keine Rätsel, die er zu lösen wünschte, übrig blieben und er deshalb ›genug‹ daran haben konnte. Ein Kulturmensch aber, hineingestellt in die fortwährende Anreicherung der Zivilisation mit Gedanken, Wissen, Problemen, der kann ›lebensmüde‹ werden, aber nicht: lebensgesättigt. (...) Und weil der Tod sinnlos ist, ist es auch das Kulturleben als solches, welches ja eben durch seine sinnlose ›Fortschrittlichkeit‹ den Tod[72] zur Sinnlosigkeit stempelt.«[73]

## Natürlicher Tod und Opfertod

Warum hat der erwartete und vorhergesehene Alterstod, der Tod in der Familie – welcher von Abraham bis zu unseren Großvätern als einziger einen vollen Sinn für die traditionelle Gemeinschaft hatte – diesen Sinn heute nicht mehr? Er ist nicht einmal mehr rührend, sondern nahezu lächerlich und in jedem Fall gesellschaftlich unbedeutend. Warum hat umgekehrt der gewaltsame, zufällige und Unfalltod, der früher für die Gemeinschaft ein Un-Sinn war (er war gefürchtet und verfemt, wie bei uns der Selbstmord), bei uns so viel Bedeutung: Er allein füllt die Chroniken, fasziniert und berührt die Einbildungskraft. Noch einmal ist unsere Kultur die des Unfalls, wie Octavio Paz sagt.

Eine üble Ausbeutung des Todes durch die Medien? Nein: Sie begnügen sich damit zu arbeiten, dass die einzigen Ereignisse, die für alle ohne Kalkül oder Umweg unmittelbar bedeutsam sind, diejenigen Ereignisse sind, die auf die eine oder andere Weise den Tod ins Spiel bringen. In diesem Sinne sind die übelsten auch die objektivsten Medien. Und auch hier ist eine Interpretation in den Begriffen individueller verdrängter Triebe, des unbewussten Sadismus etc. leichtfertig und ohne Interesse – denn es handelt sich um eine *kollektive* Leidenschaft. Der gewaltsame oder katastrophische Tod befriedigt nicht das kleine, durch die dreckigen Massenmedien manipulierte individuelle Unbewusste (das wäre eine sekundäre und bereits *moralisch* verfälschte Betrachtungsweise) – er berührt nur deshalb so grundlegend, weil er die Gruppe selbst ins Spiel bringt, die Begeisterung der Gruppe für sich selbst, die er auf die eine oder andere Weise vor ihren eigenen Augen umwandelt und erlöst.

72 [Bei Baudrillard »vie« (Leben) statt »Tod«.]

73 [Weber, Wissenschaft als Beruf, S. 87f.]

Der »natürliche« Tod ist sinnlos, weil die Gruppe daran keinen Anteil hat. Er ist banal, weil er mit dem banalisierten individuellen Subjekt und der banalisierten Familienzelle verbunden ist und weil er nicht mehr kollektives Freud und Leid ist. Jeder beerdigt seine Toten. Bei den Primitiven gibt es keinen »natürlichen« Tod: Jeder Tod ist gesellschaftlich, öffentlich und kollektiv, und er ist immer die Wirkung eines gegnerischen *Willens*, der durch die Gruppe (nicht die Biologie) absorbiert werden muss. Diese Absorbierung geschieht im Fest und in den Riten. Das Fest ist ein Austausch der Willen (man sieht nicht, wie das Fest ein *biologisches* Ereignis resorbieren könnte). Böse Willen und Sühneriten werden über dem Kopf des Toten ausgetauscht. Der Tod treibt sein Spiel und er gewinnt symbolisch – der Tote gewinnt seinen Status und die Gruppe bereichert sich um einen Partner.

Bei uns macht der Tote sich aus dem Staube. Er hat nichts mehr auszutauschen. Bereits bevor er stirbt, ist er ein Residuum. Er ist am Ende eines Lebens der Akkumulation und wird vom Ganzen abgezogen: eine ökonomische Operation. Er wird zu keiner Erinnerung: Höchstens dient er als Alibi der Lebenden und der evidenten Überlegenheit der Lebenden über die Toten. Das ist ein banaler, eindimensionaler Tod, das Ende eines biologischen Parcours, die Bezahlung einer Schuld: »den Geist aufgeben«, wie ein Reifen, der seine Luft verliert. Welche Plattheit!

Jede Leidenschaft flüchtet sich folglich in den gewaltsamen Tod, der allein so etwas wie das Opfer ausdrückt, das heißt, eine reale Umwandlung *durch den Willen der Gruppe*. Und so wird der Tod – unwichtig ob er durch einen Unfall, eine Katastrophe oder ein Verbrechen verursacht ist – von dem Moment an, in dem er der »natürlichen« Vernunft entgeht und zu einer Herausforderung der Natur wird, wieder zu einer Angelegenheit der Gruppe; er verlangt eine kollektive und symbolische Antwort – in einem Wort, er erregt eine *nicht-natürliche, künstliche Leidenschaft*, die zugleich eine Opferleidenschaft ist. Die Natur ist geistlos und hat keinen Sinn, es ist unnütz, einen Toten »der Natur zurückzugeben«; er muss nach genauen herkömmlichen Riten ausgetauscht werden, damit seine Energie, die Energie des Toten und des Todes, auf die Gruppe zurückwirkt und von der Gruppe aufgenommen und verausgabt wird, anstatt nur der »Natur« überlassen zu werden. Für uns, die wir keinen wirksamen Ritus zur Absorption des Todes und seiner gewaltigen Energie mehr haben, bleibt das Phantasma des Opfers und des gewaltsamen künstlichen Eingriffes des Todes. Daher die intensive und zutiefst *kollektive* Befriedigung angesichts des Todes im Auto. Was beim tödlichen Unfall so fasziniert, ist die Künstlichkeit des Todes. Er ist technisch, nicht natürlich, also *beabsichtigt* (möglicherweise vom Opfer selbst), also von Neuem interessant — denn der *beabsichtigte* Tod hat einen Sinn. Diese Künstlichkeit des Todes bedingt, ebenso wie beim Opfer, seine *ästhetische* Verdoppelung in der Imagination und das sich daraus entwickelnde Vergnügen. Das »Ästhetische« hat offensichtlich nur für uns, die wir der Kontemplation verschrieben sind, einen Wert. Für die Primitiven ist das Opfer nicht »ästhetisch«, aber es bezeichnet immer eine Zurückweisung natürlicher und biologischer Abläufe, einen initiatorischen Eingriff und eine kontrollierte, gesellschaftlich verordnete Gewalt — eine widernatürliche Gewalt, die wir nur noch im Zufall eines Unfalls oder einer Katastrophe erfahren können. Wir erleben diese Opfer also als *gesellschaftliche* symbolische Ereignisse von höchster Bedeutung. Schließlich ist der Unfall nur für die offizielle Vernunft akzidenziell, das heißt absurd — für den symbolischen Anspruch, dem wir niemals entgehen, ist der Unfall immer etwas anderes.

Die Geiselnahme enthüllt das gleiche Bild. Einhellig verurteilt, erzeugt sie Schrecken und eine tiefe Freude. Sie wird in dem Augenblick zu einem politischen Ritual allerersten Ranges, in dem das Politische der Gleichgültigkeit verfällt. Die Geisel hat einen hundertfach höheren symbolischen Nutzen als der Tod im Auto, der selbst bereits hundertfach den natürlichen Tod überragt. Hier findet sich eine Art von *Zeit* des Opfers und des Rituals der Hinrichtung wieder, ein Nahen des kollektiv erwarteten Todes — der völlig unverdient ist, also total künstlich und aus der Sicht der Opferung perfekt, dessen Vollstrecker, der »Kriminelle«, es im allgemeinen akzeptiert, als Gegenleistung selbst zu sterben, was zu der Regel eines symbolischen Tausches gehört, der wir viel stärker unterliegen als der ökonomischen Ordnung.

Der Arbeitsunfall gehört der ökonomischen Ordnung an und hat keinen symbolischen Wert. Er ist der kollektiven Imagination ebenso gleichgültig wie dem kapitalistischen Unternehmer, denn er ist eine Störung der Maschine und kein Opfer. Er wird aus Prinzip zurückgewiesen und ist eine Revolte gegen das Prinzip, das auf dem Recht auf Leben und Sicherheit basiert — er ist weder Gegenstand noch Ursache eines *spielerischen* Schreckens.[74] Wie man weiß, *spielt* allein der Arbeiter mit seiner Sicherheit – aus der Sicht der Gewerkschaften und Chefs, die von dieser Herausforderung nichts verstehen, viel zu leichtfertig.

Wir alle sind Geiseln, das ist das Geheimnis der Geiselnahme, und wir alle träumen davon, den Tod zu *erhalten* und den Tod zu *geben*, anstatt dumm durch Verschleiß zu sterben. Denn Geben und Erhalten ist ein symbolischer Akt (der symbolische Akt par excellence), und er vertreibt aus dem Tod all die indifferente Negativität, die er für uns in der »natürlichen« Ordnung des Kapitals hat. Ebenso ist unser Verhältnis zu Gegenständen nicht mehr lebendig oder sterblich, sondern instrumentell – wir vermögen sie nicht mehr zu zerstören, noch erwarten wir von ihnen unseren Tod — eben deshalb sind sie tatsächlich tote Gegenstände, die uns schließlich töten, allerdings auf die gleiche Weise wie im Arbeitsunfall, bei dem ein Objekt das andere zermalmt. Allein der Autounfall stellt in gewisser Weise das Gleichgewicht der Opferung wieder her. Denn der Tod ist eine Sache, die sich teilt, und wir müssen ihn mit unseren Gegenständen wie mit anderen Menschen zu teilen wissen. Nur gegeben und zurückerhalten, das heißt durch den

74 Eine Leidenschaft macht sich erst an ihm fest, wenn er einer Person angelastet werden kann (wie dem Kapitalisten oder dem personifizierten Unternehmer) und somit wieder als Verbrechen und Opfer erfahren werden kann.

Tausch vergesellschaftet, hat der Tod einen Sinn. In der primitiven Ordnung ist alles dafür eingerichtet. In der Ordnung unserer Kultur ist im Gegenteil alles so eingerichtet, dass der Tod einem niemals von *irgendeinem* anderen zugefügt wird, sondern immer von der »Natur« als eine unpersönliche Zerstörung des Körpers. Wir erleben unseren Tod als »reales« in unseren Körper eingeschriebenes Schicksal, weil wir es nicht mehr verstehen, ihn in einen symbolischen Tauschritus einzuschreiben. Die Ordnung des »Realen«, der »Objektivität« des Körpers, wie auch die Ordnung der politischen Ökonomie resultiert aus der Unterbrechung dieses Tausches. Von da an existiert unser Körper als Ort, in den der unveräußerliche Tod eingeschlossen ist, und wir glauben schließlich an diese biologische Essenz des Körpers, über die der Tod wacht — und über den Tod wacht die Wissenschaft. Die Biologie ist vom Tod umschlossen und der Körper, den sie konzipiert, ist vom Tod umschlossen, woraus ihn kein Mythos mehr befreien kann. Der Mythos (das Ritual), der den Körper von dieser Oberhoheit der Wissenschaft befreien könnte, ist verloren oder er ist noch nicht gefunden worden. Deshalb versuchen wir anderen, unsere Gegenstände und unseren eigenen Körper als instrumentell zu bestimmen — um von ihnen nicht mehr den Tod zu erhalten. Das aber gelingt uns nicht — das gilt für den Tod wie für den Rest: Wenn wir ihn weder geben, noch erhalten wollen, so umschließt er uns in dem biologischen Simulakrum unseres eigenen Körpers.

### Die Todesstrafe

Bis zum 18. Jahrhundert wurden die Tiere, die schuldig waren, den Tod eines Menschen verursacht zu haben, nach einer förmlichen Verurteilung gehenkt.[75]

75 [Seit dem Mittelalter und bis in die Neuzeit wurde dem tierischen Täter ein ordentlicher Prozess gemacht, mit Richter, Ankläger und Verteidiger, vor großem Publikum auf dem Gerichtsplatz. Noch im 18. Jahrhundert wurde in England ein Schwein gehenkt, das ein Kind getötet hatte. Bei der Vollstreckung

Für den Widerwillen, den uns die Bestrafung von Tieren einflößt, muss es einen ganz besonderen Grund geben, denn es müsste doch viel schlimmer sein, einen Menschen zu verurteilen als ein Tier, und noch verabscheuungswürdiger müsste es sein, ihn leiden zu lassen. Aber in irgendeiner Weise erscheint uns die Erhängung eines Pferdes oder eines Schweines viel verabscheuungswürdiger, als einen Verrückten oder ein Kind aufzuhängen, da sie »nicht-verantwortlich« sind. Diese geheime Gleichheit der Bewusstseine vor der Justiz, die bewirkt, dass der Verurteilte immer das Privileg behält, das Recht des anderen, ihn zu verurteilen, zu bestreiten, diese mögliche Herausforderung, die etwas anderes ist als das Recht auf Verteidigung und die ein Minimum von symbolischer Gegenseitigkeit aufrecht erhält, existiert im Falle des Tieres oder des Wahnsinnigen keineswegs. Der besonders anrüchige Charakter dieser Art von Bestrafung liegt in der Anwendung eines symbolischen Rituals auf eine Situation, die jede Möglichkeit einer symbolischen Antwort verbietet.

Im Unterschied zur physischen Liquidierung ist die Rechtsprechung ein gesellschaftlicher, moralischer und ritueller Akt. Der anrüchige Charakter der Bestrafung eines Kindes oder eines Wahnsinnigen entspringt dem *moralischen* Charakter der Justiz: Wenn der »andere« von seiner Schuld überzeugt und eben dadurch bestraft werden soll, verliert die Bestrafung selbst ihren Sinn, da bei diesen »Verbrechern« weder ein Schuldbewusstsein noch eine Reue möglich ist. Das ist also genauso dumm, wie die Kreuzigung eines Löwen. Aber es gibt noch etwas anderes bei der Bestrafung eines Tieres, das dieses Mal dem *rituellen* Charakter der Justiz entspringt. Der grausame Irrsinn einer solchen Szene liegt weniger in

mussten alle Schweine der Umgebung aus Gründen der Abschreckung anwesend sein. Ebenfalls im England des 18. Jahrhunderts wurde ein Pferd von einem Gericht zum Tode verurteilt, weil der Kutscher bei einem Unfall ums Leben gekommen war. Da die Eigentümerin bei der Verkündigung des Urteils in Ohnmacht fiel, wurde das Pferd begnadigt. Das Gericht degradierte das Tier jedoch zum Arbeitspferd. Was zählte, war die Tat, nicht der Täter.]

der Tötung als in der Anwendung eines *menschlichen* Zeremoniells auf ein Tier. Alle Unterfangen, Tiere herauszuputzen und sie für die Teilnahme an menschlichen Komödien zu verkleiden und zu dressieren, sind schändlich und böse — bei der Tötung wird das allerdings unerträglich.

Aber woher kommt diese Abscheu, ein Tier als menschliches Wesen behandelt zu sehen? Weil der Mensch bereits selbst in ein Tier verwandelt ist. Im Tier, das man henkt, wird durch die Kraft des Zeichens und des Rituals ein Mensch gehenkt, aber ein wie durch schwarze Magie in ein Tier verwandelter Mensch. Eine aus der Tiefe der Reziprozität kommende rückwirkende Bedeutung, die überall, wo immer wir sind, zwischen Mensch und Tier oder zwischen dem Henker und seinem Opfer wirkt und mit der visuellen Anschauung zu einer schrecklichen Verwirrung führt: Aus dieser unheilvollen Ambiguität (wie in »Die Verwandlung« von Franz Kafka) entsteht der Ekel. Ende der Kultur, Ende des Sozialen, Ende der Spielregel. Die Tötung eines Tieres in menschlicher Gestalt entfesselt beim Menschen, der zum Opfer seines eigenen Rituals wird, eine entsprechende Monstrosität. Die Institution der Justiz, durch die der Mensch versuchte, zwischen sich und der Bestialität einen Trennungsstrich zu ziehen, schlägt gegen ihn selbst zurück. Die Bestialität ist natürlich ein Mythos — ein Trennungsstrich, der dem Menschlichen ein absolutes Privileg einräumt und das Tierische als »Bestialisches« verwirft. Diese Diskriminierung erweist sich überall als relativ, da sie zugleich mit dem Privileg alle Risiken und Verpflichtungen des Menschlichen, insbesondere die *sozialen* hinsichtlich Recht und Tod, impliziert — denen das Tier hingegen aufgrund derselben Logik nicht unterliegt. Ihm Menschengestalt zu verleihen, bedeutet letztendlich, die Grenze zwischen beiden aufzuheben und gleichzeitig das Menschliche abzuschaffen. Der Mensch ist also nicht mehr als eine widerliche Karikatur des Mythos der Animalität, den er selbst geschaffen hat.

Man braucht keine Psychoanalyse, keine Vaterfigur, keine sadistische Erotik und keine Schuld, um den Ekel bei der Bestrafung eines Tieres zu erklären. Hier ist alles gesellschaftlich, alles bezieht sich auf die *gesellschaftliche* Demarkationslinie, die der Mensch einem mythischen Code von Differenzen folgend um sich herum gezogen hat – und alles bezieht sich auf den Gegenschlag, der diese Linie zerstört, dem Gesetz zufolge, das will, dass *die Reziprozität niemals aufhört*: Alle Diskriminierungen sind nur imaginär, und die symbolische Reziprozität überschreitet sie ständig, im Guten und im Schlechten.

Der mit dem Verlust des Menschlichen verbundene Ekel ist also auch einer gesellschaftlichen Ordnung eigen, in der die Trennung vom Tier und somit die Abstraktheit des Menschlichen endgültig ist. Dieser Widerwille ist eine Besonderheit von uns: Er zeigt, dass die menschliche Vernunft Fortschritte gemacht hat, was uns erlaubt, das ganze »Mittelalter« mit seinen Mensch- und Tierquälereien in die »Barbarei« zurückzustoßen. »Noch 1906 wurde in der Schweiz ein Hund wegen der Teilnahme an einem Diebstahl und Mord verurteilt und hingerichtet.« Wir sind ganz beruhigt, wenn wir so etwas lesen: Wir stehen nicht mehr dort. Unser Hintergedanke: Heute sind wir »menschlich« zu den Tieren, wir respektieren sie. Es ist indessen umgekehrt: Der Widerwille, den uns die Hinrichtung eines Tieres einflößt, *steht in einem genauen Verhältnis zu der Geringschätzung, die wir für das Tier empfinden*. In dem Maße, wie unsere Kultur das Tier in die Unverantwortlichkeit und das Unmenschliche verbannt, wird das Tier unwürdig für das menschliche Ritual: Es genügt also, dieses auf das Tier anzuwenden, um uns einen Ekel zu erzeugen, nicht durch irgendeinen moralischen Fortschritt, sondern durch die Vertiefung des Rassismus des Menschlichen. Diejenigen, die in früheren Zeiten rituell Tiere opferten, hielten sie nicht für Bestien. Und selbst die Gesellschaft des Mittelalters, die sie verurteilte und der Form nach bestrafte, stand dem weitaus näher als wir, die wir einen Horror vor dieser Praktik haben. Sie hielten sie für schuldig, was ihnen Ehre machte. Die Unschuld, in die wir sie (zusammen mit den Wahnsinnigen, Geistesschwachen und Kindern) verweisen, ist bezeichnend für die radikale Differenz, die uns von den Primitiven trennt, und die rassische Ausschließung, in der sie kraft der strengen Definition des Menschlichen belassen werden. In einer Umgebung, in der alle Lebewesen Tauschpartner sind, haben die Tiere ein »Recht« auf das Opfer und auf rituelle Sühne. Die primitive Opferung des Tieres ist mit seiner heiligen und außergewöhnlichen göttlichen Stellung als Totem verbunden.[76] Wir opfern sie nicht mehr, wir bestrafen sie auch nicht mehr und wir sind mit ihnen vertraut, aber nur deshalb, weil wir sie domestiziert und aus ihnen eine rassenmäßige Unterwelt gemacht haben, die selbst nicht einmal mehr unserer Justiz würdig ist; so dass sie ganz folgerichtig als Schlachtvieh ausrottbar werden. Das liberale rationale Denken übernimmt sogar noch die Verantwortung für die, die es exkommuniziert, nämlich die Tiere, die Wahnsinnigen und die Kinder, die »nicht wissen, was sie tun« — die zwar nicht einmal der Strafe und des Todes würdig sind, die aber recht brauchbar sind für die soziale Fürsorge: Protektionismus aller Art, Tierschutzvereine, »offene« Psychiatrie, moderne Pädagogik — alles Formen endgültiger, aber sanfter Herabwürdigung, hinter der sich die liberale Vernunft verschanzt. Durch dieses rassistische Mitleid verdoppelt der Humanismus seine Vorherrschaft über die »niederen Geschöpfe«[77].

Erst vor diesem Hintergrund stellt sich die Frage der Todesstrafe, die zugleich auch eine Problematisierung der Naivität oder Scheinheiligkeit des ganzen liberalen Humanismus in dieser Frage bedeutet.

76 Im Gegensatz zu dem, was man gewöhnlich glaubt, sind die Menschenopfer auf die Tieropfer gefolgt, und zwar in dem Verhältnis, wie das Tier seine magische Vorherrschaft verlor und der König-Mensch das Totem-Tier in seiner Opferfunktion ablöste. Die viel spätere Ersatzopferung eines Tieres hat einen ganz anderen Sinn.

77 So verschonte man früher auch Kriegsgefangene, um aus ihnen Sklaven zu machen. Als nicht mehr brauchbar für das Potlatch oder das Opfer, bekamen sie den allerschäbigsten Status und wurden einem langsamen Tod bei der Arbeit ausgesetzt.

Bei den Primitiven ist der »Kriminelle« kein minderwertiges, anomales und unverantwortliches Wesen. Über ihn, wie über den »Wahnsinnigen« und den »Kranken« verknüpfen sich zahlreiche symbolische Räderwerke – irgendetwas davon ist in der marxschen Formulierung über den Verbrecher als wesentlichen Bestandteil der bürgerlichen Ordnung enthalten. Dem König ist das Verbrechen par excellence zugefallen, er muss das Inzesttabu brechen – eben deshalb ist er König und eben deshalb wird er dem Tode übergeben. Seine Sühne verleiht ihm den höchsten Rang, denn sie beschleunigt erneut den Zyklus des Austausches. Es liegt darin eine ganze Philosophie der Grausamkeit (im Sinne von Artaud), die wir nicht mehr kennen und die gleichermaßen gesellschaftliche Niedertracht und Strafen ausschließt: Die Tötung des kriminellen Königs ist keine Strafmaßnahme, weder trennt noch schneidet sie etwas Faules aus dem gesellschaftlichen Körper, sie ist im Gegenteil Fest und Höhepunkt; durch die Tötung des Königs entsteht Solidarität und die Trennungen lösen sich auf. Der Wahnsinnige, der Possenreißer, der Bandit, der Held und viele andere Personen der traditionellen Gesellschaften haben den Verhältnissen entsprechend die gleiche Rolle eines symbolischen Fermentes. Durch ihre Unterschiedlichkeit (Differenz) artikulierte sich die Gesellschaft. Die zuerst Toten haben diese Rolle gespielt. Die noch nicht vom Prinzip gesellschaftlicher Rationalität berührten traditionellen Gesellschaften machten für sich das Beste aus dem Kriminellen, und sei es durch seinen rituellen und kollektiven Tod;[78] so wie auch die bäuerlichen Gesellschaften aus den Idioten des Dorfes, als rituelle Gegenstände des Spottes, das Beste gemacht haben.

78 Aber wann und warum hört diese Tötung auf, ein Opfer zu sein, um eine Strafe zu werden? Und wann hört sie auf, eine Strafe zu sein, um eine Hinrichtung zu werden, wie bei uns? Es gibt keine Geschichte des Todes und der Todesstrafe: Es gibt nur eine Genealogie der gesellschaftlichen Konfigurationen, die dem Tode ihren Sinn geben.

Zu Ende ist diese Kultur der Grausamkeit, in der die Differenz in ein und derselben Opferhandlung sich sühnt und exaltiert. Wir kennen gegenüber abweichendem Verhalten nur noch Ausrottung oder Therapie. Wir können nur noch ausgliedern, ausmerzen und in gesellschaftliche Abgründe herabstoßen. Und das sogar im Ausmaße unserer »Toleranz« und unserer souveränen Konzeption von Freiheit. »Wenn die gegenwärtigen Gesellschaften auf der Ebene der Sitten fortgeschritten sind, so ist nicht ausgeschlossen, dass sie auf geistiger Ebene regrediert sind.«[79] Indem die Gesellschaft sich normalisierte, das heißt indem sie überall die Äquivalenzlogik verbreitete – vor der Norm ist jeder frei und gleich –, schloss die endlich sozialisierte Gesellschaft alle Anti-Körper aus. Im Zuge dessen hat sie deshalb bestimmte Auffanginstitutionen geschaffen – so erblühen im Laufe der Jahrhunderte Gefängnisse, Anstalten, Hospitäler und Schulen, nicht zu vergessen die Fabriken, die zugleich mit den Menschenrechten aufblühen –, eben so muss die Arbeit verstanden werden. Die *Vergesellschaftung* ist nichts anderes als dieser gewaltige Übergang von dem symbolischen Austausch von Differenzen zu der gesellschaftlichen Logik von Äquivalenzen. Jedes sozialistische oder »soziale Ideal« verdoppelt diesen Vergesellschaftungsvorgang, und das liberale Denken, das die Todesstrafe abschaffen will, verlängert sie nur. Das Denken der Rechten und das Denken der Linken über die Todesstrafe – reaktionäre Hysterie oder rationaler Humanismus: keinerlei Differenz –, beide sind gleich weit entfernt von einer symbolischen Konfiguration, in der das Verbrechen, der Wahnsinn und der Tod eine Modalität des Austausches sind, ein »verfemter Teil«, um den herum alles Austauschen gravitiert. Den Verbrecher in die Gesellschaft reintegrieren – aus ihm einen angepassten, normalen Menschen machen? Genau das Gegenteil ist der Fall. Wie Gentis sagt: »Es geht nicht darum, den Wahnsinnigen zur Wahrheit der Gesellschaft zurückzubringen, sondern die Gesellschaft zur Wahr-

79 Encyclopædia Universalis.

heit des Wahnsinns.«[80] Vor diesem Anspruch versagt das ganze humanistische Denken — dieser Anspruch wurde in den früheren Gesellschaften offen realisiert, in den unsrigen ist er immer und überall präsent, wenn auch versteckt und gewaltsam verdrängt (denn das Verbrechen und der Tod provozieren immer die gleiche klammheimliche, unaussprechbare und obszöne Freude).

In einer ersten Phase entledigte sich die bürgerliche Ordnung des Verbrechens und des Wahnsinns durch Liquidierung und Einschließung, in einer zweiten Phase neutralisierte sie alles auf der Basis von Therapie. Das ist die Phase der fortschrittlichen Absolution des Verbrechers und seiner Wiedereingliederung als gesellschaftliches Wesen durch die Winkelzüge von Medizin und Psychologie. Aber man muss begreifen, dass diese liberale Wende sich in einem vollständig repressiven Raum vollzieht, in dem bereits die normalen Mechanismen die repressive Funktion übernommen haben, die früher besonderen Institutionen zugefallen war.[81]

Das liberale Denken glaubt nicht zu viel zu sagen, wenn es meint, dass »das Strafrecht berufen ist, sich im Sinne einer vorbeugenden Sozialmedizin und einer heilenden gesellschaftlichen Fürsorge zu entwickeln.«[82] Es ist damit gemeint, dass es als *Strafe* verschwinden soll. Aber so ist es keineswegs: Die Bestrafung gipfelt in der therapeutischen, psychologischen und psychiatrischen Wiedereingliederung. Die Strafgewalt findet ihr subtilstes Äquivalent in der Resozialisierung und in der Umerziehung (übrigens nach dem herrschenden gesellschaftlichen System als Selbstkritik und

80 Gentis, Les Murs de l'asile.

81 Die gleiche liberale Wendung gab es auf anderer Ebene um 1830 in England, wo man anstelle des Henkers eine reguläre vorbeugende Polizei einrichten wollte. Die Engländer zogen den Henker einer regulären Polizeimacht vor. Und in der Tat hat die zur Reduzierung der dem Bürger zugefügten Gewalt eingerichtete Polizei ganz einfach die Stelle des Verbrechens bei der am Bürger verübten Gewalt übernommen. Im Laufe der Zeit hat sie sich als viel repressiver und gefährlicher erwiesen als das Verbrechen selbst. Auch hier hat sich die offene und punktuelle Gewalt in allgemeine präventive Repression umgewandelt.

82 Encyclopædia Universalis.

Reue) — und damit sind wir alle im normalen Leben zu Wahnsinnigen und Verbrechern gestempelt.[83]

Die Todesstrafe und die Strafgewalt *können* nicht allein verschwinden, sie *müssen* es, und die Abschaffer wirken nur im Sinne des Systems und im vollen Gegensatz zu sich selbst. Sie wollen die Todesstrafe abschaffen, ohne die Verantwortlichkeit abzuschaffen (denn ohne Verantwortlichkeit gibt es weder Gewissen noch Menschenwürde, also kein liberales Denken!). Unlogisch. Aber darüber hinaus unnütz: Denn die Verantwortlichkeit ist seit langem tot. Im Zeitalter der Aufklärung ein Zeichen von Individualität, wurde sie vom System selbst in dem Maße liquidiert, wie es *noch rationaler* wurde. Ein Kapitalismus, der auf Verdienst, Initiative, individuellem Unternehmensgeist und Konkurrenz beruhte, brauchte ein Ideal von Verantwortlichkeit, also ein repressives Äquivalent: Im Guten wie im Bösen erhielt jeder, ob Unternehmer oder Verbrecher, einen Ausgleich für seine Verdienste. Ein System, das auf bürokratischer Programmierung und Planerfül-

83 Das ist der Sinn der berühmten Parole von 1968: »Nous sommes tous des juifs allemands« (›Wir alle sind deutsche Juden‹, aber ebensogut Indianer, Schwarze, Palästinenser, Frauen oder Homosexuelle). Von dem Moment an, in dem die Unterdrückung von Differenzen nicht mehr durch Ausrottung geschieht, sondern durch die Absorbierung in die Äquivalenz und die repressive Universalität des Sozialen, sind wir alle verschiedene und verfolgte Juden. In einer Gesellschaft, die »offene« Gefängnisse erfindet, gibt es nur noch Gefangene — in einer Gesellschaft, die beabsichtigt, den Tod abzuschaffen, gibt es nur noch Überlebende. Die Allmacht der symbolischen Ordnung muss als diese rückwirkende Verseuchung begriffen werden — als Irrealität aufgrund der Trennungen und Linien, die die Macht zieht. Daher die Gewalt einer Formel wie: »Wir alle sind deutsche Juden«, welche keine abstrakte Solidarität folgender Art ausdrückt: »Alle gemeinsam für... Alle vereint hinter diesem oder jenem... Vorwärts mit den Proletariern, etc., etc.«, sondern die unerbittliche Tatsache symbolischer Reziprozität zwischen einer Gesellschaft und denen, die sie ausschließt. Mit einer einzigen Bewegung vereinigt sie sich mit ihnen in ihrer radikalen Differenz. Eben dadurch hat diese Formel im Mai 1968 etwas Fundamentales wiederaufgegriffen, während die anderen Slogans nur politische Zaubersprüche waren.

lung beruht, braucht *unverantwortliche* Ausführungsorgane, womit sich das ganze Wertsystem der Verantwortlichkeit von selbst auflöste: Es ist nicht mehr zweckmäßig. Ob man darum kämpft sie abzuschaffen oder nicht, die Todesstrafe ist nutzlos. Selbst die Justiz löst sich auf: überall Unverantwortlichkeit — was immer auch kommt, das Individuum nimmt die bürokratischen Strukturen als Vorwand und akzeptiert es nicht mehr, von jemandem, auch nicht von der ganzen Gesellschaft, verurteilt zu werden. Selbst das Problem kollektiver Verantwortlichkeit ist ein falsches Problem: Die Verantwortlichkeit ist ganz einfach verschwunden.

Ein sekundärer Vorteil der Liquidierung der humanistischen Werte liegt in der Auflösung des Repressionsapparates, der auf der Möglichkeit beruht, »nach seinem Gewissen« Gut und Böse zu unterscheiden und nach diesem Kriterium zu richten und zu rechten. Aber die Ordnung hat es leicht, auf die Todesstrafe zu verzichten. Sie gewinnt sogar noch, und die Gefängnisse können sich öffnen. Denn der Tod und das Gefängnis waren noch die Wahrheit der gesellschaftlichen Rechtsprechung einer noch heterogenen und sektionierten Gesellschaft. Therapie und Wiedereingliederung (Recycling) sind die Wahrheit der gesellschaftlichen Rechtsprechung einer homogenen und normalisierten Gesellschaft. Das Denken der Rechten bezieht sich lieber auf ersteres, das Denken der Linken auf das zweite — beide gehorchen demselben Wertsystem.

Alle beide sprechen übrigens die gleiche Medizinalsprache: Amputation eines faulen Gliedes, sagt die Rechte — Heilung eines kranken Organs, sagt die Linke. Auf beiden Seiten wirkt der Tod auf der Ebene der Äquivalenz. Die primitive Prozedur kennt nur Reziprozitäten: Clan gegen Clan — Tod gegen Tod (Gabe gegen Gabe). Wir kennen nur ein System von Äquivalenzen (Tod *für* Tod) zwischen zwei Polen, die ebenso abstrakt sind wie im ökonomischen Tausch: Gesellschaft und Individuum unterliegen der Rechtsprechung einer »universalen« moralischen Instanz und des Gesetzes.

Tod für Tod, sagt die Rechte, Zug um Zug, du hast getötet du musst sterben, das ist das Gesetz des Vertrags. Untolerierbar, sagt die Linke, der Verbrecher muss geschont werden: *Er ist nicht wirklich verantwortlich*. Das Prinzip der Äquivalenz bleibt unbeschädigt: Einer der Pole (die Verantwortlichkeit) tendiert einfach zum Nullpunkt, und der andere (die Sanktion) auch. Das Milieu, die Kindheit, das Unbewusste[84] und die sozialen Bedingungen bestimmen eine neue Gleichung der Verantwortlichkeit, aber immer in den Ausdrücken von Kausalität und Vertrag. Nach diesem neuen Vertrag verdient der Verbrecher nur noch (christliche) Barmherzigkeit oder soziale Sicherheit. Das Denken der Linken erfindet hier also nur subtilere neokapitalistische Formen, in denen die Repression diffus wird, wie anderswo der Mehrwert. Aber in der psychiatrischen und ergonomischen Heilung handelt es sich im-

84 Denn bei dieser von der politischen Ökonomie beabsichtigten Abschaffung des Todes spielt das Unbewusste durch eine kuriose Umkehr der Dinge (der Todestrieb kennt keinen Tod) eine wichtige Rolle. Es wird zum Bezugspunkt des Diskurses über die These der Nicht-Verantwortlichkeit des Verbrechers (das Verbrechen als acting-out). Als Erklärungssystem gehört es zum Dossier der Verteidigung. *Das Unbewusste spielt heute im rationalistischen, fortschrittlichen und humanistischen Denken eine entscheidende Rolle* — es ist tief gesunken. Und die Psychoanalyse verwandelt sich (ohne es zu wollen?) in Ideologie. Das Unbewusste hätte dennoch einiges andere über den Tod zu sagen, wenn es nicht die Sprache des Systems sprechen müsste: Es würde einfach sagen, dass es keinen Tod gibt — oder dass die Abschaffung des Todes ein Phantasma ist, das selbst aus den Tiefen der Verdrängung des Todes geboren wird. Stattdessen dient es heute nur als Bestätigung unserer Sozialidealisten der Unverantwortlichkeit und deren moralischem Diskurs: Das Leben ist ein Gut, der Tod ist ein Übel. In seiner klassischen und gewaltsamen Phase, die heute noch mit dem konservativen Denken zusammenfällt, stützt sich das Kapital auf den Diskurs der Bewusstseins-Psychologie und auf den der Verantwortlichkeit, also der Repression: Das ist der terroristische Diskurs des Kapitals. In seiner fortgeschritteneren Phase, die mit progressivem, sogar revolutionärem Denken zusammenfällt, stützt sich das Kapital auf den Diskurs der Psychoanalyse: Unbewusstes, Unverantwortlichkeit, Toleranz, Wiedereingliederung. Gewissen und Verantwortlichkeit sind der normative Diskurs des Kapitals. Das Unbewusste ist der liberale Diskurs des Neokapitalismus.

mer um *Äquivalente* für den Tod. Das Individuum wird als funktioneller Überlebender und Gegenstand von Wiedereingliederung behandelt — die Sorge und die Ruhe, mit der man es umgibt, die man in es *investiert*, sind gleichermaßen Spuren seiner Anomalie. Die Toleranz, die es erfährt, liegt auf der gleichen Ebene, wie die über Tiere ausgeübte: Sie ist eine Operation, durch welche die gesellschaftliche Ordnung ihre eigenen Ängste austreibt und kontrolliert. Macht das System uns alle unverantwortlich? Das ist nur durchführbar, wenn man eine Kategorie von *notorischen* Unverantwortlichen, die man als solche hegt und pflegt, umschreibt — wodurch uns durch einen Kontrasteffekt die Illusion von Verantwortlichkeit zurückgegeben wird. Die Straffälligen, die Verbrecher, die Kinder und die Wahnsinnigen müssen die Kosten dieser klinischen Operation tragen.

Eine einfache Untersuchung der Entwicklung der Todesstrafe in »materialistischen« Begriffen (von Profit und Klasse) muss diejenigen, die sie abschaffen wollen, verlegen machen. Historisch wurde die Todesstrafe immer infolge der Entdeckung vorteilhafterer ökonomischer Substitute reduziert, die später als »menschlicher« rationalisiert wurden. So die geschonten Kriegsgefangenen, um aus ihnen Sklaven zu machen; so die Verbrecher in den Salzminen von Rom; so das Duellverbot im 17. Jahrhundert; die Institutionen der Zwangsarbeit als Reparationszahlung; und die von den KZ's bis zur ergotherapeutischen Wiedereingliederung sich ändernde Auspressung der Arbeitskraft. Daran ist nichts Verwunderliches: Der Tod verschwindet oder verzögert sich nur, wenn das System aus irgendeinem Grunde daran interessiert ist (1830: die ersten mildernden Umstände in einem Prozess gegen einen Bürger). Kein sozialer Erfolg oder Fortschritt der Vernunft, sondern nur die Logik des Profits oder des Privilegs.[85]

85 1819: auf Druck der Unternehmer und Eigentümer und weil eine zu strenge Handhabung der Todesstrafe die Strafmaschinerie blockierte (die Richter hatten nur die Wahl zwischen Todesstrafe und Freispruch), wurde sie in etwa einhundert Fällen ausgesetzt (England). Ihre Abschaffung entspricht also einer

Aber diese Analyse ist ganz und gar ungenügend: An die Stelle moralischer Rationalität setzt sie nur eine ökonomische Rationalität. Etwas anderes ist im Spiel, eine »gewichtige« Hypothese, im Vergleich zu der die materialistische Interpretation nur eine »leicht-fertige« Hypothese zu sein scheint. Denn der Profit mag ein Effekt des Kapitals sein, niemals aber ist er das Grundgesetz gesellschaftlicher Ordnung. Ihr Grundgesetz ist die fortschreitende Kontrolle von Leben und Tod. Ihr Ziel ist es, auch den Tod der radikalen Differenz zu entreißen, um ihn dem Äquivalenzgesetz zu unterwerfen. Und die Naivität des (liberalen oder revolutionären) humanistischen Denkens liegt darin, nicht zu sehen, dass seine Ablehnung des Todes im Grunde die gleiche wie die des Systems ist: die Ablehnung von etwas, das dem Wertgesetz entgeht. Allein in diesem Sinne ist der Tod ein Übel. Aber das humanistische Denken macht aus ihm ein *absolutes* Übel. Und davon ausgehend verwickelt es sich in den schlimmsten Widersprüchen.[86]

rationellen Anpassung an eine größere Effektivität des Strafsystems. »Unsere Todesstrafe ist keineswegs eine Erbschaft der Scheiterhaufen des Mittelalters. Sie hat ihre eigene Geschichte. Sie ist das Residuum einer Rechtsprechung, die ein Zeitgenosse der politischen Ökonomie ist und deren wildeste Phase – das Blutgesetz im England des 19. Jahrhunderts – mit der industriellen Revolution zusammenfällt. Der mittelalterliche Brauch behielt den Tod für einige besonders ernste Fälle vor. Dann wird die Kurve, in Verbindung mit der immer wichtiger werdenden Verteidigung des Rechtes auf Privateigentum, immer steiler bis zum Höhepunkt im 18./19. Jahrhundert.« (Koestler, Réflexions sur la potence, S. 35 »Le Code sanglant«). Die Kurve verläuft parallel zum Aufstieg der bürgerlichen Kapitalistenklasse. Und das Absinken nach 1850 ist kein Ergebnis eines absoluten menschlichen Fortschritts, sondern der Fortschritte des kapitalistischen Systems.

86 Etwa so: »[Der Staat] sieht (...) sich genötigt, die Zahl der wirklichen Morde zu vermehren, um einen unbekannten Mord zu verhindern, von dem er nie erfahren wird, ob er die geringste Aussicht hätte, je verübt zu werden.« (Camus, Die Guillotine. Betrachtungen zur Todesstrafe, S. 137). Dieses Spiel der Logik, in dem versucht wird, das System mit sich selbst in Widerspruch zu bringen, führt den liberalen Humanismus geradewegs auf abwegige Kompromisse: »Die Abschaffung der Todesstrafe erscheint mir aus vernünftig-pessimistischen, logischen und realistischen Gründen notwendig.« (Camus, ebenda,

Claude Glayman: »Das unwiderruflich menschliche Gefühl, dass kein Mensch das Recht hat, freiwillig zu töten« (»unwiderruflich« ist eine Art von Lapsus: der Humanist scheint von dieser Evidenz nicht unwiderstehlich überzeugt zu sein). (...) »Das Leben ist heilig. Auch ohne religiösen Glauben hat man diese tiefe Überzeugung. (...) In einer Konsumgesellschaft, die dahin tendiert, den Mangel zu bannen, ist Tod, kann man sagen, noch untolerierbarer« (das Leben als Konsumgut, der Tod als Mangel: unglaubliche Plattheit — aber der Kommunismus und Marx selbst stimmen dieser Gleichung zu). (...) »Da überwiegt der Eindruck einer Art von Fortsetzung des Mittelalters. (...) In was für einer Gesellschaft leben wir? Zu welchen Ufern streben wir? Denn wir dürfen dem Leben nicht den Rücken zukehren! Wie immer es auch sei!«[87] (Der hinterrücks eintretende Tod ist das Grundprinzip der frommen Seelen — das sind die gleichen, die an die hinterrücks eintretende Revolution glauben, indem sie dennoch dem Leben den Rücken zuwenden, eine unwahrscheinliche, aber charakteristische Akrobatik der Verdrehung des logischen Denkens an sich selbst, um seine Ablehnung des Todes zu rechtfertigen).

Man sieht also, woher der humanistische Einwand kommt: aus dem individualistischen Wertsystem, dessen Krönung er ist: »Der Instinkt, der nach Erhaltung der Gesellschaften und infolgedessen der Individuen strebt, fordert (...) Verantwortung für jeden Einzelmenschen.«[88] (Camus) Genau diese Postulate bestim-

S. 177) »In letzter Hinsicht ist die Todesstrafe schlecht, da sie durch ihre Natur jede Möglichkeit ausschließt, die Strafe der Verantwortlichkeit anzupassen« (Koestler, Réflexions sur la potence.) — genau deshalb wurde sie von den Kapitalisten bereits 1820 in England abgeschafft! Das liberale Argument ist: Die Abschreckung verwandelt sich in ihr Gegenteil, eine Abstufung von gut dosierten Strafen, die »minimalste Strafe« ist zugleich »die menschlichste und effektivste!« Diese Äquivalenz von Menschlichkeit und Effektivität sagt alles über humanistisches Denken.

87 Claude Glayman, in: Le Monde (anlässlich der Hinrichtung von Claude Buffet und Roger Bontemps am 29. November 1972).

88 [Camus, Die Guillotine. Betrachtungen zur Todesstrafe, S. 154.]

men die Plattheit von Leben und Tod in unseren von der Äquivalenz beherrschten Systemen. Geht er davon aus, so kann der Mensch nur den Instinkt zur Selbsterhaltung und zur Verantwortlichkeit erzeugen (zwei sich ergänzende Vorurteile in der abstrakten und rationalistischen Sicht des Subjektes). In einem opfermäßigen Tausch, d.h. in einem kollektiven Moment und in einer intensiven Befreiung von der Subjektivität, gewinnt der Tod seinen Sinn zurück. »Es gibt keine noch so schwache Leidenschaft, dass sie nicht die Furcht vor dem Tode bekämpfen und beherrschen könnte«[89], sagte Bacon. Aber das ist zu wenig: *Der Tod selbst ist eine Leidenschaft.* Und auf dieser Ebene löst sich die Differenz zwischen Sich und den Anderen auf: »der Wunsch zu töten, koinzidiert oft mit dem Wunsch, selbst zu sterben oder sich zu vernichten« — »der Mensch wünscht zu leben, aber er wünscht auch, nichts zu sein, er will das nicht-wieder-gut-zu-Machende und den Tod an sich. In diesem Fall hält die Perspektive einer Hinrichtung den Verbrecher nicht zurück, sondern versetzt ihn wahrscheinlich in einen Rausch, in dem er sich verliert«. Man weiß, dass Mord und Selbstmord oft substituierbar sind, mit einer starken Vorliebe für den Selbstmord.

Dieser leidenschaftliche und opferhafte Tod akzeptiert offen das Schauspiel der Tötung — aus dem wir, wie aus allen organischen Funktionen, eine *moralische,* also verschämte und klandestine Funktion gemacht haben. Die guten Seelen insistieren oft auf dem beschämenden Charakter *öffentlicher* Hinrichtungen, aber sie bemerken nicht, dass das Hässliche an dieser Art von Hinrichtung aus ihrem *kontemplativen* Charakter kommt: Der Tod des anderen wird hier in einer wirkungsvollen Distanz ausgekostet. Bei der Gewalt des Opfers ist es nicht so, denn sie erfordert nicht nur die volle Anwesenheit der Gemeinde, sondern sie ist eine der Formen ihrer Präsenz selbst. Etwas von dieser ansteckenden Festlichkeit

89 [»(...) there is no passion (...) so weak, but it mates and masters the fear of death« (Francis Bacon, Essays, Of Death).]

findet sich in einer Episode aus dem Jahre 1807 in England wieder, wo 40 000 Personen, die gekommen waren, um einer Hinrichtung beizuwohnen, in eine derartige Raserei verfielen, dass einhundert Tote auf dem Platze zurückblieben. Zwischen diesem kollektiven Akt und dem Schauspiel der Vernichtung gibt es keine Gemeinsamkeit. Beide in der gleichen abstrakten Verdammung von Gewalt und Tod zu vermengen, bedeutet, sich mit dem Denken des Staates zu verbinden, also mit einer Befriedigung des Lebens. Wenn die Rechte lieber repressive Erpressung anwendet, so unterscheidet sich die Linke davon durch die Ersinnung und Bewerkstelligung künftiger Modelle einer friedhöflichen Vergesellschaftung des Lebens.

Man beurteilt also die Fortschritte der Zivilisation allein im Hinblick auf das Leben als absoluten Wert. Welch ein Unterschied zu dem öffentlichen, dem festlichen und dem Martertod – das Lachen des Schwarzen von Obervolta angesichts der ihn niederschießenden Gewehre, der Kannibalismus der Tupinambas – und selbst zu Mord und Rache, zur Passion des Todes und zum Selbstmord! Man klagt die Gesellschaft an wegen ihrer barbarischen Rachsucht, würdig des Mittelalters, weil sie mit voller Absicht tötet. Doch das hieße, ihr zuviel Ehre anzutun. Denn die Rache ist noch eine tödliche Reziprozität. Sie ist weder »primitiv«, noch »eine reine Regung der Natur«, nichts wäre verkehrter. Sie ist eine sehr ausgearbeitete Form von Obligation und Reziprozität, eine symbolische Form. Sie hat nichts mit unserer abstrakten Tötung zu tun, dem Nebenprodukt einer gleichzeitig moralischen und bürokratischen Instanz (unsere Todesstrafe, unsere Konzentrationslager) – eine berechenbare, statistische Tötung, die sehr viel mit dem System der politischen Ökonomie zu tun hat. Diese Tötung besitzt dieselbe Abstraktheit wie die politische Ökonomie, die niemals eine Ökonomie der Rache, des Mordes oder des Opferschauspieles ist. Justizmord, KZ-Mord und Völkermord: Das ist der Tod, den wir erzeugt haben, den unsere Kultur auf den Punkt gebracht hat. Heute hat sich alles und nichts geändert: Unter dem Zeichen der Werte des Lebens und der Toleranz ist es das gleiche, wenn auch abgemilderte System der Ausrottung, das das alltägliche Leben bestimmt — und dieses braucht keinen Tod, um seine Zwecke zu realisieren.

Das gleiche Ziel, das mit dem Monopol institutioneller Gewalt und über den Tod angestrebt wird, realisiert sich auch in dem erzwungenen Weiterleben, in der Ausdehnung des Lebens um des Lebens willen (künstliche Nieren, Wiederbelebung missgestalteter Kinder, Verlängerung des Todeskampfes um jeden Preis, Organverpflanzung, etc.). Alles Prozeduren, die einer Zurückdrängung des Todes und einer Aufdrängung des Lebens entsprechen — zu welchem Zweck? Dem von Wissenschaft und Medizin? Das wäre wissenschaftliche Paranoia ohne Verhältnis zu irgendeinem menschlichen Zweck. Dem des Profits? Nein: Die Gesellschaft verschleudert hier gigantische Summen. Diese »heroische Therapie« charakterisiert sich durch wachsende Kosten und »schwindenden Nutzen«: Man fabriziert unproduktive Überlebende. Wenn die Sozialversicherung noch als »etwas analysiert werden kann, das die Arbeitskraft zum Vorteil des Kapitals wieder herstellt«, ist dieses Argument hier sinnlos. Dennoch befindet sich das System hier in dem gleichen Widerspruch wie bei der Todesstrafe: Es erzwingt die Lebenserhaltung als Wert, weil dieses Wertsystem für die strategische Ausgewogenheit des ganzen Systems wesentlich ist — aber ökonomisch bringt diese Verlängerung des Lebens ein Ungleichgewicht in das Ganze. Was tun? Eine ökonomische Auslese drängt sich auf, wobei sich die Euthanasie als halb-offizielle Doktrin und Praktik abzeichnet. In Frankreich beschloss man, 30 % der schwer Harnvergifteten am Leben zu erhalten (36 % in den USA). Die Euthanasie ist bereits überall, und die Zweideutigkeit, daraus eine humanistische Forderung zu machen, ist eklatant (ebenso ist es mit der »Freiheit« zur Abtreibung): Sie ist Bestandteil der mittel- oder langfristigen Logik des Systems. All das bewirkt eine Ausweitung der gesellschaftlichen

Kontrolle. Denn hinter allen scheinbaren Widersprüchen steckt mit Sicherheit die Absicht, die Kontrolle über alle Bereiche von Leben und Tod zu festigen. Von birth-control bis zu death-control, ob man die Leute umbringt oder sie zwingt weiterzuleben — das Sterbeverbot ist die karikaturhafte, aber logische Form des Fortschritts der Toleranz —, wesentlich ist, dass man ihnen die Entscheidung darüber entzieht und dass sie niemals frei über ihr Leben und ihren Tod verfügen können, sondern dass sie unter gesellschaftlicher Zensur leben und sterben. Es ist selbst zu viel, dass sie dem Zufall eines biologischen Todes ausgeliefert bleiben, denn das wäre noch eine Art von Freiheit. Ebenso wie die Moral vorschreibt: »Du sollst nicht töten«, so schreibt sie heute vor: »Du sollst nicht sterben« — jedenfalls nicht so, wie du willst, und wenn überhaupt, dann nur wenn Gesetz und Medizin es erlauben. Und wenn der Tod dir zugestanden wird, dann noch auf Anordnung. Kurz gesagt, der eigene Tod ist zugunsten von death-control und Euthanasie abgeschafft: Es gibt sogar nichts mehr über den Tod zu sagen, in den Regeln der Äquivalenz beginnt sich etwas ganz anderes, völlig neutralisiertes einzuschreiben: ein rewriting-planning-programming-system. Der Tod muss als gesellschaftlicher Service gesichert werden können, das heißt wie Gesundheit und Krankheit unter dem Zeichen von Planung und Sozialversicherung integriert werden. Das ist die Geschichte jener »Selbstmord-Motels« in den USA, wo man sich gegen eine entsprechende Summe unter sehr angenehmen Bedingungen dem Tode übergeben kann (wie irgendein Konsumgut, ein perfekter Service, bei dem alles vorgesehen ist, selbst die Animierdamen, die einem die Freude am Leben wieder nehmen, während man freundlicherweise mit professioneller Gewissenhaftigkeit das Gas ins Zimmer leitet, ohne Grauen und widerstandslos). Es ist ein Service, den die »Selbstmord-Motels« sichern, der genau bezahlt (möglicherweise abgezahlt?) wird. Warum sollte der Tod nicht zum Service werden, seitdem er wie alles andere als individueller Konsum im gesellschaftlichen input/output funktionalisiert wurde?

Damit das System derartigen ökonomischen Opfern für das künstliche Wiederaufleben seines lebendigen Abfalls zustimmt, muss es ein fundamentales Interesse daran geben, den Leuten selbst die biologische Zufälligkeit ihres Todes zu nehmen. »Sterbt, wir besorgen den Rest!« ist nicht mehr als ein alter Reklamespruch der Beerdigungsinstitute. Heute *gehört bereits das Sterben* zum Rest und die Thanatos-Center kümmern sich um den Tod, wie die Eros-Center um den Sex. Die Hexenjagd geht weiter.

Recht, Tod und Rache müssen an eine »objektive«, transzendente Instanz delegiert werden. Tod und Sühne müssen aus ihrem Kreislauf gerissen, an einem Punkt monopolisiert und neu verteilt werden.

Man braucht eine Bürokratie des Todes und der Bestrafung, ebenso wie die Abstraktheit des ökonomischen, politischen und sexuellen Austausches notwendig ist: Andernfalls bricht die ganze Struktur gesellschaftlicher Kontrolle zusammen.

Deshalb ist jeder Tod und jede Gewalt, die diesem Monopol des Staates entgeht, subversiv – ein Vorzeichen der Abschaffung der Macht. Die Faszination, die die großen Mörder, die Banditen oder Gesetzlosen ausüben, liegt eben darin begründet; und sie ist in der Tat verbunden mit der Faszination, die von Kunstwerken ausgeht: Irgendetwas vom Tode oder von der Gewalt wird dem staatlichen Monopol entrissen, um der wilden, direkten und symbolischen Reziprozität des Todes wieder zugeführt zu werden — so wie im Fest und in der Verschwendung dem Ökonomischen etwas entzogen wird, um einem nutzlosen und opferhaften Tausch zugeführt zu werden; so wie in einem Gedicht und einem Kunstwerk der terroristischen Ökonomie der Signifikation etwas entrissen wird, um es einer Konsumation der Zeichen zu übergeben. Das ist das einzig faszinierende an unserem System. Allein was sich nicht als Wert austauscht, ist faszinierend: Sexus, Tod, Wahnsinn und Gewalt, deshalb werden diese überall unterdrückt. Die Millionen von Kriegstoten werden nach einer allgemeinen Äquivalenz in Wert verwandelt: »Tod für das Vaterland« — man kann sogar sagen, sie sind in Gold verwandelbar, sie sind für niemanden verschwunden. Unter der Bedingung, dass sie analog zu dem Vorgang, der die Arbeit umwandelt, in Wert verwandelbar sind, werden Mord, Tod und Rechtsbruch überall legalisiert oder sind sogar legal. Nur ganz bestimmte Tode und Praktiken entgehen dieser Umwandelbarkeit, nur sie sind subversiv und oft entstammen sie der Rubrik der vermischten Nachrichten in den Zeitungen.

Unter ihnen hat der Selbstmord in unseren Gesellschaften ein Ausmaß und eine differente Definition erhalten, so dass er im Rahmen der offensiven Reversibilität des Todes zur Form von Subversion selbst wurde. Immer weniger wird in den Gefängnissen exekutiert, sondern man bringt sich dort mehr und mehr selbst um: ein Akt der *Umwendung* des institutionellen Todes und seiner Rückwendung gegen das System, das ihn einrichtet: Durch den Selbstmord richtet das Individuum über die Gesellschaft und verurteilt sie auf seine eigene Weise, indem es die Instanzen umkehrt; es stellt die Reversibilität dort wieder her, wo sie völlig verschwunden war, und gebraucht sie zugleich zu seinem eigenen Vorteil. Auch alle Selbstmorde außerhalb der Gefängnisse werden in diesem Sinne politisch (die Selbstverbrennung ist nur die spektakulärste Form): Sie alle schlagen eine kleine, aber unausgleichbare Bresche, denn für ein System bedeutet es eine vollständige Niederlage, nicht zu totaler Perfektion gelangen zu können — es genügt, dass die geringste Sache seiner Rationalität entgeht.

Das Selbstmordverbot korrespondiert dem Auftauchen des Wertgesetzes. Ob religiös, moralisch oder ökonomisch, immer ist es das gleiche Gesetz, das besagt: Keiner hat das Recht, das Kapital und den Wert einzuschränken. Somit ist jedes Individuum eine Parzelle des Kapitals (so wie jeder Christ eine Seele ist, die gerettet werden muss), es hat also nicht das Recht, sich selbst zu zerstören. Gegen diese Orthodoxie des Wertes lehnt sich der Selbstmord auf, indem er die Parzelle des Kapitals, über die er verfügt, zerstört. Das ist unverzeihlich: Man wird noch dazu schreiten, den Selbstmörder aufzuhängen, weil er erfolgreich war. Es ist symptomatisch, dass der Selbstmord in einer vom Wertgesetz durchdrungenen Gesellschaft als eine Herausforderung ihrer Grundregel begegnet. Aber gleichzeitig muss man Folgendes beachten: Wenn in einem hoch integrierten System jeder Selbstmord subversiv wird, so ist jede Subversion und jeder Widerstand gegen dieses System reziprok selbstmörderischer Natur. Zumindest diejenigen, die es in seinem Lebensnerv treffen. Denn die meisten, selbst die sogenannten »politischen« oder »revolutionären« Praktiken geben sich damit zufrieden, ihr Überleben einzutauschen, das heißt ihren Tod mit dem System zu verrechnen. Selten sind diejenigen, die gegen die Produktion und den kontrollierten Austausch des Todes, also gegen den *Tauschwert des Todes*, nicht seinen Gebrauchswert setzen (denn der Tod ist vielleicht die einzige Sache, die keinen Gebrauchswert hat und niemals auf ein Bedürfnis verweist, weswegen er wieder zu einer absoluten Waffe werden kann), sondern seinen Wert der Zerstörung, der ansteckenden Auflösung und der Negation.

Selbstmörderisch die Aktionen von Palästinensern und revoltierenden Schwarzen, die ihre eigenen Wohnviertel anzünden, selbstmörderisch der Widerstand gegen die Sicherheit in all ihren Formen, selbstmörderisch das neurotische Verhalten, die vielzähligen Störungen, durch die wir das System herausfordern, uns niemals zu integrieren, selbstmörderisch alle politischen Praktiken (Demos, Ausschreitungen, Provokationen), deren Ziel es ist, dass die Repression sich zeigt, und zwar die »repressive Natur des Systems« nicht als sekundäre Konsequenz, sondern als Unmittelbarkeit des Todes: Das Spiel mit dem Tod demaskiert die tödliche Funktion des Systems selbst. Die Ordnung hält den Tod gefangen, aber sie kann ihn nicht *ausspielen* — allein der gewinnt, der den Tod gegen sie *ausspielt*.

Das System des Privateigentums ist so absurd, dass es die Leute dahin bringt, ihren Tod als ihr eigenes Gut zu fordern — eine private Aneignung des Todes. Die geistige Verwirrung ist derartig, dass es zu einer »immobilienartigen« Investition in den

Tod kommt, nicht allein durch die Sicherung jener »Drittwohnung«, zu der die Gruft oder die Grabstätte geworden ist (viele kaufen sich gleichzeitig ein Landhaus und eine Genehmigung für den dörflichen Friedhof), sondern durch den Anspruch auf »Todesqualität«. Ein personalisierter, »vorbereiteter« und komfortabler Tod, ein »natürlicher« Tod: ein unveräußerliches Recht, das die vollendete Form des individuellen bürgerlichen Rechtes ist. Die Unsterblichkeit ist übrigens nur noch eine Projektion dieses persönlichen und natürlichen Rechtes ins Unendliche – eine Aneignung des Weiterlebens und der Ewigkeit des Subjektes –, welches weder durch den Körper noch durch den Tod genommen werden kann. Welche Verzweiflung verdeckt dieser absurde Anspruch, der dem Wahn der Akkumulierung von Dingen und Zeichen bis zur manischen Ansammlung unseres privaten Universums analog ist: Der Tod muss zum letzten Objekt der Sammlung werden und selbst in das Spiel der Akkumulation und Verwaltung der Dinge einbezogen werden — anstatt diese Erstarrung als einziges noch mögliches Ereignis zu durchkreuzen.

Gegen diese Verkehrung, die das Subjekt zum Verluste seiner selbst zwingt, gibt es nur den Ausweg des gewaltsamen und unerwarteten Todes, der eine Möglichkeit restituiert, der neurotischen Kontrolle des Subjektes zu entgehen.[90]

Überall erhebt sich ein zäher und unbarmherziger Widerstand gegen dieses Prinzip von Akkumulation, Produktion und Konservierung des Subjektes, in denen es seinen eigenen programmierten Tod sehen kann. Überall spielt sich der Tod gegen den Tod auf. In einem System, das zum Weiterleben auffordert und das das Leben kapitalisiert, ist der Todestrieb die einzige Alternative. In ei-

90 Dennoch ist das nicht so einfach, da das Subjekt sich noch auf einen gewaltsamen Tod, einen Tod »von Außen« – Unfall, Selbstmord oder Bombe – berufen kann, damit seine »natürliche« Unsterblichkeit nicht in Frage gestellt werden kann. Eine letzte List, ein letzter Trick des Ich, der es zu dem umgekehrten Extrem führen kann, einen »absurden« Tod zu suchen, um umso besser sein Unsterblichkeitsprinzip zu retten.

nem minutiös geregelten Universum, in einem Universum des realisierten Todes liegt die einzige Verlockung darin, alles durch eine Zerstörung zu normalisieren.

### Die Erpressung zur Sicherheit

Die Sicherheit ist eine weitere Form sozialer Kontrolle in Gestalt einer Erpressung zum Leben und zum Weiterleben. Für uns heute ist sie überall präsent, und die »Sicherheitskräfte« erstrecken sich von den Lebensversicherungen und der Sozialversicherung bis zum Sicherheitsgurt im Auto, nicht zu vergessen die »Compagnies Républicaines de Sécurité«, die kasernierte Bereitschaftspolizei. »Schnall dich an«, sagt ein offiziöser Werbespruch für Sicherheitsgurte. Die Sicherheit ist ein industrielles Unternehmen wie die Ökologie, die dessen Ausbreitung auf der Ebene der Gattung ist: Überall geht es um die Ummünzung des Todes, des Unfalls, der Krankheit und der Umweltverschmutzung in einen weiteren Profit des Kapitals. Aber vor allem geht es um die schlimmste Repression, die darin besteht, euch euren eigenen Tod wegzunehmen, wovon im Grunde seines Selbsterhaltungstriebes jeder träumt. Die Notwendigkeit, jedem die letzte Möglichkeit zu nehmen, sich den Tod *zu geben* — den letzten »schönen Ausbruch« aus dem vom System eingekesselten Leben. Selbst noch hier in diesem symbolischen Kurzschluss ist die Tausch-*Gabe* eine Herausforderung an sich selbst und sein eigenes Leben, was bis zum Tode verfolgt wird. Nicht, weil sie die asoziale Revolte des Individuums ausdrückte — der Abfall von einem oder von Millionen Individuen verletzt das Systemgesetz keineswegs —, sondern weil sie in sich ein Prinzip von Gesellschaftlichkeit trägt, das dem unseren repressiven gesellschaftlichen Prinzip radikal antagonistisch gegenüber steht. Die Tausch-Gabe soll getötet werden, indem der Tod in dem verkehrten Mythos der Sicherheit begraben wird.

Die Notwendigkeit des Todes töten. Damit die Menschen leben? Nein: Damit sie nur den einen, durch das System autorisierten Tod sterben — Lebende, die von ihrem Tod getrennt sind und die unter dem Zeichen der Sicherung aller Risiken nur noch die Form ihres Weiterlebens austauschen. Das gleiche gilt für die Sicherheit im Auto. Mumifiziert in seinem Sturzhelm und seinen Gurten, den Attributen der Sicherheit, eingeschnürt in den Mythos der Sicherheit ist der Fahrer nur noch ein Leichnam, der von einem anderen, diesmal nicht-mythischen Tod umschlossen ist, welcher neutral und objektiv wie die Technik, schweigsam und künstlich ist. Angenietet an seine Maschine und auf ihr festgeschweißt, läuft er nicht mehr das Risiko zu sterben, denn er *ist bereits tot*. Darin liegt das Geheimnis der Sicherheit, wie das Beefsteak in der Plastikfolie: Umgebt euch mit Särgen, um euer Sterben zu verhindern.[91]

Unsere ganze technische Kultur schafft ein künstliches Milieu des Todes. Nicht allein die Waffen (die überall das Urbild materieller Produktion bleiben), sondern die uns umgebenden Maschinen und all die kleinen Dinge, um uns herum, bilden einen Horizont des Todes, eines von nun an unauflöslichen, weil kristallisierten und außerhalb der Reichweite liegenden Todes: capital fixe des Todes, in dem die lebendige Arbeit des Todes eingefroren ist, wie die Arbeitskraft im capital fixe und in toter Arbeit eingefroren ist. Anders gesagt: Die ganze materielle Produktion ist nur ein gigantischer »Charakterpanzer«, durch den die Gattung den Tod in Schach halten will. Es ist wohlgemerkt der Tod selbst, der die Gattung überragt und sie in diesen Panzer einschließt, durch den sie sich zu schützen glaubt. Hier finden wir im Automobil-Sarkophag das Bild für eine ganze Kultur: Der Sicherheitspanzer ist der verkleinerte, zur technischen Verlängerung unseres eigenen Körpers gewordene Tod. Die Biologisierung des Körpers und die Technisierung seiner Umgebung vereinigen sich in derselben Zwangsneurose. Die technische Umgebung, das heißt unsere Überproduktion von umweltverschmutzenden, leicht zerbrechlichen und

91 Die Kryogenisierung oder das Einfrieren bis zur Wiederauferstehung ist eine Grenzform dieser Praxis.

veraltenden Gegenständen. Denn die Produktion lebt davon, ihre ganze Logik und Strategie artikuliert sich durch Zerbrechlichkeit und das Veralten. Eine Ökonomie haltbarer und guter Produkte ist undenkbar: Die Ökonomie entwickelt sich nur, indem sie Gefahr, Umweltverschmutzung, Verschleiß, Enttäuschung und Furcht erzeugt. Die Ökonomie lebt nur durch diese Aufrechterhaltung der Bedrohlichkeit des Todes, den sie *innerhalb der materiellen Produktion* aufrechterhält — sie lebt nur, indem sie das disponible *Warenlager des Todes* wieder auffüllt, auf die Gefahr hin, ihn durch ein Übermaß von Sicherheit heraufzubeschwören: Erpressung und Unterdrückung. Der Tod hat sich definitiv in der materiellen Produktion säkularisiert — eben dadurch reproduziert er sich in erweiterter Form als Kapital. Selbst unser zu einer biologischen Maschine gewordene Körper hat diesen unorganischen Körper zum Vorbild und gleichzeitig wird er zu einem *lästigen Gegenstand*, der der Krankheit, dem Unfall und dem Tode verfällt.

Da das Kapital von einer Produktion des Todes lebt, hat es ein leichtes Spiel, die Sicherheit zu produzieren: Denn das ist ein und dasselbe. *Die Sicherheit ist die industrielle Fortsetzung des Todes*, so wie die Ökologie die industrielle Fortsetzung der Umweltverschmutzung ist. Einige weitere Verzierungen am Sarkophag. Das gilt genauso für die großen Institutionen, die den Ruhm unserer Demokratie bilden: Die Sozialversicherung ist die gesellschaftliche Prothese einer toten Gesellschaft (Mai 1968: »Die Sozialversicherung ist der Tod!«), das heißt, man hat von vornherein aus ihrem symbolischen Räderwerk und aus ihrem System der grundlegenden Reziprozitäten und Obligationen all das ausgemerzt, was bewirken würde, dass weder *das Konzept der Sicherheit noch das des »Sozialen« irgendeine Bedeutung hätte*. Das »Soziale« entsteht durch die Übernahme der Verantwortung für den Tod. Das gleiche Bild wie bei den zerstörten Kulturen, die man als Folklore zu neuem Leben erweckt und fördert.[92] Genauso ist es mit der Lebensversi-

92 Vgl. Certeau, La Beauté du Mort.

cherung: Sie ist die zahme Spielart eines Systems, das überall den Tod als Axiom voraussetzt. Eine Übertragung des Gruppentods auf die Gesellschaft — jeder materialisiert sich für den anderen nur als gesellschaftliches Kapital, das auf den Tod ausgerichtet ist.

Eine Vorbeugung gegen den Tod auf Kosten einer kontinuierlichen Abtötung: Das ist die paradoxe Logik der Sicherheit. Im christlichen Kontext hat die Askese die gleiche Rolle gespielt. Die Akkumulation des Leidens und der Reue hatte die gleiche Funktion eines Charakterpanzers und eines vor der Hölle schützenden Sarkophags. Der zwanghafte Sicherheitstrieb kann als eine gigantische kollektive Askese und als eine Vorwegnahme des Todes im Leben selbst interpretiert werden: Von Absicherung zu Absicherung, von Verteidigung zu Verteidigung, unter dem Einfluss all der Gerichtsbarkeiten, Institutionen und modernen materiellen Dispositive ist das Leben nur noch eine trübselige defensive Buchhaltung, die in ihrem Sarg alle Risiken einschließt. Eine Buchhaltung des Überlebens anstelle einer radikalen Verbindung von Leben und Tod.

Unser System lebt von der Produktion des Todes und beabsichtigt, Sicherheit zu erzeugen. Eine Kehrtwendung? Keineswegs. Nur eine einfache Drehung des Zyklus, durch das beide Ziele vereinigt werden. Wenn eine Automobilfirma sich auf Sicherheit beruft (so wie die Industrie auf die Vermeidung von Umweltverschmutzung), ohne den Tonfall, die Absichten und das Produkt zu ändern, so zeigt das, dass die Sicherheit nur eine Frage des Austausches von Wörtern ist. Die Sicherheit ist nur die innere Reproduktionsbedingung eines Systems, das ein bestimmtes Stadium von Expansion erreicht hat, so wie das feed-back nur ein innerer Regulationsprozess von Systemen ist, die einen gewissen Grad von Komplexität erreicht haben.

Nachdem die Produktion hochgeschraubt wurde, muss heute die Sicherheit heroisiert werden. »In einer Epoche, in der jedermann sich am Steuer eines beliebigen Fahrzeugs bei jeder beliebigen Geschwindigkeit selbst umbringt, ist der wahre Held derjenige, der sich weigert zu sterben.« (Eine Porsche-Werbung: »Töten wir eine gewisse Verherrlichung des Todes«). Letzeres ist schwierig, *da den Leuten die Sicherheit gleichgültig ist*. Als Ford und General Motors sie in den Jahren 1955–60 anboten, haben die Käufer sie nicht gewollt. *Dennoch musste sie durchgesetzt werden*. Sind die Leute unverantwortlich und blind? Nein: Man muss diesen Widerstand mit dem Widerstand der traditionellen Gruppen in der Geschichte gegen den »rationalen« gesellschaftlichen Fortschritt in Verbindung bringen, also mit dem Fortschritt von Impfungen, Medizin, Arbeitsplatzsicherung, Schulerziehung, Hygiene, Geburtenregelung und anderem. Die Widerstände wurden nahezu immer gebrochen, und man kann heute ein »natürliches«, »ewiges« und »spontanes« Bedürfnis nach Sicherheit und allen anderen guten Dingen, die unsere Zivilisation produziert hat, feststellen. Es ist gelungen, die Leute mit dem Virus von Selbsterhaltung und Sicherheit zu impfen, wenn sie sich auch bis auf den Tod bekämpfen, um sie zu erlangen. Eigentlich ist es viel komplizierter: Worum sie kämpfen, ist das *Recht auf* Sicherheit, was auf einer ganz anderen Ebene liegt. Was die Sicherheit selbst betrifft, so kümmert sich darum kein Mensch. Man musste sie mehrere Generationen lang bearbeiten, bis sie schließlich glaubten, dass sie danach ein »Bedürfnis« haben: Dieser Erfolg ist ein wesentlicher Aspekt der »sozialen« Domestizierung und Kolonialisierung. Dass ganze Gruppen es vorzogen zu krepieren, anstatt sich durch den terroristischen Eingriff von Medizin, Vernunft, Wissenschaft und Zentralgewalt zerstören zu lassen, ist vergessen und hinter dem universellen Moralgesetz des Selbsterhaltungs-»Triebes« verborgen – aber es schlägt immer wieder durch, und sei es nur bei den Arbeitern, die sich weigern, an ihren Arbeitsplätzen die Sicherheitsvorschriften zu beachten: Wollen sie dadurch nicht einen Bereich ihres Lebens vor Kontrolle bewahren, und sei es auf ihr eigenes Risiko hin, sei es um den Preis einer erhöhten Ausbeutung (da sie immer schneller produzieren)? Sie sind keine »vernünftigen« Proletarier. Aber sie kämpfen auf ihre Weise, und sie wissen, dass die ökonomische Ausbeutung nicht so gewichtig ist, wie dieser »verfemte Teil«, dieser verfemte Bereich, den man sich vor allem nicht entreißen lassen darf, diesen Teil der symbolischen Herausforderung, der gleichzeitig eine Herausforderung der Sicherheit und des eigenen Lebens ist. Der Unternehmer kann sie bis zum Tode ausbeuten, aber er beherrscht sie nur wirklich, wenn er es schafft, dass jeder sich mit seinem individuellen Interesse identifiziert und sich zum Buchhalter und Kapitalisten seines eigenen Lebens macht. Erst dann wäre er wirklich der Herr und der Arbeiter der Knecht. Gerade durch diesen geringen Widerstand gegen die moralische Sicherheitsordnung behält der Ausgebeutete die Wahl zwischen Leben und Tod, damit kämpft er auf seinem eigenen Gebiet: dem Symbolischen.

Der Widerstand des Autofahrers gegen die Sicherheit liegt auf der gleichen Ebene, und er soll als unmoralisch liquidiert werden: Ebenso wurde der Selbstmord verboten oder verdammt, da er vor allem eine Herausforderung bedeutet, welche die Gesellschaft nicht annehmen kann, und die somit den Vorrang eines Einzelnen über die ganze gesellschaftliche Ordnung sichert. Es ist immer der verfemte Teil die Kleinigkeit, dass jeder über sein eigenes Leben verfügt, so dass er die soziale Ordnung herausfordern kann — die Kleinigkeit, dass jeder über seinen eigenen Körper verfügt, so dass er ihn hergeben kann und die seinen eigenen Tod bedeuten kann, unter der Bedingung, dass einer ihn sich *gibt* —, diese Kleinigkeit beinhaltet das ganze Geheimnis des symbolischen Tausches, da sie gegeben, erhalten und erwidert wird und von daher für den vorherrschenden Tausch *unvereinnahmbar* ist — für sein Gesetz ist sie unreduzierbar und tödlich: Sie ist sein einziger wirklicher Gegner, das einzige, was er ausrotten muss.

## Beerdigungsinstitute und Katakomben

»Durch Auslaugen, Einseifen, Polieren, Bürsten, Abwischen, Abschleifen, Ausfegen und Scheuern verwandelt sich der ganze Dreck der gereinigten Sachen in lebende Dinge.« (Victor Hugo)

So auch der Tod: Indem er ausgelaugt, ausgetrocknet, weggefegt und fortgescheuert, verneint und verdammt wird, geht er in alle Dinge des Lebens über. Unsere ganze Kultur ist hygienisch: Sie beabsichtigt, dem Leben den Tod auszutreiben. Den Tod wollen die Reinigungsmittel in der geringsten Waschlauge aufspüren. Den Tod um jeden Preis sterilisieren, desinfizieren, einfrieren, klimatisieren, herrichten, schminken und frisieren, ihm ein »Design« verpassen und ihn mit der gleichen Erbitterung verfolgen wie den Dreck, die Sexualität und den bakteriologischen oder radioaktiven Müll. Ein Make-up des Todes: Der Ausspruch von Hugo erinnert an jene amerikanischen Beerdigungsinstitute, in denen der Tote sofort der Trauer und dem Verkehr mit den Lebenden entzogen wird, um nach den peinlich genauen Gesetzen von standing, smiling und internationalem Marketing buchstäblich »designed« zu werden.

Das Beunruhigendste daran ist nicht, dass man dem Toten seine Schönheit wiederverleiht und ihm ein repräsentierbares Aussehen gibt. Das haben alle Gesellschaften schon immer gemacht. Immer haben sie die Gemeinheit des natürlichen Todes pariert[93a] und ebenso die *soziale* Gemeinheit der Verwesung, die dem Körper seine Zeichen und seine soziale Bedeutungskraft nehmen, so dass er nur noch Substanz bleibt — und infolgedessen die Gruppe in den Schrecken vor ihrer eigenen Verwesung und Auflösung versetzt. Man muss den Toten verschönern[93b], ihn mit Künstlichkeit überziehen, um dem unerträglichen Moment zu entgehen, in dem das Fleisch zu sich selbst kommt und aufhört, Zeichen zu sein. Bereits die freigelegten Knochen und das Skelett bekräftigen wieder

93ab [frz. ›parer‹ heißt ›schmücken‹ und ›parieren‹ im Sinne von ›abwenden‹.]

die mögliche Versöhnung und Vereinigung mit der Gruppe, denn sie erlangen wieder die Kraft der Maske und des Zeichens. Aber zwischen diesen beiden Zuständen gibt es diese niederträchtige Passage durch die Natur und das Biologische, die um jeden Preis durch sarkophagische (fleischverzehrende) Praktiken, die in der Tat semiurgisch sind, gebannt werden muss. Jede Thanatopraxie lässt sich (auch in unseren Gesellschaften) als Absicht analysieren, diesen plötzlichen Verlust der Zeichen, dem der Tote unterliegt, zu bannen und zu verhindern, dass in dem *asozialen* Fleisch des Toten irgendetwas übrig bleibt, das überhaupt nichts bedeutet.[94]

Kurz gesagt, die rituelle Sarkophagie gehört zu jeder Gesellschaft und die Einbalsamierung, die künstliche Herrichtung des Fleisches ist eine Variante davon. Die Praktiken der Beerdigungsinstitute, die uns Idealisten des natürlichen Todes so unangebracht und lächerlich erscheinen, sind also eng mit sehr weitreichenden Traditionen verbunden. Erst durch ihre Imitation von *Natürlichkeit* werden sie absurd. Wenn der Primitive den Toten mit Zeichen überhäuft, so um ihn so schnell wie möglich in den Status des Todes übergehen zu lassen — in ein Jenseits der Ambiguität zwischen dem Toten und dem Lebenden, die genau durch das sich auflösende Fleisch bezeugt wird. Es geht nicht darum, den Toten für den Lebenden zu benutzen: Der Primitive verhilft dem Toten zu seiner Differenz, denn erst um diesen Preis können sie wieder Partner werden und ihre Zeichen austauschen. Das Vorgehen der Beerdigungsinstitute ist genau umgekehrt. Hier handelt es sich darum, dem Toten den Anschein von Leben, die *Natürlichkeit* des Lebens zu geben: Er lächelt noch, die gleichen Farben, die gleiche

94 Auch indem man ganz einfach den Körper verzehrt: In diesem Sinne ist der Kannibalismus an den Toten auch eine semiurgische Tätigkeit (die viel spätere Vorstellung, »sich mit den Kräften des Toten zu verbinden«, ist ein sekundärer magischer Diskurs, bei den Primitiven ebenso wie bei den Ethnologen — es ist nicht eine Frage von Kraft, das heißt eines Zuwachses oder eines natürlichen Potenzials, sondern im Gegenteil eine Frage von Zeichen, was bedeutet, ein Potenzial von Zeichen gegenüber jedem Naturprozess, gegenüber der verheerenden Natur zu bewahren).

Haut, er ähnelt sich sogar noch über den Tod hinaus, er ist sogar noch ein bisschen frischer als zu Lebzeiten, was ihm allein fehlt, ist die Sprache (aber man kann ihn ja in Stereo wiederhören). Der mit den Farben des Lebens verfälschte und idealisierte Tod: Der geheime Gedanke dabei ist, dass das Leben natürlich ist und der Tod wider die Natur — also muss man ihn naturalisieren und ihn zu einem Simulakrum des Lebens ausstopfen. Hinter allem steckt die Weigerung, den Tod bedeuten zu lassen,[95] ihm Zeichenkraft zu geben; und hinter diesem sentimentalen Fetischismus des Natürlichen steckt auch eine Grausamkeit gegenüber dem Toten selbst: das Verbot, zu verwesen, das Verbot, sich zu verändern — anstatt ihm den Status des Todes zu verschaffen und somit die symbolische Anerkennung durch die Lebenden, wird der Tote als eine Marionette im Kreise der Lebenden erhalten, um ihrem Leben als Alibi und Simulakrum zu dienen. Aufbewahrt im Natürlichen, verliert er sein Recht auf Differenz und jede Möglichkeit eines *gesellschaftlichen* Status.

Man findet hier alles wieder, was die Gesellschaft, die weder Furcht vor dem Zeichen noch vor dem Tod haben, da sie ihn offen bezeichnen, von unseren »ideologischen« Gesellschaften unterscheidet, in denen alles unter Natürlichkeit begraben ist und die Zeichen nur noch Design sind, das die Illusion einer natürlichen Vernunft aufrecht erhält. Der Tod ist das erste Opfer dieser Ideologisierung: Geronnen in dem banalen Simulakrum des Lebens, wird er schändlich und obszön.

Welch ein Unterschied zwischen diesen Heiligtümern, diesen Drugstores des lächelnden und sterilisierten Todes und den Wandelgängen des Kapuzinerkonvents von Palermo, in denen die ausgegrabenen Leichname von drei Jahrhunderten, die der Ton des Friedhofes mit ihrer Haut, ihren Haaren und Nägeln sorgfältig versteinern ließ, in engen Reihen in langen Gängen gelagert oder an den Schultern aufgehängt sind. Die Gänge sind je-

95 [frz. ›laisser la mort signifier‹]

weils reserviert für Mönche, Intellektuelle, Frauen, Kinder, etc.; diese sind noch in derbes Tuch oder auch in Kostüme, in Handschuhe und staubige Mousseline gekleidet: 8000 Leichname bleichen im Dämmerlicht in einem leichten Wind in einer unglaublichen Vielzahl von Haltungen, betäubt, erschlafft, sich leicht hin und her bewegend, grimmig oder schüchtern — ein Totentanz, der lange Zeit, bevor er zu einem Wachsfigurenkabinett für die Touristen wurde, ein Ort des sonntäglichen Spazierganges der Verwandten und Freunde der Verstorbenen war, die kamen, um sie zu sehen, wiederzuerkennen und den Kindern zu zeigen, entsprechend einer lebendigen Vertrautheit und einer »Sonntäglichkeit« des Todes, wie die der Messe oder des Theaters. Ein Barock des Todes (die ersten wieder ausgegrabenen Körper stammen aus dem 16. Jahrhundert und aus der Gegenreformation). Die Solidität einer Gesellschaft, die es ertragen kann, ihre Toten auszugraben, mit ihnen auf dem halben Wege von Intimität und Spektakel zu verkehren, ihnen ohne Schauder oder obszöne Magie standzuhalten, das heißt ohne Sublimierungseffekte und den uns gewohnten Ernst — ein Theater des Todes, in dem die Grausamkeit sich noch zeigt, auch wenn dies nicht mehr die blutigen Riten der Tarahumaras sind. Welch ein Kontrast zur Zerbrechlichkeit unserer Gesellschaften, die unfähig sind, dem Tod zu begegnen, es sei denn auf dem Umweg eines blassen Humors oder einer perversen Faszination. Welch ein Kontrast zu der beklemmenden Beschwörung der Beerdigungsinstitute.

## Der erkaltete Tod

Die Beerdigungsrituale werden unwichtiger. Die Gräber verjähren; es gibt keine ewigen Grabstätten mehr. Die Toten nehmen an der gesellschaftlichen Mobilität teil. Ein Besinnen auf den Tod gibt es zwar noch in den unteren und mittleren Kreisen, aber heute wohl eher als eine Überlegung zur Veränderung des standing (Wechsel in eine Zweitwohnung) und nicht als sippenhafte Frömmigkeit. Man spricht immer weniger von den Toten, man fasst sich kurz, man schweigt – eine Missachtung des Todes. Schluss mit dem feierlichen und umständlichen Tod in der Familie: Man stirbt im Krankenhaus – eine Exterritorialität des Todes. Der Sterbende verliert seine Rechte, insbesondere das, zu wissen, dass er sterben wird. Der Tod ist obszön und peinlich – und auch die Trauer wird es: Es gehört zum guten Ton, sie zu verstecken: Sie könnte die anderen in ihrem Wohlbefinden stören. Der Anstand verbietet jede Anspielung auf den Tod. Die Einäscherung ist die letzte Stufe dieser diskreten Liquidierung und dieses minimalen Überbleibsels. Kein Todeskampf: ein Erkalten. Und der immense Trauerbetrieb gehört nicht mehr zur Ordnung der Frömmigkeit, er ist vielmehr ein Zeichen für das Erkalten – eine Konsumierung des Todes. Er wächst also proportional zur Verkümmerung des Todes.

Wir haben keine Erfahrung vom Tode Anderer mehr. Das Erlebnis des Todes im Schauspiel oder im Fernsehen hat damit nichts zu tun. Die meisten haben nicht einmal mehr die Gelegenheit, jemanden sterben zu sehen. In jeder anderen Gesellschaftsform wäre das unvorstellbar. Man wird vom Krankenhaus und von der Medizin versorgt, eine technische letzte Ölung hat alle anderen Sakramente ersetzt. Der Mensch verschwindet von seinen Verwandten, bevor er tot ist. Eben darum stirbt er.

Da gab es die Idee der Schweizerin Ross, mit den Sterbenden über ihren eigenen Tod zu sprechen und sie darüber sprechen zu lassen. Eine obszöne Idee, ein totaler Missgriff: Kein Mensch will mit dem Service eines Krankenhauses sterben (nur das Personal hat damit ein Problem). Deshalb hält man diese Idee für verrückt und provokativ, sie leere die Krankenhäuser. Wenn sie überhaupt einen Sterbenden findet, mit dem sie sprechen kann, holt sie ihre Studenten, und wenn sie zurückkehrt, ist er tot (daran merkt sie, dass sie und die Studenten ein Problem haben). Immerhin hat sie Erfolg – bald gibt es einen Stab von Psychologen, die wachen, um den Sterbenden das Wort zu erteilen. Ein Neo-Spiritismus der Humanwissenschaften und der Sozialpsychologie.

Priester und letzte Ölung waren noch ein Überbleibsel der Gemeinschaftlichkeit des Sprechens über den Tod. Heute haben wir ein black-out. Jedenfalls wird diese Funktion – auch wenn der Priester nur ein Leichenfledderer war – heute weitgehend durch die Medizin erfüllt, die jeden am Sprechen hindert, indem sie ihn mit Pflege und Betreuung überhäuft. Ein infantiler Tod, der nicht mehr spricht, ein unartikulierter, überwachter Tod. Das Serum und die Laboratorien, die ganze Heilung ist nur ein Vorwand für das Sprechverbot.

## Der Austausch der Krankheit

Jedenfalls stirbt man nicht mehr zu Hause, sondern im Krankenhaus. Aus einer Menge von guten »materiellen« (medizinischen, urbanen, etc.) Gründen, aber insbesondere, weil der Sterbende oder der Kranke als *biologischer* Körper seinen Platz nur noch in einer *technischen* Umgebung hat. Unter dem Vorwand ihn zu pflegen, wird er deshalb in einen funktionalen Zeit-Raum deportiert, welcher sich darum kümmert, die Krankheit und den Tod in ihrer symbolischen Differenz zu neutralisieren.

Genau da, wo es darum geht, den Tod zu eliminieren, übernimmt das Krankenhaus die Verantwortung für den Kranken als virtuellen Toten. Wissenschaftlichkeit und therapeutische Effektivität erfordern eine radikale Objektivierung des Körpers und eine soziale Diskriminierung des Körpers und eine soziale Diskriminierung des Kranken, also einen Abtötungsprozess. Logische Folgerung der medizinischen Genealogie des Körpers: »Mit dem Leichnam wird die Medizin modern. (...) Es ist von entscheidender und bleibender Bedeutung für unsere Kultur, dass ihr erster wissenschaftlicher Diskurs über das Individuum seinen Weg über den Tod nehmen musste.«[96] Ist der Kranke abgetötet, so wird er auch tödlich – er rächt sich so gut er kann: jede Krankenhausinsti-

96 Vgl. Foucault, Die Geburt der Klinik, Kap. 8, S. 137–161.

tution versucht durch ihr Funktionieren, ihre Spezialisierung und Hierarchie sich gegen die symbolische Ansteckung durch den so gut wie Toten zu schützen. Was an dem Kranken gefährlich ist, ist der vorweggenommene Tod, zu dem man ihn verurteilt, es ist die Neutralität, mit der man ihn bis zum Abschluss der Heilung umschließt – aber der tote Körper kann mit dieser Ausklammerung und dieser Heilung nichts anfangen, er wirkt, so wie er ist, von Anfang an mit all seiner Differenz eines Kranken und mit seiner ganzen bösartig gewordenen Potenz des Todes – es gibt weder genug technische Manipulationen, noch genug »humane Umgebung« oder gar die Möglichkeit des realen Todes, um ihn schweigen zu machen.

Die größte Gefahr, die von dem Kranken ausgeht, das wodurch er wirklich asozial und wie ein gefährlicher Irrer wirkt, liegt in seinem grundlegenden Anspruch, als Kranker anerkannt zu werden und *seine Krankheit auszutauschen*. Ein völlig abwegiger und unannehmbarer Anspruch des Kranken (und des Sterbenden), auf dieser Differenz einen Tausch zu etablieren – sich nicht kurieren und umbringen zu lassen, sondern seine Krankheit zu *geben* und zu *bewirken*, dass sie erhalten wird, also symbolisch anerkannt und ausgetauscht wird, anstatt in einem technischen Krankenhaustod und einem streng funktionalen Weiterleben neutralisiert zu werden, das sich Gesundheit und Heilung nennt.

Keine Perfektionierung der menschlichen oder therapeutischen Beziehung im Krankenhaus oder in der allgemeinen Ausübung der Medizin kann dieses black-out, dieses symbolische lock-out ändern. Man beanspruche den Kranken zu heilen, man verpflichte den Arzt und die Pfleger zur Heilung, und man rüste die ganze Institution speziell zur Heilung aus bis in ihre Mauern, ihre chirurgischen Maschinen und ihre psychologische Apparatur hinein (alternierende Kälte und Fürsorge, und heute eine »Humanisierung« des Krankenhauses): Nichts davon bricht mit der grundsätzlichen Untersagung eines anderen Status von Krankheit und Tod. Im besten Fall lässt man dem Kranken die Möglichkeit,

»sich auszudrücken«, seine Krankheit zu erzählen, von seinem Leben zu sprechen und kurz zu versichern, dass er diese übergangsweise Anomalie nicht als zu negativ erfährt. Aber die Anerkennung des Wahnes der Krankheit als Sinn und Reichtum von Sinn und als Material, *mit dem* man einen Tausch einleitet, ohne überhaupt zu versuchen, »den Kranken dem normalen Leben zurückzugeben« – das erforderte die völlige Liquidierung der Medizin, des Krankenhauses und des ganzen Systems der Einschließung des Körpers in seine funktionelle »Wahrheit« – und im äußersten Fall die Zerstörung der ganzen herrschenden Gesellschaftsordnung, für die schon der schlichte Anspruch der Krankheit auf eine *Tauschstruktur* eine absolute Gefahr ist.[97]

97 Bei den Dangaleaten hat die Krankheit einen initiatorischen Wert (vgl. Pouillon, Malade et médecin). Man muss krank gewesen sein, um ein Teil der Gruppe zu werden. Man wird nur – und eben dadurch – Arzt, wenn man krank war. Die Krankheit kommt von den margai, jeder hat seinen oder seine margai, sie vererben sich vom Vater auf den Sohn. Jede gesellschaftliche Stellung wird dank der Krankheit erreicht, die ein Auswahlkriterium ist. Die Krankheit ist eine Auszeichnung, ein Sinn – das Normale läuft von selbst, es ist bedeutungslos. Die Krankheit ist Kultur, Ursprung der Bewertung und gesellschaftliches Organisationsprinzip. Selbst dort, wo die Krankheit nicht diese determinierende gesellschaftliche Funktion hat, ist sie immer eine gesellschaftliche Angelegenheit, eine gesellschaftliche Krise, und sie wird gesellschaftlich, öffentlich durch den Einsatz und die Reaktivierung des ganzen gesellschaftlichen Stoffwechsels über jene außergewöhnliche Relation von Krankem und Arzt gelöst. Ein radikaler Unterschied also zur gegenwärtigen Ausübung der Medizin, in der das Übel individuell erlitten und die Therapie individuell angewandt wird. In den primitiven Gesellschaften ist die Reziprozität des Bösen und der Austausch mit dem Bösen vorherrschend. Das Böse ist ein gesellschaftliches Verhältnis, wie die Arbeit, etc. Die organische Kausalität kann mit den verschiedensten Mitteln erkannt und gehandhabt werden – das Böse kann niemals als ein organischer Schaden begriffen werden, sondern in letzter Instanz als Bruch oder Ausfall des gesellschaftlichen Tausches. Das Organische ist eine »Metapher«, deshalb sollte es »metaphorisch« behandelt werden, nämlich vermittelt über die beiden Protagonisten der Heilung, durch die symbolische Operation des gesellschaftlichen Tausches. Diese beiden sind übrigens immer drei: Die Gruppe ist in die Behandlung einbezogen, sie ist zugleich

## Sexualisierter Tod, todbringender Sexus

Vom Tode sprechen, macht lachen, ein verkrampftes und obszönes Lachen. Vom Sex sprechen, provoziert nicht mal mehr diese Reaktion: Der Sex ist legal, allein der Tod ist pornographisch. Indem die Gesellschaft die Sexualität »befreit«, ersetzt sie deren Funktion eines geheimen Ritus und grundsätzlichen Verbotes immer mehr durch den Tod. In einer früheren religiösen Phase wurde der Tod öffentlich gemacht und anerkannt, die Sexualität war verboten. Heute ist es umgekehrt. Aber alle »historischen« Gesellschaften haben sich bemüht, Sexus und Tod zu trennen und die Befreiung des einen gegen das andere auszuspielen — was eine Neutralisierung von beiden bedeutet.

Gibt es ein genaues Gleichgewicht in dieser Strategie oder die Priorität einer Seite? In der uns betreffenden Phase geschieht alles so, als ob die Ächtung des Todes eine objektive Priorität wäre, die mit einer Strategie der Übersteigerung der Sexualität verbunden ist: Unter dem Zeichen eines eindimensionalen Eros und der *Funktion* der Lust ist die »sexuelle Revolution« vollständig in diesem Sinne ausgerichtet. Das macht übrigens ihre Naivität, ihr Pathos und ihre Sentimentalität aus, und gleichzeitig ihren »politischen« Terrorismus (der kategorische Imperativ des Wunsches). Indem auch sie eine Abschaffung des Todes beabsichtigt, ist die Ordnung der Sexualität solidarisch mit der politischen Ökonomie. Wir haben das Verbot nur verlagert. Vielleicht haben wir durch diese »Revolution« sogar erst das grundlegende Verbot des Todes errichtet. Indem sie das macht, vernichtet die sexuelle Revolution sich selbst, da der Tod die wirkliche Sexualisierung des Lebens bedeutet.

Leiter und Einsatz der »symbolischen Wirksamkeit«. Kurz: Der Arzt und der Kranke lösen sich in ein gesellschaftliches Verhältnis um das Böse herum auf, anstatt dass sich wie bei uns das Übel als organisches Verhältnis mit seiner objektiven Kausalität verselbständigt, indem Arzt und Kranker sich beiderseits als Aktiv und Passiv, als Patient und Spezialist objektivieren.

Überall verfolgt und zensiert, erhebt sich der Tod von überall. Nicht mehr als apokalyptische Volkskunst, als welcher er das *lebendige* Imaginäre bestimmter Epochen heimsuchte — sondern jeder imaginären Substanz entleert, geht er in die banalste Realität über und nimmt für uns sogar die *Gestalt des Rationalitätsprinzips* an, das unser Leben beherrscht. Der Tod setzt alles in Gang und dient allem, er ist die absolute, typisierende und kybernetische Funktionalität der städtischen Umgebung, wie in »Playtime« (1967), dem Film von Jacques Tati, die absolute Anpassung des Menschen an seine Funktion, wie bei Kafka: Das Zeitalter des Funktionärs ist das einer Kultur des Todes. Der Tod ist das Phantasma der totalen Programmierung, dieser Überfluss der Vorhersehbarkeit, Exaktheit und Zweckmäßigkeit nicht allein der materiellen Dinge, sondern auch der Wunscherfüllung. Mit einem Wort, *der Tod verbindet sich mit dem Wertgesetz*. Und besonders mit dem strukturellen Wert, durch welchen alles als in einem universellen Nexus der Beziehungen codierte Differenz bestimmt wird. Das ist das wahre Angesicht des ultra-modernen Todes, das aus einer objektiven, bruchlosen, ultra-schnellen Zusammenkoppelung aller Terme eines Systems besteht. Unsere wirklichen Nekropolen sind nicht mehr die Friedhöfe, die Hospitäler, die Kriege oder die Blutbäder: Der Tod ist niemals dort, wo man ihn erwartet — er ist nicht mehr biologisch, psychologisch oder metaphysisch, er ist nicht einmal mehr tödlich —, seine Nekropolen sind die Schaltstellen in Bunkern oder Hallen. Weiße, von allen menschlichen Geräuschen gereinigte Räume — Glassärge, in denen das ganze sterilisierte Gedächtnis der Welt einfriert — (allein die Toten erinnern sich an *alles*) — eine Art von unmittelbarer Ewigkeit des Wissens, eine Quintessenz der Welt, die man heute in Form von Mikrofilmen und Archiven begraben möchte: die ganze Welt archivieren, damit sie durch irgendeine zukünftige Zivilisation wiedergefunden wird — ein Einfrieren alles Wissens bis zur Wiederauferstehung – ein Übergang des ganzen Wissens als Wert/Zeichen in die Unsterblichkeit. Gegen unseren Traum, alles zu verlieren und zu vergessen, errichten wir eine Mauer von Relationen, Konnexionen und Informationen, die Mauer eines dichten und verworrenen künstlichen Gedächtnisses, und mit der fossilen Hoffnung, eines Tages wiederentdeckt zu werden, begraben wir uns lebendig im Inneren.

Den elektronischen Rechnern, diesem Miniatur-Tod, unterwerfen wir uns in der Hoffnung auf Überleben. Die Museen, die diese Zivilisation überleben sollen, sind bereits vorhanden – um zu bezeugen... was? Unwichtig. Allein die Tatsache ihrer Existenz bezeugt, dass wir in einer Kultur leben, die keinen Sinn mehr für sich selbst hat und die nur noch davon träumen kann, später einen Sinn für irgendjemand anderes zu bekommen. Es wird also alles zu einer Umgebung des Todes, seitdem dieser nur noch ein in einer gigantischen Gesamtheit verkleinerbares Zeichen ist. Wie das Geld an seinem Punkt der Nicht-Wiederkehr, an dem es nur noch ein Schriftsystem ist.

Die politische Ökonomie bildet sich (durch beispiellose Opfer) im Grunde nur in der Hoffnung, durch eine spätere Zivilisation als unsterblich oder als Wahrheitsinstanz anerkannt zu werden – was kaum anders vorstellbar ist, als ein letztes Gericht der Religion, bei dem Gott die Seinen aufruft. Aber das Letzte Gericht ist bereits hier realisiert: Es ist das definitive Schauspiel unseres eigenen kristallisierenden Todes. Das Schauspiel ist, muss man sagen, großartig. Von hieroglyphischen Verteidigungskomplexen oder dem World Trade Center bis zu den großen Informationskomplexen der Medien, von der Eisenindustrie bis zu den großen politischen Apparaten, von den Riesenstädten bis zu den unsinnigen Gitternetzen der kleinsten alltäglichen Handlungen – wie Benjamin sagt, überall ist die Menschheit zum Schauobjekt ihrer selbst geworden. »Ihre Selbstentfremdung hat jenen Grad erreicht, der sie ihre eigene Vernichtung als ästhetischen Genuß ersten Ranges erleben läßt.«[98] Das war für ihn die Gestalt des Faschismus selbst. Das heißt eine verschärfte Form von Ideologie – eine ästhetische Perversion des Politischen, die zu einer begeisterten Akzeptierung einer Kultur des Todes führt. Und es ist richtig, dass das ganze System der politischen Ökonomie für uns heute zu einer Zweckmäßigkeit ohne Zweck wird, zum ästhetischen Produktivitätsrausch, der nur ein umgekehrter Todesrausch ist. Eben deswegen ist die Kunst tot: An diesem Punkt von Sättigung und Verfälschung ist alle Begeisterung in das Spektakel der Komplexität übergegangen, und die ästhetische Faszination wird durch das System in seiner eigenen Verdoppelung monopolisiert (was macht es mit seinen gigantischen Hochbauten, seinen Satelliten und seinen riesigen Computern anderes, als sich selbst in Zeichen zu verdoppeln). Wir alle sind Opfer der zum Spektakel gewordenen Produktion, des ästhetischen Genusses der Produktion und der unbändigen Reproduktion – und wir sind nicht einmal mehr in der Lage, uns davon zu trennen, denn in jedem Schauspiel gibt es das Nahen der Katastrophe. Den Rausch des Politischen, den Benjamin am Faschismus denunziert, seinen ästhetischen und perversen Genuss, erfahren wir heute auf der Ebene des allgemeinen Systems der Produktion. Wir machen die Erfahrung eines entpolitisierten und entideologisierten Rausches – das ist ein Rausch an der rationellen Verwaltung der Dinge, am unendlichen Überschwang der Zweckmäßigkeit. Der Tod ist der politischen Ökonomie immanent. Deswegen will sie unsterblich sein. Auch die Revolution richtet sich auf ein unsterbliches Ziel, im Namen dessen sie eine Aufhebung des Todes zum Vorteil der Akkumulation fordert. Denn die Unsterblichkeit ist immer die monotone Unsterblichkeit gesellschaftlicher Paradiese. Niemals wird die Revolution den Tod wiederentdecken, wenn sie ihn nicht auf der Stelle fordert. Ihre Sackgasse ist, dass sie sich auf das Ende der politischen Ökonomie als Erfüllung des *Fortschritts* fixiert hat, während

98 Benjamin, Das Kunstwerk im Zeitalter seiner technischen Reproduzierbarkeit, S.508.

sich von jetzt an die Forderung nach einem Ende der politischen Ökonomie als Forderung nach einem unmittelbaren Leben und Tod stellt. Auf jeden Fall werden sich der verfolgte Tod und der Genuss, denen während der ganzen Entwicklung der politischen Ökonomie Tribut gezahlt werden musste, als unaufhebbare Probleme »am Tage« nach der Revolution wiederfinden. Diese wird das Problem des Todes aufwerfen, ohne die geringste Chance, es zu lösen. In Wirklichkeit gibt es dafür keine »nächsten Tage«: Diese sind immer der Verwaltung von Dingen gewidmet. Der Tod dagegen will sofort in totaler Erblindung und Ambivalenz erfahren sein. Aber ist er revolutionär? Wenn die politische Ökonomie der rigoroseste Versuch ist, dem Tod ein Ende zu setzen, so ist klar, dass allein der Tod die politische Ökonomie beenden kann.

## VI
## Die Vernichtung (Extermination) des Namens Gottes

### Das Anagramm

Auch im Bereich der Sprache gibt es das Modell eines symbolischen Austausches, also so etwas wie einen Kern politischer Anti-Ökonomie, einen Ort der Vernichtung von Wert und Gesetz: die poetische Sprache. In diesem Bereich der Anti-Diskursivität und des Jenseits der politischen Ökonomie der Sprache bedeuten Saussures Anagramme eine grundlegende Entdeckung. Eben derselbe Saussure, der später der Wissenschaft Linguistik ihr begriffliches Rüstzeug liefern sollte, hatte zuvor in den »Cahiers d'anagrammes« die völlig entgegengesetzte Form einer Sprache ohne Ausdruck (Expression) und jenseits der Gesetze, Axiome und Zweckbestimmungen, die ihr von der Linguistik beigelegt werden, beschrieben — die Form einer *symbolischen* Operation der Sprache, d.h. keine Form der strukturalen Operation der Repräsentation durch Zeichen, sondern genau im Gegenteil eine Form der Dekonstruktion des Zeichens und der Repräsentation.

Das von Saussure beschriebene poetische Funktionsprinzip kann nicht als revolutionär verstanden werden. Allein die Leidenschaft, die er darauf verwendet, dieses Prinzip als abgesicherte und bewusste Struktur uralter vedischer, germanischer oder saturnischer Texte zu etablieren — allein die Leidenschaft, mit der er einen *Beweis* bringen will, wird der phantastischen Reichweite seiner Hypothese gerecht. Er selbst zieht aus ihr keinerlei radikale oder kritische Konsequenz, er kümmert sich keinen Moment lang darum, sie auf spekulativer Ebene zu verallgemeinern. Und als ihm der Beweis misslang, gab er diese revolutionäre Intuition auf, um sich der Begründung der linguistischen *Wissenschaft* zuzuwenden. Vielleicht können wir erst heute nach einem halben Jahrhundert der ununterbrochenen Entwicklung dieser Wissenschaft Konsequenzen aus Saussures fallengelassener Hypothese ziehen und begreifen, in welchem Maße sie die Voraussetzungen zur Dezentrierung jeglicher Linguistik vorantreibt.[1]

Die von Saussure entdeckten Regeln der Poetik lauten folgendermaßen:[2]

### Gesetz der Paarbildung

1. »Ein Vokal hat kein Recht, im Saturnier aufzutreten, wenn er nicht irgendwo im Vers einen *Gegenvokal* hat (will sagen, den identischen Vokal, und ohne dass die Quantität Verhandlungsgegenstand sein könnte). (...) Daraus geht hervor, dass, wenn der Vers nicht eine *ungerade* Silbenzahl hat, die Vokale sich genau paaren und immer den Rest null ergeben müssen, mit einer geraden Zahl für jede Art von Vokalen.«[3]

2. »Gesetz der Konsonanten. Es ist identisch und nicht weniger streng. (...) Es gibt immer eine gerade Zahl für jeden beliebigen Konsonanten.«[4]

1 Vor allem ist sie jedoch von der ganzen Linguistik sorgfältig »vergessen« und heruntergespielt worden: Allein um diesen Preis hat sie es vermocht, sich als Wissenschaft zu begründen und ihr strukturelles Monopol in jeder Hinsicht zu sichern.

2 Wir beziehen uns im Folgenden und was das anagrammatische Material betrifft auf: Starobinski, Wörter unter Wörtern. Es handelt sich bei diesem Text um die Veröffentlichung der fragmentarischen Untersuchungen von Ferdinand de Saussure über das Anagramm, die dieser selbst nicht veröffentlicht hatte. Starobinski ergänzt diesen Nachdruck durch kurze Kommentare. Was die Grundregeln betrifft, vgl. das Kapitel »Besorgt um Wiederholung«, in: Starobinski, ebenda, S. 8ff.

3 Saussure, zit. n. Starobinski, ebenda, S. 15.

4 Saussure, ebenda.

3. »Die Sache geht noch weiter: Wenn es irgendeinen irreduziblen Rest gibt, sei es bei den Vokalen, was notwendigerweise eintritt, wenn der Vers eine ungerade Silbenzahl hat; sei es bei den Konsonanten (...) dann wird dieser Rest nicht, wie man glauben könnte, einfach übergangen, und sei es nur ein einfaches ›e‹: es erscheint im nächsten Vers als ein neuer Rest, der dem überzähligen im vorhergehenden Vers entspricht.«[5]

### Gesetz vom thematischen Wort

»Der Dichter setzt bei der Komposition des Verses das Lautmaterial ins Werk, das von einem thematischen Wort bereitgestellt wird. (...) Ein oder mehrere Verse anagrammatisieren ein einziges Wort (im Allgemeinen einen Eigennamen, den eines Gottes oder eines Helden), indem sie sich bemühen, vor allem seine Vokalfolge wiederzugeben. (...) Beim Hören von einem oder zwei lateinischen saturnischen Versen bemerkt Saussure, wie die wesentlichen Phoneme eines Eigennamens nahe beieinander aufsteigen.«[6]

Saussure: »Es handelt sich im Hypogramm darum, einen Namen, ein Wort zu unterstreichen, indem alle Kräfte aufgeboten werden, um seine Silben zu wiederholen, indem ihm solcherart eine zweite Seinsweise gegeben wird, eine künstliche, eine gleichsam dem Original des Wortes hinzugefügte.«[7]

Taurasia Cisauna Samnio cepit (Scipio)[8]
Aasen argaleon anemon amegartos autme (Agamemnon)

5 Saussure, ebenda, S. 16.

6 Starobinski, ebenda, S. 21.

7 Saussure, zit. nach Starobinski, ebenda, S. 24.

8 [»Taurasia Cisauna Samnio cepit, / subigit omne Loucanam opsidesque abdoucit.« (Inschrift auf dem Sarkophag von Lucius Cornelius Scipio Barbatus, römischer Konsul des Jahres 298 v. Chr.: »Er nahm Tarausia und Cisauna von Samnium weg, / er unterwarf ganz Lukanien und führte Geiseln weg.«]

Diese einfachen Regeln werden in zahlreichen Variationen unaufhörlich wiederholt. Die Regel der Alliteration, mit der man die gesamte archaische Poesie erklären wollte, ist für Saussure nur ein »unwesentlicher Teil eines viel allgemeineren Phänomens«[9], das darin besteht, »dass *alle* Silben alliterieren oder assonieren oder in irgendeiner Lautharmonie inbegriffen sind«[10]. Die lautlichen Gruppen »geben sich ein Echo« — »ganze Verse scheinen ein Anagramm vorheriger Verse zu bilden, sogar über große Entfernungen im Text« — »die Polyphone reproduzieren sichtbar entweder die Silben eines Wortes oder eines bedeutenden Namens, der entweder im Text enthalten ist oder im Kontext erkannt werden kann« — »die Poesie analysiert die lautliche Substanz der Wörter, um durch die Anspielung auf einen bestimmten Namen akustische oder signifikative Folgen zu bilden« (das thematische Wort). Kurz gesagt, »alles findet auf die eine oder andere Weise im Vers seine Entsprechung«: Ob es nun Signifikante oder Phoneme sind, die im Vers aufeinander antworten, oder ob es ein verborgenes Signifikat ist, das thematische Wort, das von einem Polyphon zum anderen ein Echo bildet und »unter« dem »manifesten« Text verborgen ist. Diese beiden Regeln können darüberhinaus gleichzeitig angewandt werden: »Aber gleichzeitig: — bald im Wettstreit mit der Anaphonie — bald ohne irgendein Wort, das imitiert wird, gibt es eine Korrespondenz zwischen allen Elementen, die sich in eine genaue ›Paarung‹, will sagen eine Wiederholung in gerader Anzahl überträgt.«[11] Saussure schwankte zwischen den Begriffen Anagramm, Antigramm, Hypogramm, Paragramm und Paratext als Bezeichnung für diese »entfaltete Variation, die einen scharfsinnigen Leser die evidente (wenngleich zerstreute) Anwesenheit der leitenden Phoneme wahrnehmen lässt.«[12] In Ergänzung zu Saussure könnte man auch den Begriff »Anathema« vorschlagen,

9 Saussure, zit. nach Starobinski, ebenda, S. 15.

10 Saussure, ebenda, S. 22.

11 Saussure, ebenda, S. 26.

12 Starobinski, ebenda, S. 25.

der ursprünglich mit einem ex voto, also einer Votivgabe gleichzusetzen war: Dieser göttliche Name, der dem Text zugrunde liegt, enthält die Widmung des Textes, d.h. den Namen dessen, der ihn weiht und dem er geweiht ist.[13]

Diese beiden Gesetze sind gegenüber dem, was man zum »Wesen« des Poetischen sagen könnte, scheinbar recht armselig. Außerdem besagen sie nichts über die poetische »Wirkung«, über das besondere Vergnügen an Texten oder über ihren ästhetischen »Wert«. Saussure kann mit der »Inspiration« des Dichters und der Begeisterung des Lesers nichts anfangen. Vielleicht hat er sogar nicht einmal geahnt, dass es irgendeinen Zusammenhang zwischen den Regeln, die er aufstellte (er glaubte sie zu beobachten und damit Schluss), und der außergewöhnlichen Intensität geben könnte, die man immer als Merkmal des Poetischen angesehen hat. Indem er sein Vorhaben auf eine formelle Signifikantenlogik begrenzte, schien er anderen, etwa Psychologen, Linguisten und den Dichtern selbst die Sorge zu überlassen, dem Geheimnis des Genusses an der Dichtkunst im Reichtum des Signifikats (Bezeichneten) und in der »Ausdruckstiefe« nachzugehen — was sie übrigens schon immer unaufgefordert gemacht haben. Dennoch ist es doch Saussure — und er allein —, der uns sagt, was es mit dem Genuss am Poetischen auf sich hat; der Genuss rührt daher, dass das Poetische die »grundlegenden Gesetze des menschlichen Wortes« bricht.

Angesichts dieser Subversion ihrer Disziplin haben sich die Linguisten auf ein unhaltbares Paradox zurückgezogen. Mit Roman Jakobson gestehen sie zwar zu, dass »das poetische Anagramm die beiden von Saussure proklamierten Grundgesetze des menschlichen Wortes außer Kraft setzt: sowohl das Gesetz über den kodifizierten Zusammenhang zwischen Signifikant und Sig-

13 Dass der Begriff des »Anathemas«, das gleichermaßen ein Schlachtopfer wie ein geweihter Gegenstand sein kann, im Sinne eines verfemten Objektes oder einer verfemten Person gebraucht wird — gibt ihm für die folgende Analyse sein volles Gewicht.

nifikat als auch das Gesetz über die Linearität von Signifikanten wird aufgehoben« (»Die Mittel der poetischen Sprache sind dazu geeignet, uns aus der linearen Ordnung zu entlassen«[14] oder wie Starobinski zusammenfasst, »man verlässt die Zeit der Konsekutivität, die der gewohnten Sprache eigen ist«[15]); aber gleichzeitig bestehen sie darauf, dass »Saussure durch seine Forschungen ungeahnte Perspektiven zur *linguistischen* Erforschung der Poesie eröffnet hat«[16].

Eine elegante Methode, das Poetische als Teilgebiet des Diskurses zurückzugewinnen, für den die Linguistik das Monopol beansprucht. Was macht es, wenn die Poesie alle Signifikationsgesetze leugnet: Man neutralisiert sie, indem man sie für die Linguistik zitierfähig macht und indem man sie demselben Realitätsprinzip unterwirft. Aber was wären Signifikant oder Signifikat, wenn sie nicht mehr vom Äquivalenzcode beherrscht würden? Was wäre ein Signifikant, der nicht mehr vom Linearitätsgesetz beherrscht würde? Und was wäre eine Linguistik ohne all das. Nichts (aber man wird sehen, wie sie sich windet, um ihre Gewalttat wiedergutzumachen).

Des ersten Gesetzes von Saussure (Paarbildung) bedient sie sich, indem sie sich auf die Redundanz des Signifikanten bezieht, d.h. auf den Häufigkeitsgrad eines bestimmten Phonems oder Polyphons, der im Verhältnis zu Alltagssprache höher ist, etc.; des zweiten (eigentlich anagrammatischen) Gesetzes bedient sie sich, indem sie den »latenten« Namen (Agamemnon) als zweites »Signifikat« eines Textes interpretiert, das der Text zugleich mit dem »offensichtlichen« Signifikat auch noch »ausdrückt« und »repräsentiert« (»ein und derselbe Signifikant verdoppelt seine Signifikate«[17], sagt Jakobson): ein verzweifelter Versuch, mit Hilfe eines noch komplexeren Vorgehens das linguistische Wertgesetz

14 [Jakobson, F. de Saussure sur les anagrammes, S. 247.]

15 Starobinski, Wörter unter Wörtern, S. 35.

16 [Jakobson, F. de Saussure sur les anagrammes, S. 246.]

17 [Jakobson, ebenda, S. 247.]

und die wesentlichen Kategorien des Signifikationsmodus (Signifikant, Signifikat, Expression, Repräsentation, Äquivalenz) zu retten. Das Imaginäre der Linguistik will die Poesie annektieren und mit ihr seine eigene Ökonomie bereichern, nämlich die *Begriffs-* und *Wert*-Ökonomie. Aber gegen sie und indem man der Entdeckung Saussures ihre volle Bedeutung gibt, muss gesagt werden, dass der Bereich des Poetischen ganz im Gegenteil ein Prozess der *Vernichtung des Wertes* ist.

Das Gesetz des Gedichtes besteht in Wirklichkeit darin, dass es durch eine rigorose Vorgehensweise bewirkt, dass nichts *übrig bleibt*. Genau dadurch ist es dem linguistischen Diskurs entgegengesetzt, der seinerseits Prozess der Akkumulation, der Produktion und der Distribution der Sprache als Wert ist. Der Bereich des Poetischen ist nicht auf einen Signifikationsmodus reduzierbar, welcher ausschließlich ein Modus der Wertproduktion von Sprache ist. Deshalb ist das Poetische von seiten der Linguistik, die eine Wissenschaft dieses Produktionsmodus ist, irreduzibel.

Die Poesie ist ein Aufstand der Sprache gegen ihre eigenen Gesetze. Saussure selbst hat diese subversive Folgerung niemals ausgesprochen, aber die anderen haben sehr wohl gespürt, welche Gefahren in der Formulierung einer anderen Anwendungsmöglichkeit der Sprache liegen. Deshalb haben sie alles getan, um die Poesie auf ihren Code herabzuwürdigen (Taxierung des Signifikanten als Begriff, Taxierung des Signifikats als Wert).

## Die Poesie als Extermination des Wertes

1. Das erste Gesetz von Saussure – die Paarbildung – ist keineswegs eine Regel, die eine unendlich verstärkte Alliteration oder Redundanz irgendwelcher Phoneme beschreibt, wie schon Saussure selbst betonte.

»Pour qui sont ces serpents qui sifflent sur vos têtes?«[18]

18 [»Wem sind die Schlangen bestimmt, die über unseren Köpfen zischen?« (Jean Racine, Andromaque, V, 5)]

Diese Schlangen sind Begriffsklapperschlangen einer Linguistik der Rekurrenz und Akkumulation des Signifikanten, die immer durch irgendeinen Effekt des Signifikats zweckbestimmt sein soll: s–s–s–s ist »ES« – zischt im Signifikanten immer mit; und je mehr »s« es gibt, um so bedrohlicher ist das und um so mehr »drückt es aus«. Genau wie in:

»The faint fresh flame of the young year flushes
From leaf to flower and flower to fruit;«[19]

»In Swinburnes Versen spüren wir, wie der Wind weht, ohne dass es in dem Gedicht ausdrücklich erwähnt wird«[20], schreibt Ivan Fónagy. Das »Gesetz der Paarbildung« von Saussure beschreibt eine kalkulierte, bewusste und rigorose Verdoppelung, die auf *eine ganz andere Bedeutung der Wiederholung* verweist – Wiederholung nicht als Akkumulation von Termen oder als akkumulativen oder alliterierenden Trieb oder Zwang, sondern als *paarweise zyklische Annullierung von Termen, als Auslöschung durch den Zyklus der Verdoppelung*. »Die Vokale paaren sich immer genau UND MÜSSEN ALS REST IMMER NULL ERGEBEN«[21] (Saussure). Und in dem emblematischen Zitat, in dem Saussure das Gesetz zusammenfasst: NUMERO DEUS PARI GAUDET (Gott freut sich an der geraden Zahl)[22] – wird gesagt, dass der Genuss auf die eine oder andere Weise nicht nur von der Anhäufung des Gleichen, d.h. der Verstärkung des Sinnes durch eine Addition des Gleichen untrennbar ist, sondern umgekehrt in starkem Maße von seiner Annullierung durch das *Double* und durch den Zyklus des Gegen-Vokals, des Anti-Gramms, in dem der phonematische Bezug sich wie in einem Spiegel verliert, abhängig ist.

2. Das zweite Gesetz von Saussure, welches das thematische Wort oder jenes »Anathema«, das unter dem Text verborgen ist,

19 [Algernon Charles Swinburne, Atalanta in Calydon (Chorus).]
20 [Fónagy, Le langage poetique: forme et function, S. 90.]
21 Saussure, zit. nach Starobinski, Wörter unter Wörtern, S. 15.
22 [Vgl. Saussure, ebenda, S. 16.]

zum Gegenstand hat, muss in der gleichen Weise analysiert werden. Man muss begreifen, dass es sich keineswegs darum handelt, den ursprünglichen Signifikanten zu wiederholen oder seine lautlichen Bestandteile im Verlaufe des Textes zu reproduzieren.

In »Aasen argaleon anemon amegartos autme« wird Agamemnon nicht »reproduziert«, auch wenn Saussure in diesem Punkt noch zweideutig ist: »Denn es handelt sich im Hypogramm darum, einen Namen, ein Wort zu unterstreichen, indem alle Kräfte aufgeboten werden, um seine Silben zu wiederholen, indem ihm solcherart eine zweite Seinsweise gegeben wird, eine künstliche, eine gleichsam dem Original des Wortes hinzugefügte.«[23] Das thematische Wort verteilt sich über den ganzen Text. In gewisser Weise wird es durch den Vers oder das Gedicht »analysiert«, in seine einfachen Bestandteile zerlegt und wie das Licht in ein Spektrum aufgespalten, dessen gebrochene Strahlen dann den Text abtasten. Anders gesagt, der ursprüngliche Korpus wird in »Partialobjekte« aufgeteilt. Es handelt sich aber nicht um eine andere Daseinsweise des Gleichen, um eine Wiederholung, Paraphrase oder stillschweigende Umformung eines ursprünglichen Gottesnamens, sondern eher um ein Zerbersten, ein Zersplittern und Zerstückeln, durch das dieser Name vernichtet wird. Kein »künstliches Double« (welchen Nutzen hätte es auch, dasselbe noch einmal zu sagen?), sondern ein zergliedertes Double — ein zerstückelter Körper wie der von Osiris oder Orpheus. Weit davon entfernt, den Signifikanten in seinem Dasein zu bestärken und ihn positiv zu wiederholen, bedeutet diese Metamorphose in Bruchstücke seinen Tod als solchen und seine Vernichtung. Dieser Vorgang entspricht *auf der Ebene der Signifikanten und des Namens, den er verkörpert, der Tötung Gottes oder eines Heros in der Opferhandlung.* Zergliedert und desintegriert durch seinen Tod im Opfer (möglicherweise zerschnitten und aufgegessen) zirkuliert das Totemtier, der Gott oder der Heros danach als symbolisches Integrationsmaterial der Gruppe. Zer-

23 Saussure, ebenda, S. 24.

schnitten und zerstückelt in seine lautlichen Elemente durch diese Tötung des Signifikanten durchzieht der Name Gottes das Gedicht und reartikuliert es im Rhythmus seiner Fragmente, ohne sich jemals als solcher zu rekonstituieren.

Die symbolische Handlung besteht nach seiner Umleitung und Aufgliederung im Gedicht niemals in einer Rekonstitution des göttlichen Namen oder in einer Wiederauferstehung des Signifikanten. Starobinski hat unrecht, wenn er sagt: »Es wird darum gehen, die leitenden Silben zu erkennen und zu sammeln, wie Isis den zerstückelten Körper des Osiris wieder zusammensetzte.«[24] Lacan hat in seiner Theorie des Symbolismus Unrecht, wenn er sagt: »Wenn es dem Menschen freisteht, sich ebensoviele Glieder zu wünschen, wie es außerhalb seiner Namen für diese Glieder gibt, und wenn er ebensoviele Glieder, die von seiner Einheit abgetrennt sind, anerkennen muss (welche verloren gegangen ist, ohne dass sie jemals existierte), wie er über Realitäten verfügt, die eine Metapher dieser Glieder sind — so versteht man, dass die Frage nach dem Erkenntniswert von Symbolen gelöst ist, da es die Glieder selbst sind, die zurückkehren, nachdem sie in entfremdeter Weise in der Welt herumgeirrt sind.«[25] Die symbolische Handlung besteht niemals in dieser »Rückkehr«, in der Wiedereingliederung nach einem Verlust oder in der Wiederauferstehung einer Identität, sie ist im Gegenteil immer eine Auflösung des Namens, des Signifikanten, eine Extermination *des Termes* und eine unwiderrufliche Zerstreuung — sie macht jene intensive Zirkulation im Inneren des Gedichtes möglich (wie auch in der primitiven Gruppe bei einem Fest oder in der Opferhandlung), sie gibt der Sprache den Genuss zurück, von dem auch wieder *nichts übrig bleibt und aus dem nichts resultiert*. Die Meute linguistischer Kategorien kann niemals groß genug sein, um diesen Skandal des Verlustes und des Todes des Signifikanten zu verbergen, um jene fieberhafte Erregung der Sprache zu verbergen, die, wie Bataille über

24 Starobinski, ebenda, S. 25.
25 [Lacan, La psychanalyse, S. 15.]

das Leben sagt, »vom Tod verlangt, jene Verwüstungen auf Kosten des Lebens zu betreiben«.

Hier werden sicher die Grenzen gesprengt, die Saussure sich auferlegt hat: Dieses poetische Prinzip gilt nicht nur für vedische, germanische und lateinische Poesie; und es ist unnütz, die hypothetische Verallgemeinerung eines *Beweises* zu suchen, wie er es gemacht hat: Es ist evident, dass die modernen Dichter sich niemals ein generatives thematisches Wort vorgegeben haben, auch wenn die antiken Dichter es jemals gemacht haben sollten — aber das ist kein stichhaltiger Einwand, da klar ist, dass die von Saussure entdeckte *Form* für alle Sprachen und Epochen vorherrschend ist. Es ist jedermann klar — das ist die Evidenz des Genusses —, *dass in einem guten Gedicht nichts übrig bleibt* und in ihm das ganze benutzte lautliche Material aufgebraucht wird. Umgekehrt zeichnet sich ein schlechtes Gedicht (oder ein völliges Un-Gedicht) dadurch aus, dass es in ihm einen Rest gibt und in ihm nicht jedes Phonem oder Diphon, jede Silbe oder jeder signifikante Term durch ein entsprechendes Double wiederaufgegriffen wird, d.h. nicht alle Terme werden in einer radikalen Reziprozität (oder in einem Antagonismus) aufgehoben oder verbraucht, wie im primitiven Gaben/Tausch — so dass wir den Druck dessen spüren, was übrig geblieben ist und nicht seine Entsprechung gefunden hat, das heißt weder seinen Tod noch seine Absolution bekommen hat und sich nicht in der Operation des Textes *austauschen* konnte: Am Umfang dieses Restes erkennen wir, dass ein Gedicht schlecht ist, also Diskursschlacke, irgendetwas, das nicht gezündet hat und im Fest reversiblen Sprechens weder aufgelöst noch konsumiert wurde.

*Der Rest ist der Wert.* Er ist der Diskurs der Signifikation, *unsere* von der Linguistik beherrschte Sprache. Er ist all das, was nicht von der symbolischen Operation der Sprache und der symbolischen Auslöschung erfasst wird. Auf ihm basiert die *Ökonomie* der Signifikation und der Kommunikation. In diesem Bereich produzieren und tauschen wir nach dem Gesetz des Codes Terme, Werte und Sinn.

In der gleichen Weise beginnt der ökonomische Prozess: Was in den Kreislauf der Akkumulation und des Wertes eintritt, ist das, was bei der Konsumation des Opfers übrig bleibt und sich nicht im unaufhörlichen Zyklus von Gabe und Gegengabe auflöst. Dieser Rest wird akkumuliert. Mit diesem Rest wird spekuliert und dadurch entsteht der ökonomische Bereich.

Von diesem Begriff des Restes ausgehend kann man eine dritte Dimension unseres Signifikationsmodus aufzeigen. Man weiß, dass die poetische Operation »die beiden grundlegenden Gesetze der Sprache bricht«:

Die Äquivalenz von Signifikant/Signifikat.

Die Linearität des Signifikanten. (Saussure: »Dass die Elemente, welche ein Wort bilden, aufeinander folgen, ist eine Wahrheit, die man in der Linguistik keineswegs, weil sie evident ist, als belanglose Angelegenheit betrachten sollte, sondern als eine, die ganz im Gegenteil das zentrale Prinzip jeder nützlichen Reflexion über die Wörter abgibt.«[26])

Die dritte Dimension, die niemals richtig in Betracht gezogen worden ist und die mit den beiden anderen eng zusammenhängt, besteht in der *Unbegrenztheit*, das heißt in der *grenzenlosen Produktion von Signifikanten-Material*. Genauso wie Äquivalenz und Akkumulation eine ökonomische Dimension definieren, die in grenzenloser Produktion und in unendlicher Reproduktion des Wertes besteht, genauso definieren die Äquivalenz von Signifikant/Signifikat und die Linearität des Signifikanten ein Feld grenzenloser *Diskursivität*.

Wir nehmen diese schnelle Zunahme unseres diskursiven Gebrauches, die uns trotzdem von allen anderen Kulturen unterscheidet, schon gar nicht mehr wahr — so »natürlich« ist sie uns geworden. Wir gebrauchen und missbrauchen Wörter, Phoneme und Signifikanten in aller »Freiheit« ohne jede rituelle, religiöse oder poetische Beschränkung. Und wir kennen weder eine Verpflich-

26 Saussure, zit. n. Starobinski, Wörter unter Wörtern, S. 35.

tung noch eine Verantwortlichkeit gegenüber dem immensen Material, das wir nach unserem Belieben »produzieren«. Jeder hat die Freiheit im Namen dessen, was er »ausdrücken« will, unbegrenzt aus dem lautlichen Material zu schöpfen und sich nur um das zu kümmern, was er sagen will. Diese »Freiheit« des Diskurses, diese Möglichkeit, ihn einfach zu nehmen und zu benutzen, ohne ihn jemals *zurückzugeben* oder zu erwidern und ohne jemals auch nur einen Teil zu opfern, wie man es seinerzeit mit den primitiven Gütern machte, um die symbolische Reproduktion zu sichern — *diese Vorstellung von der Sprache als einem Medium für alles* und als unerschöpfliche Natur, als ein Ort, an dem seit jeher die Utopie der politischen Ökonomie »jedem nach seinem Bedürfnis« realisiert wird (das ist das Phantasma eines ungeheuren Warenlagers und Rohmaterials, das sich wie durch Zauberhand in dem Maße reproduzieren soll, wie man es benutzt — noch nicht einmal die primitive Akkumulation ist notwendig —, also das Phantasma der Freiheit einer phantastischen Vergeudung) — diese Regelung unserer diskursiven Kommunikation als irrwitzige Verfügbarkeit über das Signifikanten-Material ist nur in einer allgemeinen Konstellation vorstellbar, in der die Reproduktion materieller Güter und die der Gattung selbst denselben Prinzipien unterliegen: Eine simultane Mutation lässt diejenigen Gesellschaftsformationen, in denen die Güter, die Anzahl der Individuen und die Äußerung von Worten im Inneren eines symbolischen Zyklus mehr oder weniger streng kontingentiert, begrenzt und kontrolliert wurden, in unsere »modernen« gesellschaftlichen Formationen übergehen, die durch eine unendliche Produktivität charakterisiert sind, und zwar sowohl in ökonomischer wie in linguistischer und demographischer Hinsicht. Diese Gesellschaften sind auf allen Ebenen in einer endlosen Eskalation der materiellen Akkumulation, der sprachlichen Expressivität und der Fortpflanzung der Gattung begriffen.[27]

27 Das gleiche gilt für unsere Konzipierung von Zeit und Raum: Wir können sie nur als Unendlichkeit denken — als eine Ausdehnung, die ihrer Objektivierung als Wert entspricht und auch dem Phantasma einer unerschöpflichen Ausbreitung und Aufeinanderfolge.

Dieses Produktivitätsmodell – exponenzielles Wachstum, galoppierende Bevölkerungsziffern, grenzenlose Diskursivität – muss auf allen Ebenen gleichzeitig analysiert werden. Allein schon auf der Ebene der Sprache, um die es hier geht, wird deutlich, dass diese zügellose Freiheit, Phoneme in unbegrenzter Zahl zu benutzen, um ohne irgendeinen gegenläufigen Prozess der Annullierung, Sühne, Resorbierung oder Destruktion – der Begriff ist völlig unwichtig – etwas auszudrücken, radikal dem einfachen von Saussure formulierten Gesetz entgegengesetzt ist, das besagt, dass in der Poesie kein Vokal, kein Konsonant und keine Silbe ausgesprochen werden kann, ohne verdoppelt zu werden, d.h. ohne gewissermaßen exorziert zu werden und ohne sich in einer Wiederholung zu vollenden, in der der jeweilige Satzteil annulliert wird.

Damit hat sich die Frage der unbegrenzten Ausnutzung erledigt. Im Bereich des Poetischen wird wie im symbolischen Tausch ein streng limitierter und kontingentierter Korpus gebraucht, den es allerdings auflösen und aufbrauchen muss, während unsere Ökonomie des Diskurses einen unbegrenzten Korpus benutzt, ohne sich um seine Auflösung zu kümmern.

Was wird in unserem diskursiven System aus den Wörtern und Phonemen? Man braucht nicht zu glauben, dass sie freundlicherweise verschwinden, wenn sie ausgedient haben, oder wie die Buchstaben einer Setzmaschine wieder irgendwohin zurückkehren, um ihre Wiederverwendung zu erwarten. Dieser Glaube verdankt sich noch unserer idealistischen Sprachvorstellung. Alle Terme und Phoneme, die nicht wiederaufgenommen, *zurückgegeben* und in einer poetischen Verdoppelung beseitigt, sowie als Terminus und Wert (in ihrer Äquivalenz zu dem, was sie »sagen wollten«) ausgelöscht werden, *bleiben als Rest übrig*. Sie sind ein Residuum. Dieses schließt sich zu einer ungeheuren Ablagerung von Abfall und undurchsichtiger diskursiver Materie zusammen. Man beginnt heute zu verstehen, dass das Hauptproblem einer produktiven Zivilisation in ihren Abfällen bestehen kann und *dass sie ihren Tod bedeuten*: an seinem eigenen Müll ersticken – aber der Industriemüll ist nichts im Vergleich mit dem Sprachmüll. So wie sie jetzt ist, wird unsere Kultur von einer gigantischen versteinerten residuellen Instanz bedrückt und blockiert, welche sie durch Überproduktion aufzulösen versucht: Durch ein Überangebot von Sprache will sie den tendenziellen Fall der »Kommunikationsrate« mindern. Was aber nichts bewirkt. So wie jede Ware, das heißt wie alles, was unter dem Zeichen des Wert- und Äquivalenzgesetzes produziert wird, zu einem *unauflöslichen Residuum* wird, das die gesellschaftlichen Beziehungen blockiert, genau so wird jedes Wort, jeder Terminus, jedes produzierte und nicht symbolisch zerstörte Phonem als Verdrängtes akkumuliert und lastet auf uns mit der ganzen Abstraktheit toter Sprache.

Unsere Sprache wird von einer Ökonomie der Überproduktion und Vergeudung beherrscht — von der Utopie des Überflusses. Aber während »Überfluss« und Vergeudung in der materiellen Ökonomie erst jüngeren Datums, das heißt eine historische Entwicklung sind, scheinen sie in der gesprochenen oder geschriebenen Sprache eine natürliche, schon immer gegebene Dimension zu haben. Es ist eine Utopie, dass es überall und jederzeit für jedermann soviel Sprache gibt und geben wird, wie man nur will! Die Utopie eines grenzenlosen *Sprach-Kapitals* als Gebrauchs- und Tauschwert. Um der Signifikation willen schreitet jeder mit Hilfe von Akkumulation und kumulativem Tausch von Signifikanten voran, deren Wahrheit woanders liegt, nämlich in der Äquivalenz dessen, was sie sagen wollen (man kann das in weniger Worten sagen — die Kürze ist eine *moralische* Tugend, aber sie unterliegt immer nur einer Ökonomie der *Mittel*). Diese diskursive »Nutzung«, die sich niemals vom Gespenst des Mangels bedroht fühlt, diese Manipulation zur Vergeudung, die von der imaginären Vorstellung des Überflusses inspiriert wird, resultiert in einer gewaltigen Inflation, die — wie unsere Gesellschaften des unkontrollierten Wachstums zeigen — ein ebenso gewaltiges Residuum schafft, einen irreduziblen Müllhaufen benutzter, aber niemals konsumierter Signifikanten. Denn die ausgedienten

Wörter verflüchtigen sich nicht, sie akkumulieren sich als Abfall — die Umweltverschmutzung durch Zeichen ist ebenso ungeheuerlich wie die industrielle Umweltverschmutzung, deren Zeitgenosse sie ist.

Ausschließlich mit diesem *Abfall*bereich ist die Linguistik befasst, das heißt mit einer funktionalen Sprache, die sie zum Naturzustand jeglicher Sprache universalisiert. Etwas anderes kann sie sich nicht vorstellen. »Wie die Römer und Etrusker sich den Himmel durch starre mathematische Linien zerschnitten und in einen solchermaßen abgegrenzten Raum als in ein templum einen Gott bannten, so hat jedes Volk über sich einen solchen mathematisch zertheilten Begriffshimmel und versteht nun unter der Forderung der Wahrheit, daß jeder Begriffsgott nur in *seiner* Sphäre gesucht werde.«[28] Genauso macht es die Linguistik: Sie *zwingt* die Sprache in einen entsprechend ihren Vorstellungen verselbständigten Bereich — und tut so, als ob sie sie »objektiv« dort finden würde, wo sie sie in allen Stücken erfunden und rationalisiert hat. Sie ist unfähig, sich einen anderen Zustand von Sprache (état de langage) vorzustellen, als den der kombinatorischen Abstraktion eines Codes (la langue), der aus dem unendlichen Manipulatorium der Sprache (la parole) entstanden sein soll. Anders gesagt, sie kann sich nur einen Sprachzustand der Spekulation (im doppelten Sinn des Wortes) auf der Basis allgemeiner Äquivalenz und freier Zirkulation vorstellen — in dem jeder die Wörter nach seinem Belieben benutzt und nach dem Gesetz des Codes austauscht.

Aber *nehmen wir einmal* einen Zustand *an*, in dem die sprachlichen Zeichen absichtlich kontingentiert sind (wie das Geld bei den 'Are'are[29]): beschränkte Verteilung, keine formelle »Freiheit« der Produktion, der Zirkulation oder des Gebrauchs. Oder vielmehr ein doppelter Kreislauf:

28 Nietzsche, Über Wahrheit und Lüge im außermoralischen Sinne, S. 882.
29 ['Are'are: Bevölkerung im Süden der Insel Malaita, Teil der Salomonen-Inseln.]

— einmal ein Kreislauf »freigegebener« Wörter, die beliebig zu gebrauchen sind und als Tauschwerte zirkulieren — eine »Handelszone« des Sinns und der Bedeutung, analog zum Bereich des *gimwali* im ökonomischen Austausch;

— zum anderen der Kreislauf einer nicht »freigegebenen«, kontrollierten Zone mit einem Material, das auf einen symbolischen Gebrauch beschränkt ist, in dem die Wörter weder einen Gebrauchswert, noch einen Tauschwert haben und nicht nach Belieben vervielfacht und hergestellt werden können — analog zum Bereich des *kula* für die »kostbaren« Güter.[30]

In dieser Sphäre gibt es keinerlei allgemeines Äquivalenzprinzip, noch eine logische oder rationale Artikulation von Zeichen, mit der sich die semiolinguistische »Wissenschaft« befasst.

Die Poesie rekreiert im sprachlichen Material die Situation primitiver Gesellschaften, was folgendermaßen beschrieben werden kann: Ein beschränktes Korpus von Objekten, deren ununterbrochene Zirkulation im Gaben/Tausch einen unerschöpflichen Reichtum erzeugt, ein Fest des Austausches. Gemessen an ihrem Umfang oder ihrem Wert werden die primitiven Güter mit einem nahezu totalen Verlust verkauft. Indem sie im Fest oder im Tausch unaufhörlich konsumiert werden, erreichen sie mit einem »Minimum in Umfang und Zahl der Zeichen« jenes »Maximum in der Energie der Zeichen«[31], von dem Nietzsche spricht, oder sogar die erste und einzige wirkliche Gesellschaft des Überflusses, von der Marshall Sahlins spricht.[32]

30 [Das kula ist ein rituelles Tausch- und Prestigeobjekt ohne unmittelbaren Nutzen für den, der es bekommt. Wer es erhält, ist verpflichtet, innerhalb eines bestimmten Zeitraumes dem Gebenden etwas Ähnliches zurückzugeben. Ziel dieses nicht profitorientierten Austauschhandels ist es, den realen Gütertausch rituell zu flankieren und die sozialen Bande zwischen den Inseln zu verstärken. »Die Eingeborenen grenzen das kula-System vom eigentlichen Tauschhandel scharf ab, den sie ausgiebig betreiben und für den sie den feststehenden Begriff ›gimwali‹ besitzen.« Vgl. Malinowski, Argonauten des westlichen Pazifik.]

31 [Nietzsche, Götzen-Dämmerung, Was ich den Alten verdanke, S. 1027.]

32 Vgl. Sahlins, Stone age economics.

Die Wörter haben in ihr den gleichen Rang wie Gegenstände oder Güter: Sie sind nicht jederzeit für jedermann verfügbar und es gibt keine »Überproduktion« von Sprache. In den magischen und rituellen Formeln ist jene Restriktion vorherrschend, welche allein eine symbolische Wirksamkeit der Zeichen garantiert. Der Schamane, der Vātes[33] bedient sich abgezählter, verschlüsselter und begrenzter Phoneme oder Formeln, indem er sie so anordnet, dass sie ein Maximum von Sinn bekommen. Durch die Art und Weise, wie die Formel ausgesprochen wird, durch ihre buchstäbliche oder rhythmische Genauigkeit beschwört sie die Zukunft — und nicht durch das, was sie inhaltlich aussagt.[34]

33 [Vātes (lat., »Seher«, »Prophet«), ein ›Inspirierter‹, vom höheren Wissen Angehauchter, in der keltischen Gesellschaft. Die beiden anderen der drei Klassen werden ›druides‹ (Druiden) und ›bardi‹ (Dichter, Barden) genannt.]

34 Nach Lévi-Strauss (»Strukturelle Anthropologie«) hat hier die Kritik der »symbolischen Wirksamkeit« einzusetzen: Für ihn (wie auch in der vulgären Vorstellung von der Magie) ist sie durch den Austausch oder die »symbolische« Korrespondenz von Signifikaten noch mit dem Einwirken eines Mythos auf den Körper (oder die Natur) verbunden — wie zum Beispiel der Gesang als Hilfe bei einer schweren Geburt: Das mythische Sprechen und Beschwören bringt den verkrampften Körper wieder mit seinem Signifikat, seinem Inhalt in Einklang. Die Wirksamkeit des Zeichens wird also nicht als Auflösung einer Formel verstanden. Indem man die signifikanten Elemente einer Formel dahin bringt, sich in diesem Tausch auszutauschen und aufzulösen, bewirkt man die gleiche Auflösung im Körper des Kranken: Die Elemente des Körpers (oder der Natur) beginnen wieder, sich auszutauschen. Der Einfluss der Zeichen auf den Körper (oder auf die Natur, wie in der Orpheus-Legende) und ihre wirksame Kraft ergibt sich genau daraus, dass sie kein »Wert« sind. In den primitiven Gesellschaften gibt es keine Rationalisierung des Zeichens, d. h. keine Aufteilung ihrer aktuellen Wirkung und ihres Referenzsignifikates — einen »Sinnvorrat«, in dem sich Analogien bilden. Die symbolische Operation ist nicht analogisch, sie ist auflösend, umwälzend, und sie bezieht sich auf die Materialität des Zeichens, das sie als Wert vernichtet und extreminiert. Da es kein Wert mehr ist, aktualisiert das Zeichen die Ambivalenz und somit den totalen Austausch, die totale Reversibilität des Sinns. Daher seine Wirksamkeit, denn alle Konflikte, auch die Krankheit, lösen sich immer nur im Austausch.
Indem dieses primitive Zeichen, das »effektive« Zeichen, die Ambivalenz aktualisiert, enthält es nichts Unbewusstes. Es ist klar und mit seiner sichtbaren

Das gleiche gilt für die Poesie, die sich dadurch definiert, dass sie sich eines *beschränkten* Korpus von Signifikanten bedient, dessen völlige Auflösung und Aufhebung sie anstrebt. Die Poesie oder das primitive Sprachritual beschränken sich gerade deswegen streng auf ein begrenztes Korpus, weil sie keine Produktion von Signifikaten beabsichtigen, sondern eine exakte Konsumation und eine zyklische Auflösung. Die *Begrenzung* ist weder restriktiv, noch wird sie durch einen Mangel verursacht: *Sie ist eine Grundregel des Symbolischen.* Im Gegensatz dazu ist der unerschöpfliche Charakter unseres Diskurses mit den Regeln der Äquivalenz und der Linearität verbunden, genauso wie die Unendlichkeit unserer materiellen Produktion untrennbar vom Übergang zur Äquivalenz im Tauschwert ist (gerade diese unendliche Linearität nährt gleichzeitig und in jedem Moment der Kapitalentwicklung die tatsächliche Armut und Phantasmatik endlichen Reichtums).

Der Signifikant, der sich verdoppelt und in sich selbst zurückkehrt, um sich abzuschaffen, macht die gleiche Bewegung der Gabe und Gegen-Gabe, des Gebens und Zurückgebens und der Reziprozität, in der der Tauschwert und der Gebrauchswert des Objektes abgeschafft werden — er vollendet genau den Zyklus, der in einem Nichts des Wertes resultiert. Und über dieses Nichts vermittelt sich die Intensität der symbolischen gesellschaftlichen Beziehungen, beziehungsweise der Genuss eines Gedichtes.

Es handelt sich dabei um eine *Revolution*. Was die Poesie mikroskopisch mit dem Phonem/Wert anstellt, vollzieht jede gesellschaftliche Revolution in ganzen Bereichen des Wertcodes (Gebrauchswert, Tauschwert, Äquivalenzregeln, Axiome, Wertsys-

Wirkung identisch. Es operiert nicht indirekt oder durch Analogie über eine verdrängte oder unbewusste Vorstellung (Lévi-Strauss neigt deutlich zu letzterer Auffassung, indem er einen Vergleich mit der Psychoanalyse – vgl. Der Zauberer und seine Magie, in: Strukturelle Anthropologie, S. 183–203 – und auch der ganzen psychoanalytischen Anthropologie anstellt). Dieses Zeichen besteht in seiner eigenen restlosen Wirksamkeit, und eben dadurch wirkt es auf die Welt ein und ist es die direkte Wirkungsweise der Welt.

teme, codierte Differenzen, rationale Zweckbestimmungen, etc.), wenn sich der Todestrieb in ihnen artikuliert, um sie aufzulösen. Das bezieht sich nicht auf die analytische Operation, die nicht in der gleichen Weise vorgeht: Im Gegensatz zur Wissenschaft als Akkumulationsprozess, *zerstört* eine wirklich analytische Operation ihren *Gegenstand*, der dadurch auf die Spitze getrieben wird. Der Terminus Analyse führt – nicht durch seine »konstruktive« Endbestimmung, sondern durch seinen wirklichen Zweck – zur Auflösung seines Gegenstandes und seiner eigenen Begriffe. Diese Analyse ist der erste Schritt eines Subjektes, das keineswegs beabsichtigt, seinen Gegenstand zu beherrschen, sondern das es akzeptiert, als Gegenleistung von ihm analysiert zu werden. In dieser Bewegung werden die jeweiligen Positionen beider unwiderruflich aufgelöst. Allein auf diese Weise können Subjekt und Objekt *ausgetauscht* werden, während sie sich durch ihre gegenseitige Positivierung (wie zum Beispiel in der Wissenschaft) nur verfestigen und unendlich gegenüber stehen. Die Wissenschaft beschäftigt sich mit der Konstruktion ihres Gegenstandes und mit seiner Wiederholung als Phantasma (sowie mit der phantasmatischen Reproduktion des wissenschaftlichen Subjektes). Dieses Phantasma ist mit der perversen Lust verbunden, kontinuierlich ein verblassendes Objekt zu restituieren, während es der Analyse und dem Genuss eigen ist, *das Objekt bis zum Äußersten zu treiben.*[35]

Die Poesie ist eine Wiederherstellung des symbolischen Tausches im Inneren der Wörter selbst. Dort wo im Diskurs der Signifikation die durch den Sinn finalisierten Wörter nicht aufein-

35 Auch hier ist es das Residuum der Analyse, das den Bereich des »Wissens« nährt. Es ist der konstruktive Eros der Wissenschaft – so wie sich auf den Residuen des Poetischen der Bereich der Kommunikation erhebt. Mit diesem Residuum spekulieren die Wissenschaft und der Diskurs in ihrem Imaginären, mit ihm produzieren sie ihren »Mehr-Wert« und mit ihm begründen sie ihre Macht. Was nicht in einer symbolischen Operation radikal auseinandergenommen und aufgelöst wird, erstarrt in der Totenmaske des Wertes – und die Kultur des Todes und der Akkumulation beginnt.

ander antworten und nicht miteinander sprechen (was auch für Wortteile wie Silben, Konsonanten und Vokale untereinander gilt), werden im Gegenteil dazu alle konstitutiven Elemente, nachdem die Sinninstanz einmal gebrochen ist, ausgetauscht und antworten einander. Sie werden nicht »befreit«, noch wird in ihnen ein tiefer oder »unbewusster« Gehalt »freigesetzt«: Sie werden einfach ausgetauscht, und in diesem Vorgang liegt der Genuss. Es ist nutzlos, das Geheimnis des Genusses in einer Energetik, in einer libidinösen Ökonomie oder in einer Dynamik von Strömen zu suchen: Er ist nicht mit dem Wirken einer Kraft verbunden, sondern mit der Aktualisierung eines Austausches — eines spurenlosen Austausches ohne die leiseste Mitwirkung einer Kraft. In diesem Austausch wird jede Kraft und das Gesetz, das hinter ihr steht, aufgelöst. Denn die Operation des Symbolischen ist ganz und gar Selbstzweck.

Die bloße Möglichkeit einer symbolischen Operation bedeutet eine Revolution gegenüber einer Ordnung, in der nichts und niemand, weder Wörter, noch Menschen, Körper oder deren Blicke unmittelbar kommunizieren dürfen, sondern nur als Werte durch die Modelle hindurchgehen dürfen, durch die sie erzeugt werden und die sie in einer totalen gegenseitigen »Entfremdung« reproduzieren... Eine Revolution findet überall dort statt, wo ein Tausch begonnen wird, der die Modellfinalität, die Vermittlung über den Code und den konsekutiven Wertzyklus bricht. Dabei ist es gleich, ob es sich um einen infinitesimalen Austausch von Phonemen und Silben in einem poetischen Text handelt oder um den von Tausenden von Menschen, die in einer revoltierenden Stadt miteinander sprechen. Denn das Geheimnis gesellschaftlichen Sprechens und der Revolution liegt gerade in dieser anagrammatischen Zersetzung der Machtinstanz, in der radikalen Auflösung jeder übergeordneten gesellschaftlichen Instanz. Der zerstörte Körper der Macht wird als soziale Parole im Gedicht der Revolte ausgetauscht. Von dieser Sprache bleibt nichts übrig und sie wird nirgendwo akkumuliert. Die Macht wird immer aus dem wiedergeboren, was innerhalb dieser Sprache nicht konsumiert wird, denn die Macht ist ein Residuum der Sprache. Dieselbe anagrammatische Zersetzung, die dem Signifikanten im Gedicht, dem Körper in der Erotik und dem Wissen und seinem Gegenstand in der analytischen Operation widerfährt, geschieht auch in der gesellschaftlichen Revolte. Die Revolution ist symbolisch oder sie ist nicht.

## Das Ende des Anathemas

Die Wissenschaft Linguistik kann insgesamt als Widerstand gegen diese Operation der Zerstreuung und Auflösung von Buchstaben analysiert werden. Überall findet sich der gleiche Versuch, das Poetische auf ein Sagen-Wollen zu reduzieren, es mit einem Deckmantel von Sinn zu umgeben und die *Utopie* der Sprache zu brechen, um sie zur Topik des Diskurses zurückzuführen. Dem Zyklus der buchstäblichen Entsprechung (*Reversibilität und Dissemination*) setzt die Linguistik die Ordnung der Diskursivität entgegen (*Äquivalenz und Akkumulation*). Diese Gegenoffensive kann man in allen Interpretationen beobachten, die hier und dort der Poesie gewidmet werden (Jakobson, Fónagy, Umberto Eco – siehe unten in »Das Imaginäre der Linguistik«). Diesem Widerstand entspringt auch die psychoanalytische Interpretation, auf die wir noch zurückkommen werden. Denn das Symbolische hat eine derartige Radikalität, dass alle Wissenschaften oder Disziplinen, die daran arbeiten, es zu neutralisieren, zum Ausgleich ihrerseits von ihm analysiert und ihrer Unkenntnis überführt werden.

Durch Saussures anagrammatische Hypothese werden alle Prinzipien von Linguistik und Psychoanalyse in Frage gestellt. Unter dem Vorwand, nur ein Inventarium zu erstellen, hat er sie genau auf den Punkt gebracht. Was aber nicht daran hindert, seine Hypothese bis zur letzten Konsequenz weiterzuentwickeln. In jedem Falle ist *die Radikalisierung von Hypothesen die einzig mögliche Methode*. In der Ordnung der Analyse ist die theoretische Gewalttätigkeit ein Äquivalent jener dichterischen Gewalt, »die alle Atome des Satzes neu ordnet«[36], wie Nietzsche sagt.

Wir werden mit Starobinskis Kommentar zu Saussure beginnen. Es geht dabei hauptsächlich um zwei Aspekte: das thematische Wort (seine Existenz oder seine Nicht-Existenz) und die Besonderheit des Poetischen (und somit der Entdeckung Saussures).

Saussures ganze Argumentation stützt sich anscheinend auf die *reale* Existenz eines Schlüsselwortes, einer latenten Signifikation, einer »Matrix« oder eines »corpus princeps«: »Diese Versifikation ist ganz und gar von einem lautlichen Ziel beherrscht, sowohl im Innern und frei (die Korrespondenz der Elemente untereinander, in Paaren oder in Reimen), als auch von außen her, das heißt, indem sich die lautliche Komposition von einem Namen wie Scipio, Jovei usw. beeinflussen lässt.«[37] Wie man weiß, hat er, nachdem er diese Idee hatte, sich alle Mühe gegeben, einen Beweis dafür zu finden. Saussure ging damit in die Falle wissenschaftlicher Beweisführung, er verfiel in den Aberglauben der Faktizität. Glücklicherweise scheiterte er mit dieser Beweissuche (nämlich an der Frage, ob der archaische Dichter seine Arbeit wissentlich nach dem Anagramm eines thematischen Wortes ausrichtete), und dieses Scheitern bewahrte gerade die Reichweite seiner Hypothese. Wäre sie als Beweis gefasst, so beschränkte sie sich auf einen bestimmten Typus archaischer Dichtkunst — was noch schlimmer wäre, sie beschränkte die dichterische Tätigkeit auf die formelle Gymnastik des Kryptogramms und auf ein Versteckspiel mit einem Schlüsselwort, wobei es um das Wiederauffinden eines absichtlich verflüchtigten und zergliederten Ausdrucks ginge. So aber verläuft Starobinskis Interpretation: »Die poetische ›Rede‹ wird also nichts anderes sein als die zweite Seinsweise eines Namens: eine entfaltete Variation, die einen scharfsinnigen Leser die evidente (wenngleich zerstreute) Anwesenheit der leitenden Pho-

36 [Nietzsche, Die fröhliche Wissenschaft, 84: Vom Ursprunge der Poesie.]
37 Starobinski, Wörter unter Wörtern, S. 27.

neme wahrnehmen lässt. Das Hypogramm gleitet vom einfachen Namen in die komplexe Ausbreitung der Silben eines Verses, es wird darum gehen, die leitenden Silben zu erkennen und zu sammeln, wie Isis den zerstückelten Körper des Osiris wieder zusammensetzte.«[38]

Starobinski eliminiert von vornherein sowohl emanistische oder mystische Interpretationen (das thematische Wort als Keim, der über den ganzen Vers erblüht), wie die produktive Interpretation (das thematische Wort wird vom Dichter als Raster der Kompositionsarbeit benutzt). Das thematische Wort ist weder Ursprungszelle noch Modell: Saussure versucht keineswegs eine semantische Hauptbeziehung zwischen den beiden (nominalen und anagrammatisierten) Ebenen des Wortes herzustellen. Gliederpuppe[39], Skizze, Miniatur-Szenario, Thema oder Anathema, welche Bedeutung soll man dem thematischen Wort geben? Das ist wichtig, denn es steht das ganze Schema der Signifikation, der »Zeichen-Bildung«, auf dem Spiel: Zumindest ist gewiss, dass man aus dem thematischen Wort kein Signifikat eines Signifikanten machen kann, der ein Gedicht wäre — nicht weniger gewiss ist, dass zwischen den beiden, wenn auch keine *Referenz*, so doch zumindest eine *Kohärenz* besteht. Starobinski scheint sich eng an Saussure zu halten, wenn er vorschlägt: »Das latente thematische Wort unterscheidet sich vom manifesten Text nur durch seine Verdichtung. Es ist ein Wort unter den Wörtern des entfalteten Verses: Es unterscheidet sich also von ihnen nur auf die Weise, in der sich das Eine vom Vielfachen unterscheidet. Vor dem gesam-

38 Starobinski, ebenda, S. 25.

39 [frz. »mannequin«. Um die hier unangebrachten deutschen Assoziationen zur Vorführdame für Moden zu vermeiden, hat die Übersetzerin von Starobinski/Saussure die ursprüngliche Bezeichnung »Gliederpuppe« gewählt. »Saussure weist im Corpus der poetischen Rede begrenzte Gruppen von Wörtern nach, deren Anfang und Ende dem Anfang und Ende des thematischen Wortes entsprechen und sein Indiz ausmachen. Saussure greift zunächst auf den Begriff ›locus princeps‹ zurück; er wird ihm den Terminus ›Gliedergruppe‹ hinzufügen, den er beibehält.« (Starobinski, ebenda, S. 38)]

ten Text gekommen, hinter dem Text oder eher in ihm verborgen, zeigt das thematische Wort keinerlei qualitative Abweichung: Es ist weder von höherem Wesen noch von bescheidenerer Natur. Es bietet seine Substanz einer interpretativen Erfindung dar, die es in einem verlängerten Echo überleben lässt.«[40] Aber wenn es ein Wort *wie* jedes andere ist, warum muss es dann verborgen und latent sein? Andererseits ist der »manifeste« Text etwas anderes als »Ausführung, Vervielfältigung, Verlängerung und Echo« des thematischen Wortes (das Echo an sich ist nicht poetisch): Eben darum gibt es Dissemination, Zergliederung und Dekonstruktion. Dieser Aspekt der anagrammatischen Operation ist Starobinski selbst in seiner nuanciertesten Interpretation entgangen: »Die Sprechweise des thematischen Wortes erscheint entstellt, einem anderen Rhythmus unterworfen als dem der Vokabeln, in denen die manifeste Rede abläuft; das thematische Wort dehnt sich in einer Weise aus wie das Thema einer Fuge, wenn es als *Imitation durch Erweiterung* behandelt wird. Da das thematische Wort jedoch niemals Gegenstand einer Exposition gewesen ist, kann es sich nicht darum handeln, es wiederzuerkennen: Es muss erahnt werden, in einer Lektüre, die auf die möglichen Verbindungen zwischen den im Raum ausgebreiteten Phonemen aufmerksam ist. Diese Lektüre entwickelt sich nach einem anderen Tempo (und in einem anderen Tempus): Im Grenzfall muss die Zeit der ›Konsekutivität‹, wie sie der gewohnten Sprache eigen ist, verlassen werden.«[41]

Obwohl diese Interpretation subtiler ist, indem sie sich als analytische Vorgehensweise präsentiert (schwebende Aufmerksamkeit auf einen latenten Diskurs), scheint sie dennoch den Fehler der Unterstellung einer generativen Formel zu machen, deren zerstreute Präsenz im Gedicht immer nur sekundär wäre, wobei sie aber immer dazu dienen könnte (gerade darin besteht das Wesen

40 Starobinski, ebenda, S. 87.

41 Starobinski, ebenda, S. 34f.

der Lektüre), wieder Identität herzustellen. Eine doppelte und simultane Präsenz auf zwei Ebenen: Der zerstückelte Osiris ist derselbe in anderer Form, sein Ziel ist, nach einer Phase der Auflösung wieder Osiris zu werden. Die Identität bleibt latent erhalten, und der Prozess der Lektüre ist ein Prozess der Identifizierung.

Das ist ein Trugschluss, darin besteht die linguistische *Verteidigung*: So komplex sie auch sein mögen, all diese Interpretationen machen aus der Poesie immer nur eine supplementäre Tätigkeit und einen Umweg für den Erkenntnisprozess (eines Wortes, Begriffes oder Subjektes). Man liest immer das Gleiche. Aber wozu diese mühsame Übersetzung — und warum soll all das poetisch sein? Wenn es nur darum geht, ein und denselben Ausdruck zu wiederholen und wenn der Vers nur die lautliche Aufteilung eines Schlüsselwortes ist, so ist all das nur eine überflüssige Komplizierung und Verfeinerung. Und wo wäre dabei ein Genuss? Die Intensität des Poetischen verdankt sich niemals der Wiederholung einer Identität, sondern der *Zerstörung* von Identität. Eben diese Fehleinschätzung führt zu der linguistischen Reduktion; gerade hier verzerrt sie das Poetische auf subtile Weise im Sinne ihrer eigenen Axiome: Identität, Äquivalenz, Brechung und Spiegelung des Gleichen, »Imitation durch Erweiterung«, etc. Bloß niemals zugestehen, was im Anagramm an verrückter Brechung, Verdammung von Signifikanz und Tod als symbolische Form der Sprache enthalten ist. Beim Spiel der Linguistik bleiben, in dem die Poesie nur eine Chiffre ist, ein »Schlüssel« im Sinne der Entschlüsselung eines Traumes.

Aber das wären nur Gesellschaftsspiele, in denen nichts anderes geschieht. Das wäre nur schlechte Poesie, Allegorie oder »figurative« Musik, die sich allzu leicht auf das zurückbezieht, was sie »bezeichnet«, beziehungweise nur in anderen Ausdrücken metaphorisiert. Also Scharaden, Rätselspiele oder Schüttelverse, bei denen alles mit der Entdeckung des Schlüsselwortes getan ist. Und sicherlich machen diese Umwege Spaß, es ist ein Vergnügen die Maske des Verborgenen zu lüften, dessen geheime Präsenz einen anzieht. Aber dieses Vergnügen hat nichts mit poetischem Genuss zu tun, der auf andere Weise radikal und *nicht pervers* ist: Er entdeckt nichts, in ihm wird nichts ausgedrückt, nichts wird transparent. Keine »Rätselspiele«, kein Geheimwort, kein zugrundeliegender Sinn. Das Poetische macht jede Bahnung in Richtung auf einen letzten Begriff, jede Referenz und jeden Schlüssel zunichte: Es löst das *Anathema* auf, das heißt, das auf der Sprache lastende Gesetz.

Man kann annehmen, dass der Genuss direkt von dieser Auflösung jeder positiven Referenz abhängig ist. Gering ist er dort, wo das Signifikat sich unmittelbar als Wert produziert: Nämlich im »normalen« Diskurs der Kommunikation — in der linearen und glatten Sprechweise, die sich in der Decodierung erschöpft. Jenseits dieses Diskurses – dem Nullpunkt des Genusses – gibt es alle möglichen Kombinationen; hier beginnt ein Versteckspiel mit dem Signifikat, also ein Entziffern und kein simples Decodieren. Im traditionellen Anagramm oder Schlüsseltext, etwa dem »Yamamoto kakapoté«[42] oder in den Texten der FLIEGENDEN BLÄTTER (die Lyotard analysiert hat)[43] befindet sich hinter einem manifesten kohärenten oder inkohärenten Text ein latenter Text, der wiederzufinden ist. In all diesen Fällen gibt es eine Verschiebung, ein Verrücken des Signifikates oder letzten Wortes der Geschichte, das heißt einen Umweg über den Signifikanten — eine »différance«, würde Derrida sagen.[44] Aber es ist jedenfalls möglich, auf irgendeinem Wege das Endwort oder die den Text strukturierende Formel zu fassen zu kriegen. Diese Formel kann unterbewusst (wie im Witz, auf den wir noch zu sprechen kommen) oder unbewusst (wie im Traum) sein, aber immer ist sie kohärent und diskursiv. Ist diese Formel gefunden, so ist der Kreislauf des

42 [Konnte nicht ermittelt werden.]

43 Vgl. Lyotard, Le Travail du rêve ne pense pas. [FLIEGENDE BLÄTTER war eine humoristische, reich illustrierte Wochenschrift, die 1845–1944 in München erschien und von Freud in seiner »Traumdeutung« mehrmals erwähnt wurde.]

44 [Vgl. Derrida, La différance.]

Sinns abgeschlossen. Und der Genuss ergibt sich in all diesen Fällen aus dem Ausmaß des Umweges, der Verzögerung, des Aussagedefizits und der Zeit, die es dauert ihn wiederzufinden. In den Gesellschaftspielen ist der Genuss also nur sehr begrenzt; intensiver ist er beim Witz, bei dem eine Dechiffrierung überflüssig ist und bei dem man in dem Maße lacht, wie der Sinn zerstört wird. *Unendlich ist er beim poetischen Text,* weil in ihm keinerlei Chiffre wiederauffindbar und keine Dechiffrierung möglich ist – es gibt kein Signifikat, das dem Kreislauf ein Ende setzt. In ihm ist die Formel nicht einmal mehr unbewusst (hier liegt die Grenze aller psychoanalytischen Interpretationen), *denn es gibt sie nicht.* Der Schlüssel ist endgültig verloren gegangen. Darin liegt der Unterschied zwischen dem Vergnügen einfachen Entzifferns (also der ganzen Kategorie erfolgreicher Suchereien, deren Mühen immer durch ein positives Residuum belohnt werden) und der symbolischen Ausstrahlung eines Gedichtes. Oder: Wenn das Gedicht zu irgendetwas zurückführt, so immer auf ein NICHTS, auf den Terminus Nichts, auf ein Null-Signifikat. Darin liegt der Rausch vollständiger Auflösung, die den Platz des Signifikates völlig leer lässt und die Intensität des Poetischen verursacht.[45]

45 Aber die Auflösung jeglichen Signifikats ist zur Erzeugung von Poesie noch nicht ausreichend. Wenn es so wäre, genügte es einfach ein Lexikon aufzuschlagen oder eine zufällige automatische Schreibweise vorzuführen. Es muss dazu kommen, dass der Signifikant sich in einer radikalen und keineswegs zufälligen Operation auflöst, sonst bleibt er »residuell«, und seine Absurdität allein rettet ihn nicht vor einer Erstarrung. In der automatischen Schreibweise zum Beispiel gibt es wohl eine Abschaffung des Signifikats (»das will nichts bedeuten«), auch wenn sie vollständig von der Nostalgie des Signifikats lebt: Ihr Vergnügen besteht darin, jedem Signifikat eine Chance zu geben. Aber der Signifikant wird in ihr in jedem Fall ohne jede Kontrolle oder Auflösung als Abfall des Augenblicks produziert: Die dritte Regel des gewöhnlichen Diskurses (siehe oben), die der absoluten Verfügbarkeit über den Signifikanten, wird weder gebrochen noch überschritten. Der Modus des Poetischen umfasst aber beides: *die Liquidierung des Signifikats und die anagrammatische Auflösung des Signifikanten.*

»Aboli bibelot d'inanité sonore«[46]: Ein vollendeter Vers, in dem die anagrammatische Form zusammengefasst wird. »Aboli« (abschaffen) ist das allgemeine thematische Wort, das den ganzen Vers durchzieht und zum Nichts zurückführt. Die anagrammatische Form und ihr Inhalt gehen hier eine einzigartige Verbindung ein. Selbst innerhalb des Rahmens der Hypothese Saussures lässt sich zum thematischen Wort noch viel sagen. Ist das Hypogramm der Name eines Gottes oder eines Heros, so ist es kein beliebiges »Signifikat«, es ist sogar überhaupt kein Signifikat. Bekanntlich ist die buchstäbliche Anrufung Gottes wegen der dabei entfesselten Mächte gefährlich. Deshalb verlangt die Anagrammatisierung als verschleierte Beschwörungsformel ein strenges, aber indirektes Buchstabieren des göttlichen Namens — also eine Form der Anspielung, die vom Modus der Signifikation gänzlich verschieden ist. Denn der Signifikant hat die Funktion einer Abwesenheit, Zerstreuung und Tötung des Signifikates. Der göttliche Name kommt hier erst durch das Verbergen seiner Zerstörung zur Erscheinung — so wie in der Opferhandlung, in der er im buchstäblichen Sinne des Wortes ausgelöscht wird.

Von da aus ist klar, dass die Vertrauensfrage, die Saussure sich selbst stellt und auf der alle Einwände Starobinskis beruhen — zum Beispiel die *positive* Existenz des thematischen Wortes — unwesentlich ist, da der Name Gottes immer nur existiert, um vernichtet zu werden.

Wir können mit einem göttlichen Namen nichts anfangen, mit dem keinerlei Genuss verbunden ist. Ein Genuss ergibt sich immer aus dem Tod Gottes und seines Namens, und allgemeiner gesagt aus dem Tod von irgendetwas Vorhandenem: eines Namens, eines Signifikanten, einer Instanz oder eines Gottes — *nichts bleibt übrig*. Daraus folgt eine einschneidende Revision unserer anthropologischen Konzeptionen. Es wird angenommen, dass die Poe-

46 [Stéphane Mallarmé, Ses purs ongles très haut..., II (Plusieurs sonnets, IV). »(...) auch keiner Muschel Tand als Klangnichts für die Ohren, (...)«.]

sie immer eine Exaltation und positive Zelebration eines Gottes oder eines Heros (und seither auch anderer vergangener Dinge) war, aber es muss im Gegenteil dazu erkannt werden, dass sie nur deswegen schön und intensiv ist, weil sie Gott dem Tode überantwortet und ein Ort seiner Auflösung und Opferung ist, weil alle »Grausamkeit« (im Sinne Artauds), alle Ambivalenz gegenüber den Göttern genau in ihr enthalten ist. Man muss schon so naiv sein wie ein Abendländer, um zu glauben, dass die »Wilden« vor ihren Göttern so in die Knie gegangen sind, wie wir es vor den unseren machen. Sie haben es immer verstanden, in ihren Riten ihre Ambivalenz gegenüber den Göttern zu aktualisieren. *Vielleicht haben sie die Götter sogar nur erfunden, um sie zu töten*. Das ist im poetischen Bereich noch lebendig. In der Poesie wird nicht Gott in anderer Form angerufen und auch sein Name wird in ihr nicht »unendlich« wiedergekäut (Welchen Sinn hätte eine Wiederholung? Um seinen Namen zu wiederholen, genügen Gebetsmühlen), er wird in ihr aufgelöst, zergliedert und *in seinem eigenen Namen geopfert* — man könnte Bataille folgend sagen, dass in der Poesie die Diskontinuität (Diskursivität) des Namens in der radikalen Kontinuität des Gedichtes aufgelöst wird. Ekstase des Todes.

Im Gedicht ist weder Gott — auch nicht in versteckter Form — das Subjekt der Aussage, noch ist der Dichter das Subjekt der Aussage. Die Sprache selbst ergreift das Wort, um sich im Gedicht zu verlieren. Und der Name Gottes ist auch der Name des Vaters: Das Gesetz (der Verdrängung, des Signifikanten, der Kastration), das er gleichzeitig über dem Subjekt und der Sprache errichtet, wird im Anagramm vernichtet. Der poetische Text ist ein endlich realisiertes Beispiel einer spur- und restlosen Resorbierung eines Signifikantenatoms (der göttliche Name), durch die die Instanz der Sprache selbst resorbiert wird, wodurch wiederum eine *Auflösung* des Gesetzes stattfindet.

Das Gedicht ist eine tödliche Deklinierung des göttlichen Namens. Und für uns, die wir keinen Gott mehr haben und für die die Sprache zum Gott geworden ist (der volle und phallische Wert des göttlichen Namens ist für uns in die ganze Breite des Diskurses übergegangen), ist die Poesie der Ort, an dem wir unsere Ambivalenz gegenüber der Sprache und unsere eigene Macht zur Vernichtung des Codes zum Ausdruck bringen.

## Die neun Milliarden Namen Gottes

In einer Science Fiction-Story von Arthur C. Clarke[47] hat eine Lama-Brüderschaft im fernsten Tibet ihr ganzes Leben der Auflistung der Namen Gottes gewidmet. Diese Namen sind sehr zahlreich: neun Milliarden. Sind alle gesagt und dekliniert worden, geht die Welt, beziehungweise ein ganzer Weltzyklus zu Ende. Schritt für Schritt und Wort für Wort dem Weltende entgegenzugehen, indem der ganze Korpus der Signifikanten Gottes ausgeschöpft wird: Das ist ihr religiöser Wahn — oder die Wahrheit ihres Todestriebes.

Aber die Lamas entziffern langsam, ihre Aufgabe hat schon Jahrhunderte in Anspruch genommen. Da hören sie von geheimnisvollen abendländischen Maschinen, die in sagenhafter Weise aufzeichnen und dechiffrieren können sollen. Und einer von ihnen bestellt bei IBM einen leistungsstarken Computer, um die Erfüllung ihrer Aufgabe zu beschleunigen. Amerikanische Techniker kommen ins Bergland von Tibet, um den Rechner zu installieren und zu programmieren. Nach ihren Angaben sollen drei Monate reichen, um mit den neun Milliarden Namen fertig zu werden.[48] Sie selbst glauben natürlich kein Wort von den prophezeiten Konsequenzen dieser Auflistung und kurz vor dem Abschluss ihrer Arbeit fliehen sie aus dem Kloster, da sie befürchten, dass die Mönche sich angesichts der Nichterfüllung ihrer Vorher-

47 [Vgl. Clarke, The nine billion names of God (1953)].

48 Diese Geschichte ist nicht nur aufgrund ihres Inhaltes so lustig: Denn wenn es überhaupt etwas gibt, das daran scheitert, den Tod einzuschreiben und in dem der Tod ausgegrenzt wird, so sind das die kybernetischen Systeme.

sage gegen sie wenden würden. Während sie wieder in die zivilisierte Welt hinuntersteigen, sehen sie, wie ein Stern nach dem anderen erlischt...

Auch das Gedicht beinhaltet eine totale Auflösung der Welt, insofern die einzelnen Phoneme des göttlichen Namens in ihm aufgezehrt werden. Wenn die anagrammatische Deklination beendet ist, bleibt nichts mehr übrig; ein Weltzyklus ist durchlaufen und der intensive Genuss des Gedichtes kommt nur daher.

Der zweite Punkt in Starobinskis Kommentar betrifft die Besonderheit des Poetischen selbst. Im Grunde, sagt er, können die von Saussure entdeckten Regeln, die er einem wohlüberlegten Kalkül zuschreibt, auf grundsätzliche Gegebenheiten jeder Sprache zurückgeführt werden. Über die erste Regel (der Paarbildung) schrieb bereits Saussure Folgendes: »Die gesamten lautlichen Chancen, die die Sprache demjenigen, der sie anwenden will, in jedem Augenblick bietet (...) sind vielfältig genug, um keinerlei mühevolle Kombination zu erfordern, sondern um nur eine *aufmerksame* Kombination zu erfordern«[49] (im äußersten Fall noch nicht einmal das: Der Zufall oder reine Wahrscheinlichkeit könnten genügen). Und Starobinski folgert weiter: »Die hier festgestellten Fakten lautlicher Symmetrie« (der Begriff »Symmetrie ist bereits eine Reduktion, denn er deutet an, dass die Verdoppelung nur eine spiegelhafte Redundanz ist) »sind beeindruckend: Aber sind sie wirklich die Auswirkung einer befolgten Regel (von der kein ausdrückliches Zeugnis überlebt hätte)? Könnte man nicht, um diese Vielfalt der inneren Entsprechungen zu begründen, auf ein nur wenig bewusstes und gleichsam instinktives Vergnügen am Echo verweisen?«[50]

»Ein instinktives Vergnügen am Echo«: Der Dichter wäre somit nur ein Beschleuniger von Sprachpartikeln, er würde nichts

49 Saussure, zit. n. Starobinski, Wörter unter Wörtern, S. 96.
50 Starobinski, ebenda, S. 32.

anderes machen, als den Redundanzgrad der gewöhnlichen Sprache zu erhöhen. Das sei »Inspiration«, und dafür brauche man kein Kalkül, ein bisschen »Aufmerksamkeit« und »Instinkt« genügen: »Ist es erforderlich, dass die Ausübung der Poesie bei den Alten eher dem Ritual einer Obsession ähnelt als dem Aufschwung des inspirierten Wortes?«[51] Sicherlich kann man einen formalen Zwang voraussetzen: »Es ist wohl wahr, die überlieferte Skandierung unterwarf die Sprechweise des Vates einer Regelmäßigkeit, die man bereits als besessen qualifizieren könnte. Nichts verbietet es — solange die Tatsachen dem entsprechen —, sich eine Überbietung der ›formalen‹ Erfordernisse vorzustellen, die den Dichter verpflichtete, in jedem Vers jedes lautliche Element zweimal zu benutzen«[52]. Aber ob der Dichter nun ein inspirierter Verstärker oder ein besessener Kalkulator sein soll, es handelt sich um dasselbe Interpretationsmuster: Die Paarbildung und das Anagramm sind Auswirkungen von Resonanz, Redundanz, »Imitation durch Erweiterung«, etc. — kurz, die Poesie ist ein Kombinationsspiel, und da jede Sprache kombinatorisch ist, wird die Poesie zu einem Spezialfall der Sprache: »Warum könnte man nicht im Anagramm einen Aspekt des *Prozesses* der Rede sehen — des weder rein zufälligen noch voll bewussten Prozesses? Warum sollte nicht eine Wiederholung, eine fruchtbare Palilalie existieren, die in der Rede die Materialien eines zugleich nicht ausgesprochenen und nicht stummen Wortes projizieren und verdoppeln würde? Ohne eine bewusste Regel zu sein, könnte das Anagramm nichtsdestoweniger als eine *Regularität* (oder ein Gesetz) betrachtet werden, worin sich die Willkür des thematischen Wortes der Notwendigkeit eines Prozesses ausliefert.«[53] Und was bleibt von der Hypothese des thematischen Wortes und seiner radikalen Auflösung? »Sie ist zugleich die Entdeckung einer ganz einfachen Wahrheit: Dass die Sprache jene unendliche Quelle ist und dass sich hinter jedem

51 Starobinski, ebenda.

52 Starobinski, ebenda.

53 Starobinski, ebenda, S. 127.

Satz das vielfache Gemurmel verbirgt, wovon sie sich gelöst hat, um sich vor uns in ihrer Individualität zu vereinzeln.«[54] Aber was hat Saussure dann entdeckt? War alles ein »Taumel des Irrtums«? Schlimmer noch: eine Plattitüde? Wenn man sie so verallgemeinert, wird seine Hypothese zerstört. So wird mit aller linguistischen »Gutgläubigkeit« die radikale Differenz der Poesie verleugnet. Saussure war zumindest vom Rausch der Poesie erfasst – einem Rausch von solcher Stärke, dass er beobachten konnte, wie die Sprache zu sich selbst zurückkehrt und mit ihrem eigenen Material operiert, anstatt sich linear zu entwickeln und einfältig aufeinander aufzubauen wie im gewöhnlichen Diskurs. Nichts davon bei Starobinski: Die Stärke ist zur psychoanalytischen Kategorie der »Obsession« geworden; die Verdopplung ohne Residuum ist zur Wahrscheinlichkeit von Okkurrenz/Rekurrenz geworden und die anagrammatische Auflösung ist zum »vielfachen Gemurmel der Sprache« geworden, zu einem harmonischen Gefüge, dessen Sinn sich nach und nach herausstellt: »Jeder Diskurs ist eine Gesamtheit, aus der sich Untereinheiten entnehmen lassen (...) jeder Text ist also selbst die Untereinheit eines anderen Textes (...) jeder Text umschließt einen anderen Text und wird selbst von einem anderen Text umschlossen (...) jeder Text ist ein produktives Produkt, etc.«[55] Und vorwärts mit den russischen Puppen und der Textualität »der Tiefe«, die Tel quel[56] so lieb ist.

Starobinskis ganze Argumentation läuft auf Folgendes hinaus: Entweder ist der Dichter ein vom Formalismus Besessener (wenn man der Hypothese Saussures folgt) oder seine Handlungsweise gleich der der ganzen Sprache – dann ist Saussure der Besessene: Alles, was er zu entdecken glaubte, ist nur eine retrospektive

54 Starobinski, ebenda, S. 126f.

55 Starobinski, ebenda, S. 127 und vorher.

56 [Tel quel (»wie es ist«) war eine literaturkritische Bewegung um die gleichnamige Zeitschrift, die 1960 von Philippe Sollers, Jean-Edern Hallier und Jean-Pierre Faye gegründet wurde und wo wesentliche Begriffe des Poststrukturalismus in Veröffentlichungen von Michel Foucault, Jacques Derrida, Roland Barthes, Gérard Genette, Julia Kristeva u.a. Gestalt annahmen.]

Illusion des Forschers, denn »jede komplexe Struktur bietet dem Beobachter genügend Elemente dar, um daraus eine scheinbar mit Sinn versehene Untereinheit auszuwählen, der sich ohne irgendein Hindernis a priori eine logische oder chronologische Vorgängigkeit zusprechen lässt.«[57] Armer Saussure, der überall Anagramme sah und seine Hirngespinste den Dichtern zuschrieb!

Starobinski und die Linguisten träumen nicht: Indem sie Saussures Hypothese bis ins Unendliche verifizieren, reduzieren sie sie auf Null. Es genügte dazu, sie nach ihrem *Inhalt* abzuklopfen (Einführung des thematischen Wortes, seine positive Stellung, seine Metamorphosen), anstatt sie ihrer *Form* nach zu beurteilen. Die Poesie besteht weder in der Produktion, noch in Kombinationsvariationen eines Themas oder einer zu identifizierenden »Untereinheit«. Und wenn es doch so wäre, würde sie sogleich in den allgemeinen Diskursmodus zurückfallen (und außerdem würde man weder die *Notwendigkeit* von Poesie und ihre differenzielle Bedeutung verstehen, noch dem der Poesie gegenüber dem Diskurs eigenen Genuss). Entscheidend ist, dass überall in der anagrammatischen Arbeit der *Punkt der Nicht-Wiederkehr* erreicht wird, um welchen Ausdruck oder um welches Thema es auch immer gehen mag. An diesem Punkt bedeutet die Frage der Nachweisbarkeit oder Nicht-Nachweisbarkeit eines thematischen Wortes eine falsche Problemstellung – und zwar nicht, weil im Grunde jede Sprache eine Art von Chiffre oder Formel enthält, wie Starobinski meint, sondern weil die poetische Form gerade in der *Vernichtung* solcher Chiffren besteht. Und die von Saussure beschriebene Form gilt für alle Poesie, von der ältesten bis zur modernsten. Dieses Prinzip der Vernichtung der Chiffre ist auch dann voll intelligibel, wenn die Existenz dieser Formel nicht nachgewiesen werden kann.[58] Diese Chiffre, die in der archaischen Poesie die Ge-

57 Starobinski, Wörter unter Wörtern, S. 47.

58 In gewisser Weise verhält es sich genauso mit Freuds Hypothese über den Todestrieb, der nach seiner eigenen Einschätzung auf klinischer Ebene, also als Prozess und Inhalt nicht verifizierbar ist, aber als psychisches Funktionsprinzip und Anti-Logos als Form revolutionär ist.

stalt eines thematischen Wortes annehmen konnte, kann in der modernen Poesie nur noch eine als solche nicht isolierbare signifikante Konstellation sein, das heißt ein Buchstabe oder eine Formel, die im Sinne Leclaires für immer verloren gegangen oder unbewusst geworden ist, oder auch zu einem »signifikanten Differenzial«, von dem Tel quel spricht. Was auch immer die Formel bildet, wesentlich ist, dass die Poesie nicht als ihr Erscheinungsmodus verstanden wird, sondern als ihr Vernichtungsmodus. In diesem Sinne war Saussures Scheitern bei der Beweissuche sehr wichtig: Hätte er den Inhalt verifiziert, so hätte er der Form ihre Radikalität genommen. Das Scheitern und der Rausch Saussures, der zumindest die Notwendigkeit von Poesie aufrechterhalten hat, ist bedeutsamer als alle Banalitäten, die sich mit der Poesie als einem Bestandteil universeller Sprache bescheiden.

## Das Imaginäre der Linguistik

Es soll nun unabhängig von Saussure untersucht werden, wie die Linguisten sich mit der Poesie arrangiert haben und wie deren »Wissenschaft« von der Poesie bedroht wird. Im Großen und Ganzen verteidigen sie sich gegen diese Gefahr genauso wie die Vertreter der politischen Ökonomie (und ihre marxistischen Kritiker) gegen die Alternative des Symbolischen sowohl in früheren Gesellschaften wie in der unseren. Sie alle wollen ihre Kategorien differenzieren und modifizieren, ohne jedoch etwas an ihrem Rationalitätsprinzip zu ändern — ohne etwas an den willkürlichen und imaginären Vorstellungen zu ändern, mit deren Hilfe sie die Ordnung des Diskurses und der Produktion im ganzen Universum hypostasieren. Die Wissenschaften haben guten Grund, an diese Ordnung zu glauben, denn sie sind die dazugehörigen Ordnungshüter.

Zwar geben die Linguisten zu, dass die Willkür des Zeichens in der Poesie ein bisschen durcheinander gebracht wird — aber keineswegs die Trennung von Signifikant und Signifikat selbst oder etwa das Gesetz der Äquivalenz- und Repräsentationsfunktion. In gewisser Weise repräsentiere der Signifikant in der Poesie das Signifikat sogar viel besser, da er es direkt »ausdrückt«, und zwar entsprechend einer *notwendigen* Korrelation zwischen jedem Grundelement des Signifikanten und dem, was er ausdrücken soll — anstatt es wie im Diskurs willkürlich zu bestimmen. Dem Signifikanten wird eine Autonomie zugestanden (Ivan Fónagy schreibt: »Begriffliche Aussagen, die durch die Vermittlung von Lauten übermittelt werden, unterscheiden sich notwendigerweise von vorbegrifflichen Aussagen, die in den Lauten selbst und in den Rhythmen enthalten sind. Diese beiden Aussageformen können koinzidieren oder divergieren...«[59]), aber im Grunde nur, damit er um so besser nicht nur durch Konvention, sondern aufgrund seiner Materialität und Körperlichkeit inkarniert, was er sagen will: »In Swinburnes Versen spüren wir wie der Wind weht«. Anstatt das Phonem zu einer ersten Artikulation wird, wie in der begrifflichen Sprache, wird es *zur Einheit einer zweiten Artikulation, die zur Repräsentation wird* — aber die Form der Repräsentation als solche hat sich nicht geändert. Immer soll es darum gehen, auf etwas zurückzuverweisen — und zwar nicht mehr nur mit den Ausdrücken der Sprache (langue) oder der Syntax der Leitbegriffe, sondern mit Hilfe von Vokalen, Silben, Sprachatomen und deren Kombination zu einem Rhythmus auf ein elementares Sein oder eine Ursprungsinstanz der Dinge (der »Wind« als Primärprozess!). Zwischen der Substanz der Sprache und der Substanz der Welt (der Wind, das Meer, die Gefühle, die Leidenschaften, das Unbewusste: alles »Vorbegriffliche« wird durch den ganzen Code der Wahrnehmung bereits zum Begriff gemacht, ohne dass es den Anschein hätte) soll es immer eine positive Korrelation geben, die sich als ein Spiel der Äquivalenz von *Werten* darstellt.

So sollen die dumpfen Vokale etwas Dunkles darstellen, etc., und dabei handelt es sich nicht mehr um eine *willkürliche* begriff-

59 [Fónagy, Le langage poetique: forme et function.]

liche Äquivalenz, sondern um eine lautliche *notwendige* Äquivalenz. Ein Beispiel dafür ist Rimbauds Sonett über die »Vokale« oder die ganze Untersuchung Fónagys über den »Symbolismus« sprachlicher Laute: Alle Welt stimmt darin überein, dass das i leichter, schneller und eleganter als das u ist — dass k und r härter sind als l, etc. »Das Gefühl von Eleganz, das mit dem Vokal i verbunden wird, kann ein Resultat unserer unterbewussten, kinästhetischen Wahrnehmung der Zungenbewegung beim Aussprechen dieses Lautes sein — das r könnte deswegen als männlich (!) erscheinen, weil seine Aussprache im Vergleich zum alveolaren l oder zum labialen m eine größere Muskelanstrengung verlangt«[60]. Eine regelrechte Metaphysik der Ursprache, ein verzweifelter Versuch, ein *natürliches Bett* der Poesie und einen expressiven Genius wiederzufinden, der eine Sprache vorgibt, die man nur auffangen und übertragen muss.

In Wirklichkeit gehört das alles zum Code; und das wiederholt vorkommende »f« mit dem vorbeistreichenden Wind in Verbindung zu bringen, ist genau so ein Willkürakt, als ob man das Wort »Tisch« mit dem Begriff Tisch gleichsetzen wollte. Zwischen beiden gibt es nicht mehr Gemeinsamkeiten als zwischen einer bestimmten Musik und dem, was sie »ausdrückt« (Landschaft oder Leidenschaft). Die postulierten Gemeinsamkeiten ergeben sich allein durch kulturelle Konvention, beziehungsweise durch einen *Code*. Dass dieser Code anthropologisch verstanden wird (Vokale, die »von Natur aus« weich sind), ändert nichts an seiner Willkürlichkeit — andererseits muss man allerdings mit Benveniste sehr betonen, dass die starke kulturelle Konvention, die das Wort »Tisch« mit seinem Begriff verbindet, eine reale *Notwendigkeit* enthält und dass das Zeichen im Grunde keineswegs willkürlich ist. Es ist richtig, die grundsätzliche Willkür besteht nicht in der inneren Organisation des Zeichens, sondern in der Konstituierung des Zeichens als *Wert*, das heißt in der Unterstellung

60 [Fónagy, ebenda, S. 78.]

zweier Instanzen und deren gesetzmäßiger Äquivalenz — wobei das Zeichen so aussieht, als wäre es mit seinem Inhalt gleichzusetzen, als ginge es aus einer Realität hervor, die Zeichen gibt. So sieht die Metaphysik der Linguistik und ihr Imaginäres aus. Und ihre Interpretation der Poesie wird immer noch von dieser Unterstellung geprägt.

Ganz anders Harpo Marx, der, anstatt das Losungswort »Stör« auszusprechen, einen echten Stör vorzeigt und den Begriff durch sein Referenzial ersetzt, wodurch er deren Trennung aufhebt. Er sprengt tatsächlich gleichzeitig die Willkür und das Repräsentationssystem und vollführt einen poetischen Akt par excellence: Nämlich die Tötung des Signifikanten »Stör« durch sein eigenes Referenzial.

Begrifflich oder vorbegrifflich, es handelt sich immer um eine »Botschaft« um »das Ziel der Botschaft als solcher«, die Jakobson als Aufgabe der Poesie definiert und dabei aber nichts anderes macht, als die Operation des Signifikationsmaterials auf einen *supplementären* Signifikationseffekt zu reduzieren, indem er sie verselbständigt. Etwas anderes als der Begriff wird übermittelt, und noch eine ganz andere Sache — es ist ein anderer Wert, der durch das Spiel des Signifikanten selbst aktualisiert wird, aber es ist ein *Wert* — das Signifikationsmaterial funktioniert auf einer anderen, seiner eigenen Ebene, aber es *funktioniert* weiterhin: Darüberhinaus macht Jakobson aus diesem poetischen Funktionieren eine Funktion der Sprache unter anderen, die supplementär und nicht etwa alternativ ist — ein Signifikationszuwachs, der sich dadurch ergibt, dass der Signifikant selbst als autonomer Wert in Betracht gezogen wird. Die Poesie gibt mehr!

Dieses »selbständige Sein« [présence à lui-même] des Signifikanten kann mit Begriffen wie Redundanz, inneres Echo, Resonanz, lautliche Rekurrenz, etc. analysiert werden. (Gerard Manley Hopkins: »Der Vers ist ein Diskurs, in dem immer die gleiche lautliche Figur vollständig oder teilweise wiederholt wird.«) Oder: »Es ist bekannt, dass Dichter, die dieses Namens würdig sind, ein feines und untrügliches Gespür für den Ausdruckswert von Wörtern und Lauten, aus denen sie zusammengesetzt sind, haben; um dem Leser diesen Wert zu übermitteln, ist es häufig der Fall, dass sie in der Umgebung des wichtigsten Wortes diejenigen Laute *darstellen*, die es charakterisieren, so dass dieses Wort letztendlich den ganzen Vers erzeugt, in dem es figuriert.«[61]

Bei all dem erscheint die »Arbeit« des Signifikanten immer als positive Einrichtung und Konkurrent zur Arbeit des Signifikats. Um es mit Fónagy zu formulieren, mal koinzidieren sie, mal divergieren sie, aber in jedem Fall kommt es nur zu einer »unterschwelligen Signifikationsstörung« — keinesfalls ist dem Dasein des Diskurses zu entkommen. Und bei einer Sichtweise, die die Poesie nur als Verselbständigung einer funktionalen Kategorie der Ordnung des Diskurses begreift, kann es gar nicht anders sein.

Der gleiche Illusionismus findet sich auch in einer anderen Formel Jakobsons: Die poetische Funktion projezierte das Prinzip der Äquivalenz von der Achse der Selektion auf die Achse der Kombination. Die Äquivalenz wird in den Rang eines konstitutiven Verfahrens innerhalb einer Sequenz erhoben. »In der Dichtung wird jede Silbe in Äquivalenz zu allen anderen Silben derselben Sequenz gesetzt, jede Wortbetonung wird an alle anderen Wortbetonungen angeglichen, die unbetonten an die unbetonten, die langen an die langen, die kurzen an die kurzen, etc.«[62] Zwar ist die Artikulation anders als in der alltäglichen Syntax, aber es handelt sich doch noch um eine konstruktive Architektur — niemals wird in Betracht gezogen, dass das Versmaß auf andere Weise gebildet werden könnte als durch die Betonung von Äquivalenzen. Jakobson gibt sich damit zufrieden, die *Ambivalenz* des Signifikanten durch die *Ambiguität* des Signifikats zu ersetzen.

Denn was die Poesie charakterisiert und vom Diskursiven unterscheidet, ist die Ambiguität: »Die Ambiguität ist eine wesentli-

61 Grammont, Traité de phonétique, avec 179 figures dans le texte.
62 [Jakobson, Linguistics and Poetics, S. 71.]

che und unveräußerliche Eigenart jeder Botschaft, die sich auf sich selbst bezieht; kurz, sie ist der Höhepunkt der Poesie.«[63] Empson: »Die Machinationen der Ambiguität bilden die Wurzel der Poesie.«[64] Und Jakobson: »Das Übergewicht der poetischen Funktion gegenüber der referenziellen Funktion setzt das Referenzverhältnis [die Denotation] nicht außer Kraft, sondern macht es zweideutig. Eine Aussage mit doppeltem Sinngehalt entspricht einem verdoppelten Empfänger und einem verdoppelten Sender, sowie einem verdoppelten Referenzverhältnis.«[65] Alle Kategorien der diskursiven Kommunikation bekommen in der Poesie einen gewissen Spielraum (alle bis auf eine merkwürdige Ausnahme: Über den Code sagt Jakobson nichts. Was wird aus dem Code? Wird auch er zweideutig? Das wäre allerdings das Ende der Sprache und der Linguistik). Die Ambiguität ihrerseits ist nicht mehr gefährlich. Weder ändert sie etwas am Äquivalenz- und Identitätsprinzip, noch am Prinzip der Sinngebung als Wertgebung; sie lässt diese Werte ganz einfach flottieren, bringt die Identitäten ein bisschen durcheinander und kompliziert die referenzielle Spielregel, aber ohne sie abzuschaffen. Die Zweideutigkeit von Sender und Empfänger bedeutet für Jakobson nur eine Verschiebung von ICH/DU im Inneren der Botschaft in ihrer Relation zum Autor/Leser: Die Position der jeweiligen Subjekte ist nicht verloren gegangen, sie wird gewissermaßen nur reduziert oder demultipliziert — *die Subjekte werden innerhalb ihrer Subjektposition in Bewegung versetzt*. So wird auch die Botschaft innerhalb ihrer Definition als Botschaft beweglich und zweideutig; alle Kategorien (Sender, Empfänger, Botschaft, Referenz) bewegen sich und bekommen einen Spielraum innerhalb ihrer jeweiligen Position, aber das strukturelle Raster bleibt das gleiche.

Die »Machinationen der Ambiguität« ändern also kaum etwas an der Form des Diskurses. Jakobson bringt das auf folgende

63 [Jakobson, ebenda, S. 85.]

64 [Empson, Seven Types of Ambiguity, S. 3.]

65 [Jakobson, Linguistics and Poetics, S. 85.]

kühne Formel: »Die Poesie beschränkt sich nicht darauf, den Diskurs um rhetorische Ornamente zu ergänzen: Sie enthält eine totale Neubewertung des Diskurses und all seiner Bestandteile.«[66] Das ist kühn und zweideutig, da die Bestandteile (Sender/Empfänger, Botschaft/Code, etc.) in ihrer Geschiedenheit bestehen bleiben und einfach nur »neubewertet« werden. Die allgemeine Ökonomie bleibt gleich: nämlich die politische Ökonomie des Diskurses. Dieses Denken gelangt in keinem Punkt zur *Abschaffung* der getrennten Funktionen: zur Abschaffung des Kommunikationssubjektes (und somit der Unterscheidung von Sender und Empfänger) — zur Abschaffung der Botschaft als solcher (und der ganzen strukturellen Autonomie des Codes). Die ganze Arbeit, die die Radikalität der poetischen Handlung ausmacht, wird hier auf »Zweideutigkeit« und ein gewisses Flottieren linguistischer Kategorien reduziert. »Ein Diskurs im Inneren des Diskurses« — »eine um sich selbst zentrierte Botschaft«: All das umschreibt nur eine *Rhetorik der Ambiguität*. Der zweideutige Diskurs, der nach sich selbst schielt (ein Schielen nach Sinn), ist immer noch ein Diskurs der Positivität, *ein Diskurs des Zeichens als Wert*.

In der Dichtung bezieht sich die Sprache dagegen auf sich selbst, um sich abzuschaffen. Sie hat ihr »Zentrum« nicht in sich selbst, sie *dezentriert* sich selbst. Sie zerstört den ganzen Prozess der logischen Konsekutivität der Botschaft und löst alle innere Spekularität auf, die bewirkt, dass ein Zeichen zum Zeichen wird: also zu irgendetwas Vollem, Reflektiertem, um sich selbst Zentriertem und daher Zweideutigem. Die Dichtung bedeutet den Verlust dieser spiegelhaften Abgeschlossenheit des Zeichens und der Botschaft.

Im Grunde wird die Theorie der künstlerischen Formen seit der Romantik von immer derselben Metaphysik beherrscht: der bürgerlichen Metaphysik der Totalität. Die Eigenart der Kunst liegt

66 [Jakobson, ebenda.]

ihr zufolge in der »Fähigkeit, ein Ganzes zu sein und zu einem größeren Universum zu gehören, das alles einschließt und das Universum ist, in dem wir leben.«[67] Umberto Eco macht sich diese Kosmologie zu eigen und übersetzt sie in linguistische Begriffe zurück: Diese Totalisierung des Sinns ergibt sich aus »einer Kettenreaktion und unendlichen Vervielfachung von Signifikaten«. »All das wird erreicht durch eine Gleichsetzung von Signifikant und Signifikat – mit anderen Worten, das ästhetische Zeichen ist jenes, bei dem der semantische Bezug sich nicht im Hinweis auf das Denotatum erschöpft, sondern bei jeder erneuerten Rezeption sich kraft seiner unvertauschbaren *Verkörperung* in dem Material, in dem er sich strukturiert, anreichert; das Signifikat wird ständig auf den Signifikanten zurückgeworfen und reichert sich mit neuen Echos an«[68]. Das ist das Schema einer ersten (denotativen) Referenzphase, dann kommt eine weitere »harmonische« Referenzphase, in der eine »theoretisch unbegrenzte« Kettenreaktion abläuft — daher die Beschwörung des Kosmischen.

Diese Theorie dient als Grundideologie aller Aussagen über die Dichtung (sogar die Psychoanalyse kann sie nicht umgehen): Ambiguität, Polysemie, Polyvalenz und Polyphonie des Sinns — immer soll es sich um eine *Ausstrahlung des Signifikats* und um eine Simultaneität von Signifikationen handeln.

Fónagy: »Der lineare Charakter des Diskurses verdeckt eine reiche Polyphonie, ein harmonisches Konzert verschiedener Botschaften.«[69] Semantische Dichte der Sprache, Informationsreichtum, etc.: Der Dichter »befreit« alle Virtualitäten (mit dem Ergebnis einer differenziellen Hermeneutik auf seiten des Lesers: jede Lektüre »bereichert« den Text um persönliche »harmonische Obertöne«). Dieser ganze Mythos beruht auf der Annahme einer »wilden« vorbegrifflichen Vorzeitigkeit, einer Jungfräulichkeit

67 John Dewey, Art as Experience, zit. in: Eco, Das offene Kunstwerk, S. 63.
68 Eco, ebenda, S. 79.
69 [Fónagy, Le langage poetique: forme et function, S. 104.]

der Bedeutung: »Der gewöhnliche, dem Begriff angepasste Ausdruck, der eine skelettartige Reduktion aller früheren Erfahrungen enthält, wird vom Dichter zurückverfolgt, der sich direkt mit einer ungezähmten und noch jungfräulichen Realität konfrontiert sieht. (...) Jedes Mal muss er aufgrund einer intensiven, persönlichen Erfahrung das Wort neu schaffen und das Skelett der Sache an sich mit lebendem Fleisch umkleiden, um ihm die konkrete Realität der Sache für den Leser zu geben« (Fónagy) — man weiß nun nicht mehr so genau, ob man den Begriff entkleiden oder neu einkleiden muss, um die Jungfräulichkeit der Dichtung wiederzuerlangen! Jedenfalls geht es darum, »die geheimen Korrespondenzen zu entdecken, die zwischen den Dingen existiert haben«[70].

Diese »geniale« und romantische Theorie, diese Sichtweise, bzw. Vision wird heute paradoxerweise in informatorischen Termini wieder aufgegriffen. Der polyphone »Reichtum« kann hier als »Informationsüberschuss« gefasst werden. Auf der Ebene des Signifikats: Die Dichtung Petrarcas bildet ein »ungeheuerliches Informationskapital« über die Liebe (Umberto Eco). Auf der Ebene des Signifikanten: Eine gewisse Art von Unordnung, Brechung und Negation der gewohnten und überschaubaren Sprachordnung erhöht den Informationsgrad der Botschaft. Es findet sich dann bei Petrarca eine »dialektische Spannung« zwischen den Elementen der Ordnung und der Unordnung, die ihm als Grundlage seiner Dichtung diente. Während also die normale Anwendung des linguistischen Systems zu nichts führt, erzeugen das Unerwartete der Dichtung und ihre relative Unwahrscheinlichkeit einen maximalen Informationsgrad. Auch hier gibt die Dichtung mehr.

So versöhnt das Imaginäre der Semiologie sehr gut die romantische Polyphonie mit einer Beschreibung in Form von Quanten. »In Begriffsketten der Wahrscheinlichkeit kann die Struktur der Poesie in aller Strenge beschrieben und interpretiert werden. Eine größere Anhäufung einer bestimmten Klasse von Phonemen als

70 [Fónagy, ebenda, S. 97.]

beim durchschnittlichen Gebrauch oder die kontrastierende Verbindung von zwei entgegengesetzten Klassen in der lautlichen Textur eines Verses, einer Strophe oder eines Gedichtes spielt die Rolle einer *unterschwelligen Signifikationsströmung.*«[71]

»Die Form hat in der Sprache eine offensichtlich körnige Struktur und sie kann in Quanten beschrieben werden.«[72] (Jakobson) Dazu kann man Kristeva zitieren: »Die Wörter sind keine unzerlegbaren Entitäten, die durch ihren Sinn zusammengehalten werden, sondern Ansammlungen von signifikanten, lautlichen und Schrift-Atomen, die von Wort zu Wort schweben und so unter den Elementen des Diskurses unerwartete und unbewusste Beziehungen schaffen: Diese Verbindung signifikativer Elemente bildet eine *signifikante Infrastruktur der Sprache*.«[73] All diese Formeln konvergieren in der Idee eines »brownschen« Stadiums der Sprache, dieses emulsionelle Stadium des Signifikanten ist dem molekularen Stadium physischer Materie homolog. In diesen Formeln werden »harmonische Obertöne« von Sinn und Bedeutung freigesetzt, so wie durch Spaltung oder Fusion neue molekulare Verbindungen freigesetzt werden. Wobei alles als »Infrastruktur« und »unterschwellige Strömung« begriffen wird, das heißt als logisch früheres oder strukturell elementareres Stadium sowohl des Diskurses als auch der Materie. Eine »materialistische«, wissenschaftsgläubige Betrachtungsweise des Diskurses, bei der Atome und Moleküle eigentlich mit der zweiten Artikulation der Sprache verbunden werden. Und das molekulare Stadium mit dem poetischen Stadium — also mit einem Ursprungsstadium, das älter als die durch den Sinn differenzierten Organisationen ist. Kristeva scheut sich übrigens nicht vor ihrer eigenen Metaphorik: Sie sagt, dass die moderne Wissenschaft den Körper ebenso in einfache Elemente zerlegt hat, wie die (poetische) Linguistik die Signifikation in signifikante Atome zerstückelt.

71 [Fónagy, ebenda.]

72 [Jakobson, Linguistics and communication theory, S. 245.]

73 [Kristeva, Poésie et négativité.]

Was sich hier in Konkurrenz zur Metaphysik der ersten Artikulation (eine Metaphysik von Signifikaten, welche durch das Spiel signifikativer Einheiten entsteht) andeutet, könnte man als *Metaphysik der zweiten Artikulation* bezeichnen, in welcher der Effekt infrastruktureller Signifikation im Spiel der distinktiven Einheiten und der kleinsten Elemente des Diskurses sich herstellt — die selbst hier noch als positive Wertigkeiten angenommen werden (ebenso wie Atome und Moleküle eine elementare Wertigkeit haben sollen), als lautliche Materialität, deren Anordnung in Ketten- und Wahrscheinlichkeitsbegriffen beschrieben werden kann.

Nun beruht die Dichtung weder auf der autonomen Artikulation auf phonematischer Ebene, noch auf der Artikulation der Wörter oder der Syntax. Es geht in der Dichtung *nicht um eine zweite Artikulation im Gegensatz zu einer ersten*.[74] Poesie ist die Abschaffung dieser analytischen Distinktion von Artikulationen, auf der die Diskursivität der Sprache und ihre operationale Autonomie als *Ausdrucksmittel* (und als Objekt der Linguistik) beruht. Warum sollte auch die phonematische Ebene »materialer« sein als die des lexikalischen Begriffs oder des Satzes? Seitdem man sie zu Minimalsubstanzen gemacht hat, sind Phoneme und Atome zu idealistischen Referenzen geworden. Die Wissenschaft hat mit ihrer Atomphysik immer nur ihre positivistische Rationalität vertieft. Sie ist jenem anderen Modus kein bisschen nähergekommen, der eine wechselseitige Extermination der Positionen von Subjekt und Objekt in der Wissenschaft voraussetzen würde. Wenn sie auch

74 Es ist eine Illusion, die beiden Artikulationen trennen zu können oder eine von beiden zu unterschlagen. Es ist eine Illusion, in der Sprache ein Äquivalent nicht-linguistischer Zeichensysteme (Gesten, Laute, Farben) wiederfinden zu können, und dabei die erste »signifikative« Artikulation auszuklammern. Eine Illusion, die Lyotard dahin führt, diese Ebene des Visuellen, des Schreis, zur spontanen Überschreitung zu privilegieren, die immer schon jenseits vom Diskursiven und näher am Figurativen sein soll (vgl. Lyotard, Discours, figure). Diese Illusion ist noch vom Konzept der doppelten Artikulation abhängig, durch die die Linguistik endlich ein Mittel findet, sich durch die Interpretation dessen zu festigen, was ihr entgeht.

heute zugleich mit der totalen theoretischen Krise des Materialismus an ihre Grenze kommt, so kann sie dennoch nicht über ihren Schatten springen: Selbst auf dem Höhepunkt ihrer Krise gibt es keine »dialektische« Vermittlung zwischen der Wissenschaft und irgendetwas Jenseitigem, von dem sie unabänderlich getrennt ist, da sie gerade auf die Leugnung (nicht dialektische Negation, sondern Leugnung) dieses Jenseitigen gegründet ist. Niemals kann auch der rigoroseste Materialismus über das Rationalitätsprinzip des Wertes hinausgehen.

Die Analysen von Tel quel gehen in der Dekonstruktion des Zeichens noch viel weiter, bis hin zur völligen »Befreiung« des Signifikanten. Schluss mit der Hypothek von Signifikat und Botschaft, es gibt keine »Polysemie«: Der Signifikant ist plural. Nicht mehr die »Ambiguität« der Botschaft, sondern eine Intertextualität des Signifikanten, der sich in seiner reinen »materiellen« Logik verkettet und produziert. Unendliche Paragramm-Texte, die Signifikanz ist die wirkliche Ebene sprachlicher Produktivität, einer Produktivität jenseits des Wertes, der sich der Signifikation des produzierenden Zeichens widersetzt. In »Poésie et négativité« kommt Julia Kristeva einer Erkenntnis der Form des Poetischen sehr nahe, auch wenn der Aberglaube an eine »materialistische Produktion« von Sinn sie dennoch dazu verleitet, die Dichtung als radikale Alternative zu verwerfen, indem sie sie in eine semiotische Ordnung verkehrt.

Sie setzt die *Ambivalenz* des poetischen Signifikats (und keine einfache Ambiguität): Es ist zugleich konkret und allgemein, es umfasst gleichzeitig (logische) Affirmation und Negation, es evoziert die Simultaneität des Möglichen und des Unmöglichen — anstatt zu postulieren: »das Konkrete gegen das Allgemeine«, sprengt es diesen Einschnitt des Begriffs: Die bivalente Logik (0/1) wird durch die ambivalente Logik beseitigt. Daher die ganz spezielle Negativität der Poesie. Die bivalente Logik des Diskurses basiert auf der inneren Negation des Urteils, sie begründet den Begriff und seine Äquivalenz mit sich selbst (das Signifikat ist so, wie es ist). Die Negativität der Poesie ist eine radikale Negativität, *die sich auf die Logik des Urteils selbst erstreckt*. Irgendetwas »ist« und ist nicht das, was es ist: Utopie (im wörtlichen Sinne) des Signifikats. Die Äquivalenz der Sache mit sich selbst (natürlich auch des Subjekts) wird aufgelöst. So wird das poetische Signifikat zu jenem Raum, in dem »das Nicht-Sein sich mit dem Sein verschlingt – und das in völlig irreführender Weise«. Aber es besteht die Gefahr – und sie zeichnet sich schon bei Kristeva ab –, diesen Raum noch als *topisch* zu begreifen und diese »Verschlingung« als dialektisch. Es besteht die Gefahr, diesen Raum mit allen möglichen Ersatzbildungen zu *füllen*: »Die Metapher, die Metonymie und alle Tropen schreiben sich in den von dieser semantischen Doppelstruktur umschlossenen Raum ein.«[75] Es besteht die Gefahr der Metaphorik und einer weiterhin positiven Ökonomie der Metaphorik. In dem zitierten Beispiel – den »wollüstigen Möbeln« Baudelaires – ergibt sich der poetische Effekt weder durch einen hinzugefügten erotischen Wert und ein additionelles Phantasmenspiel, noch durch einen metaphorischen oder metonymischen »Wert«. Er ergibt sich dadurch, dass im Kurzschluss beider weder das Möbel Möbel bleibt, noch die Wollust Wollust – das Möbel wird wollüstig, die Wollust wird mobil – von den beiden getrennten Wertbereichen bleibt nichts übrig. Keines der beiden Wörter ist an sich poetisch, und auch ihre Synthese ist es nicht. Eins ist im anderen aufgelöst. Es gibt keinerlei Beziehung zwischen dem (poetischen) Genuss und der Wollust als solcher. In der Liebeslust *ist sie nur Wollust* – in ein Möbel aufgelöst, wird sie zum Genuss. Und ebenso verhält es sich mit dem Möbel, das durch die Wollust annulliert wird: Dieselbe Umkehrung reißt die eigentliche Position der beiden Wörter hinweg. In diesem Sinne gilt die Formel Rimbauds: »Das ist buchstäblich und in jedem anderen Sinne wahr.«

75 [Kristeva, Poésie et négativité.]

Die Metapher ist nur erst ein *Werttransfer von einem Feld aufs andere,* bis zur »Absorbierung einer Vielzahl von Texten (von Sinn) in der Botschaft«[76]. Die Poesie impliziert eine *Reversibilität des einen Feldes im anderen* und somit eine Annullierung der jeweiligen Werte. Während die Wertigkeiten sich in der Metapher entsprechend einem »harmonischen« Spiel (die »geheimen Akkorde der Sprache«) mischen, verschlingen und intertextualisieren — annullieren sie sich im poetischen Genuss: Radikale Ambivalenz ist Nicht-Valenz (Nicht-Wertigkeit).

Bei Kristeva wird also die radikale Theorie der Ambivalenz auf eine Theorie der Intertextualität und der »Pluralität von Codes« reduziert. Die Dichtung unterscheidet sich dann vom Diskurs nur noch durch die »Unendlichkeit ihres Codes« — sie ist ein »pluraler« Diskurs, während der andere Diskurs nur der Grenzfall eines monologischen Diskurses mit einem einzigen Code ist. Eine *allgemeine Semiotik* hat also Raum für zwei Arten von Diskurs: »Die semiotische Praxis des gesprochenen Wortes [der Diskurs] ist nur eine der möglichen semiotischen Praktiken.«[77] Die Semanalyse muss sich über alle Möglichkeiten ausnahmslos im Klaren sein, das heißt sie darf weder die Irreduzierbarkeit des poetischen Bereiches außer Acht lassen, noch darf sie deshalb die Logik des Zeichens reduzieren. Sie muss eine »nicht reduktive Typologie der Pluralität semiotischer Praktiken« konstituieren. Es gibt eine Koppelung der unterschiedlichen Sinnlogiken: »Die Funktionsweise der gesprochenen Sprache ist vom Paragrammatismus durchzogen, wie die Funktionsweise der poetischen Sprache von den Gesetzen der gesprochenen Sprache bestimmt wird.«[78]

Wir stoßen hier wieder auf die doppelte Auslegung Saussures durch Starobinski: ein gegenseitiges Tolerieren des poetischen und des diskursiven Bereiches im Namen universeller Sprachre-

76 [Kristeva, ebenda.]

77 Kristeva, ebenda, S. 276.

78 Kristeva, ebenda, S. 275.

geln (hier im Namen einer »wirklich materialistischen« Wissenschaft, die Semiotik genannt wird). Tatsächlich eine reduktive, repressive Position. Denn zwischen dem Poetischen und dem Diskursiven gibt es nicht die Differenz der einen Artikulation des Sinns von der anderen – sondern einen radikalen Antagonismus. Der Bereich des Poetischen ist keine »signifikante Basis« (deren »Überbau« der logische Diskurs bilden soll?). Und der Diskurs, der Logos, ist kein Spezialfall in der Unendlichkeit von Codes: Er ist *der* Code, der der Unendlichkeit ein Ende setzt, er ist der Diskurs der Umschließung, der dem Poetischen, dem Para- und Anagrammatischen ein Ende setzt. Umgekehrt erlangt die Sprache durch seine Zerstörung und Destruierung wieder die Möglichkeit der »Unendlichkeit«. Der Ausdruck »Unendlichkeit von Codes« ist in der Tat gefährlich: Er ermöglicht jenes Amalgam des Einen und des Unendlichen in der »Mathematik« des Textes und ihre Aufreihung in einer Kette. In Formulierungen der radikalen Unvereinnahmbarkeit und des Antagonismus muss gesagt werden: Durch die Zerstörung dieses *Wert-Diskurses* kann die Sprache die Möglichkeit der *Ambivalenz* wiedererlangen — darin besteht die Revolution des Poetischen gegenüber dem Diskurs: Das eine ist der Tod des anderen.

Das semiotische Unterfangen ist nur ein subtiler Versuch zur Neutralisierung der Radikalität des Poetischen und zur Rettung der Hegemonie der Linguistik (die zur »Semiotik« umgetauft wird), und zwar nicht durch schlichte Annexion, sondern mit Hilfe der Ideologie der »Pluralität«.

Die Subversion der Linguistik durch die Poesie ist damit nicht beendet: Sie fragt darüberhinaus, ob die Regeln der Sprache überhaupt im Bereich der Sprache gelten, auf den sie sich berufen, das heißt in der vorherrschenden Kommunikationssphäre (genauso wie das Scheitern der politischen Ökonomie, den früheren Gesellschaften gerecht zu werden, im Gegenschlag zu der Frage führt, ob ihre Prinzipien überhaupt irgendeinen Wert für uns haben). Denn es ist richtig, dass der unmittelbare Gebrauch der Sprache für die rationale Abstraktion der Linguistik irgendetwas Widerspenstiges hat. Octave Mannoni bringt das sehr gut zum Ausdruck: »Die Linguistik kommt mit der Schranke, die sie zwischen Signifikant und Signifikat errichtet, auf die Welt und es besteht die Gefahr, dass sie durch deren Wiedervereinigung ihren Tod riskiert — was uns auf die normalen Alltagsgespräche zurückverweist.«[79] Diese saussuresche Schranke hat es ermöglicht, die linguistische Theorie von oben bis unten zu erneuern. Ebenso wie der Marxismus durch seine Begrifflichkeit einer materiellen Basis im Gegensatz zum »Überbau« so etwas wie eine »objektive« und revolutionäre Gesellschaftsanalyse begründet hat. Der Einschnitt begründet die Wissenschaft. Aus der Trennung von Theorie und Praxis entsteht eine »Wissenschaft«, eine Rationalisierung der Praxis: die Organisation. Alle Wissenschaft, alle Rationalität dauert so lange wie dieser Einschnitt. Die Dialektik benutzt diesen Einschnitt nur formell, sie hebt ihn keineswegs auf. Die Dialektisierung von Basis und Überbau, von Theorie und Praxis oder auch von Signifikant und Signifikat, von Sprache (langue) und gesprochener Sprache (parole) ist ein vergeblicher Totalisierungsversuch — die Wissenschaft lebt von diesem Einschnitt, und sie stirbt mit ihm.

Darum ist die normale nicht-wissenschaftliche Praxis, sei sie sprachlich oder gesellschaftlich, in gewisser Weise revolutionär, *denn sie kennt diese Art von Trennungen nicht*. Genauso wie sie niemals *eine Trennung von Seele und Körper* gemacht hat, während jede vorherrschende Philosophie oder Religion nur mit Hilfe dieser Trennung existieren konnte. Auch unsere spontane, gesellschaftliche, »wilde« Praxis, die Praxis aller, macht keine Unterscheidung von Theorie und Praxis oder Basis und Überbau — sie ist von sich aus ohne große Überlegung transversal und jenseits bürgerlicher oder marxistischer Rationalität. Die Theorie, die »gute« marxistische Theorie, analysiert niemals diese *reale* soziale Praxis; sie ana-

79 Mannoni, L'ellipse et la barre, S. 35.

lysiert den Gegenstand, den sie sich durch die Aufspaltung dieser Praxis in Basis und Überbau vorgegeben hat; oder: Sie analysiert das soziale Feld, das sie sich quer zu dieser Trennung von Theorie und Praxis vorgibt. Niemals bekommt sie Anschluss an diese »Praxis«, da sie nur deshalb existiert, weil sie sie vivisektioniert hat: Glücklicherweise beginnt diese Praxis ihrerseits sie wieder einzuholen und zu überholen. Aber dann ist Schluss mit dem historischen und dialektischen Materialismus.

Ebenso kümmert die unmittelbare, alltägliche sprachliche Praxis, die des gesprochenen Wortes und des »sprechenden Subjektes«, sich nicht um die Trennung von Zeichen und Welt (noch um die von Signifikant und Signifikat oder um die Willkürlichkeit des Zeichens, etc.). Benveniste spricht das aus und nimmt es zur Kenntnis, aber nur um daran zu erinnern, denn es handelt sich ja um ein Stadium, das die Wissenschaft überschreitet und weit hinter sich lässt: Einzig interessant ist das linguistische Subjekt, das Subjekt der Sprache, welches zugleich das Subjekt des Wissens ist, nämlich er selbst, Benveniste. In manchen Bereichen allerdings soll doch das andere Subjekt recht haben, das jenseits der Trennung von Zeichen und Welt und in vollem »Aberglauben« spricht — es ist richtig, was das Wesentliche betrifft, weiß es mehr, und mit ihm jeder von uns, und Benveniste selbst weiß auch mehr als Benveniste, der Linguist. Denn die Methodologie der Trennung von Signifikant und Signifikat hat nicht mehr Wert als die Methodologie der Trennung von Seele und Körper. Dasselbe Imaginäre — hier wie dort. Im einen Fall hat die Psychoanalyse geklärt,[80] wie es

80 Aber Vorsicht: Das muss auch auf die Psychoanalyse selbst bezogen werden. Auch sie lebt von dem Einschnitt zwischen Primär- und Sekundärprozessen, und auch sie wird an der Beendigung dieser Trennung sterben. Es ist zwar richtig, dass die Psychoanalyse »szientifisch« und »revolutionär« ist, wenn sie auf der Basis dieses Einschnittes den Bereich des Verhaltens (des Unbewussten, das sie erst als solches abgetrennt hat) erforscht. Aber man wird vielleicht eines Tages erleben, dass die reale, umfassende und spontane Praxis diesem analytischen Simulationsmodell nicht gehorcht — dass die symbolische Praxis

sich damit verhält, im anderen sagt es die Poesie. Aber im Grunde gab es niemals einen Bedarf an Psychoanalyse oder Poetik: Keiner hat jemals daran geglaubt, außer den Gelehrten und Linguisten selbst — wie auch niemand jemals an eine letztendliche Determination durch die Ökonomie geglaubt hat, mit Ausnahme der Wirtschaftswissenschaftler und ihren marxistischen Kritikern.

Aller Wahrscheinlichkeit nach hat es buchstäblich *niemals ein linguistisches Subjekt gegeben*. Nicht einmal wir, die wir sprechen, sind eines, da wir diesen linguistischen Code schlichtweg nicht reflektieren. Ebenso hat es niemals ein *ökonomisches Subjekt* gegeben, einen homo oeconomicus: Diese Fiktion gab es immer nur im Code. Auch ein *Subjekt des Bewusstseins* oder gar des *Unbewussten* hat es niemals gegeben. In der einfachsten Praxis hat es immer etwas gegeben, das diese Simulationsmodelle durchkreuzt, die allesamt rationale Modelle sind — immer hat es eine Radikalität gegeben, die in all diesen Codes und »objektiven« Rationalisierungen nicht enthalten ist, die im Grunde immer nur ein großes Subjekt zugelassen haben: das *Subjekt des Wissens*, dessen Form seit heute, ab sofort von der ungeteilten lebendigen Sprache zerbrochen wird.[81] Im Grunde haben das alle schon länger gewusst als Descartes, Saussure, Marx oder Freud.

sich von Anfang an jenseits der Unterscheidung von Primär- und Sekundärprozessen befindet. An diesem Tage werden das Unbewusste und das Subjekt des Unbewussten, die Psychoanalyse und das Subjekt des (psychoanalytischen) Wissens ausgespielt haben — das analytische Feld wird als solches in der Trennung, die auch von ihm gebildet wird, verschwinden — viele Zeichen deuten darauf hin, dass das bereits stattfindet.

81 Diese gesprochene Sprache (parole) hat nichts mit dem linguistischen Begriff »parole« zu tun — letzterer gehört zum Gegensatzpaar »langue/parole«, in dem er der »langue« unterstellt ist. Die unteilbare (symbolische) Sprache (parole) leugnet gerade die Trennung von »langue/parole«, so wie die ungeteilte soziale Praxis die Trennung von Theorie/Praxis leugnet. Allein die »linguistische« Sprache (parole) sagt nur das, was sie sagt — aber eine derartige Sprache hat niemals existiert, es sei denn im Dialog der Toten. Die konkrete, aktuelle Sprache (parole) sagt das, was sie sagt und gleichzeitig alles andere. Sie beach-

Gibt es eine Affinität des Poetischen und der Psychoanalyse? Wenn auch klar ist, dass die poetische Form (Dissemination, Reversibilität, strenge Limitierung des Korpus) unvereinbar mit der linguistischen Form ist (Äquivalenz von Signifikant / Signifikat, Linearität des Signifikanten, unendliches Korpus), so scheint sie sich doch mit der psychoanalytischen Form zu decken (Primärprozess: Verschiebung, Verdichtung etc.). Im Traum, beim Verlesen oder Versprechen, im Symptom, im Witz, überall, wo das Unbewusste arbeitet, kann man mit Freud eine Verzerrung der Relation Signifikant / Signifikat, der Linearität des Signifikanten und der Verschwiegenheit des Zeichens beobachten, also jene Verzerrung des Diskurses unter der Einwirkung des Primärprozesses, jenen Exzess und jene Überschreitung der Sprache, in der das Phantasma sich durchsetzt und der Genuss zum Vorschein kommt. Aber wie steht es mit dem Wunsch und dem Unbewussten in der Poesie? Und inwieweit bezieht sich die libidinöse Ökonomie auf die Poesie?

Poesie und Psychoanalyse gleichen sich nicht. *Der symbolische Vorgang verläuft anders als die Arbeit des Unbewussten.* Die Poesie mit Hilfe Freuds zu untersuchen bedeutet also immer eine Analyse gegen den Strich, da es allein durch diese Umkehrung möglich ist, der Theorie als reiner und einfacher Machtausübung zu entgehen.

Die Analyse des Witzes bei Freud kann als Leitfaden dienen, denn es findet sich bei ihm keine *theoretische* Differenz zwischen dem eigentlich symptomatischen Bereich und dem Bereich des Kunstwerks, der »künstlerischen Schöpfung« (bekanntlich leidet der Begriff der »Sublimierung« an mangelnder Stringenz und idea-

tet nicht das Gesetz der Zurückhaltung des Zeichens, der Trennung von Instanzen — sie spricht auf allen Ebenen gleichzeitig, mehr noch: Sie zerstört die Ebene der »langue« und somit die Linguistik selbst. Diese versucht dagegen eine Sprache (parole) durchzusetzen, die nur der Exekutive der »langue« unterstehen soll, das heißt einen Diskurs der Macht.

listischem Erbgut). Das ist bereits ein wichtiger Punkt: Wenn das Gedicht weder ein Lapsus noch ein Witz ist, fehlt in der Theorie des Unbewussten etwas, das ihm Rechnung trägt.

Im Gegensatz zu Saussure, der sich weder um das poetische Vergnügen noch auch um Sinn und Zweck dessen kümmert, was er beschreibt, ist Freuds Analyse *funktional*, d.h. eine Theorie des Genusses. Die Arbeit am Signifikanten wird immer auf die Wunscherfüllung bezogen. Und diese Theorie des Genusses ist *ökonomisch*. Der Witz kommt durch Verkürzungen und Kurzschlüsse sehr schnell zu dem, was er sagen will, und sagt Dinge, »befreit« Signifikationen, die es ohne ihn nur um den Preis beträchtlicher intellektueller Anstrengungen gegeben hätte — diese Verkürzung der psychischen Distanz bildet die Quelle des Genusses. Beziehungsweise das Aufheben der Zensur oder die Umleitung, die der Witz in Gang setzt, »befreit« die Energien, die mit dem Über-Ich und dem Verdrängungsprozess verbunden sind. »Befreiung der Affekte« – Entziehung der Besetzung unbewusster und vorbewusster Verdrängungsinstanzen – auf jeden Fall entsteht der Genuss laut Freud aus einem Rest, aus einem Überschuss oder einem differenziellen Energiequantum, das durch den Witz verfügbar gemacht wird.

In diesem Sinne bilden die Verkürzung oder die Wiederverwendung desselben Materials unter verschiedenen Umständen die grundlegenden Charakteristiken des Witzes – also immer eine Ersparnis von psychischem Aufwand: Aus einem einzigen Signifikanten oder Signifikat auf verschiedenen Ebenen, aus einem Minimum an Signifikanten, gewinnt man ein Maximum an (manchmal widersprüchlichen) Signifikationen. Es ist müßig, auf gewissen Analogien zum poetischen Bereich zu insistieren: Die Wiederverwendung des gleichen Materials führt zum Anagramm und zu Saussures Paarbildung, zur notwendigen Limitierung des Korpus und zu jenem »Energiemaximum der Zeichen«, von dem Nietzsche spricht. Freud sagt über den Dichter auch, dass »die polyphone Orchestrierung es ihm erlaubt, Botschaften auf der dreifachen Ebene des klaren Bewusstseins, des Unterbewussten und des Unbewussten auszusenden«. Überall wird die gleiche Energiemenge im Verhältnis zum gewöhnlichen Verteilungssystem der Besetzungen »eingespart«. Im Kräftefeld des psychischen Apparates ist der Genuss die Resultante einer Art von Verkürzung oder besser gesagt aus der Transversalität des Witzes, der, indem er eine Diagonale durch die verschiedenen Schichten des psychischen Apparates bahnt, mit einem Minimum an Kosten sein Ziel erreicht, sogar ohne jede Anstrengung unvorhergesehene Ziele erreicht, und daher eine Art von Energiemehrwert freisetzt, einen zusätzlichen Genuss, den »Lustgewinn«.

Dieses energetische Kalkül lässt einen an das Kapital denken — an das Kapital einer Ökonomie der Ersparnis (Freud gebraucht diesen Ausdruck ständig), in der sich ein Genuss nur durch Entzug, durch Mangel, durch einen Investitionsrest oder -überschuss ergibt, *aber niemals durch einen Exzess* oder durch gar nichts: durch einen umgekehrten Prozess der Verausgabung, der Abschaffung von Energien und Finalitäten. Sprechen wir zunächst nicht von einer eigenen »Arbeit« des »Signifikanten«, weil diese Ebene bei Freud niemals im Vordergrund steht. Seine libidinöse Ökonomie beruht auf der Existenz von unbewussten Gehalten (Affekten und Vorstellungen), von Verdrängung und der Produktion des Verdrängten, eines Besetzungskalküls, das diese Produktion mit dem Ziel des Gleichgewichts (des Spannungsausgleichs) und der Bindung/Entbindung von Energien regelt. Der Freudsche Genuss wird in den Begriffen von Kraft und Energiemengen gebildet und ausgedrückt. Im Witz oder im Traum ist das Signifikantenspiel selbst niemals die Artikulation eines Genusses: Es bahnt nur den phantastischen oder verdrängten Gehalten den Weg. Es ist ein »Medium«, das selbst nie die Botschaft ist, weil es etwas wie den Wunsch braucht — der strikten topischen und ökonomischen Theorie entsprechend —, um mit seiner Stimme vom »ES« zu sprechen, das spricht. Ein Signifikantenspiel gibt es immer nur in den Zwischenräumen des Wunsches. Im Zusammenhang mit dieser »Produktionsweise« des Unbewussten (und seiner Repräsentationsweise) stellt sich das Problem der libidinösen Ökonomie und ihrer Kritik unter dem Gesichtspunkt eines Genusses, *der nichts mit der Ökonomie zu tun hat.*

Freud schreibt in der »Psychopathologie des Alltagslebens« im Kapitel »Verlesen und Verschreiben«: »In einer übergroßen Anzahl von Fällen ist es nämlich die Bereitschaft des Lesers, die den Text verändert und etwas, worauf er eingestellt oder womit er beschäftigt ist, in ihn hineinliest. Der Text braucht dem Verlesen nur dadurch entgegenzukommen, dass er irgendeine Ähnlichkeit im Wortbild bietet, die der Leser in seinem Sinn verändern kann.«[82] Es handelt sich also um einen latenten, verdrängten Gehalt, der darauf wartet, an die Oberfläche zu kommen, und von den Launen, Zwischenräumen und Schwachstellen des logischen Diskurses »profitiert«, um emporzuschießen. Es handelt sich hierbei auf der Ebene des Diskurses um das, was beim Körper mit dem Begriff der Anlehnung gemeint ist: Der Wunsch »profitiert« von der physiologischen Bedürfnisbefriedigung, um dann diese oder jene Körperzone libidinös zu besetzen: Er verwandelt die schlichte und einfache Funktion (die organische Logik) in eine Wunscherfüllung. Ja, aber genau genommen wurde die Artikulation oder die Verbindung von Wunsch und Bedürfnis niemals geklärt. Zwischen diesen beiden ohne weiteres gebildeten Begriffspunkten – zum einen die determinierte, funktionale Erfüllung, zum anderen die (in Bezug auf ihr Objekt) indeterminierte, triebhafte Erfüllung – bildet der Begriff der Anlehnung nur einen Übergangsbegriff, der nichts trennt, nichts verbindet und nichts artikuliert. Die libidinöse Ökonomie leidet hier unter derselben »Verklitterung« wie die einfache Ökonomie mit dem Begriff des Bedürfnisses: Zwischen Subjekt und Objekt gibt es ein »Bedürfnis« – zwischen Bedürfnis und Wunsch gibt es die »Anlehnung« (genauso in der linguistischen Ökonomie: Zwischen Signifikant und Signifikat oder zwischen Zeichen und Welt gibt es eine »Motivation« oder nicht).

82 Freud, Zur Psychopathologie des Alltagslebens, S. 125.

All diese »Verklitterungen« haben den diskreten Charme undurchschaubarer Wissenschaftlichkeit: Wenn eine Artikulation unmöglich ist, so deshalb, weil die Begriffspunkte schlecht gesetzt sind und ihre Position selbst unhaltbar ist. In gewisser Weise ist die Verselbständigung des Wunsches gegenüber dem Bedürfnis, des Signifikanten gegenüber dem Signifikat, sowie des Subjektes gegenüber dem Objekt zweifellos nur ein Effekt der Wissenschaft. Aber die daraus resultierenden Ökonomien führen ein zähes Leben, sie wollen die geregelten Oppositionspaare, von denen sie leben, nicht aufgeben: Wunsch / Bedürfnis, unbewusst / bewusst, Primärprozesse / Sekundärprozesse ... Ist das Lustprinzip selbst eigentlich etwas anderes als das Realitätsprinzip der Psychoanalyse?

Dennoch ist sicher, dass die Psychoanalyse die Relation Signifikant / Signifikat in Bewegung versetzt hat und zwar in einem Sinn, der der Poesie nahekommt. Anstatt das Signifikat in seiner Präsenz zu manifestieren, steht der Signifikant in einem umgekehrten Verhältnis zu ihm: Er bezeichnet es in seiner Abwesenheit und Verdrängung entsprechend einer Negativität, die in der linguistischen Ökonomie niemals zum Vorschein kommt. Der Signifikant steht in einer notwendigen (nicht willkürlichen) Relation zum Signifikat, aber so wie Präsenz ein Präsentsein der Abwesenheit von etwas bedeuten kann. Das verlorene Objekt bezeichnen und sich an die Stelle dieses Verlustes setzen. Leclaire: »Schließlich ist (...) zu betonen, dass die im Repräsentationskonzept der Psychoanalyse angenommene Trennung keineswegs zwischen einer objektiven Realität und ihrer zeichenhaften Figuration vorzunehmen ist, sondern vielmehr zwischen einer halluzinierten Wirklichkeit auf der einen Seite – dem Erinnerungsbild eines verlorenen zur Befriedigung tauglichen Objektes –, und einem Ersatzobjekt auf der anderen Seite – dieses sei nun so formelhaft wie das die Phantasievorstellung konstituierende oder auch mehr handgreiflich von der Art des Fetischs.«[83] Die linguistische Äqui-

83 Leclaire, Der psychoanalytische Prozess, S. 55.

valenz ist verschwunden, da der Signifikant an der Stelle einer anderen Sache steht, die nicht mehr da ist oder niemals dagewesen ist. Er ist also keineswegs das, was er nicht mehr ist: In seiner schwankenen Identität ist er ein Fetischobjekt und er metaphorisiert nur, was ewig geleugnet wird: die Abwesenheit des Phallus bei der Mutter, den Unterschied der Geschlechter.

Der Unterschied der psychoanalytischen Signifikation gegenüber der Linguistik wird sehr gut von Mannoni beschrieben: »Indem wir den Signifikanten einführen, verschieben wir den Sinn. Und zwar nicht deswegen, weil der Signifikant eine Sammlung von Signifikaten mit sich führte, die auf eine Semantik traditionellen Typus bezogen werden könnte. Sondern weil wir Saussures Ellipse so interpretieren, *als ob sie den Platz des Signifikats frei hielte*, als einen Platz, der sich nur in den unterschiedlichen Diskursen füllen kann, in denen ein einheitlicher Signifikant bereits ein allgemeiner Bestandteil ist. (...) Wenn wir auch den Signifikanten von der Last des Signifikates befreien, so nicht deshalb, um ihn den Gesetzen zu unterwerfen, die die Linguistik in jedem manifesten Diskurs entdeckt, sondern damit er dem Diskurs des *Primärprozesses* gehorchen kann, durch den er vielleicht für einen kurzen Fehltritt dem Zwang des offenen Diskurses entkommt, der immer eindeutig sein will, auch wenn er gerade etwas zweideutiges ausbeutet.«[84] Eine bemerkenswerte Passage, aber worin besteht dieses »Blanko«-Signifikat, das sich durch aufeinanderfolgende Diskurse auffüllen soll? Wie ist dieser Signifikant beschaffen, der »befreit« wird, um der Rechtsprechung einer anderen Ordnung unterworfen zu werden? Kann man mit den linguistischen Kategorien von Signifikant und Signifikat ein solches »Spiel« treiben, ohne die Schranke zu sprengen, die sie trennt?

Diese Schranke ist das strategische Element: Sie ist die Basis für das Prinzip der Widerspruchslosigkeit des Zeichens, und sie macht seine Konstitutionsbedingungen zu Werten. Die Struktur

84 Mannoni, L'ellipse et la barre, S. 46.

ist kohärent, und man kann in sie nichts injizieren (weder eine Ambivalenz, noch einen Widerspruch oder einen Primärprozess). In seiner Kritik von Freuds »Über den Gegensinn der Urworte« bringt Benveniste die Dinge klar auf den Punkt. »Es ist also von vornherein unwahrscheinlich (...), dass diese Sprachen, so archaisch man sie annimmt, dem Prinzip des Gegensatzes entgehen (...). Nehmen wir an, dass es eine Sprache gibt, in der ›groß‹ und ›klein‹ identisch ausgedrückt werden, so wird das eine Sprache sein, in der die Unterscheidung von ›groß‹ und ›klein‹ buchstäblich keinen Sinn hat, (...) denn es ist sehr wohl eine widersprüchliche Absicht, einer Sprache zwar die Kenntnis zweier Begriffe als Gegensätze zuzusprechen und gleichzeitig den Ausdruck dieser Begriffe als identisch anzusehen.«[85] Und das ist richtig: die Ambivalenz gehört niemals zur Ordnung linguistischer Signifikation. »Die Eigenheit der Sprache besteht darin, nur das auszudrücken, was ausgedrückt werden kann«[86], es ist absurd, sich einen Sinn vorzustellen, der nicht durch irgendeine Unterscheidung getragen oder umgekehrt einen Signifikanten, der alles bedeuten soll: »Sich ein Stadium der Sprache vorzustellen, (...) in dem ein bestimmter Gegenstand als er selbst seiend und gleichzeitig als ein beliebig anderer seiend benannt würde und in der die ausgedrückte Beziehung die Beziehung des dauernden Widerspruchs, also die nichts aufeinander beziehende Beziehung wäre, also weder es selbst noch etwas anderes — das heißt sich ein pures Hirngespinst vorzustellen.«[87]

Benveniste weiß, wovon er spricht, denn die ganze linguistische Rationalisierung ist genau dazu da, um das zu verhindern. Die Ambivalenz des Verdrängten ist nicht in Gefahr, in der Wissenschaft Linguistik groß aufzublühen, denn letztere ist insgesamt ein Teil der Verdrängungsinstanz. Aber innerhalb ihrer Ordnung hat sie Recht: Nichts wird jemals an der Sprache (langue) teilhaben, das nicht dem Prinzip der Widerspruchsfreiheit, der Identität und der Äquivalenz gehorcht.

85 Benveniste, Probleme der allgemeinen Sprachwissenschaft, S. 99 f.

86 Benveniste, ebenda, S. 100.

87 Benveniste, ebenda.

Es geht nicht darum, die Linguistik zu retten, sondern man muss sehen, dass Benveniste hier voll durchblickt, welche Wahl zu treffen ist (er ist nur deshalb so hellsichtig, weil es darum geht, sein Gebiet vor den Einfall anderer zu bewahren – er toleriert zwar, dass es anderswo einen »symbolischen Bereich« gibt, aber »der gehört zum Diskurs, und nicht zur Sprache« –, jeder für sich und die Sprache wird wohl gehütet): *Man kann sich nicht darauf beschränken, die Ellipse und die Schranke Saussures zu »interpretieren«, um das Zeichen in den Primärprozess zu übertragen*, um es in die Analyse einzubeziehen. Die ganze Architektur des Zeichens muss zerstört werden, sogar seine Gleichung, und es genügt nicht, die Unbekannten zu multiplizieren. Oder aber man muss annehmen, dass die Psychoanalyse sich gewissermaßen mit einem bestimmten Signifikations- und Repräsentationsmodus zufriedengibt, also mit einem bestimmten Modus von Wert und Ausdruck: Eben das »bezeichnet« genau jenes »leere« Signifikat von Mannoni – der Platz des Signifikats bleibt fest umrissen: Es ist der Platz der beweglichen Gehalte des Unbewussten.

Wenn wir uns also mit den psychoanalytischen Signifikanten außerhalb logischer Äquivalenz befinden, so befinden wir uns dennoch nicht außerhalb oder jenseits des Wertes. Denn was er bei seinem »Fehltritt« repräsentiert, bezeichnet er unter den Zeichen der Verdrängung immer als *Wert* in absentia. Dieser Wert durchzieht den Signifikanten nicht mehr logisch, er bedroht ihn phantasmatisch. Die sie trennende Schranke hat ihre Bedeutung geändert, aber sie bleibt trotzdem bestehen: Auf der einen Seite gibt es weiterhin ein (vom Inhalt des unaufgelösten, verdrängten Wertes) abhängiges Signifikat, und auf der anderen Seite gibt es einen Signifikanten, der als solcher selbst eine durch die Verdrängung errichtete Instanz ist.

Um es genau zu sagen, es gibt keine Äquivalenz mehr, aber es gibt auch keine Ambivalenz, das heißt auch keine Auflösung des Wertes. Darin liegt der Unterschied zur Poesie, wo der Wertverlust radikal ist. In ihr gibt es nicht einmal mehr einen abwesenden oder verdrängten Wert, um einen residuellen Signifikanten in Form eines Symptoms, einer Einbildung oder eines Fetischs zu nähren. Das Fetischobjekt ist genau deswegen *nicht poetisch*, weil es undurchdringlich und wertgesättigter als jedes andere Objekt ist, das heißt, weil der Signifikant sich in ihm nicht auflöst, sondern sich im Gegenteil durch einen für immer entschwundenen Wert, der für immer als verlorene Realität halluziniert wird, fixiert und kristallisiert. Es gibt kein Mittel, die Blockierung dieses Systems zu lösen, das für immer *in Sinnbesessenheit und perverser Wunscherfüllung erstarrt*, welche die leere Form des Objektes mit Sinn füllen soll. In der Poesie (im Symbolischen) wird der Signifikant vollkommen aufgelöst – während er sich in der Psychoanalyse unter der Einwirkung von Primärprozessen nur bewegt und sich entsprechend den Schichtungen verdrängter Werte windet –, aber ob nun transversal oder als Leerstelle, er bleibt immer eine Oberfläche, die auf die bewegte Oberfläche des Unbewussten abgestimmt ist. Im Poetischen bricht sich der Signifikant und erstrahlt über dem anagrammatischen Prozess, er untersteht weder dem Gesetz, das er aufstellt, noch dem Verdrängten, das ihn bindet – er hat nichts mehr zu bezeichnen, auch nicht die Ambivalenz eines verdrängten Signifikats. Er ist nur noch Zerstreuung und Absolution des Wertes – und das wird ohne eine Spur von Angst als totaler Genuss erfahren. Was das Kunstwerk oder die symbolische Handlung ausstrahlt, ist das Nicht-Verdrängte, das Nicht-Residuelle und die Nicht-Wiederkehr – hier werden die Verdrängung und die unaufhörliche Wiederholung des Sinns im Phantasma oder im Fetisch aufgehoben, das heißt die unaufhörliche Wiederholung des Verbotes und des Wertes wird dort aufgehoben, wo der Tod und die Auflösung des Sinns sich unbehindert begegnen.

»(...) sofern [ist] es nämlich erlaubt (...), in dem, was bisher geschrieben wurde, ein Symptom von dem, was bisher verschwiegen wurde, zu erkennen.«[88] (Nietzsche) Ein psychoanalytischer Vor-

88 [Friedrich Nietzsche, Jenseits von Gut und Böse, Von den Vorurtheilen der Philosophen, 23.]

schlag par excellence: Alles, was etwas »sagen will« (und insbesondere der wissenschaftliche Diskurs in seiner »Transparenz«), hat vor, etwas zu *verschweigen*. Und was verschwiegen wird, kehrt als Bedrohung in Form einer geringfügigen, aber irreversiblen Subversion seines Diskurses wieder. An diesem relativen Nicht-Ort jedes logischen Diskurses hat die Psychoanalyse ihren Platz.

In der Poesie wird nichts verschwiegen und es kehrt nichts wieder, um sie zu bedrohen. Denn was ständig verdrängt und verschwiegen wird, ist der Tod. Hier wird er in der Opferung von Sinn aktualisiert. Das Nichts, der Tod, die Abwesenheit wird offen ausgesprochen und aufgelöst: Endlich wird der Tod manifest, endlich wird er *symbolisiert*, während er in allen anderen Diskursformen nur *symptomatisch* bleibt. Damit wird mit Sicherheit jegliche Linguistik ausgeschaltet, die von der Äquivalenzschranke zwischen dem, was gesagt wird, und dem, was es sagen soll, lebt. Aber auch das Ende der Psychoanalyse ist damit gegeben, die ihrerseits von der Schranke zwischen Gesagtem und Verschwiegenem, Geleugnetem, Phantasmatisiertem und unendlich nach dem Modus der Verneinung Wiederholtem lebt: dem Tod. Wenn der Tod in einer sozialen oder in einer sprachlichen Formation zu Wort kommt, also wenn er in einem symbolischen Dispositiv ausgesprochen und ausgetauscht wird, dann hat auch die Psychoanalyse nichts mehr zu sagen. Wenn Rimbaud über »Une saison en enfer« sagt, das es »littéralement et dans tous les sens«[89] ist, so bedeutet das auch, dass es darin keinen *versteckten*, latenten Sinn gibt, also nichts Verdrängtes oder Hintergründiges, nichts für die Psychoanalyse. Um diesen Preis sind alle Bedeutungen möglich.

»Die Linguistik kommt durch die Schranke auf die Welt, die sie zwischen Signifikant und Signifikat etabliert hat, und es besteht die Gefahr, dass sie an deren Wiedervereinigung stirbt.«[90] (Mannoni). Auch die Psychoanalyse entsteht durch die Schranke, die sie

89 [»buchstäblich und in allen Sinnen« (Arthur Rimbaud, Einleitung zu »Une Saison en Enfer«).]

90 [Mannoni, L'ellipse et la barre, S. 35.]

nach dem Gesetz von Kastration und Verdrängung zwischen Gesagtem und Verschwiegenem etabliert hat (oder »zwischen einer halluzinierten Wirklichkeit und einem Ersatzobjekt«[91]), und auch sie ist in Gefahr, durch deren Wiedervereinigung zu sterben.

Dass es keinen Rest gibt, bedeutet nicht nur, dass es keinen Signifikanten und kein Signifikat mehr gibt, kein Signifikat *hinter* dem Signifikanten oder beiderseits der sie trennenden strukturellen Schranke – sondern es bedeutet auch, dass es nicht mehr wie in der psychoanalytischen Interpretation eine verdrängte unter einer verdrängenden Instanz gibt, etwas Latentes unter etwas Manifestem, oder Primärprozesse, die mit Sekundärprozessen Versteck spielen. Es gibt kein wie auch immer geartetes Signifikat, das vom Gedicht produziert wird; und es gibt weder ein »Traumdenken« hinter dem poetischen Text, noch eine signifikante Formel (Leclaire), eine Libido oder irgendein Energiepotenzial, das auf irgendeine Weise die Primärprozesse durchschlüpft und gewissermaßen noch eine *produktive Ökonomie des Unbewussten bezeugen könnte*. Es gibt ebensowenig eine libidinöse Ökonomie wie eine poetische Ökonomie – und erst recht keine linguistische Ökonomie, beziehungsweise politische Ökonomie der Sprache. Denn das Ökonomische basiert immer und überall *auf einem Rest* (allein ein Rest ermöglicht Produktion und Reproduktion)[92] – ob dieser Rest nun das symbolisch Nicht-Aufgeteilte ist, das in den Warentausch und Äquivalenzkreislauf der Ware eintritt – ob dieser Rest das ist, was in der anagrammatischen Zirkulation nicht abgebaut wird und somit in den Signifikationskreislauf eintritt – oder ob dieser Rest ganz einfach ein Phantasma ist, d.h. etwas, was sich im ambivalenten Tausch und im Tod nicht auflösen konnte und sich aus diesem Grunde in diesem Niederschlag eines individuellen unbewussten Wertes und eines verdrängten Bilder- oder Vorstellungsvorrates ablagert, der dem unablässigen Wiederholungszwang folgend produziert oder reproduziert wird.

91 Leclaire, Der psychoanalytische Prozess, S. 55.

92 Vgl. Malamoud, Observations sur la notion de »reste« dans le brahmanisme.

Warenwert, Zeichen-Wert oder verdrängter/unbewusster Wert – all das entsteht aus dem, was übrig bleibt, aus dem residuellen Niederschlag der symbolischen Operation. Dieser Rest wird überall akkumuliert, und er nährt die verschiedenen Ökonomien, die unser Leben beherrschen. Will man die Ökonomie überschreiten – und wenn »das Leben ändern« irgendeinen Sinn hat, dann diesen –, so muss dieser Rest in allen Bereichen vernichtet und exterminiert werden – wofür das Poetische durch seine Operationen ohne Äquivalenz, Akkumulation und Rest das Modell bildet.

Um auf den Witz zurückzukommen – muss man nicht vermuten, dass der Genuss kein Resultat der »Ökonomie« und des Energiegewinns durch Ersparnis ist, der sich einer »Verkürzung der psychischen Distanz« verdankt, und auch keine Folge des Eindringens eines Primärprozesses in die Ordnung des Diskurses (jenes Eindringen eines Sinns *unter dem Sinn*) oder jener tiefgründigeren Realität, die uns die vermutete Dualität psychischer Instanzen aufzwingt: die Finalität der »anderen Szene«, die sich durch eine Drehung um sich selbst ergeben soll, die Finalität des Verdrängten, das als psychischer Wert selbst der Trennung der Instanzen wiederauferstehen soll (topische Hypothese) – und die logische Folge einer Bindung/Entbindung von Energien, aus der im gegebenen Moment dieser libidinöse Mehrwert mit dem Namen Genuss resultieren soll (ökonomische Hypothese)?

Muss man nicht annehmen, dass der Genuss umgekehrt durch die Aufhebung der Trennung dieser getrennten Bereiche entsteht – dass er sogar diesseits der Unterscheidung von Instanzen und diesseits des differenziellen Spieles der Besetzungen einsetzt – und dass der Genuss diesseits der Psychoanalyse und ihrer logischen Ordnung steht?

Ein Resultat des Aufruhrs, der Kurzschließung und des Zusammenstoßes der getrennten Bereiche (Phoneme, Wörter, Rollen, Institutionen), die bis dahin *nur als getrennte* einen Sinn hatten und die ihren Sinn durch diese brutale Annäherung *verlieren*, die bewirkt, dass sie sich austauschen? Besteht der Genuss nicht darin, dass das Subjekt auch sich als getrenntes verliert, d.h. nicht nur in der reflektierenden Distanz des Bewusstseins, sondern auch gegenüber der Instanz des Unbewussten? Die Abschaffung des Über-Ich und des Aufwandes, die Disziplin des Realitäts- und Rationalitätsprinzips des Sinns aufrechtzuerhalten, bedeutet in diesem Augenblick nicht nur eine Beseitigung der Verdrängungsinstanz zugunsten der verdrängten Instanz, sie bedeutet die gleichzeitige Beseitigung beider. Darin besteht das Poetische des Witzes und der Komik; es liegt jenseits der triebhaften Wiederauferstehung des Phantasmas und der Wunscherfüllung.

Freud zitiert Kants Auffassung: »Das Komische sei eine in nichts zergangene Erwartung.«[93] Anders gesagt: *Da, wo etwas war, ist nichts mehr* — nicht einmal Unbewusstes. Da, wo es eine beliebige (auch unbewusste) Finalität gab oder einen (auch verdrängten) Wert, ist nichts mehr. *Der Genuss ist ein Aderlass des Wertes*, eine Zersetzung des Codes und des repressiven Logos. In der Komik wird der moralische Imperativ institutioneller Codes (Situationen, Rollen, öffentliche Personen) aufgehoben — im Witz wird der moralische Imperativ des Identitätsprinzips der Wörter selbst und des Subjektes vernichtet. Einfach so. Nicht um etwas »Unbewusstes« »darzustellen«. Lichtenbergs Definition des Messers (des Nicht-Messers) — ein sehr poetischer Witz — zeichnet diese Sinn-Explosion ohne jeden Hintergedanken nach. Ein Messer existiert dann, wenn es getrennt — und namentlich getrennt — eine Klinge und einen Griff aufweist. Wenn man deren Trennung aufhebt (und man kann Klinge und Griff nur in ihrem Verschwinden vereinigen, wie in Lichtenbergs Ausspruch), bleibt eigentlich nichts übrig — außer dem Genuss. Wie Kant sagen würde, die mit dem Messer verbundene »Erwartung«, die praktische, wie auch die phantasmatische Erwartung (man weiß, was Messer »sagen will«) löst sich in nichts auf. Und das ist kein Primärprozess (Ver-

93 Freud, Der Witz und seine Beziehung zum Unbewussten, S. 227. [Vgl. »Das Lachen ist ein Affekt aus der plötzlichen Verwandlung einer gespannten Erwartung in nichts.« (Immanuel Kant, Kritik der Urteilskraft, § 54)]

schiebung, Verdichtung), es gibt kein Eindringen irgendeiner Sache hinter der Klinge oder dem Griff, hinter diesem Nichts gibt es nichts. Schluss mit der Trennung, Schluss mit der Kastration, Schluss mit der Verdrängung, Schluss mit dem Unbewussten. Totale Auflösung, totaler Genuss.

Lichtenbergs Beispiel ist keine Ausnahme. Wenn man genau hinsieht, können alle Beispiele absurder Logik (die den Höhepunkt des Witzes bildet und in der der Genuss am höchsten ist), die Freud anführt – der Kupferkessel, die Torte, der Lachs mit Mayonnaise, das Katzenfell mit den Löchern genau an Stelle der Augen; das Kind, das sobald es zur Welt kommt, eine Mutter vorfindet, die bereit ist, sich seiner anzunehmen – in der gleichen Weise analysiert werden, d.h. als Verdoppelung einer Identität oder einer Rationalität, die auf sich selbst bezogen wird, um sich zu zersetzen und aufzulösen, also als Resorbierung eines Signifikanten durch sich selbst ohne irgendeinen Sinn.

»Eifersucht ist eine Leidenschaft, / Die mit Eifer sucht, was Leiden schafft.« [Franz Grillparzer] Liegt hier die Lust in der Wiederverwendung desselben Wortmaterials, also in der Energieersparnis? Selbst Freud gesteht ein, dass die Wiederverwendung desselben Materials zum Schwierigsten gehört – wobei es am einfachsten wäre, zwei verschiedene Aussagen mit Hilfe verschiedener Signifikanten zu machen. Die Veränderung besteht darin, dass zwei Aussagen *gleichzeitig* gemacht werden. Das Wesentliche ist also die Abschaffung des Signifikanten in der Zeit, d.h. in seiner Sukzessivität – Lust ergibt sich nicht durch die Summierung von Signifikaten unter einem gleichen Signifikanten (ökonomische Interpretation), sondern aus dieser Annullierung der logischen Aussagezeit, was mit einer Annullierung des Signifikanten selbst gleichzusetzen ist (anti-ökonomische Interpretation). Überdies enthält der Spruch »Eifersucht...« auch eine Art von saussurescher Paarbildung: Auf der Ebene eines Satzes und seines »Gegen-Satzes« realisiert er, was Saussure für jeden Vokal und seinen Gegen-Vokal im Vers feststellt. Die Regel wird hier auf ganze

Satzteile angewandt, während sie sich bei Saussure auf nicht-signifikative Elemente (Phoneme oder Diphone) bezog, aber es handelt sich immer um dieselbe Regel der Drehung eines Signifikanten um sich selbst, durch die im Witz oder Gedicht ein Funke von Lust aufblitzt. Wie reich oder wie vielfältig der Sinn ist, hat keine Bedeutung. Ganz im Gegenteil: Gerade durch das Signifikat ist die Lust am Witz oft relativ gering, denn die Signifikate beenden das Spiel durch die Rettung des Sinns. Während es in der unendlichen Zeit der Rückkehr des Signifikanten zu sich selbst, d.h. in der Zeit dieser Annullierung eine Unendlichkeit von Sinn gibt, also eine Virtualität unendlicher Ersatzbildungen, eine verrückte und rasche Verausgabung, einen unmittelbaren Kurzschluss aller Botschaften, die allerdings für immer nicht bezeichnet sind. Ein Sinn wird dabei nicht festgelegt: Er verbleibt im Zustand der Zirkulation, der Zentrifugalbewegung und der »Revolution« — wie die Güter im symbolischen Tausch: Unaufhörlich gegeben und zurückgegeben, verfallen sie niemals der Instanz des Wertes.

Freud spricht ständig von der »Technik« des Witzes, die er folgendermaßen vom Normalvorgang unterscheidet: »Die Technik des Witzes liegt darin, daß ein und dasselbe Wort (...) in zweifacher Verwendung vorkommt, einmal als Ganzes und dann in seine Silben zerteilt wie in einer Scharade«[94] — aber das ist nur »Technik«. Das gleiche gilt für die Wiederverwendung desselben Materials: All diese Techniken können in einer einzigen Kategorie zusammengefaßt werden, der Verdichtung: »Die Verdichtung bleibt die übergeordnete Kategorie. Eine zusammendrängende oder richtiger ersparende Tendenz beherrscht alle diese Techniken. Es scheint alles Sache der Ökonomie zu sein, wie Prinz Hamlet sagt.«[95] Was Freud entgeht, ist, dass die »Techniken« des Witzes *an sich selbst* Quellen der Lust sind. Er sagt das zwar auch, aber um sogleich hinzuzufügen: »Nun merken wir, was wir als Techni-

94 Freud, Der Witz und seine Beziehung zum Unbewussten, S. 31.
95 Freud, ebenda, S. 43.

ken des Witzes beschrieben haben (...) das sind vielmehr die Quellen, aus denen der Witz die Lust bezieht. (...) Die dem Witz eigentümliche und ihm allein zukommende Technik besteht aber in seinem Verfahren, die Anwendung dieser lustbereitenden Mittel gegen den Einspruch der Kritik sicherzustellen, welcher die Lust aufheben würde. (...) Von Anfang an besteht seine Leistung darin, innere Hemmungen aufzuheben und durch sie unzugänglich gewordene Lustquellen ergiebig zu machen (...).«[96] So wird immer alles, was die Operation des Witzes selbst bringen könnte, auf eine ursprüngliche »Quelle« reduziert, für die der Witz nur ein technisches Medium ist.

Dasselbe Schema findet sich bei der Lust des Wiedererkennens und des Zurückerinnerns: »Dieses Wiederfinden des Bekannten ist lustvoll, und es kann uns wiederum nicht schwerfallen, solche Lust als Ersparungslust zu erkennen, auf die Ersparung an psychischem Aufwand zu beziehen. (...) Das Erkennen an sich ist durch die Erleichterung des psychischen Aufwands lustvoll. (...) Daß Reim, Alliteration, Refrain und andere Formen der Wiederholung ähnlicher Wortklänge in der Dichtung die nämliche Lustquelle, das Wiederfinden des Bekannten, ausnützen, ist gleichfalls allgemein anerkannt.«[97] Auch hier sollen diese Techniken, »die mit der ›mehrfachen Verwendung‹ beim Witze so große Übereinstimmung zeigen«[98], an sich keine Bedeutung haben: Sie sind dem Wiederauftauchen von Erinnerungsgehalten untergeordnet (wobei es gleich ist, ob diese Erinnerungen bewusst oder unbewusst sind: ob sie originäre Phantasmen sind oder aus der Kindheit stammen...), deren *Darstellungsmittel* sie lediglich sind.[99]

96 Freud, ebenda, S. 145 f.

97 Freud, ebenda, S. 135 f.

98 Freud, ebenda, S. 136.

99 In dieser Reduktion, in diesem Primat der Ökonomie des Unbewussten liegt für Freud die Unmöglichkeit begründet, jemals richtig die Differenz des Phantasmas und des Kunstwerkes zu behandeln. Er konnte sagen, dass alles, was er analysiert hatte, die Dichter bereits vor ihm intuitiv erfasst haben — oder

auch, dass es kein Privileg des Psychiaters gegenüber dem Dichter gibt und dass dieser »ohne der Schönheit seines Werkes zu schaden« (!) ein unbewusstes Problem in aller Ausführlichkeit sehr wohl darstellen kann [vgl. Freud, Der Wahn und die Träume in W. Jensens »Gradiva«, 1907]. Die poetische Handlung bleibt additionell, sublim aber additionell. Lyotard versucht Freud in diesem Punkt zu folgen, indem er den Schwerpunkt auf die Unterscheidung von Phantasma und Kunstwerk legt, wobei er versucht, sie radikal zu artikulieren. Er kritisiert zunächst alle Interpretationen, die von einer »Befreiung« des Phantasmas sprechen. Das Phantasma zu befreien ist absurd, weil es ein Verbot des Wunsches impliziert und weil es zur Ordnung der Wiederholung gehört (so ergibt sich also gegenwärtig aus der »Befreiung« des Unbewussten folgendes: Man befreit es als Verdrängtes und Verbotenes, das heißt unter dem Zeichen des Wertes, bzw. umgekehrten Mehrwertes — aber ist das dann eine »Revolution«?). Lyotard sagt: »Der Künstler kämpft darum, im Phantasma das zu befreien, was vom Primärprozess herrührt und nicht Wiederholung ist.« (Lyotard, Dérive à partir de Marx et Freud, S. 236) »Für Freud muss die Kunst einen Bezug zum Phantasma haben. (...) Allein der Künstler versteckt seine Phantasmen nicht, er gibt ihnen in wirklich realen Gegenständen Gestalt, und die von ihm angefertigte Darstellung ist überdies (!) eine Quelle der ästhetischen Lust.« (Lyotard, ebenda, S. 56) Diese Theorie bekommt bei Lyotard ein »umgekehrtes« Aussehen: Das Phantasma des Künstlers wird in der Realität nicht als Spiel, Versöhnung und Wunscherfüllung produziert, sondern es produziert sich in der Realität als Gegen-Realität, es interveniert nur in den Mangel der Realität und erforscht diesen Mangel. »Die Funktion der Kunst besteht nicht darin, ein reales Simulakrum zur Wunscherfüllung anzubieten, sondern durch ihr Figurenspiel zu zeigen, welcher Zerstörung man sich auf der Ebene der Wahrnehmung und der Sprache aussetzen muss, damit eine Figur des Unbewussten durch seine Verbergung erahnt werden kann (Darstellung des Primärprozesses).« (Lyotard, ebenda, S. 57f.)

Aber wie kann das Phantasma plötzlich diese subversive Rolle spielen, da es doch ein Wunschverbot beinhaltet? Das gleiche gilt für die Primärprozesse: »Der Unterschied zum Traum, zum Symptom: Im Kunstwerk werden die Vorgänge der Verdichtung, Verschiebung und Figuration, die im Traum oder im Symptom beabsichtigen, den Wunsch zu travestieren, weil er nicht zugelassen werden kann, im künstlerischen Ausdruck eingesetzt, um die ›gute Form‹ und den Sekundärprozess nicht durchdringen zu lassen und um Unform freizulegen, die in der Unordnung der unbewussten Ordnung besteht.« (Lyotard, ebenda, S. 58) Wie kann man verstehen, dass die Primärprozesse derartig umgekehrt werden können? Sind nicht auch sie sogar mit der Operation des verdrängten Wunsches verbunden — oder sind sie die Daseinsweise eines reinen und unerbittlichen Unbewussten, eines nicht überschreitbaren Unbewussten

Jede Interpretation des Witzes oder des Poetischen als »Befreiung« von Phantasmen oder psychischen Energien ist falsch. Wenn das Signifikat eindringt und in jedem Sinn zirkuliert (Gleichzeitigkeit von Signifikaten, die aus verschiedenen Schichten der Psyche kommen; ein Durchdringen des Signifikats unter dem Druck von Primärprozessen) – wird weder gelacht, noch Genuss empfunden: das ist dann Angst, Halluzination oder Wahnsinn. Ambiguität und Polysemie machen Angst, weil die Sinnbesessenheit (das

»an der Basis«? Damit würde Lyotard sie selbst verurteilen, er, der sagt, »man gelangt niemals zu den Primärprozessen. Die Partei der Primärprozesse zu ergreifen, wäre noch eine Auswirkung sekundärer Prozesse.«
Der Künstler macht folgendes: »Die Arbeit des Künstlers kann mit der des Traumes und im allgemeinen mit den Vorgehensweisen des Primärprozesses verglichen werden, aber er wiederholt sie, indem er sie umkehrt, weil er sie am Produkt dieses Prozesses selbst anwendet, das heißt bei den Figuren, die aus dem Phantasma hervorgehen.« (Lyotard, ebenda, S. 65)
Und noch radikaler: »Der Künstler ist jemand, bei dem der Wunsch, den Tod selbst auf Kosten des Todes zu sehen, über den Wunsch zur Produktion hinausführt (...). Die Krankheit bedeutet kein Eindringen des Unbewussten, sondern sie ist dieses Eindringen und der wilde Kampf gegen es. Das Genie schreitet bis zur gleichen Tiefenfigur voran wie die Krankheit, aber es verteidigt sich nicht gegen sie, sondern es begehrt sie.« (Lyotard, ebenda, S. 60 f.) Aber woher kommt dieses Sich-Einlassen auf die »Grausamkeit« des Unbewussten, wenn nicht durch eine Rückwendung des »Willens«, durch eine unbegreifliche »aktuelle Gnade«? Und woher kommt der Genuss, der bei dieser Handlung entsteht und der sich irgendwie der Form verdanken soll und nicht dem Inhalt? Diese Form ist bei Lyotard nicht weit davon entfernt, eine mystische Leere zu sein. Der Künstler soll einen »zerstörten Raum« bearbeiten, eine Leere, eine Empfangsstruktur für das Eindringen des Phantasmas – »der Sinn entsteht durch eine Verletzung des Diskurses, im Bereich der Signifikationen ist er Kraft oder Geste, er erzeugt Schweigen. Und in diesem Loch erhebt sich das Verdrängte und Untergründige des Wortes.« Diese Leere, dieses Schweigen – dieses Läutern vor dem Eindringen – enthält eine gefährliche Analogie zur Mystik. Aber wovon gehen sie nun aus? Wie sieht der »Zerstörungsprozess aus«? Man sieht nun, dass er nichts mit dem Primärprozess zu tun hat – dem man hier eine unverständliche Doppelrolle gegeben hat: er bildet die beiden Seiten der Umkehrung. Wäre es nicht besser, ihn ganz einfach auf seiten des Verdrängten und der Wiederholung zu lassen und die poetische Handlung von jeder psychoanalytischen Gegenabhängigkeit zu befreien?

Moralgesetz der Signifikation) hier vollständig erhalten bleibt und doch kein klarer, eindeutiger Sinn zu erkennen ist. Ein Genuss stellt sich im Gegenteil dann ein, wenn jeder Imperativ und jedes Referieren auf Sinn (sei er manifest oder latent) beiseite gefegt wird, was nur durch eine genaue Reversibilität jeden Sinns möglich ist — also nicht durch die Vermehrung, sondern durch die minutiöse Umkehrung allen Sinns. Das gleiche gilt für die Energie: weder ihre explosive »Freisetzung«, noch ihre Entbindung, noch ihre bloße Umleitung oder ihre »Intensität« verschafft einen Genuss — allein die Reversibilität ist die Quelle des Genusses.[100]

Wenn man lacht oder genießt, so deshalb, weil das Signifikat oder die Energie auf irgendeine Weise eine Drehung oder Rückdrehung erfährt, wodurch eine Leere entsteht. So ist es auch in der Geschichte des Mannes, der seinen Schlüssel in einer dunklen Gasse verloren hat und ihn dann unter der Straßenlaterne sucht, weil allein dort eine Möglichkeit besteht, ihn wiederzufinden. Unabhängig davon, welche verborgenen Bedeutungen (Mutter, Tod, Phallus, Kastration, etc.) man dem verlorenen Schlüssel beilegt, was übrigens unentscheidbar und bedeutungslos ist, beschreibt er die Leere einer logischen Vernunft, die sich exakt verdoppelt, um sich zu zerstören. In dieser so geschaffenen Leere explodieren das Lachen und der Genuss (und zwar nicht deswegen, weil eine verdrängte Stimme sich aus ihrem Keller erhebt, wie Lyotard meint). Freud sagt sehr schön: »Entfesselung des Unsinns«. Aber der Unsinn ist kein verborgener Untergrund des Sinns oder ein Emporströmen aller verdrängten und widersprüchlichen Bedeutungen.

100 Lust, Befriedigung und Wunscherfüllung entstammen der ökonomischen Ordnung, der Genuss gehört zur symbolischen Ordnung. Diese beiden Ebenen muss man radikal auseinanderhalten. Zweifellos sind die Ersparnisse, das Wiedererkennen, psychische Verkürzung und der Wiederholungszwang Quelle für eine gewisse Lust (der irgendwie entropisch, unwillkürlich, zugleich »heimlich« und »unheimlich«, vertraut und beunruhigend ist, und der sich niemals von Angst freimachen kann, weil er mit der Wiederholung eines Phantasmas verbunden ist). Das ökonomische ist immer akkumulativ und repetetiv. Das Symbolische ist reversiv, es ist eine Auflösung der Akkumulation und der Wiederholung — eine Auflösung des Phantasmas.

Er ist eine minutiöse Reversibilität aller Ausdrücke und Begriffe — *Subversion* durch *Reversion*.

Mit dieser inneren Logik muss eine seiner »äußeren« Charakteristiken erklärt werden: Er teilt sich mit, man kann ihn nicht allein konsumieren, er findet seinen Sinn nur im Austausch. Witzige Wendungen oder lustige Geschichten sind symbolische Güter wie Champagner, Geschenke, seltene Dinge oder Frauen in primitiven Gesellschaften. Der Witz ruft ein Lachen hervor oder die Reziprozität einer anderen lustigen Geschichte, oder sogar ein richtiges Potlatch aufeinanderfolgender Geschichten. Man kennt das symbolische Netz des Einverständnisses, das durch gewisse Geschichten oder Witze geknüpft wird, die einer dem anderen weitererzählt hat. All das entspricht einer symbolischen *Verpflichtung*. Eine lustige Geschichte für sich zu behalten, ist absurd — nicht darüber zu lachen, ist beleidigend; aber als erster über seine eigene Geschichte zu lachen, bedeutet seinerseits einen Bruch der subtilen Gesetze des Austausches.[101]

Der Witz ist notwendigerweise auf einen symbolischen Tausch verwiesen, weil er mit einer symbolischen (und nicht ökonomischen) Form von Genuss verbunden ist. Wenn der Genuss sich einer »psychischen Ersparnis« verdankte, so wäre nicht einzusehen, warum nicht jeder allein oder als erster über diese »freigesetzte« psychische Energie lacht. Es ist also etwas anderes nötig als unbewusste ökonomische Mechanismen, das eine Reziprozität verlangt. Dieses andere besteht genau in der symbolischen Annullierung des Wertes. Eben weil die Begriffe sich in ihnen symbolisch austauschen, das heißt sich in ihrer eigenen Operation umkehren und annullieren, bilden das Poetische und der Witz eine soziale Beziehung desselben Typus. Allein jene Subjekte, die wie die Wörter ihre Identität aufgeben, sind der sozialen Reziprozität im Lachen und im Genuss geweiht.

101 Freud denkt, ständig in der Logik ökonomischer Interpretation, wenn man nicht zuerst lacht, dann deshalb, weil der Witz eine gewisse psychische Verausgabung erfordert — also keinen verfügbaren Überschuss für die Lust. Er gibt selbst zu, dass das nicht sehr befriedigend ist.

Man sieht, dass sich in der analytischen Interpretation des Traums, des Witzes, der Neurosen und insbesondere der Poesie eine »materialistische« Theorie der Sprache abzeichnet. Die Arbeit des Primärprozesses wird dadurch möglich, dass das Unbewusste die Wörter *wie Dinge* behandelt. Der Signifikant, der zum Horizont und zur Finalität des Signifikates flüchtet, wird wieder zum reinen Material, das für eine andere Arbeit verfügbar wird; er wird zu einem »elementaren« Material, das für die Schichtungen, Überlagerungen und Zusammenstöße des Primärprozesses verfügbar wird. Die lautliche Substanz der Sprache bekommt die Immanenz eines materiellen Gegenstandes, sie fällt in ein Diesseits (soweit diese Formeln überhaupt einen Sinn haben) der ersten Artikulation zurück (signifikative Einheiten), vielleicht sogar in ein Diesseits der zweiten Artikulation (distinktive Einheiten). Die Laute (oder auch die Buchstaben) werden also als Atome einer Substanz begriffen, die vom Körper nicht unterschieden ist.

Es hat den Anschein, als ob hier eine unüberschreitbare Radikalität der Sprache gegeben wäre. Die Wörter »wie Dinge« zu behandeln, gehörte dann zum Grundprinzip der sprachlichen Operation, da man scheinbar alles gesagt hat, wenn man endlich eine »materialistische« Basis der Sprache ausgemacht hat. Aber mit dem Materialismus verhält es sich hier wie überall. Die philosophische Bestimmung dieser Theorie ist eine einfache Umkehrung des Idealismus durch ein einfaches Wechselspiel ohne irgendeine Überschreitung der endlosen Spekulation. So gehen die Begriffe »Ding« und »Materie«, die der Idealismus zu seinem höllischen Widerpart und seinem negativen Phantasma herabgefälscht hatte, stillschweigend in das Stadium einer positiven Realität über, sie werden zu einem revolutionären Erklärungsprinzip, ohne die Abstraktheit ihrer Herkunft aufzugeben. Der Idealismus hat *durch Verdrängung* eine gewisse »Materie« zum Phantasma gemacht, und diese ist es, die mit allen Stigmata idealistischer Verdrängung im Materialismus wiederaufersteht. Hinterfragen wir diesen »Ding«-Begriff, mit dem man das Jenseits der Repräsentation umschreiben wollte. Jede evakuierte Transzendenz bleibt rohe, undurchsichtige, »objektive« Materie, ein substanzielles Sein, ein molarer oder molekularer Sockel aus Stein oder Sprache. Aber sieht man nicht, dass der äußerste und subtilste Schritt des Idealismus darin bestand, das einzuschließen, was er als irreduzible Substanzialität leugnete, indem er es als entgegengesetzten Referenzpunkt und als Alibi legitimierte und indem er es somit als Realitäts-»Anspruch« bannte, der zur besten Stütze des idealistischen Denkens wurde. »Ding«, »Substanz«, »Basis« und »Materie« haben niemals eine andere Bedeutung gehabt. Und die »materialistische« Sprachtheorie geht in dieselbe Falle idealistischer Gegen-Abhängigkeit. Es ist nicht richtig, dass die Wörter, wenn sie der Vorstellung entspringen und ihre Zeichenhaftigkeit verlieren, zu »Dingen« werden und dadurch eine grundlegendere Objektivität verkörpern, eine größere Realität oder das wiedergefundene Stadium einer letzten Instanz. Es gibt keinen schlimmeren Widersinn.

Die Wörter »wie Dinge« behandeln… um DAS Ding auszudrücken: das Unbewusste, um eine latente Energie zu materialisieren. Immer bekommt der Hintergrund des Ausdrucks auf irgendeine Art die Kraft einer Instanz oder sogar einer Substanz – wenn das, was hier als Referenzpunkt positiviert wird, nicht schon sowieso als Verdrängtes, Nicht-Gesagtes oder gar Unsagbares gefasst worden ist. Die Leere der Signifikation, *der Nicht-Ort* und der Nicht-Wert sind für das abendländische Denken von Grund auf unerträglich und sind es immer gewesen. Es braucht Topik und Ökonomie. Die in der Poesie (und zweifellos auch im Witz) vorgeführte radikale Resorbierung des Zeichens muss wieder zum entzifferbaren Zeichen eines Nicht-Gesagten werden, zu etwas, das vielleicht niemals seine Chiffre preisgibt, aber dadurch nur um so wertvoller wird. Ich sehe sehr wohl, dass die Psychoanalyse keine »vulgäre« Hermeneutik ist: Sie ist um so subtiler, als hinter der Operation des signifikanten Materials noch etwas anderes sich befindet, eine andere Welt, ein anderes Geschehen, dessen Umwege von einem spezialisierten Diskurs verfolgt werden können. Der Genuss besteht niemals in einer schlichten und einfachen Kommunikation. Er rührt immer von dem her, was die Libido in diese Operation einspeist, was vom Grunde des Phantasmas her »spricht« und nur im Affekt freigesetzt wird. Kurz, dieses Grundmaterial der Sprache ist immer schon durch eine positive Transformation (hier Transkribierung) definiert, es ist von Anfang an in der Interpretation nachweisbar, die es als ihren analytischen Ausgangspunkt entwickelt.[102] Das »Ding« versteckt sich, und es versteckt etwas anderes. Cherchez la force, cherchez le signifiant — Suche die Antriebskraft, suche den Signifikanten.

Eine grundlegende Motivierung von Symptom/Zeichen, eine Konsubstanzialität von Wort und Ding, ein gemeinsames Schicksal von Sprache und Trieb, von Kraft und Gestalt. Eine libidinöse Ökonomie, deren Prinzip darin besteht, das Unbewusste, den Körper, die Libido und das Phantasma als Metaphern oder Metonymien in einer *Unordnung* von Sprache auszudrücken. In der linguistischen Begründung weicht die Willkürlichkeit des Zeichens der *positiven* Analogie des Signifikanten zur bezeichneten Sache. In der psycho-analytischen Begründung wird der dekonstruierte Signifikant durch eine *umgekehrte* Notwendigkeit mit einem pri-

102 Jede Materie ist eine erste Materie. Das bedeutet, dass ihr Begriff nur in Abhängigkeit von einer Ordnung der Produktion zur Erscheinung kommt. Alle, die sich für (wissenschaftliche, semiotische, historische, dialektische usw.) »Materialisten« halten, sollten sich daran erinnern. Bereits der sensualistische Materialismus des 18. Jahrhunderts macht den ersten Schritt in Richtung auf eine »Befreiung« des Körpers entsprechend der Dualität von Funktion/Lust als materia prima einer Produktion von Lust.
Materie ist immer nur Produktivkraft. Aber die Produktion hat nichts »materialistisches« — und übrigens auch nichts idealistisches. Es gibt eine Ordnung, und es gibt einen Code — Punkt — Aus — das ist alles. Das gleiche gilt für die Wissenschaft: Sie ist eine Ordnung und ein Code, sie ist nicht mehr und nicht weniger »materialistisch« wie die Magie oder sonstwas.

mären Energiepotenzial verbunden. Die Begründung liegt hier in der *Transgression* einer Form durch einen revoltierenden Inhalt. Die blinde Surrealität der Libido bringt das Realitätsprinzip und die Transparenz der Sprache zum Platzen. So wird bestenfalls das Poetische interpretiert: das vitale Dröhnen Luciano Berios, das Theater der Grausamkeit Artauds, das Röcheln, der Schrei, das Keuchen, der Zauber und das Eindringen des Körpers in den verinnerlichten, repressiven Sprachraum. Ein Eindringen von Partialtrieben, die als solche unter dem *Siegel der Repression* an die Oberfläche kommen und die zugleich transgressiv und regressiv sind, da diese Befreiung gerade nur die Befreiung eines verdrängten Inhaltes ist und als solche von der Hegemonie der Form gezeichnet wird.

Das ist besser als der Wind bei Swinburne, denn es geht ständig um Motivation und Metaphorik. Eine vitalistische, energetische und körperhafte Metaphorik dieses Theaters der Grausamkeit. Letzten Endes sogar eine finalistische Metaphorik, auch wenn es sich um eine wilde Finalität handelt. Eine Beschwörung der »Freisetzung« von Urkräften (man kennt die oft heikle Affinität Artauds zur Magie und zum Exorzismus, siehe den orgiastischen Mystizismus im »Héliogabale«[103]). Die Metaphysik ist immer auf Umwegen, wie auf dem Umweg ökonomischer/energetischer Betrachtungsweisen unbewusster Prozesse (d.h. ganz einfach auf dem Umweg der Konzeption des Unbewussten): ein metaphysischer Versuch der Substantiation des Unbewussten zum *Körper* und zur Zweckbestimmung seiner Befreiung. Die zeitgemäße Illusion der Verdrängung, für die das Unbewusste ein Inhalt, eine Kraft ist. Der Triumph der Form liegt darin, das zu umschreiben, was sie als Inhalt leugnet, und es in der Finalität inhaltlichen Ausdrucks oder der Wiederauferstehung von Kräften einzuschließen.

103 [Vgl. Artaud, Héliogabale ou l'Anarchiste couronné (1934).]

An diesem Punkt gibt es zwischen Linguistik und Psychoanalyse keinen großen Unterschied mehr: Es handelt sich immer um denselben Versuch, das Poetische durch die natürliche Verbundenheit des Diskurses mit seinem Objekt zu erklären: »Die Distanz zwischen Wörtern und Dingen wird durch den Gebrauch des ›Dinglichen‹ im Wort, durch die Vermittlung seiner Körperlichkeit und durch das Echo, das sein Körper in der Tiefe der Sensibilität hervorrufen kann, in ein Geräusch verwandelt, das den Dingen selbst zugeschrieben wird.«[104] So versuchen die Linguisten bestenfalls den »symbolischen« Wert des Klanges gegen den Einwand der Willkürlichkeit zu verteidigen. Und weiter: »Das Ding wird nicht in die Sprache ›eingeführt‹, sondern die Anordnung der Sprache lässt in den Wörtern und zwischen ihnen Rhythmen entstehen, die mit jener gleichklingen, welche das Ding, von dem der Diskurs spricht, in unserem Körper entstehen lässt.« Durch welche Wunder können das »Ding« und das Wort durch das Medium des Körpers zusammenklingen? Der Rhythmus? Die Metapher? Bei all dem handelt es sich tatsächlich um eine *positive Ökonomie der Metaphysik* — um die Idee einer Versöhnung zwischen dem »Ding« und dem seiner Körperlichkeit zurückgegebenen Wort. Aber das ist falsch. Wenn auch der logische Diskurs die Materialität des Wortes (den Wortkörper) leugnet, so ist das Poetische nicht einfach umgekehrt eine Wiederauferstehung des Wortes als Ding. Weit entfernt davon, das Ding zur Erscheinung zu bringen, will es die Sprache selbst als Ding zerstören. Das Poetische beinhaltet genau die Auflösung des *respektiven* Status von Ding und Diskurs. Das heißt, es zielt auf eine Extermination und Vernichtung der Sprache als Diskurs, aber auch als Materialität — und zwar nicht indem es sie wie der Diskurs verdrängt, sondern indem es sie bis zur Vernichtung vergegenwärtigt.

104 Lyotard, Discours, figure, S. 77.

Auch Kristeva vertritt ausgehend von Heraklit und Lukrez eine materialistische Theorie des Signifikanten: Die Wörter drücken das (bewegte) Reale *nicht aus,* sie *sind es.* Nicht durch die Vermittlung von Ideen, sondern durch jene Konsubstanzialität (die mehr als eine »Korrespondenz« sein soll) zwischen materiellen Dingen und der lautlichen Substanz der Sprache. Die Homologie zur Psychoanalyse: Wenn in der Sprache das Unbewusste zu erkennen ist, so nicht deshalb, weil sie es ausdrückt, sondern weil sie dieselbe Struktur hat und in derselben Weise artikuliert und spricht. Derselbe Zuschnitt, dasselbe Szenario, dieselbe »Façon«, dieselbe Arbeit. Da wo die Alten Feuer, Wasser, Luft und Erde sagten, sagen wir: Sprache, Unbewusstes, Körper.

Aber zu behaupten, dass in der Sprache Feuer, Wasser, Luft und Erde (oder die Arbeit des Unbewussten) zu erkennen ist, weil sie selbst ein Element, eine elementare Substanz in direkter Verwandtschaft mit allen anderen Elementen ist, das ist zugleich viel radikaler als jede psychoanalytische »Begründung« — und auch sehr weit von der Wahrheit entfernt. Es bedarf einer völligen Rückwendung: Nur unter der Voraussetzung, dass man einsieht, dass Feuer, Wasser, Luft und Erde weder Werte noch *positive* Elemente sind, sondern Metaphern der kontinuierlichen Auflösung des Wertes und des symbolischen Austausches der Welt — dass sie keine Substanzen, sondern *Anti-Substanzen* und Anti-Materien sind — nur in diesem Sinne kann man sagen, dass die Sprache ihnen vergleichbar ist, wenn sie der Logik des Zeichens und des Wertes entrissen wird. Das haben die antiken Mythen über die Elemente ausgesagt, und auch der Mythos des Werdens bei Heraklit und Nietzsche. Eben dadurch waren sie poetisch und jeder analytischen Interpretation überlegen, welche diese Auflösung in die verborgene Instanz eines Nicht-Gesagten verlagert, die im Nicht-Sagen oder im Anders-Sagen durchschimmern soll.

In der symbolischen Operation gibt es keinen materialistischen Referenzpunkt, auch keinen »unbewussten«. Sie ist eher eine »anti-materielle« Operation. Aber Vorsicht mit Science Fiction, wenn es auch richtig ist, dass es eine gewisse Analogie zwischen einem Partikel und seinem Gegenpartikel, deren Aufeinandertreffen zur Vernichtung beider führt (mit und durch fabelhaften Energiezuwachs), und dem Prinzip der Paarbildung bei Saussure gibt oder weitergehend auch eine Analogie zu einem beliebigen Signifikanten und seinem anagrammatischen Double, das ihn auflöst: Denn es bleibt nichts übrig, außer einem fabelhaften Genuss.

Kristeva: »In diesem anderen Raum, in dem die logischen Gesetze der gesprochenen Sprache erschüttert werden, wird das Subjekt aufgelöst, und an die Stelle des Zeichens tritt das Zusammenstoßen von sich gegenseitig vernichtenden Signifikanten. Eine Operation verallgemeinerter Negativität, die weder mit der Negativität, die durch das logische Urteil gebildet wird, etwas zu tun hat, noch mit der Negativität im Innern des logischen Urteils (0–1), es ist eine Negativität, die vernichtet (Buddhismus: Sunya Vada[105]). Ein Subjekt der Null-Logik, ein Nicht-Subjekt, das ein Denken auf sich nimmt, welches sich selbst vernichtet.«[106]

## Jenseits des Unbewussten

Die Frage lautet folgendermaßen: Das Unbewusste, diese Energie, dieses Affektpotenzial, das in seiner Verdrängung und durch seine Arbeit die Basis für die Entregelung und »expressive« Zerlegung der Diskursordnung bildet und das seinen Primärprozess den Sekundärprozessen entgegensetzt — ist das Unbewusste der Ort, an dem die Hypothese über die Vorgehensweise des Poetischen entfaltet werden kann? Alles hängt offenbar miteinander zusammen: Wenn das Unbewusste eine derartig irreversible Instanz ist, dann ist auch die Dualität Primärprozess/Sekundärprozess selbst irreduzibel, und die Interpretation kann nur da-

105 [Lehre von der Leere.]
106 [Kristeva, Poésie et négativité.]

rin bestehen, dieses Verdrängte wiederaufleben zu lassen und ihm wieder Zugang zu der Verdrängungsinstanz des Diskurses zu verschaffen. So gesehen, gibt es keinen Unterschied zwischen dem Poetischen und dem Neurotischen, zwischen einem Gedicht und einem Lapsus. Die Radikalität der Psychoanalyse sieht folgendermaßen aus: Wenn Primärprozesse »existieren«, so sind sie überall tätig, und dann sind sie überall determinierend. Aber umgekehrt, die einfache Annahme einer differenten Ordnung, einer Ordnung des Symbolischen, die auf das Unbewusste, das Verbot und die Verdrängung verzichtete und die sogar die Trennung von Primär- und Sekundärprozessen grundsätzlich auflöste — diese einfache Hypothese würde zur Relativierung der ganzen psychoanalytischen Sichtweise genügen; und nicht nur auf für sie marginalen Gebieten (Anthropologie, Poetik, Politik, etc.), sondern dort, wo sie souverän herrscht: auf ihrem eigenen Gebiet, in der psychischen Analyse, in der Neurose und in der Behandlung. Um auf Mannoni zurückzukommen, es ist nicht ausgeschlossen, dass die Psychoanalyse, die mit der Trennung von Primär- und Sekundärprozessen auf die Welt kommt, eines Tages an der Abschaffung dieser Trennung stirbt. *Das Symbolische steht jenseits des Unbewussten und der Psychoanalyse,* jenseits der libidinösen Ökonomie, wie es auch jenseits des Wertes und der politischen Ökonomie steht.

Man muss begreifen, dass die symbolischen Prozesse (Reversibilität, anagrammatische Zerstreuung, restlose Resorbierung) sich keineswegs mit Primärprozessen (Verschiebung, Verdichtung, Verdrängung) verbinden. Sie sind einander entgegengesetzt, auch wenn sie sich gemeinsam dem logischen Diskurs der Bedeutung widersetzen. Diese spezielle Differenz (die auch den Genuss betrifft) bewirkt, dass ein Traum, ein Versprecher oder ein Witz kein Kunstwerk und kein Gedicht sind. Diese Differenz zwischen dem Symbolischen und dem libidinösen Unbewussten, die heute weitgehend von der Vorherrschaft der Psychoanalyse verwischt wird, muss restituiert werden — der Psychoanalyse muss verboten werden, sich dort einzumischen, wo sie nichts zu sagen hat: in den

Bereichen des Poetischen (Kunstwerk), des Symbolischen und der (primitiven) Anthropologie haben weder Marx noch Freud etwas zu sagen vermocht. Der eine reduziert diese Bereiche auf die Produktionsweise, der andere auf Verdrängung und Kastration. Dort wo Psychoanalyse und Marxismus scheiterten, soll man sie nicht dazu zwingen, über ihren Schatten zu springen, sondern muss man sie gnadenlos in Hinblick auf das, was ihnen entgeht, analysieren. Ihre jeweiligen Grenzen bilden heute die strategischen Ausgangspunkte jeder revolutionären Analyse.

Marx glaubte in der Ökonomie und deren dialektischen Grundprozessen die grundlegende Instanz gefunden zu haben. Tatsächlich fand er durch die Ökonomie und ihre Konvulsionen hindurch heraus, was sie in symptomatischer Weise bedroht: nämlich die *Abtrennung dieser Ökonomie als Instanz*. Was diese Ökonomie durchkreuzt, was ihre Konflikte erzeugt und sie zum Ort von Widersprüchen macht, und was diese Widersprüche (so gewaltsam sie auch sein mögen) auf ihre Weise rationalisieren, ist die bizarre Automatisierung der auf die Stufe eines Realitätsprinzips erhobenen Ökonomie.

*Aber das gilt auch für die Psychoanalyse*: Was Freud in den Begriffen des Unbewussten als grundlegende Instanz erfasste, war in Form eines individuellen Psychismus das Resultat eines Bruchs mit dem Symbolischen. Die bewussten/unbewussten Konfliktbeziehungen übersetzen nur die Bedrohung des Psychischen als solchem durch diese Abtrennung selbst. Die Freudsche Topik (Unbewusstes, Vorbewusstes, Bewusstsein) formalisiert und theoretisiert als ursprüngliche Gegebenheit nur, was eigentlich Resultat eines Zerstörungsvorganges ist.

Die Analysen von Marx und Freud sind kritisch. Aber weder die eine noch die andere ist es in Bezug auf die jeweilige Abtrennung ihrer Domäne. Sie sind sich des Einschnitts, der sie begründet, nicht unbewusst. Sie sind kritische Symptomatologien, die ihren jeweiligen symptomatischen Bereich geschickt zu einem determinierenden Bereich erheben. Primärprozesse, Produktionsweisen: »radikale« Parolen, Schemata irreduzibler Determination. Unter diesem Titel exportieren sie ihre Begriffe und werden imperialistisch.

Marxismus und Psychoanalyse versuchen heute ihre Begriffe zu mischen und auszutauschen. Wenn beide sich »radikal« kritisieren würden, könnten sie das beide logischerweise auch tun. Aber so ist es nicht. Darin liegt das Phantasma und das Scheitern des Freudo-Marxismus in all seinen Formen. Der tiefe Grund für das unaufhörliche Scheitern dieses Begriffs-Transfers und der Grund, weswegen dieser Versuch beiderseits nur eine verzweifelte Metaphorik ergibt, liegt genau darin, dass sowohl der Marxismus wie die Psychoanalyse nur in ihren parziellen Analysen (in ihrer Fehleinschätzung) eine Kohärenz aufweisen – und daher nicht als Analyseschemata generalisierbar sind.

Weder ihre »Synthese«, noch ihre wechselseitige Beeinflussung – allein ihre gegenseitige Ex-Termination und Vernichtung kann zu einer radikalen Theorie führen. Marxismus und Psychoanalyse befinden sich in der Krise. Man sollte ihre jeweilige Krise eher verschärfen und beschleunigen, als eines durch das andere zu stützen. Sie können sich gegenseitig noch viel Böses antun. Dieses Schauspiel sollte man sich nicht entgehen lassen. Das sind nur Schlachtfelder der Kritik.

# Literaturverzeichnis

Antonin Artaud, Héliogabale ou l'Anarchiste couronné, Paris: Denoël & Steele, 1934 (dt. Heliogabal oder Der Anarchist auf dem Thron, München: Rogner & Bernhard, 1972).

—, Le théâtre de la cruauté, in: Œuvres complètes, Bd. 13, Paris: Gallimard, 1974 (dt. Das Theater und sein Double, München: Matthes & Seitz, 1996).

Roland Barthes, Système de la mode, Paris: Seuil, 1967 (dt. Die Sprache der Mode, aus dem Französischen von Horst Brühmann, Frankfurt am Main: Suhrkamp, 1985).

Georges Bataille, L'Érotisme, Paris: Éditions de Minuit, 1957 (dt. Die Erotik, aus dem Französischen von Gerd Bergfleth, München: Matthes & Seitz, 1994).

Jean Baudrillard, Pour une critique de l'économie politique du signe, Paris: Gallimard, 1972.

—, Requiem pour les média, in: Pour une critique de l'économie politique du signe, Paris: Gallimard, 1972 (dt. Requiem für die Medien, in: Kool Killer oder Der Aufstand der Zeichen, Berlin: Merve, 1978).

Walter Benjamin, Das Kunstwerk im Zeitalter seiner technischen Reproduzierbarkeit, in: Gesammelte Schriften, Band 1.2, Frankfurt am Main: Suhrkamp, 1974.

Émile Benveniste, Problèmes de linguistique générale, Paris: Gallimard, 1966 (dt. Probleme der allgemeinen Sprachwissenschaft, aus dem Französischen von Wilhelm Bolle, München: List, 1974).

Pierre Bourdieu / Jean-Claude Passeron, Les Héritiers. Les Étudiants et la Culture Paris: Les Éditions de Minuit, 1964; La Reproduction. Éléments pour une théorie du système d'enseignement, Paris: Les Éditions de Minuit, 1970 (dt. Die Illusion der Chancengleichheit. Untersuchungen zur Soziologie des Bildungswesens am Beispiel Frankreichs, Stuttgart: Klett, 1971).

Albert Camus, Réflexions sur la guillotine, in: Arthur Koestler / Albert Camus, Réflexions sur la peine capitale, introduction et étude de Jean Bloch-Michel, Paris: Calmann-Lévy, 1957 (dt. Die Guillotine. Betrachtungen zur Todesstrafe, in: Fragen der Zeit, übersetzt von G. G. Maister, Reinbek bei Hamburg: Rowohlt, 1960).

Michel de Certeau, La beauté du mort, in: La Culture au pluriel, Paris: Union Générale d'Éditions, 1974.

Arthur C. Clarke, The nine billion names of God, z.B. in: The nine billion names of God. The best short stories of Arthur C. Clarke, New York: Harcourt, Brace & World, 1967 (dt. Die neun Milliarden Namen Gottes, z.B. in: Heyne Science Fiction Jahresband 1982, hrsg. von Wolfgang Jeschke, München: Heyne, 1982).

Pierre Clastres, La Société contre l'Etat, Paris: Les Éditions de Minuit, 1974 (dt. Staatsfeinde. Studien zur politischen Anthropologie, Frankfurt am Main: Suhrkamp, 1976).

Jacques Derrida, La différance, in: Marges de la philosophie, Paris: Éditions de Minuit, 1972, S. 1–29 (dt. Die différance, in: Randgänge der Philosophie, hrsg. von Peter Engelmann, Wien: Passagen, 1988, S. 29–52).

Dschuang Dsi [Zhuāngzǐ], Der Koch, in: Ders., Das wahre Buch vom südlichen Blütenland, aus dem Chinesischen von Richard Wilhelm, Buch III: Pflege des Lebensprinzips, Düsseldorf/Köln: Diederichs, 1972.

Umberto Eco, Das offene Kunstwerk, aus dem Italienischen von Günter Memmert, Frankfurt am Main: Suhrkamp, 1973.

William Empson, Seven Types of Ambiguity, London: Chatto & Windus, 1930.

Ivan Fónagy, Le langage poétique : forme et function, in: DIOGÈNE, 51, 1965, S. 72–113.

Michel Foucault, Folie et Déraison. Histoire de la folie à l'âge classique, Paris: Librairie Plon, 1961 (dt. Wahnsinn und Gesellschaft. Eine Geschichte des Wahns im Zeitalter der Vernunft, Frankfurt am Main: Suhrkamp, 1969).

—, Naissance de la clinique. Une Archéologie du regard médical, Paris: Presses Universitaires de France, 1963 (dt. Die Geburt der Klinik. Eine Archäologie des ärztlichen Blicks, Frankfurt am Main: Fischer, 1988).

Sigmund Freud, Zur Psychopathologie des Alltagslebens. Über Vergessen, Versprechen, Vergreifen, Aberglauben und Irrtum, in: Gesammelte Werke, Bd. 4, Frankfurt am Main: Fischer, $^{4}$1964.

—, Der Witz und seine Beziehung zum Unbewussten, in: Gesammelte Werke, Bd. 6, Frankfurt am Main: Fischer, $^{5}$1973.

—, Zur Einführung des Narzißmus, in: Gesammelte Werke, Bd. 10, Frankfurt am Main: Fischer, $^{4}$1964.

—, Das Unheimliche, in: Gesammelte Werke, Bd. 12, Frankfurt am Main: Fischer, $^{4}$1972, S. 227–268.

—, Jenseits des Lustprinzips, in: Gesammelte Werke, Bd. 13, Frankfurt am Main: Fischer, $^{4}$1963.

—, Fetischismus, in: Gesammelte Werke, Bd. 14, Frankfurt am Main: Fischer, $^{4}$1968.

—, Neue Folge der Vorlesungen zur Einführung in die Psychoanalyse, in: Gesammelte Werke, Bd. 15, Frankfurt am Main: Fischer, $^{4}$1967.

Roger Gentis, Les Murs de l'asile, Paris: Maspero, 1970.
René Girard, La Violence et le Sacré, Paris: Grasset, 1972 (dt. Das Heilige und die Gewalt, Zürich: Benziger, 1972).
Maurice Grammont, Traité de phonétique, avec 179 figures dans le texte, Paris: Delagrave, 1933.
Martin Heidegger, Sein und Zeit, Tübingen: Max Niemeyer, [9]1960.
François Jacob, La Logique du vivant. Une histoire de l'hérédité, Paris: Gallimard, 1971 (dt. Ders., Die Logik des Lebenden, Frankfurt am Main: Fischer, 1972).
Roman Jakobson, Linguistics and communication theory, in: Structure of language and its mathematical aspects, hrsg. von Roman Jakobson, Providence, R.I.: American Mathematical Society, 1961.
—, F. de Saussure sur les anagrammes, in: Selected writings, Bd. 6, Berlin/New York/Amsterdam: Mouton, 1985.
—, Linguistics and Poetics, in: Language in Literature, hrsg. von Krystyna Pomorska und Stephen Rudy, Cambridge, Mass.: Harvard, 1987.
Alfred Jarry, Ubu cocu, Genève: Édition des Trois Collines, 1944 (dt. Ubu Hahnrei, München: Deutscher Taschenbuch Verlag, 1968).
Robert Jaulin, La Mort sara. L'Ordre de la vie ou la Pensée de la mort au Tchad, Paris: Plon, 1967.
Henri-Pierre Jeudy, Le signifiant est hermaphrodite, in: La Mort du sens. L'Idéologie des mots, Tours: Maison Mame, 1973.
Arthur Koestler, Réflexions sur la potence [Reflexions on hanging], in: Arthur Koestler / Albert Camus, Réflexions sur la peine capitale, introduction et étude de Jean Bloch-Michel, Paris: Calmann-Lévy, 1957, S. 15–121.
Julia Kristeva, Poésie et négativité, in: Σημειωτική [Sēmeiōtiké]. Recherches pour une sémanalyse, Paris: Éditions du Seuil, 1969, S. 246–277.
Jean de La Bruyère, Les Caractères ou les Moeurs de ce siècle (dt. Die Charaktere oder Die Sitten des Jahrhunderts, neu übertragen und hrsg. von Gerhard Hess, Leipzig: Dieterich, 1940.
Jacques Lacan, La Psychanalyse, Bd. V: Essais critiques, Paris: Presses Universitaires de France, 1960.
Serge Leclaire, Psychanalyser. Un essai sur l'ordre de l'inconscient et la pratique de la lettre. Paris: Éditions du Seuil, 1968 (dt. Der psychoanalytische Prozess. Versuch über das Unbewusste und den Aufbau einer buchstäblichen Ordnung aus dem Französischen von Norbert Haas, Frankfurt am Main: Suhrkamp, 1975).
Maurice Leenhardt, Do Kamo. La Personne et le Mythe dans le monde mélanésien, Paris: Gallimard, 1947.
Jean de Léry, Histoire d'un voyage fait en la terre du Brésil, autrement dit Amérique, Genève: Chuppin, 1578 (dt. Unter Menschenfressern am Amazonas. Brasilianisches Tagebuch 1556–1558,Tübingen/Basel: Erdmann, [2]1977.
Claude Lévi-Strauss, Anthropologie structurale, Paris: Plon, 1958 (dt. Strukturale Anthropologie, [Bd. 1], aus dem Französischen von Hans Naumann, Frankfurt am Main: Suhrkamp, 1967).

Aleksej A. Ljapunov, Probleme der Kybernetik, Bd. 2, Berlin: Akademie, 1963.
Jean-François Lyotard, Le travail du rêve ne pense pas, in: REVUE D'ESTHÉTIQUE, 21, 1968, S. 26–61.
—, Discours, figure, Paris: Klincksieck, 1971.
—, Dérive à partir de Marx et Freud, Paris: Union générale d'éditions, 1973.
—, Économie libidinale, Paris: Les Éditions de Minuit, 1974 (dt. Libidinöse Ökonomie, Zürich/Berlin: diaphanes, 2007).
Charles Malamoud, Observations sur la notion de »reste« dans le brahmanisme, in: WIENER ZEITSCHRIFT FÜR DIE KUNDE SÜDASIENS UND ARCHIV FÜR INDISCHE PHILOSOPHIE, Bd. 16, 1972, S. 5–26 (auch in: Ders., Cuire le monde. Rite et Pensée dans l'Inde ancienne, Paris: La Découverte, 1989).
Bronisław Malinowski, Argonauten des westlichen Pazifik. Ein Bericht über Unternehmungen und Abenteuer der Eingeborenen in den Inselwelten von Melanesisch-Neuguinea, aus dem Englischen von Heinrich Ludwig Herdt, Frankfurt am Main: Syndikat, 1979 (Argonauts of the Western Pacific).
Octave Mannoni, L'ellipse et la barre, in: Clefs pour l'Imaginaire ou l'Autre Scène, Paris: Éditions du Seuil, 1969, S. 34–63.
Herbert Marcuse, Triebstruktur und Gesellschaft. Ein philosophischer Beitrag zu Sigmund Freud, aus dem Amerikanischen von Marianne von Eckardt-Jaffe, Frankfurt am Main: Suhrkamp, 1965 (Eros and Civilization. A Philosophical Inquiry into Freud).
—, Der eindimensionale Mensch. Studien zur Ideologie der fortgeschrittenen Industriegesellschaft, aus dem Amerikanischen von Alfred Schmidt, Neuwied/Berlin: Luchterhand, 1970 (The one-dimensional man).
Karl Marx, Das Kapital, Bd. I [Marx-Engels-Werke, Bd. 23], Berlin: Dietz, 1962.
—, Theorien über den Mehrwert [Marx-Engels-Werke, Bd. 26.1], Berlin: Dietz, 1974.
—, Grundrisse der Kritik der politischen Ökonomie [Marx-Engels-Werke, Bd. 42], Berlin: Dietz, 1983.
Marcel Mauss, Sociologie et Anthropologie, Paris: Presses Universitaires de France, 1950 (dt. Soziologie und Anthropologie, Bd. 2, aus dem Französischen von Eva Moldenhauer, Henning Ritter und Axel Schmalfuß, München: Hanser 1975).
Marshall McLuhan, Understanding Media: The Extensions of Man, New York/London: McGraw-Hill, 1964 (dt. Die magischen Kanäle: »Understanding Media«, Düsseldorf/Wien: Econ, 1968).
Jacques Monod, Le Hasard et la Nécessité. Essai sur la philosophie naturelle de la biologie moderne, Paris: Éditions du Seuil, 1970 (dt. Zufall und Notwendigkeit. Philosophische Fragen der modernen Biologie, aus dem Französischen von Friedrich Griese, München: Piper, 1971.

Wilhelm Emil Mühlmann, Chiliasmus und Nativismus. Studien zur Psychologie, Soziologie und historischen Kasuistik der Umsturzbewegungen, Berlin: Reimer, 1961.
Friedrich Nietzsche, Götzen-Dämmerung, in: Werke in drei Bänden, hrsg. von Karl Schlechta, Bd. 2, München: Hanser, 1955.
—, Nietzsche contra Wagner, in: ebenda.
—, Über Wahrheit und Lüge im außermoralischen Sinne, in: Sämtliche Werke (Kritische Studienausgabe in 15 Bänden, hrsg. von Giorgio Colli und Mazzino Montinari), Bd. 1, München: Deutscher Taschenbuch Verlag, 1980.
Marie-Cécile Ortigues / Edmond Ortigues, Oedipe africain, Paris: Plon, 1966.
Octavio Paz, Verbindungen – Trennungen. Ein Essay, aus dem Spanischen von Elke Wehr und Rudolf Wittkopf, Frankfurt am Main: Suhrkamp, 1984 (Conjunciones y disyunciones).
Jean Pouillon, Malade et médecin. Le même et/ou l'autre, in: NOUVELLE REVUE DE PSYCHANALYSE, 1 (1970), S. 77–98.
Edmond Radar, Le mime, manifestation de sociabilité, in: DIOGÈNE. Revue internationale des sciences humaines (Paris), 50, (April–Juni) 1965, S. 43–56.
Marshall David Sahlins, Stone age economics, New York: Aldine de Gruyter, 1972 (zuerst unter dem Titel »La Premiere Societe d'abondance« in: LES TEMPS MODERNES, 268, Oktober 1968, S. 641–680).
Nicolas Schöffer, La Ville cybernétique, Paris: Tchou, 1969 (dt. Die kybernetische Stadt, München: Moos, 1970).
Jean Starobinski, Les Mots sous les mots. Les Anagrammes de Ferdinand de Saussure, Paris: Gallimard, 1971 (dt. Wörter unter Wörtern. Die Anagramme von Ferdinand de Saussure, übersetzt und eingerichtet von Henriette Beese, Frankfurt am Main: Ullstein, 1980).
Michel Tort, Le quotient intellectuel, Paris: Maspero, 1974.
Michel Tournier, Vendredi ou Les Limbes du Pacifique, Paris: Gallimard, 1967 (dt. Freitag oder Im Schoß des Pazifik, Deutsch von Herta Osten, Hamburg: Hoffmann und Campe, 1968).
Daniel Verres, Le Discours du capitalisme, Paris: l'Herne, 1971.
Max Weber, Wissenschaft als Beruf, in: Gesamtausgabe, hrsg. von Horst Baier, Bd. 17, Tübingen: Mohr, 1992.
Anthony Wilden, System and structure. Essays in communication and exchange, London: Tavistock Publications, 1972.

Aus dem Französischen von Gerd Bergfleth (Kap. I), Gabriele Ricke und Ronald Voullié (Kap. II–VI).

Matthes & Seitz Berlin – Batterien Neue Folge – 109

Erste Auflage dieser Ausgabe 2022

Die vorliegende Ausgabe ist eine durchgesehene und verbesserte Auflage der ersten Auflage, erschienen 1991 bei Matthes & Seitz, München.
*info@matthes-seitz-berlin.de*

Satz und Gestaltung: Torsten Metelka, Berlin
Druck und Bindung: GGP Media GmbH, Pößneck
ISBN 978-3-7518-0309-0
*www.matthes-seitz-berlin.de*